विश्व
व्यक्ति कोश

विश्व व्यक्ति कोश

मुकेश 'नादान'

प्रभात पेपरबैक्स
www.prabhatbooks.com

प्रकाशक

प्रभात पेपरबैक्स

4/19 आसफ अली रोड, नई दिल्ली-110002

फोन : 23289777 • हेल्पलाइन नं. : 7827007777

इ-मेल : prabhatbooks@gmail.com ❖ वेब ठिकाना : www.prabhatbooks.com

संस्करण

प्रथम, 2018

मूल्य

दो सौ पचास रुपए

अ.मा.पु.स. 978-93-5266-317-0

मुद्रक

आर-टेक ऑफसेट प्रिंटर्स, दिल्ली

———— ★ ————

VISHWA VYAKTI KOSH

by Mukesh 'Nadaan'

Published by **PRABHAT PAPERBACKS**

4/19 Asaf Ali Road, New Delhi-110002

ISBN 978-93-5266-317-0

₹250.00

लेखकीय

कोई भी व्यक्ति महान् तभी कहलाता है, जब वह कोई महान् कार्य करता है। विश्व में ऐसे अनेक व्यक्तियों ने जन्म लिया, जिन्होंने अपने महान् कार्यों से केवल अपने परिवार या समाज का ही नहीं, बल्कि संपूर्ण मानव जाति का उद्धार किया। मदर टेरेसा, महात्मा गांधी, अमिताभ, सिकंदर, शेक्सपियर आदि अनेक ऐसे महान् व्यक्तियों ने इस पृथ्वी पर जन्म लिया तथा अपने जनहित के कार्यों से महान् बनकर इतिहास के पन्नों पर अमर हो गए और कहलाए–'विश्व-प्रसिद्ध महान् व्यक्ति'।

प्रस्तुत पुस्तक में ऐसे ही अनेक विश्व-प्रसिद्ध महान् व्यक्तियों का संक्षिप्त जीवन-परिचय प्रस्तुत करने का प्रयास किया गया है, ताकि अधिक संख्या में पुस्तकों का अध्ययन न करके प्रस्तुत पुस्तक द्वारा अधिक-से-अधिक व्यक्तियों के जीवन-वृत्तांत की जानकारी प्राप्त हो सके। पुस्तक को पाठकों की सुविधानुसार कोश के रूप में प्रस्तुत किया गया है। विद्यार्थियों, शिक्षकों, शिक्षण-संस्थाओं एवं पुस्तकालयों की आवश्यकता को ध्यान में रखकर पुस्तक को उपयोगी एवं सार्थक बनाने का हरसंभव प्रयास किया गया है।

पुस्तक को पूर्ण रूप देने में उन सभी पुस्तकों के लेखक, संपादक, प्रकाशक आदि का मैं आभारी हूँ, जिनका प्रत्यक्ष एवं अप्रत्यक्ष रूप से मुझे सहयोग मिला। निश्चय ही प्रस्तुत कोश प्रत्येक वर्ग के पाठकों, शिक्षण-संस्थाओं, पुस्तकालयों के लिए उपयोगी एवं संग्रहणीय होगा।

–मुकेश 'नादान'

अनुक्रम

विश्व व्यक्ति कोश

अंडाल

(तमिल देवी)

विष्णु की प्रशंसा में पदों की रचना करनेवाले भक्तों को 'अलवार' कहा जाता था। तमिल साहित्य में विष्णु के बारह भक्त हुए हैं। इनमें से एक पेरियालवार थे। वे भक्ति में दूर-दूर तक पहचान बनाए

हुए थे। वे एक दिन विष्णु की पूजा के लिए रोजाना की भाँति बगीचे से फूल एकत्रित कर रहे थे। इसी दौरान तुलसी के पौधे के नीचे उन्हें एक बच्ची मिली। उन्होंने उसे वहाँ से उठाकर अपनी पत्नी को सौंप दिया। उस संत युगल ने उस बच्ची का पालन-पोषण बहुत ही लगन एवं स्नेहपूर्वक किया। उन्होंने उसका नाम प्यार से 'अंडाल' रख दिया। तमिल भाषा में अंडाल का अर्थ 'उद्धार करनेवाली' है। परिजन के भक्तिमय आचरण का असर अंडाल पर भी पड़ा। वह उनके साथ श्रीरंगम मंदिर में घंटों पूजा करने लगी। इसी दौरान वह रघुनाथजी से प्रेम करने लगी। वह उन्हें रिझाने के लिए भगवान् की पूजा में इस्तेमाल होनेवाले फूलों को पहले अपने केश में सजाने लगी। एक दिन उसके पिता जब पूजा कर रहे थे तो फूलों में बाल आ गया। इसपर उन्हें बहुत क्रोध आया। उन्होंने अपनी पुत्री अंडाल से इसकी वजह पूछी। इसके बाद उसे खूब डाँटा और भविष्य में कभी ऐसा न करने की चेतावनी भी दे डाली। इससे अंडाल बहुत दु:खी हुई।

बताया जाता है कि उसके पिता को रात में भगवान् ने दर्शन दिए तथा उस बच्ची को न डाँटने के लिए कहा और उन्हें यह भी बताया कि यह कन्या महान् विभूति है। अंडाल ने भगवान् श्रीकृष्ण की भक्ति में बहुत सी कविताएँ तमिल भाषा में लिखीं। वह बड़ी हुई तो उसके पिता पेरियालवार ने उसके विवाह के बारे में सोचा। इसपर अंडाल ने अपने देवता रघुनाथजी से विवाह की जिद की। परिजनों ने इसका पुरजोर विरोध किया। ऐसी मान्यता है कि अंडाल को दुलहन के रूप में सजाकर मूर्ति के पास ले जाया गया तो वह उसमें ही समा गई।

□

अगाथा क्रिस्टी

(प्रसिद्ध जासूसी उपन्यास लेखिका)

अगाथा क्रिस्टी का जन्म इंग्लैंड के डेवन नामक स्थान पर हुआ था।

उन्होंने घर पर ही रहकर शिक्षा प्राप्त की थी। उपन्यास जगत् के अँगरेजी भाषा के रसिकों में कोई ऐसा न होगा, जो अगाथा क्रिस्टी के नाम से अनजान हो। उन्होंने 75 से अधिक उपन्यास लिखे और अथाह धन-दौलत व नाम अर्जित किया। रहस्य और रोमांच-युक्त जासूसी से ओत-प्रोत जितने उपन्यास अगाथा के प्रसिद्ध हुए, बमुश्किल ही किसी अन्य लेखक के हुए होंगे। उनके अनेक उपन्यासों पर प्रसिद्ध फिल्में भी बनीं। उसके बहुप्रसिद्ध उपन्यासों में 'मर्डर एट द गैलप', '1945', 'मर्डर मोस्ट फाइल', '1964' आदि शामिल हैं। प्रथम विश्व युद्ध के दौरान उन्होंने नर्स के रूप में भी कार्य किया था।

□

अजातशत्रु

(मगध के राजा)

अजातशत्रु बिंबिसार का पुत्र था। अपने राज्य-विस्तार की इच्छा के चलते उसने बिहार में गंगा पार के लिच्छवी गणतंत्र पर आक्रमण किया। लिच्छवी काफी संगठित और समृद्ध थे, इसलिए युद्ध लंबे समय तक चलता रहा। युद्ध की तैयारियों में किसी प्रकार की कठिनाई न हो, इसके लिए उसने गंगा के किनारे पाटलिपुत्र नामक एक नई राजधानी बनाई। जब बल से अजातशत्रु लिच्छवियों को जीत न सका तो उनमें फूट डालकर उसने उन पर विजय प्राप्त की।

□

अजीमुल्ला खाँ

(1857 की क्रांति के क्रांतिकारी)

अजीमुल्ला खाँ एक मुसलिम देशभक्त था। सन् 1857 में भड़कनेवाली प्रथम स्वतंत्रता संग्राम की ज्वाला का वह भी एक शोला था। इस स्वतंत्रता संग्राम को गुप्त रूप से आगे बढ़ाने में सहायता करते

हुए उसने पूरी शिद्दत के साथ मराठों का साथ दिया। भारत में चल रहे स्वतंत्रता संग्राम में सहायता माँगने के लिए वह नाना साहब के साथ रूस तक गया। उन दिनों क्रीमिया में युद्ध चल रहा था।

□

अज्ञेय

(प्रसिद्ध हिंदी साहित्यकार)

हिंदी साहित्य की शायद ही ऐसी कोई विधा रही हो, जो सच्चिदानंद हीरानंद वात्स्यायन 'अज्ञेय' के लेखन

से अछूती रही हो। कविता, कथा-साहित्य, निबंध, उपन्यास और पत्र, नाटक, यात्रा-साहित्य, डायरी और अनुवाद आदि सभी विधाओं पर उन्होंने बहुत ही सफलतापूर्वक लेखन कार्य किया। अज्ञेयजी का जन्म 7 मार्च, 1911 को पूर्वी उत्तर प्रदेश के देवरिया जिले में हुआ था। पुरातत्त्व के प्रकांड विद्वान् हीरानंद शास्त्री इनके पिता थे। इसीलिए इनका जन्म कसिमा के पुरातत्त्व खुदाई शिविर में हुआ था। 'अज्ञेय' नाम इन्हें दिल्ली जेल के समय मिला। जेल में लिखीं इनकी दो कहानियाँ प्रेमचंदजी के 'जागरण' पाक्षिक पत्र में छपने के लिए भेजी गईं। लेखक का नाम पूछने पर बताया गया कि वे अज्ञेय हैं। उन्होंने लाहौर में क्रांतिकारी जीवन का प्रारंभ किया। अपने साहित्य के लिए उन्हें 'ज्ञानपीठ पुरस्कार' से भी सम्मानित किया गया।

□

अटल बिहारी वाजपेयी

(भारत के लोकप्रिय प्रधानमंत्री)

प्रख्यात राजनेता अटल बिहारी वाजपेयी का जन्म 25 दिसंबर, 1924 को ग्वालियर में हुआ। भारत के बहुदलीय लोकतंत्र में अटलजी एकमात्र ऐसे राजनेता हैं, जो प्रायः सभी दलों को स्वीकार्य रहे। इसी विशेषता के कारण वह 16 मई, 1996 से 31 मई, 1996 तथा 1998-99 और 13 अक्तूबर, 1990 से मई 2004 तक तीन बार भारत के प्रधानमंत्री रहे।

आजादी के आंदोलन में वह 1942 में जेल भी गए। उन्हें 1975-77 में आपातकाल के दौरान बंदी बनाया गया। 1957 में बलरामपुर (गोंडा, उत्तर प्रदेश) से जनसंघ के प्रत्याशी के रूप में विजयी होकर वह लोकसभा पहुँचे। 1957 से 1977 तक जनता पार्टी की स्थापना तक वह बीस वर्ष तक लगातार जनसंघ के संसदीय दल के नेता रहे। 1968 से 1973 तक वे भारतीय जनसंघ के राष्ट्रीय अध्यक्ष पद पर आसीन रहे। मोरारजी देसाई की सरकार में वह 1977 से 1997 तक विदेशमंत्री रहे।

वह भारतीय जनता पार्टी के अध्यक्ष और दो बार राज्यसभा के लिए भी निर्वाचित हुए।

वाजपेयी को राष्ट्र की उत्कृष्ट सेवाओं के लिए वर्ष 1992 में पद्म विभूषण और वर्ष 2014 में देश के सर्वोच्च नागरिक सम्मान 'भारत रत्न' से सम्मानित किया गया। आजकल वह राजधानी दिल्ली स्थित सरकारी आवास में एकांतवास में हैं।

□

अडिवि वापिराजु

(प्रसिद्ध तेलुगु लेखक)

वापिराजु प्रिंसिपल प्रो. ओसवाल्ड कुल्डे के शिष्य थे। उन्होंने काव्य और गद्य लेखन के साथ-साथ चित्रकला के क्षेत्र में भी विशेष योगदान दिया था। वे बहुमुखी प्रतिभा के धनी थे और उनके लिखने का सबसे प्रिय माध्यम गीत था। उनके गीत भावपूर्ण हैं, जो श्रोता और पाठक को ऊँची मनोस्थिति में पहुँचा देते हैं। उन्होंने कहानी और उपन्यास विधाओं में भी कार्य किया है।

□

अण्णा साहब किर्लोस्कर

(मराठी रंगमंच के जन्मदाता)

अण्णा साहब किर्लोस्कर का जन्म महाराष्ट्र के बेलगाँव में हुआ था। भारतीय रंगमंच के इतिहास में मराठी नाटकों की भूमिका अहम मानी जाती है। किर्लोस्कर के पहले नाटक 'शाकुंतलम्' का मंचन 31 अक्तूबर, 1880 को हुआ था। इसलिए इस दिन को मराठी रंगमंच के जन्मदिवस के रूप में मनाया जाता है। इसके बाद से मराठी रंगमंच ने पीछे मुड़कर नहीं देखा। उसका बेहतरीन

सफर आज भी जारी है। मराठी रंगमंच ने बहुत सारे नामचीन कलाकार दिए। रंगमंच के क्षेत्र में उन्होंने उच्च मुकाम हासिल किया। किर्लोस्कर ने भारतीय प्राचीन संस्कृति के पुनरुद्धार में अहम भूमिका का निर्वहण किया है। उन्हीं के कारण मराठी रंगमंच का इतिहास बहुत ही गौरवशाली बना है। रंगमंच ने समाज से अशिक्षा, बाल-विवाह, छुआछूत एवं भेदभाव समेत अन्य बुराइयों को मिटाने में अहम भूमिका निभाई है।

□

अनवर अल सादात

(मिस्र में जनतंत्र के संस्थापक)

मोहम्मद अनवर अल सादात ने अपने सरीखे बहादुर सैनिकों के साथ मिलकर मिस्र के शाह फारुख को भगाकर वहाँ पर जनतंत्र की स्थापना की थी। उन्हें सन् 1961 में मिस्र की 'नेशनल कांग्रेस' का महासचिव बनाया गया था। उस समय मिस्र के राष्ट्रपति गमाल अब्दुल नासिर थे। उन्होंने सादात को अपना अधीनस्थ उप-राष्ट्रपति बना लिया था।

इसके कुछ समय बाद सादात ने राष्ट्रपति का पद सँभाला। इस दौरान मिस्र एवं इजराइल के बीच भयंकर युद्ध हुआ। उसमें इजराइल की सेना ने मिस्र के भू-भाग सिनाई पर कब्जा कर लिया था। इसके बाद अनवर अल सादात ने फिर से इजराइल पर हमला कर दिया। तत्पश्चात् मध्य-पूर्व में शांति कायम करने के लिए उन्होंने संधि कर ली। इसके पीछे सादात का उद्देश्य अरब देशों एवं इजराइल के बीच होनेवाली मुठभेड़ों को सदा के लिए रोक देना था, जिससे वे भविष्य में आपसी मतभेद मिल-बैठकर सुलझा लें। इस कारण उन्हें सन् 1978 में 'नोबेल शांति पुरस्कार' से सम्मानित किया गया। इसके बावजूद उनके ही देश में कुछ लोग उन्हें पसंद नहीं करते थे, इसलिए वे उनकी जान के दुश्मन बन गए थे। उन्होंने ही सन् 1981 में सैनिक परेड के दौरान अनवर अल सादात की गोली मारकर हत्या कर दी थी। इसी के साथ मिस्रवासियों की सेवा करनेवाला यह महापुरुष दुनिया से हमेशा के लिए विदा हो गया।

□

अनातोले

(विख्यात फ्रांसीसी लेखक)

अनातोले का जन्म सन् 1844 में पेरिस में हुआ था। उनका वास्तविक नाम अनातोले फ्रांक्वाथिबॉख था। वे उच्च कोटि के उपन्यासकार थे। वे अच्छी रुचि के कलाकार और सुसंस्कृत आलोचक भी थे। 'अमेथीस्ट' और 'थेईस' आदि उनकी सुप्रसिद्ध कृतियों में शामिल हैं। उनके उपन्यासों के अनेक भाषाओं में अनुवाद भी हो चुके हैं। सन् 1921 में साहित्य सृजन के लिए उन्हें 'नोबेल पुरस्कार' से सम्मानित किया गया था।

□

अन्ना दुरै

(तमिलनाडु के पूर्व मुख्यमंत्री)

अन्नादुरै का जन्म तमिलनाडु में सन् 1909 में हुआ था। वे छात्र जीवन से ही राजनीति में रुचि रखते थे। अन्नादुरै राजनेता रामास्वामी की कार्यशैली से बेहद प्रभावित हुए, इसलिए वे रामास्वामी के संपर्क में आए। उन्होंने रामास्वामी को अपना राजनीतिक गुरु मान लिया। इतना ही नहीं, वे रामास्वामी की पार्टी 'द्रविड़ कषगम' से जुड़ गए थे। उन्होंने तमिलनाडु की जनता के लिए बहुत काम किया। इसी के साथ उन्होंने अपनी राजनीतिक यात्रा शुरू की। उन्हें

कई बार राजनीति में चुनौतियों का सामना भी करना पड़ा। उन्होंने विरोधियों को पटखनी देने के लिए नए दल 'द्रविड़ मुन्नेत्र कषगम' की स्थापना की। वे सन् 1967 में तमिलनाडु के मुख्यमंत्री बने। उन्होंने अपने शासनकाल में कई कल्याणकारी योजनाएँ चलाईं। उनका मानना था कि देहात को विकास की अधिक जरूरत है। अन्नादुरै तमिल के बहुत अच्छे लेखक भी थे। उन्होंने तमिलनाडु की दशा एवं दिशा पर भी पुस्तकें लिखीं।

□

अन्ना पावलोवा

(रूसी बैले नर्तकी)

बैले रूस की प्रसिद्ध नृत्य-कला है। इसकी नर्तकियाँ विश्व भर में ख्याति प्राप्त कर चुकी हैं। जहाँ कहीं वे पाँव के अँगूठे पर सारे शरीर के साथ नृत्य करती हैं तो दर्शक मुग्ध होकर उन्हें देखते रह जाते हैं और सारा वातावरण तालियों से गूँज उठता है। अन्ना पावलोवा भी रूस की ऐसी ही बैले नर्तकी थी, जिसकी बराबरी की शायद ही कोई दूसरी हो।

सेंट पीटर्सबर्ग के एक साधारण

किसान के घर उसका जन्म हुआ था। बचपन से ही नृत्य के प्रति उसकी विशेष रुचि थी। बैले स्कूल से उसकी नृत्य की शिक्षा पूरी हुई और 20 वर्ष की उम्र तक पहुँचने तक उसका नृत्य बहुचर्चित हो गया। अपनी नृत्य-मंडली की स्थापना करके उसने विश्व भर का दौरा किया और खूब प्रसिद्धि पाई। सन् 1931 में निमोनिया के कारण उसकी मृत्यु हो गई।

□

अफनासी निकितिन

(रूसी समुद्री यात्री)

अफनासी निकितिन रूस के समृद्ध

नगर त्वेर (अब कालिनिन) का निवासी था। वहाँ के व्यापारी कारोबार की खातिर दूर-दूर तक समुद्री यात्राएँ करते थे। निकितिन ने भारत के बारे में बहुत कुछ सुन रखा था। वह यहाँ की जानकारी प्राप्त करना चाहता था। वह पंद्रहवीं शताब्दी में भारत आनेवाला पहला रूसी समुद्री यात्री था। उसे भारत पहुँचने के लिए डर्बेंट सागर, हिंद महासागर एवं काला सागर पार करना पड़ा था। हालाँकि उसने अपनी यात्रा वोल्गा नदी से शुरू की थी। वह ईरान पहुँचा तो उसे जानकारी मिली कि भारत में घोड़े नहीं होते हैं। इसलिए उसने ईरान से ही अच्छी नस्ल का घोड़ा

खरीद लिया। वह उस घोड़े को लेकर जहाज में सवार हुआ। वहाँ से हिंद महासागर में कई परेशानियाँ झेलता हुआ छह सप्ताह बाद भारत के मपलाबार तट पर पहुँचा। यहाँ पर उसने दक्षिण भारत के विजयनगर, बीदर एवं गुलबर्गा आदि देखे। उसने वहाँ तीन साल तक भारत की फसलें, रीति-रिवाज, वहाँ के राजाओं की शानो-शौकत आदि का अवलोकन किया। यहाँ की व्यवस्था ने उसे बहुत प्रभावित किया। अफनासी ने उसे बाद में बहुत ही सुंदर ढंग से चित्रित करके दुनिया के समक्ष रखा। इससे भारत के बारे में बहुत सी जानकारी रूस के लोगों को मिली।

□

अबुल फजल

(अकबर का सलाहकार वजीर)

अबुल फजल अकबर का सलाहकार और वजीर ही नहीं वरन् कुशल इतिहास लेखक भी था। 'आईने अकबरी' और 'अकबरनामा' उसकी दो प्रसिद्ध रचनाएँ हैं। इनमें अकबर के समय का इतिहास और उसकी शासन-व्यवस्था का वर्णन किया गया है। इस विवरण को प्रामाणिक माना जाता है।

□

अब्दुल गफ्फार खाँ

('सीमांत गांधी' के नाम से प्रख्यात)

खान अब्दुल गफ्फार खाँ का जन्म सन् 1890 में पेशावर जिले के उत्मानजाई गाँव में हुआ था। उनके पिता बैरम खाँ गाँव के मुखिया थे। अब्दुल गफ्फार खाँ ने सीमांत प्रदेशों के खूँखार पठानों को अहिंसा का पुजारी बना दिया था, इसलिए उन्हें 'सीमांत गांधी' कहा जाता है। सीमांत प्रदेश मुसलिम बाहुल्य होते हुए भी पाकिस्तान बनाने के पक्ष में नहीं था, न वह उसमें सम्मिलित होना चाहता था। पाकिस्तान बनने के बाद सीमांत गांधी ने पख्तूनिस्तान बनाने के लिए आवाज उठाई, जिसे दबा दिया गया और उन्हें ताउम्र नजरबंदी में रहना पड़ा। सन् 1921 में वे नागपुर कांग्रेस के सदस्य बने और फिर पूरी तरह स्वतंत्रता संग्राम में कूद पड़े। सन् 1930 में उन्हें गिरफ्तार कर लिया गया और 1947 में देश स्वतंत्र होने तक का उनका जीवन जेल में ही कटा।

□

अब्राहम

(यहूदी नेता)

अब्राहम मेसोपोटामिया के रहनेवाले थे। वे सेमाइट वंश के एक किसान थे। 'बाइबिल' के ओल्ड टेस्टामेंट में बताया गया है कि स्वयं खुदा ने उन्हें परिवार सहित अरब देश छोड़कर कन्नार में जाकर बसने का आदेश दिया था। अब्राहम और उनके वंशजों के लिए खुदा ने ही इस प्रदेश को चुना था। यह प्रदेश दक्षिणी सीरिया में है और हारमोन पर्वत से मृत सागर तक फैला हुआ है। अपने परिवार एवं कुछ खास मित्रों सहित काफी लंबे समय तक इधर-उधर भटकने के पश्चात् आखिरकार अब्राहम खुदा द्वारा बताए गए स्थान लोअर कन्नार के हेब्रोन में आ पहुँचे और वहीं ठहर गए। इस स्थान पर बसने के कारण उनके वंश के लोग 'हिब्रू' कहलाए। सेनाइट वंश के कुछ लोग यहाँ पहले से ही रहते थे। अब्राहम और उनके साथी उन सबके साथ घुल-मिल गए। अब्राहम को उन लोगों ने अपने मुखिया के रूप में चुना।

□

अब्राहम लिंकन

(गुलामों के मुक्तिदाता)

अब्राहम लिंकन का जन्म सन् 1809 में एक सामान्य परिवार में हुआ था। उस परिवार की आर्थिक दशा अति दयनीय थी। बाल्यकाल में ही लिंकन भोजन जुटाने और लट्ठों का घर बनाने में पिता की सहायता करते थे। अनेक कठिनाइयों से गुजरते हुए लिंकन ने ज्ञान प्राप्त किया, जिसके लिए उन्हें दूर-दूर से किताबें माँगकर लानी पड़ती थीं। सन् 1861 में वे अमेरिका के राष्ट्रपति बने। उस समय देश बड़े संकट में फँसा हुआ था। विभाजन के संकट में उन्होंने देश को बँटने से बचाते हुए वहाँ भयानक रूप से फैली अमानवीय गुलाम प्रथा से भी देश को मुक्ति दिलाई। ऐसे ही महान् कार्यों के कारण वे अमेरिका के महानतम नेता माने जाते हैं।

□

अमर्त्य सेन

(भारतीय अर्थशास्त्री)

अमर्त्य सेन 3 नवंबर, 1933 को शांति-निकेतन में जनमे थे। उनके पिता का नाम आशुतोष सेन था। कैंब्रिज से एम.ए. और पी-एच.डी. करके वे भारत में जाधवपुर विश्वविद्यालय में अर्थशास्त्र के विभागाध्यक्ष और प्रोफेसर नियुक्त

हुए। अर्थशास्त्र द्वारा उन्होंने समाज के कल्याणकारी पक्ष की ओर महत्त्वपूर्ण विचार प्रकट किए हैं। उनके द्वारा रचित अनेक पुस्तकें और निबंध अर्थशास्त्र के विभिन्न पहलुओं को उजागर करते हैं। बँगला भाषा का प्रयोग भी उन्होंने लेखन में किया है। अमर्त्य सेन को अर्थशास्त्र में 'नोबेल पुरस्कार' दिया गया। उन्हें राष्ट्रपति ने भारत के सर्वोच्च नागरिक सम्मान 'भारत रत्न' से विभूषित किया है।

□

अमिताभ बच्चन

(सुप्रसिद्ध अभिनेता)

अमिताभ बच्चन का जन्म सन् 1942 में हुआ था। उनके पिता का नाम डॉ. हरिवंशराय बच्चन था, जो सुप्रसिद्ध साहित्यकार थे। अमिताभ का परिवार और वे स्वयं नेहरू परिवार के निकट संपर्क में रहे। उन्होंने 100 से अधिक फिल्मों में काम किया है, जिनमें से

अनेक फिल्में जबरदस्त हिट रही हैं। आज के समय में अमिताभ भारत के सर्वाधिक महँगे और सर्वाधिक प्रसिद्ध अभिनेता माने जाते हैं। उनका वास्ता राजनीति के गलियारों से भी रहा है। अधिकांश फिल्मों में उनकी भूमिका 'एंग्री यंगमैन' की रही है। इसके अतिरिक्त टेलीविजन के क्षेत्र में भी उनका प्रभावशाली कार्य रहा है। श्री बच्चन को इस शताब्दी का सर्वश्रेष्ठ अभिनेता माना गया है।

□

अमीर खुसरो

(हिंदी के प्रथम कवि)

अमीर खुसरो खड़ी बोली हिंदी के प्रथम कवि थे। वे अपनी पहेलियों और मुकरियों के लिए जाने जाते हैं। सबसे पहले उन्हीं ने हिंदी भाषा (हिंदवी) का उल्लेख किया था। वे

फारसी के कवि भी थे। उनको दिल्ली सल्तनत का आश्रय मिला हुआ था। उनके ग्रंथों की सूची लंबी है, साथ ही उनका इतिहास के स्रोत रूप में महत्त्व है।

मध्य एशिया की लाचन जाति के तुर्क सैफुद्दीन के पुत्र अमीर खुसरो का जन्म (652 हि. में) एटा, उत्तर प्रदेश के पटियाली नामक कस्बे में हुआ था। लाचन जाति के तुर्क चंगेज खाँ के आक्रमणों से पीड़ित होकर बलबन (1266-1286 ई.) के राज्यकाल में

शरणार्थी के रूप में भारत में आ बसे थे। खुसरो की माँ बलबन के युद्ध मंत्री इमादुतुल मुल्क की पुत्री, एक भारतीय मुसलमान महिला थी। 7 वर्ष की अवस्था में खुसरो के पिता का देहांत हो गया। किशोरावस्था में उन्होंने कविता लिखना प्रारंभ किया और 20 वर्ष के होते-होते वे कवि के रूप में प्रसिद्ध हो गए। खुसरो में व्यावहारिक बुद्धि की कमी नहीं थी। सामाजिक जीवन की उन्होंने कभी अवहेलना नहीं की। खुसरो ने अपना सारा जीवन राज्याश्रय में ही बिताया। राजदरबार में रहते हुए भी खुसरो हमेशा कवि, कलाकार, संगीतज्ञ और सैनिक ही बने रहे।

□

अमृतलाल नागर

(हिंदी साहित्यकार)

अमृतलाल नागर मूलत: गुजराती थे। हालाँकि उनका जीवन लखनऊ में ही बीता। उनकी रुचि साहित्य लेखन में शुरू से ही रही। उन्होंने साहित्य-सेवा के कारण अपना नाम विशिष्ट साहित्यकारों में शामिल करवा लिया था। उन्होंने कथा-कहानियाँ, उपन्यास, हास्य-व्यंग्य, निबंध, लेख एवं नाटक आदि लिखे। उन्होंने 'चकल्लस' नामक हास्य-व्यंग्य पत्रिका का भी प्रकाशन किया। अमृतलाल नागर का संपूर्ण साहित्य 12 खंडों में ग्रंथावली के रूप में मौजूद है। उन्होंने साहित्य में आमतौर पर उन विषयों को छुआ, जिनसे उनके समकालीन साहित्यकार परहेज किया करते थे। उनके उपन्यास 'बिखरे तिनके', 'बूँद और समुद्र', 'खंजन नयन', 'राहों का बिखराव', 'नाच्यो बहुत गोपाल' तथा 'मानस का हंस' आदि बहुत प्रसिद्ध हैं। उनके नाटक 'सेठ बाँकेमल' एवं 'नवाबी मसनद' काफी चर्चित रहे हैं। उनकी कई अन्य पुस्तकें भी चर्चित रहीं।

□

अमृता प्रीतम

(भारतीय लेखिका)

अमृताजी का जन्म सन् 1919 में हुआ था। अपने साहित्यिक जीवन की शुरुआत के लिए उन्होंने पंजाबी भाषा को चुना। फिर उन्होंने हिंदी भाषाई विधाओं में भी सफलतापूर्वक लिखा। आज उनकी गणना हिंदी साहित्य के सुप्रसिद्ध रचनाकारों में होती है। उन्हें 'ज्ञानपीठ पुरस्कार' भी मिला है। 'केली, कामिनी और अनीता', 'यह काम', 'यह कागज, यह अक्षर' आदि उनकी कुछ प्रसिद्ध पुस्तकों के नाम हैं।

□

अमृता शेरगिल

(प्रतिभासंपन्न महिला चित्रकार)

अमृता शेरगिल की चित्रकारी में पूर्व और पश्चिमी कला व उसका संगम दृष्टिगोचर होता था। उन्हें भारत में आधुनिक कला की जन्मदात्री के रूप में भी जाना जाता है। 30 जनवरी, 1913 को हंगरी की राजधानी बुडापेस्ट में उनका जन्म हुआ था। उनके पिता सिख जमींदार और माँ हंगरी की रहनेवाली ओपेरा आर्टिस्ट थीं। जब अमृता अपने माता-पिता के साथ भारत आईं तो उनकी उम्र 8 वर्ष की थी। कला के प्रति उनका रुझान अधिक था, जिसे देखते हुए 16 वर्ष की उम्र में उन्हें कला की शिक्षा के लिए पेरिस भेजा गया। वहीं अपना स्टूडियो बनाकर वे काम करने लगीं। सन् 1939 में भारत लौटकर उन्होंने शिमला में अपना स्टूडियो बनाया था। अब वे ग्रामीण जनजीवन से संबंधित चित्र उकेरने लगीं। सन् 1937 में इलाहाबाद में

अपने चित्रों की प्रदर्शनी करने के बाद वे फिर हंगरी चली गईं और डॉ. ईगान से विवाह कर लिया। इसके बाद वे कई बार फिर भारत आईं।

□

अरनेस्ट रदरफोर्ड

(प्रसिद्ध भौतिकशास्त्री)

अरनेस्ट रदरफोर्ड का जन्म सन् 1871 में न्यूजीलैंड के नेल्सन नगर में हुआ था। वे बचपन से ही बहुत प्रतिभावान् थे। उन्होंने अपनी विज्ञान की पढ़ाई

कैंब्रिज विश्वविद्यालय से पूरी की और सन् 1919 में वहाँ भौतिक शास्त्र के प्रोफेसर हो गए। उन्होंने भौतिक विज्ञान में परीक्षणकर्ता के रूप में ख्याति प्राप्त की। उन्होंने रेडियो तरंगों की विभिन्न सक्रियताओं का पता लगाया था। इलेक्ट्रॉन, अल्फा और बीटा की खोज करनेवाले वे पहले व्यक्ति थे। सन् 1908 में उन्हें 'नोबेल पुरस्कार' प्रदान किया गया।

□

अरविंद घोष

(महान् योगी और संत)

श्री अरविंद घोष का नाम सारे विश्व भर में महान् योगी, संत और साधक के रूप में प्रसिद्ध है। इसके अतिरिक्त भारत में उनकी छवि एक महान् देशभक्त के रूप में भी अंकित है। उनके पिता का नाम डॉ. डी.के. घोष और माता का नाम स्वर्णलता देवी था। श्री अरविंद मात्र 10 वर्ष की उम्र में अंग्रेजी में कविता करने लगे थे। उन्हें अंग्रेजी, फ्रेंच और लैटिन

का अच्छा ज्ञान था। बड़ौदा के महाराजा सयाजीराव गायकवाड़ को उन्होंने अंग्रेजी व फ्रेंच पढ़ाई थी और बाद में महाराजा कॉलेज में प्राध्यापक बने। सन् 1904 से लेले नामक योगी के सान्निध्य में रहकर वे योग-साधना में प्रवृत्त हुए। हिंदी साहित्य का अध्ययन करते हुए उन्होंने 'मेघदूत', 'विक्रमोर्वशीयम्' और 'नीतिशतक' आदि पुस्तकों का अंग्रेजी में अनुवाद किया। उन्होंने पांडिचेरी में आश्रम भी स्थापित किया। 'अरविंद आश्रम' कोई छोटा स्थान नहीं, बल्कि पूरा एक नगर है, जिसका नाम 'ओरोविले' है। 'ओरोविले' की स्थापना का उद्देश्य भारतीय दर्शन, हिंदुत्व और योग का अध्ययन व अनुसंधान था।

□

अरस्तू

(यूनानी दार्शनिक)

अरस्तू मकदूनिया के राजा फिलिप द्वितीय के शाही चिकित्सक का पुत्र था। 17 वर्ष की उम्र में अरस्तू महान् दार्शनिक प्लेटो के दर्शनशास्त्र का अध्ययन करने एथेंस गया। 20 वर्ष तक वहाँ रहकर उसने जीव-विज्ञान, गणित, दर्शन व खगोल विज्ञान का अध्ययन किया। वह छात्रों को पढ़ाता भी था। फिलिप द्वितीय ने अपने पुत्र सिकंदर को पढ़ाने के लिए अरस्तू को मकदूनिया बुलाया। 336 ई. में सिकंदर के सत्तारूढ़ होने के समय अरस्तू फिर एथेंस आया। अरस्तू जीवन के तथ्यों का पता लगाकर उनसे नवीन धारणाएँ बनाता था। मध्ययुगीन लेखकों और विद्वानों को अरस्तू के विचारों ने बहुत प्रभावित किया। उसके विचार आज भी कम प्रभावी नहीं हैं। उसके इन विचारों के कारण ही महान् सिकंदर जैसा विश्व-विजेता उसे इतना आदर देता था।

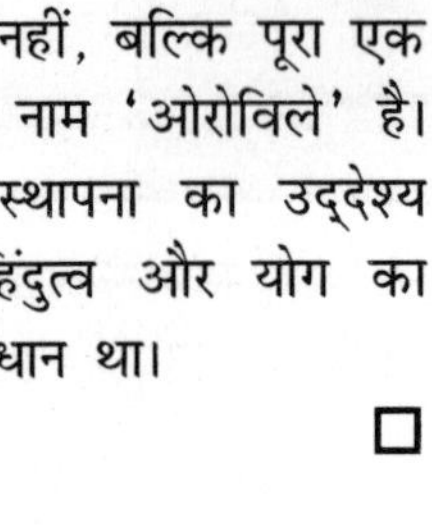

□

अरुण श्रीधर वैद्य

(भारतीय थल सेनाध्यक्ष)

जनरल अरुण श्रीधर वैद्य का जन्म सन् 1926 में हुआ था। उन्होंने सबसे पहले रॉयल डेक्कन फोर्स में कमीशन प्राप्त किया था। उन्होंने सन् 1948 में हैदराबाद पर पुलिस काररवाई में भाग लिया था। जनरल वैद्य के समय में पंजाब में आतंकवाद चरम पर था। आतंकवादियों ने अमृतसर में हरमिंदर साहिब पर कब्जा कर लिया था। इसकी चिंता दिल्ली में बैठी प्रधानमंत्री इंदिरा गांधी को भी हुई। उन्होंने जनरल वैद्य को सैन्य काररवाई करके पवित्र स्वर्ण मंदिर को मुक्त कराने के लिए कहा। इसपर जनरल वैद्य ने ऑपरेशन

'ब्लू स्टार' शुरू करवाया। हालाँकि इसकी कमान खुद जनरल ने अपने हाथों में रखी। इस कारवाई में बड़ी संख्या में आतंकवादी मारे गए। उनमें उनका कमांडर भिंडरावाला भी शामिल था। इससे पूर्व पाकिस्तान द्वारा थोपे गए युद्ध में अरुण श्रीधर वैद्य खेमकरण सेक्टर में तैनात थे। वहाँ पर उन्होंने पाकिस्तानी पैटन टैंकों को नष्ट करके अदम्य वीरता का परिचय दिया था। जनरल वैद्य सन् 1985 में सेवानिवृत्त हो गए। इसके बाद वे पूना में जाकर बस गए। भिंडरावाला समर्थक आतंकवादियों ने वहाँ उनकी गोली मारकर हत्या कर दी थी।

□

अरुणा आसफ अली

(स्वतंत्रता सेनानी)

अरुणा आसफ अली का जन्म सन् 1909 में हुआ था। उन्होंने बेहतर शिक्षा हासिल की थी। उन्होंने इसके बाद स्वतंत्रता संग्राम में शिरकत की। इस दौरान उनकी मुलाकात देश के

बड़े नेताओं से हुई। उन्होंने उनके साथ मिलकर आजादी के आंदोलन में अहम भूमिका निभाई। इसके परिणामस्वरूप उन्हें जेल-यात्राएँ भी करनी पड़ीं। वे सुधारवादी विचारधारा की थीं। उन्होंने समाज की सेवा में भी अहम भूमिका अदा की। इतना ही नहीं, अरुणा आसफ अली ने इस क्षेत्र में भी काफी नाम कमाया। इसके फलस्वरूप वह दिल्ली की मेयर चुनी गईं। उन्होंने समाज-सुधार की दिशा में कई अहम फैसले लिये। इससे सामाजिक कुरीतियों को खत्म करने में मदद मिली। उन्होंने शिक्षा पर भी जोर दिया। उनका मानना था कि शिक्षित व्यक्ति आसानी से बुराइयों का त्याग कर देता है। वह बदलाव को भी आसानी से स्वीकार कर लेता है। उनका मानना था कि देश में शिक्षा का स्तर बढ़ाना बहुत जरूरी है।

□

अर्जुनदेव

(सिखों के पाँचवें गुरु)

सिखों के पवित्र गुरु ग्रंथ साहिब का संकलन और संपादन गुरु अर्जुनदेवजी द्वारा किया गया था। वे बचपन से ही बड़े होनहार थे। अमृतसर स्थित दरबार साहिब तथा संतोखसर और अमृतसर नामक तालाबों के घाट उन्हीं के द्वारा बसाए गए। अमृतसर को विकसित करने का श्रेय भी उन्हीं को जाता है। इतना ही नहीं, तरणतारण और करतारपुर नामक दो नगरों को भी उन्होंने ही

बसाया। गुरु अर्जुनदेव का जीवन अत्यंत संघर्षपूर्ण रहा। उन्हें इसलाम-विरोधी घोषित करते हुए जेलखाने में डाल दिया गया, जहाँ उन्हें अनेक यातनाएँ दी गईं। जेल में रहते हुए उन्होंने रावी नदी में स्नान करने की इच्छा प्रकट की। स्नान के दौरान 'गुरुजी' का पाठ करते हुए उन्होंने वहीं शांतिपूर्वक चोला छोड़ दिया। उन्होंने 6,000 से अधिक पदों की रचना की। 'सुखमनी' उनकी सबसे महत्त्वपूर्ण रचना है। 'जपुजी' के साथ 'सुखमनी' का पाठ अवश्य किया जाता है।

□

अर्विन रोमेल

(नाजी महान् योद्धा)

रोमेल का जन्म एक शिक्षक परिवार में हुआ था। वह स्वभाव से ही साहसी था और वीरतापूर्ण कार्य ही उसे पसंद थे। शिक्षा पूरी करके वह सेना में भरती हो गया और प्रगति करता हुआ 'फील्ड मार्शल' के पद तक जा पहुँचा। अपने परिश्रम तथा कौशल से उसने

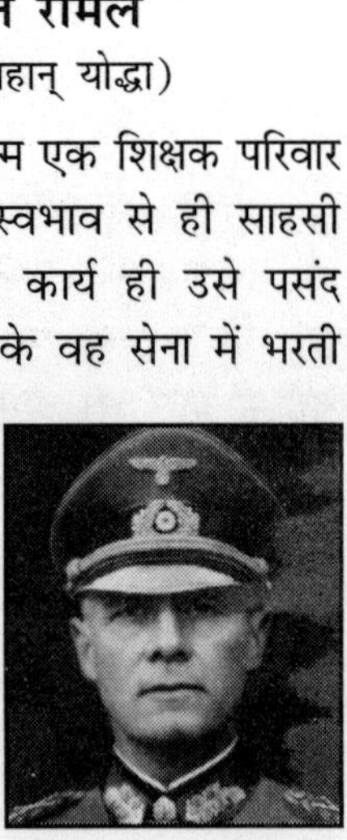

युद्ध-क्षेत्र में सदैव अभूतपूर्व सफलताएँ प्राप्त कीं। यहाँ तक कि उसका नाम विजय का पर्याय बन गया था। लेकिन उसके विरोधी उसके प्राण लेकर ही रहे।

जनरल अर्विन रोमेल का नाम यूरोप के प्रमुख सेनानायकों में गिना जाता है। वह द्वितीय विश्व युद्ध में नाजी जर्मनी का सबसे महान् योद्धा था, जिसने मित्र राज्यों को पराजय की गर्त में धकेल दिया था। आज भी उसके शौर्य की कहानियाँ पाठकों को रोमांच से भर देती हैं। वह एक अनुभवी, कुशल, फुरतीला, साहसी जनरल था तथा पोलैंड और फ्रांस में हिटलर को शानदार विजय दिलाने में उसका महत्त्वपूर्ण योगदान था। त्रिपोली के युद्ध में उसने अंग्रेज सेना को मात्र 11 दिनों में 500 मील पीछे हटाकर दुनिया को चमत्कृत कर दिया था। अपने समय में वह विश्व का सबसे सफल सैन्य कमांडर था। ब्रिटिश सेना के लिए रोमेल एक हौवा बन गया था। उत्तरी अफ्रीका की विजय उसकी एक महत्त्वपूर्ण सफलता थी, जब उसने ब्रिटिश सेना को स्वेज नहर से दूर रेगिस्तानों में खदेड़ दिया था। यदि हिटलर रोमेल को पूर्ण सैन्य सहायता देता तो शायद द्वितीय विश्व युद्ध की कहानी ही कुछ और होती। लेकिन हिटलर ने रोमेल जैसे महान् सैनिक पुरुष को आत्महत्या करने पर मजबूर कर दिया। उसपर यह अभियोग चलाया गया था कि वह हिटलर के प्राण लेने के षड्यंत्र में शामिल था।

रोमेल का नाम उसकी शौर्य उपलब्धियों के साथ ही अनुशासनप्रियता एवं स्वामिभक्ति के कारण भी सदैव स्मरणीय रहेगा।

□

अल-बरूनी

(विदेशी यात्री और इतिहासकार)

अल-बरूनी का वास्तविक नाम अबुरयहान मुहम्मद था। वह एक विदेशी यात्री था। अल-बरूनी ख्वारज्म (अब उज्बेकिस्तान में) का रहनेवाला था। वह सुल्तान महमूद के साथ गजनी आया

और भारत भी वह उसी के साथ आया था। भारत में वह कई वर्षों तक अनेक स्थानों पर रहा। कुछ वर्ष उसने पंजाब में भी बिताए। उसने संस्कृत पढ़ी और भारतीय दर्शन का भी अध्ययन किया। उसने इतिहास संबंधी एक पुस्तक लिखी थी, जिसे 'तहकीके हिंद' नाम दिया था। इस पुस्तक में उस समय के भारतीय जन-जीवन का अच्छा विवरण मिलता है।

□

अलाउद्दीन खिलजी

(खिलजी वंश का संस्थापक)

अलाउद्दीन खिलजी दिल्ली के सुल्तान जलालुद्दीन खिलजी का दामाद था। जलालुद्दीन खिलजी ने ही खिलजी वंश का आरंभ किया था। अपने श्वसुर जलालुद्दीन खिलजी की हत्या करके अलाउद्दीन खिलजी दिल्ली की गद्दी पर बैठ गया।

वह बड़ा ही धन-लोलुप था। इसी के चलते उसने भारत के अनेक राज्यों पर आक्रमण करके उन्हें लूटा और अपने राज्य का विस्तार भी किया। दिल्ली का कोई सुल्तान इतना अधिक धनी नहीं हुआ, जितना वह था। अपने विरुद्ध षड्यंत्रों को रोकने के लिए उसने बहुत सुदृढ़ और व्यापक गुप्तचर प्रणाली की व्यवस्था स्थापित की थी। प्रसिद्ध कवि अमीर खुसरो उसी के दरबार में था।

□

अलेक्जेंडर गुस्ताव एफिल

(फ्रांसीसी इंजीनियर)

एफिल फ्रांस के अत्यंत प्रसिद्ध और सफल इंजीनियर थे। पेरिस का प्रसिद्ध 'एफिल टावर' उन्हीं के द्वारा बनाया हुआ है। पनामा नहर के जल-बाँध भी

उन्होंने ही बनाए। पुलों के निर्माण में वायु से स्वयं खुलने और बंद होनेवाले द्वारों का प्रयोग करनेवालों में भी वे प्रमुख हैं।

□

अलेक्जेंडर ग्राहम बेल

(टेलीफोन के आविष्कारक)

अलेक्जेंडर ग्राहम बेल का जन्म स्कॉटलैंड में हुआ था। उनके पिता गूँगे-बहरों के स्कूल में अध्यापक थे। आगे चलकर उन्होंने भी यही कार्य किया। वे एक ऐसा यंत्र बनाना चाहते थे, जिससे एक साथ छह संदेश भेजे जा सकें। इसके लिए उन्होंने एक बिजली मिस्त्री के साथ

काम करना शुरू किया। उस समय अमेरिका के फिलाडेल्फिया नगर में एक विश्व मेला चल रहा था। अपने अद्‌भुत आविष्कार को उन्होंने उसमें प्रदर्शित किया, जो ब्राजील के बादशाह डोम पेट्रो को बेहद पसंद आया। उसके बाद टेलीफोन का संसार-व्यापी प्रसार होने में अधिक समय नहीं लगा। यही कारण है कि टेलीफोन के आविष्कार के साथ ग्राहम बेल का नाम जुड़ा हुआ है। □

अलेक्जेंडर ड्यूमा

(फ्रांसीसी उपन्यासकार)

अलेक्जेंडर ड्यूमा का जन्म सन् 1802 में फ्रांस में हुआ था। वे अपने समय के सनसनीखेज उपन्यासकारों में से थे। उन्हें कथानकों में सनसनी पैदा करने में महारत हासिल थी। उनके उपन्यास 'द थ्री मस्केटियर्स' को बहुत ही लोकप्रियता हासिल हुई।

उन्होंने 300 से अधिक पुस्तकों की रचना की। उनके प्रसिद्ध उपन्यास 'द मैन इन दि आयरन मास्क' तथा 'द काउंट ऑफ मांटे क्रिस्टो' ने फ्रांस में बहुत धूम मचाई थी। अलेक्जेंडर ड्यूमा ने कई उपन्यास भी लिखे। उन सभी की विशेषता रही कि उनमें भावों को उत्तेजित करनेवाली घटनाओं की भरमार थी। इसलिए उन्होंने देश एवं उससे बाहर काफी लोकप्रियता हासिल की। अलेक्जेंडर ड्यूमा की गिनती बेहतरीन साहित्यकारों में होती है। □

अलेक्जेंडर सर्गेविच पुश्किन

(रूस के राष्ट्रकवि)

अलेक्जेंडर सर्गेविच पुश्किन का जन्म सन् 1799 में हुआ था। उनकी अदम्य प्रतिभा को देखते हुए रूसी सरकार ने उन्हें 'राष्ट्रकवि' की उपाधि से सम्मानित किया था। जो स्थान संस्कृत में कवि-शिरोमणि कालिदास को प्राप्त है, वही स्थान रूसी साहित्य में पुश्किन को प्राप्त है। अपेक्षाकृत बड़े ही अल्प जीवनकाल में उन्होंने बहुत

ही उत्कृष्ट कोटि की कविताएँ लिखीं। वे बहुत ही प्रभावशाली कवि थे। उनके महाकाव्य, मुक्तक, काव्य और नाटक रूसी यथार्थवाद के सुंदर उदाहरण हैं। उनके द्वारा लिखित 'यवगेन्या अन्येगिन' पद्यात्मक उपन्यास है, जो उनकी एक महान् कृति है। पुश्किन ने कुछ लघु नाटक भी लिखे हैं। 'पिस्तौल की गोली' और 'हुकुम की रानी' उनकी प्रसिद्ध कहानियाँ हैं।

□

अलेक्जेंडर सोल्जेनित्सिन

(रूसी उपन्यासकार)

रूसी उपन्यासकार सोल्जेनित्सिन को बहुत ही साहसी माना जाता रहा है। उन्होंने कई उपन्यास लिखे। उनकी लोकप्रियता तब बढ़ी, जब उन्होंने रूसी तानाशाह स्टालिन के खिलाफ लिखा। उन्होंने स्टालिन के शासनकाल की ज्यादतियों को अपने उपन्यासों के जरिए उजागर किया। हालाँकि उस समय कोई भी लेखक स्टालिन के खिलाफ कुछ भी लिखने का साहस नहीं करता था। सोल्जेनित्सिन की पुस्तक 'वन डे इन द लाइफ इवान डेनिसोविच' ने रूस में तहलका मचा दिया। उसमें बताया गया कि स्टालिन के शासनकाल में लोगों से कैंपों में बेगार कराई जाती

थी। उनपर अत्याचार भी होता था। वहाँ रहनेवाले लोग नारकीय जीवन जी रहे थे। उन्हें वहाँ से मुक्ति की उम्मीद भी नहीं दिखाई दे रही थी। उन्हें सन् 1970 में साहित्य का 'नोबेल पुरस्कार' प्राप्त हुआ।

□

अलेक्सांद्रो वोल्टा

(विद्युत् बैटरी के आविष्कारक)

अलेक्सांद्रो वोल्टा इटली का एक वैज्ञानिक था। उसने बिजली उत्पन्न करनेवाली मशीन का आविष्कार किया था। वह आविष्कार उस समय किया गया था, जब बिजली संबंधी अनेक परीक्षण चल ही रहे थे। वोल्टा ने उस मशीन को 'बैटरी' नाम दिया। उसने सूखी बैटरियों का निर्माण किया। उसी के नाम पर विद्युत् की शक्ति को 'वोल्टास' कहा जाता है। अपने जीवनकाल में ही वोल्टा को अपने कार्यों के कारण काफी प्रसिद्धि प्राप्त हुई। उसने बिजली संबंधी अनेक समस्याएँ सुलझाने में भी योगदान दिया।

□

अल्फ्रेड बर्नार्ड नोबेल

(नोबेल पुरस्कार के जनक)

अल्फ्रेड बर्नार्ड नोबेल स्वीडन निवासी, रसायनज्ञ तथा इंजीनियर थे।

विश्व-प्रसिद्ध नोबेल पुरस्कार उनके ही द्वारा स्थापित न्यास द्वारा दिया जाता है। उन्होंने डायनामाइट नामक प्रसिद्ध विस्फोटक का आविष्कार किया था। अल्फ्रेड बर्नार्ड नोबेल का जन्म बाल्टिका सागर के किनारे बसे स्टॉकहोम नामक नगर में हुआ था। उनके पिता सन् 1842 से सेंट पीटर्सबर्ग में परिवार सहित रहने लगे। यहाँ से रूस की सरकार के लिए खेती के औजारों के सिवाय आग्नेयास्त्र, सुरंगें (mines) और तारपीडो के निर्माण में लगे रहे। सन् 1850 में अध्ययन के लिए बालक अल्फ्रेड को संयुक्त राज्य अमेरिका भेजा गया। किंतु वहाँ वे केवल एक वर्ष ही रह सके। रूस से स्वीडन वापस आने पर वे अपने पिता के कारखाने में विस्फोटक के, विशेषकर नाइट्रो ग्लिसरीन के, अध्ययन में लग गए। 3 सितंबर, 1864 को भयानक विस्फोट के कारण वह संपूर्ण कारखाना नष्ट हो गया और उसी में उनके छोटे भाई की मृत्यु हो गई। फिर भी वे नाइट्रो ग्लिसरीन जैसे अप्रत्याशित रूप से विस्फोट करनेवाले द्रव्य को नियंत्रित करने के उपायों की खोज में लगे रहे। सन् 1867 में इन्होंने धूम्र रहित बारूद का भी, जिसने आगे चलकर 'कॉर्डाइट' (Cordite) का रूप ले लिया, आविष्कार किया। इन दोनों ही पदार्थों का उद्योग में और युद्ध में विस्तृत रूप से उपयोग होने लगा। इससे रूस स्थित बाकू में तेल क्षेत्रों में धन विनियोजन से उन्होंने विशाल धनराशि एकत्रित कर ली। उनका जीवन रोगों से लड़ते बीता। मानव हित की आकांक्षा से प्रेरित होकर उन्होंने अपने धन का उपयोग एक न्यास (trust) स्थापित करने में किया, जिससे प्रति वर्ष (1) भौतिकी, (2) रसायन, (3) शरीर-क्रिया विज्ञान या चिकित्सा, (4) आदर्शवादी साहित्य तथा (5) विश्व-शांति के क्षेत्रों में सर्वोत्तम कार्य करनेवालों को पुरस्कार दिया जाता है। ये पुरस्कार 'नोबेल पुरस्कार' कहलाते हैं। सन् 1901 से 'नोबेल पुरस्कार' देना आरंभ हुआ था।

□

अल्बर्ट आइंस्टाइन

(सापेक्षता सिद्धांत के अन्वेषक)

आइंस्टाइन एक महान् वैज्ञानिक और गणितज्ञ के रूप में विश्व भर में प्रसिद्ध हैं। उन्हें 'सापेक्षता सिद्धांत' का जनक कहा जाता है। आइंस्टाइन सन् 1879 में जर्मनी के उल्म नामक स्थान पर जनमे। गणित विषय में वे बड़े ही कुशाग्र थे। उन्होंने समूचे ब्रह्मांड की व्याख्या करने की कोशिश की है। उनके विचार बहुत कठिन हैं, जिन्हें समझने के लिए

समय चाहिए। दुनिया के बहुत से वैज्ञानिक उनके विचारों के समर्थन में अनेक प्रमाण प्राप्त करते जा रहे हैं। आइंस्टाइन के सिद्धांतों का ही परिणाम है कि परमाणु शक्ति और टेलीविजन जैसे बड़े आविष्कार संभव हो सके। कई भारतीय वैज्ञानिकों ने उनके सापेक्षता सिद्धांत का विवेचन किया था।

□

अशफाक उल्ला खाँ

(प्रसिद्ध भारतीय क्रांतिकारी)

अशफाक उल्ला खाँ का जन्म उत्तर प्रदेश के शाहजहाँपुर में हुआ था। उनका ताल्लुक एक प्रसिद्ध मुसलमान घराने से था। उस समय भारत ब्रिटिश हुकूमत के अधीन था। ब्रिटिश अधिकारियों के अत्याचारों से देश की जनता त्राहि-त्राहि कर रही थी। यह सब देखकर छात्रावस्था में ही उन्होंने क्रांति की मशाल हाथों में उठा ली और भारत को आजादी दिलाने का संकल्प लिया। 9 अगस्त, 1925 का बहुचर्चित काकोरी कांड, जिसमें क्रांतिकारियों के दल ने अंग्रेजों का खजाना लूटा था, में अशफाक उल्ला खाँ का प्रमुख हाथ था। उस घटना के बाद जबरदस्त गिरफ्तारियाँ हुईं, जिसमें वे बच गए। लेकिन कुछ समय बाद उन्हें गिरफ्तार कर लिया गया और उनपर अलग से मुकदमा चलाया गया, जिसमें उन्हें फाँसी की सजा सुनाई गई। उस समय गर्व से सीना फुलाकर उन्होंने कहा था, "मेरी खुशकिस्मती है कि मुझे हुब्बे-वतन का आलातरीन इनाम मिला है। मैं पहला मुसलमान हूँगा, जो वतन की खातिर फाँसी पा रहा हूँ।" 19 दिसंबर, 1927 को उन्हें फैजाबाद जेल में फाँसी पर लटका दिया गया। भारतीय स्वतंत्रता आंदोलन में उनका नाम हमेशा सम्मान के साथ लिया जाता है।

□

अशोक कुमार

(फिल्म अभिनेता)

सन् 1936 में अशोक कुमार ने सिनेमा जगत् में कदम रखा। अपने कुशल अभिनय और आदर्श व्यवहार के कारण वे दिन-प्रतिदिन आगे बढ़ते गए और सफल अभिनेता के रूप में कार्य करते रहे। वे सबसे लंबी अवधि तक फिल्मों में

काम करते रहे। अछूत कन्या, किस्मत, आशीर्वाद, खट्टा-मीठा आदि उनकी सफल फिल्मों में से कुछ के नाम हैं। सन् 1988 में उन्हें 'दादा साहब फाल्के पुरस्कार' से सम्मानित किया गया।

□

अहिल्याबाई

(होलकर वंश की रानी)

अहिल्याबाई का विवाह महाराजा मल्हारराव के बेटे खांडेराव होल्कर के साथ हुआ था। खांडेराव की मृत्यु के उपरांत अन्य कोई वारिस न होने के कारण उनकी रानी अहिल्याबाई राजगद्दी पर बैठीं। इंदौर होलकर वंश की राजधानी थी। रानी स्वयं दरबार में उपस्थित होती थीं। वे स्वयं ही राज्य के सभी मामलों में रुचि लेती थीं और शीघ्रातिशीघ्र उचित न्याय भी करती थीं। सार्वजनिक निर्माण-कार्यों की ओर उन्होंने विशेष ध्यान दिया था। उन्होंने बनारस तक पक्की सड़क का निर्माण करवाया था। अहिल्याबाई अत्यंत धर्मपरायण थीं। उन्होंने बनारस में अन्नपूर्णा और गया में विष्णु-मंदिरों का निर्माण भी करवाया था।

मातेराव नामक पुत्र की मृत्यु के उपरांत उन्होंने तुकोजीराव को सेनापति बनाया। तुकोजीराव की दृष्टि सदैव सिंहासन पर बनी रहती थी, अतः रानी की मृत्यु के पश्चात् उसने राजगद्दी पर कब्जा कर लिया।

□

आंग सान सू की

(म्याँमार की संघर्षशील नेत्री)

म्याँमार पूर्व में बर्मा के नाम से जाना जाता था। सैनिक शासन होने के कारण म्याँमार में मानवाधिकार का हनन होने का आरोप लगता रहा है। इसलिए वहाँ अरसे से लोकतंत्र की माँग उठती रही है। इसके लिए कई बार जनांदोलन हुए, परंतु सैनिक सरकार ने उन्हें बार-बार दबा दिया। सैन्य शासक को हालाँकि अंतरराष्ट्रीय दबाव में वहाँ चुनाव कराने पड़े, परंतु विपक्षी दलों ने भारी धाँधली का आरोप लगाया। आज भी वहाँ सैनिक शासन बरकरार है। वहाँ के महान् नेता आंग सान की पुत्री सू की ने लोकतंत्र के लिए कड़ा संघर्ष किया। इसपर सेना ने उन्हें वर्षों तक नजरबंद रखा। इस लंबे एवं शांतिपूर्ण संघर्ष के लिए उन्हें सन् 1991 में 'नोबेल शांति पुरस्कार' प्रदान किया गया।

□

आंद्रे मारिए एंपियर

(विद्युतधारा एंपियर के आविष्कारक)

आंद्रे मारिए एंपियर का जन्म फ्रांस के लिओस कस्बे में सन् 1775 में हुआ था। उनके पिता जाने-माने साहित्यकार थे। आंद्रे मारिए एंपियर को भी वे इसी में लगाना चाहते थे, जबकि एंपियर को साहित्य सेवा पसंद नहीं थी। उनका मन गणित में लगता था। वे गणित की समस्याओं का समाधान आसानी से कर देते थे, इसलिए वे उसी दिशा में आगे बढ़ना चाहते थे। आंद्रे मारिए अभी महज 18 वर्ष के ही थे कि फ्रांस में क्रांति हो गई। उनके पिता को वहाँ के राजा ने आंद्रे मारिए के सामने ही फाँसी पर चढ़ा दिया था। इस घटना से आंद्रे मारिए बहुत व्यथित हुए। इससे उन्हें मानसिक आघात भी पहुँचा। एंपियर ने सिद्ध किया कि विद्युत् शक्ति दो सर्किटों में प्रवाहित होती है। एंपियर ने बाद में यह सिद्ध कर दिया कि लोहे और चुंबक के बिना

भी बिजली पैदा की जा सकती है। आंद्रे मारिए एंपियर की गिनती विश्व के महान् वैज्ञानिकों में की जाती है। संसार उनकी वैज्ञानिक शोधों को कभी भुला नहीं पाएगा। उनके नाम पर विद्युत् धारा की इकाई को 'एंपियर' नाम दिया गया है। इससे पहले विद्युत् धारा की इकाई की जानकारी वैज्ञानिकों को नहीं थी।

□

आंद्रेयास वैसेलियस

(शरीर-विज्ञान के पुरोधा)

वैसेलियस का जन्म ब्रुसेल्स में हुआ था। उनके पिता ने उन्हें चिकित्सा-शास्त्र की शिक्षा दिलाने के लिए विश्वविद्यालय भेजा। वहाँ एक मेधावी छात्र की तरह उन्होंने खूब शोहरत हासिल

की। इसके बाद उन्होंने चिकित्सा-शास्त्र पढ़ाना शुरू कर दिया। उनसे पहले छात्रों को किसी ने भी शरीर की वास्तविक रचना की जानकारी नहीं दी थी। उनका कहना था कि पारंपरिक ज्ञान के बजाय स्वयं परीक्षण करके ज्ञान अर्जित करना बेहतर होता है। उस दौरान पढ़ाया जानेवाला चिकित्सा-शास्त्री गैलन का ग्रंथ बंदरों के शरीर की चीर-फाड़ पर आधारित था, इसलिए उसमें अधूरापन मौजूद था। वैसेलियस ने इस कमी को दूर करके वास्तविक ज्ञान प्राप्त किया। उन्होंने 'द ह्यूमेनि कॉरपोरिस फैब्रिका' नाम का ग्रंथ भी लिखा। उसमें पुराने ज्ञान को चुनौती दी गई थी।

□

आइजक न्यूटन

(प्रसिद्ध वैज्ञानिक)

न्यूटन एक महान् वैज्ञानिक थे। उनका जन्म सन् 1642 में इंग्लैंड के वूल्सथ्राप नामक गाँव में हुआ। पहले लोग

चाँद-सितारों को दैवी शक्ति आदि मानते थे; परंतु न्यूटन ने बताया कि ये सभी चीजें एक-दूसरे के प्रति एक आकर्षण से बँधी हैं। यही आकर्षण 'गुरुत्वाकर्षण' कहलाता है। न्यूटन ने एक अच्छी दूरबीन तैयार की, जिसमें लेंसों के स्थान पर दर्पण का प्रयोग किया गया था। न्यूटन का निधन सन् 1727 में हुआ था। □

आकेनहातेन

(प्राचीन मिस्र का शासक)

मिस्र का शासन धर्मगुरुओं द्वारा चलता था। ऐसे में आकेनहातेन चतुर्थ पहला शासक था, जिसने मिस्र में शासन पर धर्मगुरुओं का प्रभाव समाप्त कर धार्मिक क्रांति का आरंभ किया। उसने देवताओं की पूजा की नई विचारधारा का प्रचार किया। उसके नाम बदलने के पीछे भी

यही कारण था। आकेनहातेन नाम की नई राजधानी भी उसने बसाई। मिस्र में नौकरियों में सरकारी प्रभाव का आरंभ भी सर्वप्रथम उसी ने किया था।

□

आगस्टस सीजर

(रोम का प्रथम शासक)

आगस्टस सीजर रोम का प्रथम शासक था। उसका वास्तविक नाम गाइस ऑक्टेवियस था। उसके पिता का नाम ऑक्टेवियस था। गाइस ने रोमन साम्राज्य को अनेक आपातकालीन परिस्थितियों से उबारते हुए उन्नति की ओर पहुँचाया और उसे सुरक्षा व शांति प्रदान की। इन्हीं साहसिक कार्यों के लिए उसे 'आगस्टस' की उपाधि दी गई, जिसका अर्थ है- समादरणीय। अंग्रेजी के आठवें महीने-अगस्त-का नाम भी

उसी के नाम पर रखा गया। रोम के सर्वे-सर्वा जूलियस सीजर ने उसकी बुद्धिमत्ता से प्रभावित होकर उसे अपना उत्तराधिकारी बना लिया था, जिससे उसका नाम 'गाइस जूलियस सीजर ऑक्टेवियस' पड़ा। आगस्टस ने 40 वर्षों तक रोमन साम्राज्य पर शासन किया। अपने शासनकाल में उसने रोम के सौंदर्य को संगमरमर से लाद दिया था; जबकि इस नगर की आधारशिला ईंटों से रखी गई थी।

□

आगा खाँ

(मुसलिमों के मुखिया)

आगा खाँ भारतीय मुसलिम संप्रदाय के धार्मिक मुखिया माने जाते हैं। आगा खाँ का पूरा नाम आगा सुल्तान सर मुहम्मद शाह था। आगा खाँ कोई साधु-संत नहीं होते। संप्रदाय के मुखिया को आगा खाँ के नाम से पुकारा जाता है और उनकी देख-रेख में अनेक समाज-उपयोगी कार्य चलते हैं। संप्रदाय के लोगों में वे बहुत सम्माननीय होते हैं।

आगा सुल्तान सर मुहम्मद शाह ब्रिटिश शाही परिवार, वहाँ की सरकार और जनता में बहुत लोकप्रिय थे। उन्होंने यूरोप से शिक्षा प्राप्त की थी, जिसके परिणामस्वरूप उनके रहन-सहन और वेशभूषा पर पाश्चात्य शैली का प्रभाव अधिक देखा जाता था। प्रथम और द्वितीय विश्व युद्ध के दौरान उन्होंने ब्रिटेन को भरपूर सहयोग दिया था। उनकी घुड़साल में रेस के बढ़िया-से-बढ़िया घोड़े दिखाई देते थे; क्योंकि रेस के बढ़िया घोड़े पालना उनका पसंदीदा शौक था। अपने उन्हीं घोड़ों से वे इंग्लैंड की रेस में अकसर जीतते रहते थे। आगा खाँ का नाम संसार के समृद्धतम व्यक्तियों में लिया जाता था।

□

आचार्य हजारीप्रसाद द्विवेदी

(प्रसिद्ध हिंदी साहित्यकार)

आचार्य हजारीप्रसाद द्विवेदी का जन्म उत्तर प्रदेश के बलिया जिले में हुआ था। उन्होंने शिक्षा की शुरुआत बलिया में की, इसके बाद उच्च शिक्षा के लिए बनारस चले गए। उन्होंने वहीं से शिक्षा पूरी करके विश्व भारती एवं शांति-निकेतन में हिंदी और संस्कृत का शिक्षण-कार्य शुरू कर दिया। इसके बाद वे बनारस हिंदू विश्वविद्यालय के हिंदी विभाग के प्रमुख बने। हजारीप्रसाद द्विवेदी यहाँ से पंजाब विश्वविद्यालय में भी विभाग प्रमुख रहे। यहाँ रहते हुए उन्होंने कई प्रमुख ग्रंथों की रचना की। उनकी 'बाणभट्ट की आत्मकथा' पुस्तक सबसे अधिक लोकप्रिय हुई। उन्होंने विभिन्न रचनाओं के जरिए समाज को विशिष्ट शैली प्रदान की। इसी के जरिए हजारीप्रसाद द्विवेदी को साहित्य के क्षेत्र में विशेष स्थान प्राप्त हुआ। उनके बारे में कहा जाता है कि उन्होंने सामाजिक मान्यताओं एवं संवेदनाओं के प्रति पूरी ईमानदारी बरती। हजारीप्रसाद ने विद्वान् लेखक, आचार्य एवं आलोचक के रूप में पहचान बनाई।

□

आचार्य नरेंद्रदेव

(भारत के स्वतंत्रता सेनानी)

आचार्य नरेंद्रदेव भारत के प्रमुख स्वतंत्रता संग्राम सेनानी, पत्रकार, साहित्यकार एवं शिक्षाविद् थे। वे विलक्षण प्रतिभा और व्यक्तित्व के स्वामी, अध्यापक के रूप में उच्च कोटि के निष्ठावान् अध्यापक और महान् शिक्षाविद् थे। काशी विद्यापीठ के आचार्य बनने के बाद से यह उपाधि उनके नाम का ही अंग बन गई। देश को स्वतंत्र कराने का जुनून उन्हें स्वतंत्रता आंदोलन में खींच लाया और भारत की आर्थिक दशा तथा गरीबों की दुर्दशा ने उन्हें समाजवादी बना दिया। आचार्य नरेंद्रदेव का जन्म संवत् 1949 (सन् 1890) में कार्तिक शुक्ल अष्टमी को उत्तर प्रदेश के सीतापुर जिले में हुआ था। बी.ए. पास कर पुरातत्त्व पढ़ने आप काशी के क्वींस कॉलेज में आए। सन् 1913 में एम.ए. पास किया। घरवालों ने वकालत पढ़ने का आग्रह किया। नरेंद्रदेवजी को यह पेशा पसंद नहीं था; किंतु वकालत करते हुए राजनीति में भाग ले सकने की दृष्टि से कानून पढ़ा। सन् 1915-20 तक पाँच वर्ष फैजाबाद में वकालत की। इसी बीच 'असहयोग आंदोलन' प्रारंभ हुआ। 'असहयोग आंदोलन' के शुरू होने के बाद श्री जवाहरलाल नेहरू की सूचना और अपने मित्र श्री शिवप्रसाद गुप्त के आमंत्रण पर नरेंद्रदेवजी विद्यापीठ आए। सन् 1934 में आपने श्री जयप्रकाश नारायण, डॉ. राममनोहर लोहिया तथा अन्य सहयोगियों के साथ 'कांग्रेस सोशलिस्ट पार्टी' की स्थापना की। 1934 में हुए इसके प्रथम अधिवेशन के अध्यक्ष आचार्यजी ही थे। कांग्रेस से बाहर आने पर सन् 1948 में 'सोशलिस्ट पार्टी' का जो सम्मेलन पटना में हुआ, उसकी अध्यक्षता भी आचार्यजी ने ही की। समाजवादी आंदोलन में आचार्य नरेंद्रदेव का वही स्थान रहा है, जो एक परिवार में मुखिया का होता है या व्यक्ति में आत्मा का होता है। आचार्यजी मार्क्सवादी समाजवादी थे, किंतु बराबर कहा करते थे कि इस युग की दो मुख्य प्रेरणाएँ राष्ट्रीयता और समाजवाद हैं और राष्ट्रीय परिस्थितियों व आकांक्षाओं की दृष्टि से ही वे समाजवाद का अर्थ करने पर जोर देते रहे। इस दृष्टि से आचार्यजी किसानों के सवाल पर विशेष जोर देते थे और किसानों की भूमिका का विशेष मान करते थे; जबकि मार्क्सवादी परंपरा के अनुसार किसान की भूमिका प्रतिक्रियावादी हो सकती है। भारत में समाजवाद को राष्ट्रीयता और किसानों के सवाल से जोड़ना आचार्यजी की भारतीय समाजवाद को एक स्थायी देन है।

□

आटो हॉन

(अणु के आविष्कारक)

आटो हॉन का जन्म जर्मनी में सन् 1879 में हुआ था। रसायन विज्ञान में उनकी बचपन से ही रुचि थी। शिक्षा पूरी करने के बाद उन्होंने वैज्ञानिक बनने का लक्ष्य बनाया। उन्होंने अणु की खोज करके दुनिया को ऐसा स्रोत प्रदान किया, जिससे कम खर्च में अधिक-से-अधिक ऊर्जा प्राप्त की जा सकती है। उन्होंने बताया कि विखंडन के आधार पर ही अणु का निर्माण होता

है। यह अलग बात है कि अणु का उपयोग बम बनाने में भी किया गया। यह बहुत ही घातक सिद्ध हुआ। इससे बड़े पैमाने पर नर-संहार होने लगा। हालाँकि आटो हॉन का ऐसा ध्येय नहीं था। सन् 1944 में उन्हें विज्ञान संबंधी उपलब्धियों के लिए 'नोबेल पुरस्कार' से सम्मानित किया गया। सन् 1968 में इस वैज्ञानिक का निधन हो गया। □

आर्कमिडीज

(प्रसिद्ध यूनानी वैज्ञानिक)

आर्कमिडीज यूनान के प्रसिद्ध वैज्ञानिक थे। वे यूनान के सिराक्यूज नगर के रहनेवाले थे। उनका जन्म ई.पू. 287 में हुआ था।

सिराक्यूज के राजा हिएरो अकसर गंभीर मामलों में उनसे राय लिया करते थे। एक बार राजा हिएरो ने एक सुनार से सोने का एक मुकुट बनवाया। मुकुट की शुद्धता परखने के लिए उसने आर्कमिडीज को बुलया और कहा कि मुकुट को क्षति पहुँचाए बिना शुद्धता की जाँच करे। कुछ क्षण तो वह बुत बने खड़े रहे, फिर अपने एक प्रयोग द्वारा उन्होंने मुकुट में की गई मिलावट के विषय में बताया। □

आर्देशिर

(ईरानी राजा)

आर्देशिर का जन्म एक ईरानी सामंत के यहाँ 226 ई. में हुआ था। उस समय में ईरान पर पर्शियन का शासन था। आर्देशिर को पर्शियन सरकार की नीतियों पर ऐतराज था। उसने इस कारण सरकार के खिलाफ झंडा बुलंद कर दिया।

इस दौरान दोनों पक्षों में भयंकर संघर्ष हुआ। उसमें पर्शियन राजा की मौत हो गई। मौका

पाकर आर्देशिर राजगद्दी पर काबिज हो गया। इससे ईरानी लोगों के राजवंश की शुरुआत हुई। इससे पहले दूसरे लोग ही ईरान पर शासन करते रहे थे। इस राजवंश का नाम 'सासानिद' पड़ गया। आर्देशिर ने सबसे पहले रोम के अधिकारवाले राज्यों को मुक्त करवाया। इतना ही नहीं, उसने अपने शासनकाल में बहुत सारे जनहित के काम किए। इस दौरान कई नए नगर बसाए गए। उन्हें सड़क मार्गों से भी जोड़ा गया। गाँवों में खेती-बाड़ी को उन्नत बनाने की दिशा में भी ठोस प्रयास किए गए। उसके कार्यकाल में सामान्य लोगों के उत्थान के लिए भी बहुत से काम हुए, जिससे ईरान की काफी उन्नति हुई। आर्देशिर का बड़ा बेटा सपोर भी उसकी तरह ही वीर एवं साहसी हुआ। उसने भी रोमन राजाओं को करारी शिकस्त दी। बालेरियन के राजा को उसने बंदी बना लिया था। इससे आस-पास के राजा उससे खौफ खाने लगे थे।

□

आर्यभट्ट

(प्राचीन भारतीय ज्योतिषविद्)

आर्यभट्ट प्राचीन भारतीय ज्योतिष विज्ञान के उद्भट विद्वान् थे। वे इस बात के प्रमाण हैं कि प्राचीन काल में भी भारत में ज्योतिष-शास्त्र काफी उन्नत था। ब्रह्मांड सूर्य-केंद्री है, भू-केंदी नहीं-यह मत उन्होंने ही दिया था। ग्रह-नक्षत्रों की गति के संबंध में भी आर्यभट्ट ने अनेक बातें निर्धारित कीं। अपने द्वारा रचित 'आर्य सिद्धांत' नामक ग्रंथ में उन्होंने अपनी खोज और सिद्धांतों का स्पष्ट विवेचन किया है। वे बीजगणित के अच्छे ज्ञाता थे और इस विषय पर उन्होंने एक मौलिक ग्रंथ की रचना की थी। भारत ने अंतरिक्ष में भेजे अपने पहले उपग्रह को 'आर्यभट्ट' का ही नाम दिया था।

□

आशापूर्णा देवी

(बँगला लेखिका)

आशापूर्णा देवी की गणना उन लेखकों में की जाती है, जिन्होंने रवींद्रनाथ अथवा शरत्चंद्र की परंपरा को अपनाया। उनका 'प्रथम प्रतिश्रुति' उपन्यास 'ज्ञानपीठ पुरस्कार' से सम्मानित किया गया था। आशापूर्णा देवी का कथा-साहित्य रवींद्रनाथ आदि के काल की मनोवृत्ति से ओत-प्रोत है। उन्हें अनेक पुरस्कारों से सम्मानित किया गया है। 'स्वर्णलता', 'अग्निपरीक्षा', 'का खोनो दिन का खोनो रात', 'बाकुल कथा' आदि उनके प्रसिद्ध उपन्यास हैं। उन्होंने अनेक

कहानियाँ भी लिखी हैं। उन्हें 'पद्‌मश्री' से सम्मानित किया गया था।

□

आशुरबेनीपाल

(सीरिया का सम्राट्)

आशुरबेनीपाल असीरिया के शासक सेन्नाचिरिब का पोता था। अपने शासनकाल में वह 'विश्व सम्राट्' के नाम से प्रसिद्ध हुआ। उसने असीरिया की बहुत प्रगति की। उसकी उपलब्धियों की विशेषता यह थी कि वे शांतिपूर्ण कार्यों के लिए थीं। असीरिया की राजधानी निनवे में उसने एक भव्य महल का निर्माण कराया, उसकी दीवारों पर उभरी हुई मूर्तियाँ बनवाईं। इतिहास संबंधी अनेक फलक-पट्टियों को एकत्र करके एक पुस्तकालय की स्थापना भी उसके द्वारा की गई। प्रजा को शिक्षित करने के लिए उसने राज्य में स्कूल खोले, सड़कें बनवाईं और प्रजा की सुविधा के लिए अनेक भवनों का निर्माण कराया।

□

ऑस्कर वाइल्ड

(कवि और नाटककार)

ऑस्कर वाइल्ड आयरलैंड के कवि और नाटककार थे। वे अति कुशाग्र, बुद्धिमान और युक्तियुक्त कवि थे, जिसे निरस्त करना असंभव था। यह उनकी बहुत बड़ी विशेषता थी और उनका हास्य भी उनके गुणों में शामिल था। अपने इन्हीं गुणों के कारण उन्होंने इतनी प्रसिद्धि प्राप्त की थी। उनके चार सुखांत नाटक बहुत ही प्रसिद्ध हैं। उनमें 'द इंपोर्टेंस ऑफ बीइंग ऑर्नेस्ट' बहुत बढ़िया हास्य-व्यंग्यात्मक सुखांत नाटक है।

वाइल्ड को अपने सुप्रसिद्ध नाटकों से प्रचुर धन-लाभ हुआ था; किंतु वे स्कॉटलैंड के लॉर्ड क्वींस बरी के साथ मुकदमेबाजी में बरबाद हो गए, साथ ही दो वर्ष की सजा काटने के लिए उन्हें जेल भी जाना पड़ा। जेल-प्रवास के दौरान उन्होंने एक बहुत लंबी और सुंदर कविता की रचना की। इस घटना ने उन्हें बहुत बदनाम कर दिया था, जिसके चलते वे फ्रांस आ गए और बहुत ही निर्धनता में दिन गुजारने लगे। सन् 1990 में वे यह संसार छोड़कर चले गए।

□

इंदिरा गांधी

(भारतीय प्रथम महिला प्रधानमंत्री)

इंदिरा गांधी का जन्म सन् 1917 में इलाहाबाद में हुआ था। उनके पिता जवाहरलाल नेहरू थे। घर के वातावरण

ने बचपन से ही उनके भीतर निर्भीकता और साहस आदि गुणों का संचार किया। नेहरूजी उन्हें प्यार से 'प्रियदर्शिनी' कहकर पुकारते थे। इंदिराजी को बचपन से ही गांधीजी का स्नेह प्राप्त हुआ।

लगभग 20 वर्षों तक इंदिरा गांधी ने भारत के प्रधानमंत्री पद का कार्यभार सँभाला और विभिन्न क्षेत्रों में देश की उन्नति के लिए अनेक सराहनीय कार्य किए। भारत जैसे विशाल और विभिन्न संस्कृतियों, भाषाओं, रीति-रिवाजोंवाले देश में प्रधानमंत्री पद का कार्य सँभालना बड़ा ही चुनौतीपूर्ण होता है। एक महिला होते हुए भी उन्होंने बड़ी कुशलता के साथ इस पद को सँभाला। अपने कार्यकाल के दौरान उन्हें अनेक गंभीर चुनौतियों का सामना करना पड़ा था। सन् 1971 में पूर्वी पाकिस्तान (अब बँगलादेश) पर सरकार के अत्याचारों के कारण लाखों शरणार्थी भारत आए, जिसके चलते पाकिस्तान ने भारत पर आक्रमण कर दिया। उस समय भारतीय सेना ने पूर्वी पाकिस्तान में जाकर पाकिस्तानी सेना के छक्के छुड़ा दिए और स्वतंत्र बँगलादेश की स्थापना कर दी। इस प्रकार एक स्वतंत्र देश का जन्म हुआ। इससे भारत की प्रतिष्ठा भी बढ़ी।

पंजाब में आतंकवाद की जड़ें मजबूत होती जा रही थीं। तब 3 जून, 1981 को उन्होंने स्वर्ण मंदिर को आतंकवादियों से मुक्त करवाया। इस कारवाई से सिखों का एक धड़ा उनसे नाराज हो गया। इसी कारण उनके दो सुरक्षाकर्मी, जो सिख थे, ने 31 अक्तूबर, 1984 की प्रात: गोलियों से उनका शरीर छलनी कर डाला, जिससे उनकी मृत्यु हो गई।

□

इकोका ली

(इटली के श्रेष्ठ प्रबंधक)

इकोका ली का जन्म सन् 1924 में इटली में हुआ था। उन्होंने शिक्षा पूरी करके प्रबंधन की पढ़ाई की। वे अमेरिकी उद्योगों की प्रबंध व्यवस्था के जादूगर माने जाते हैं। इकोका दुनिया की नामचीन कार निर्माता कंपनी 'फोर्ड' के अध्यक्ष थे। अमेरिकी उद्योग जगत् उनके बेहतरीन प्रबंधन का उस समय अधिक कायल हो गया, जब इकोका ने 'क्राइसलर' मोटर कंपनी को दिवालिएपन से बाहर निकाला। इकोका को उसका जिम्मा उस समय दिया गया, जब प्रबंधन के सारे प्रयास विफल हो चुके थे। 'क्राइसलर' मोटर कंपनी को बचाने का कोई रास्ता नहीं सूझ रहा था।

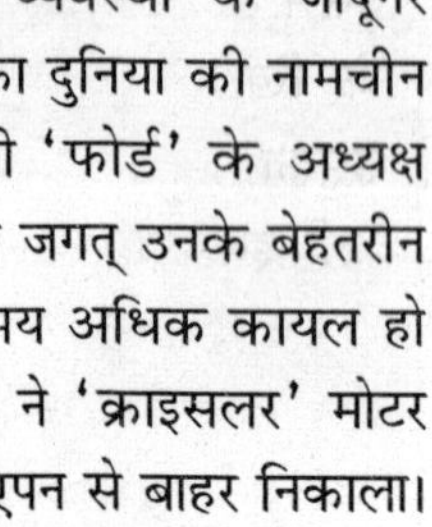

इकोका ने इसे चुनौती के रूप में लिया। उन्होंने अपने हुनर का बेहतर इस्तेमाल करके कंपनी को दिवालिया

होने से बचा लिया। इसका नतीजा यह हुआ कि कंपनी का घाटा कम होने लगा। इतना ही नहीं, कंपनी धीरे-धीरे लाभ में आने लगी। इससे प्रबंधन एवं कर्मचारियों को बहुत राहत मिली। इसके बदले में इकोका को बहुत प्रसिद्धि मिली। दुनिया भर में उनका प्रबंधन के क्षेत्र में नाम हो गया। हालाँकि कुछ समय बाद स्वास्थ्य ठीक न रहने के कारण इकोका ने 'क्राइसलर' मोटर कंपनी के मुखिया के पद से इस्तीफा दे दिया। इससे कंपनी को तगड़ा झटका लगा। लेकिन कंपनी फिर से कुप्रबंधन में नहीं फँसी। इकोका डायबिटीज के शिकार हो गए थे। उन्होंने इससे हार नहीं मानी। उन्होंने तो डायबिटीज के खिलाफ संघर्ष में भी प्रसिद्धि पाई। इसका जिक्र उन्होंने अपनी आत्मकथा 'ली इकोका' में भी किया।

□

इगोर स्त्राविंस्की

(प्रसिद्ध यूरोपीय संगीतज्ञ)

यूरोप के शीर्ष संगीतकारों में इगोर फेदोरोविच स्त्राविंस्की का प्रमुख स्थान रहा है। उनका जन्म सन् 1882 में लेनिनग्राद (सोवियत संघ) में हुआ था। उनके पिता ओपेरा गायक थे। इसलिए स्त्राविंस्की का रुझान संगीत की ओर अल्पायु में ही हो गया। रिम्स्की व गिल्येव नाम के संगीत गुरुओं ने उनकी प्रतिभा को और निखारा। परिणामस्वरूप वह प्रथम विश्व युद्ध के पूर्व तक प्रख्यात संगीतज्ञ के रूप में प्रतिष्ठित हो गए। सन् 1910 में 'द फायरबर्ड' नामक बैले से उन्हें रूस-फ्रांस में काफी प्रशंसा मिली। स्त्राविंस्की कई वर्षों तक स्विट्जरलैंड व फ्रांस में रहे और यूरोप के कई देशों का भ्रमण किया। इस दौरान उन्होंने कई महत्त्वपूर्ण रचनाएँ कीं। सन् 1938 से 1939 के बीच उनकी बड़ी बेटी, पत्नी और माँ उनसे छिन गईं। द्वितीय विश्व युद्ध के शुरू होते ही उन्हें अमेरिका जाने का अवसर मिला। हार्वर्ड विश्वविद्यालय ने स्त्राविंस्की को संगीत के काव्यत्व पर व्याख्यान देने के लिए दो वर्ष के लिए अमेरिका आने का आमंत्रण दिया। यहीं से उनकी उपलब्धियों का दूसरा चरण शुरू हुआ। सन् 1945 में उन्हें अमेरिका की नागरिकता दे दी गई। सन् 1948 में उन्होंने 'द रेक्स प्रोग्रेस' की रचना की, जिसे वेनिस में सन् 1951 में प्रथम बार प्रदर्शित किया गया। 'द रेक्स प्रोग्रेस' कालजयी ओपेरा माना जाता है। बढ़ती आयु में भी संगीत को समर्पित स्त्राविंस्की का 80वाँ जन्मदिन विश्व भर में समारोहपूर्वक मनाया गया। इस अवसर पर उन्हें रूस में भी आमंत्रित किया गया। यहाँ उनके ओपेरा, समूह गीतों तथा बैले का अपूर्व स्वागत हुआ। वह ख्रुश्चेव से भी मिले।

स्त्राविंस्की ने कई महान् संगीत रचनाएँ कीं, जिनमें 'द फायरबर्ड', 'द राइट ऑफ स्प्रिंग', 'द नाइटिंगेल', 'द रेक्स प्रोग्रेस' आदि प्रमुख हैं।

जार कालीन रूस में जनमे स्त्राविंस्की का पहला विवाह सन् 1606 में कैथरीन नूसेंको और दूसरा विवाह पूर्व परिचित कलाकार वेरा दी बोसेत से हुआ था। चूँकि स्त्राविंस्की आर्थोडॉक्स चर्च के सदस्य थे, इसलिए रूसी व्यवस्था में उनकी आस्था नहीं थी। इसके विपरीत, अमेरिका का खुला माहौल उन्हें ज्यादा पसंद आया। उन्हें फ्रांस ने भी नागरिकता प्रदान की थी। अप्रैल 1971 में उनका 89 वर्ष की आयु में निधन हुआ।

आधुनिक यूरोप के महान् संगीतकारों में रूस के स्त्राविंस्की का नाम अग्रणी है। उनकी रचनाएँ अपने समय में ही 'नवशास्त्रीवाद' की प्रवर्तक मानी जाने लगी थीं।

□

इब्नबतूता

(अरब यात्री)

मुहम्मद बिन अब्दुल्ला इब्नबतूता, यही पूरा नाम था इब्नबतूता का। वह अरब देश का प्रसिद्ध यात्री था और अफ्रीका के मोरक्को देश का निवासी था। मुहम्मद बिन तुगलक के समय, सन् 1333 में, वह भारत आया था। उस यात्रा के दौरान उसके द्वारा लिखे गए वृत्तांतों से भारतीय इतिहास के संबंध में महत्त्वपूर्ण सामग्री मिलती है। मुहम्मद बिन तुगलक उसके कार्यों से बहुत प्रभावित था। उसने उसे दिल्ली का प्रथम काजी नियुक्त किया और बाद में दूत बनाकर चीन भेज दिया।

□

इब्राहीम लोदी

(अंतिम लोदी सुल्तान)

इब्राहीम लोदी दिल्ली पर शासन करनेवाला लोदी वंश का अंतिम और दिल्ली का तीसरा लोदी सुल्तान था। इब्राहीम लोदी अपने अधीन अफगान सैनिकों पर कड़ा नियंत्रण रखता था, ताकि कोई उसके विरुद्ध किसी प्रकार का षड्यंत्र न कर सके। उसके इस व्यवहार से अफगान सैनिक बहुत त्रस्त रहते थे और उसे नीचा दिखाने के अवसर ढूँढ़ते रहते थे। पंजाब का सूबेदार दौलत खाँ लोदी उससे खार खाए बैठा था। वह उसे खत्म कर देना चाहता था। भीतर-ही-भीतर षड्यंत्र रचकर उसने मुगल आक्रमणकारी बाबर को भारत पर आक्रमण करने के लिए उकसाया। उसके निमंत्रण पर

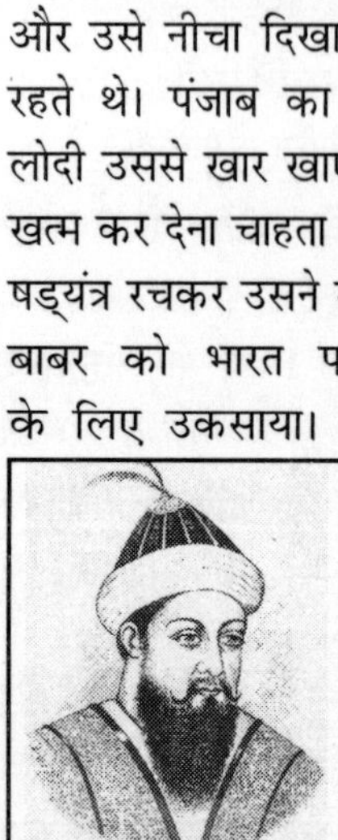

बाबर अपनी विशाल सेना के साथ भारत पर चढ़ आया। 21 अप्रैल, 1526 को पानीपत की

पहली लड़ाई हुई, जिसमें इब्राहीम लोदी बुरी तरह हार गया। इब्राहीम लोदी के अंत के साथ ही दिल्ली से लोदी वंश के शासन का खात्मा हो गया और मुगलों का शासन स्थापित हो गया।

□

इलिया राजा

(संगीत निर्देशक)

इलिया राजा का जन्म सन् 1943 में हुआ था। उन्हें बचपन से ही संगीत का शौक था। उन्होंने अपनी रुचि के अनुसार संगीत सीखना शुरू कर दिया। हालाँकि उन्हें माता-पिता की ओर से इस बाबत अपेक्षित सहयोग नहीं मिला। इलिया राजा से पहले भारतीय फिल्म संगीत बहुत ही सामान्य परिस्थितियों में बजाया जाता था। वे पहले भारतीय संगीत निर्देशक हुए, जिनकी वाद्य-संगीत रचनाओं की रिकॉर्डिंग लंदन के महत्त्वपूर्ण रॉयल फिलहार्मोनिक ऑर्केस्ट्रा

द्वारा की गई थी। इससे संगीत के क्षेत्र में गुणवत्तापरक उन्नति हुई। इलिया राजा ने करीब 700 फिल्मों में संगीत दिया।

□

इलियास होव

(सिलाई मशीन के आविष्कारक)

इलियास होव अमेरिका के बोस्टन

नगर में पैदा हुआ। उसने बचपन से ही गरीबी देखी थी, इसलिए वह बेहतर शिक्षा भी प्राप्त नहीं कर पाया था। वह बोस्टन में ही दुकान पर कल-पुरजे बनाने एवं उनकी मरम्मत का कार्य करता था। उसके कंधों पर पत्नी एवं तीन बच्चों के पालन-पोषण का बोझ था। वह किसी तरह उनका गुजारा कर पाता था। अमेरिका की आबादी उन दिनों तेजी से बढ़ रही थी। उसके लिए कपड़े समेत अन्य जरूरत की चीजें मुहैया करा पाना मुश्किल हो रहा था। उस समय कपड़े हाथ से सिलकर पहने जाते थे। उनको समय पर तथा सफाईपूर्वक तैयार करना बहुत कठिन था। होव ने इस दिशा में सोचना शुरू कर दिया। उसने एक ऐसी मशीन की जरूरत महसूस की, जोकि तेजी से कपड़े की सिलाई कर सके। उसने काफी प्रयास के बाद सिलाई मशीन बनाने में कामयाबी हासिल की। उस मशीन में धागा ऊपर से नीचे की ओर जाता था। अरसे बाद आज भी सिलाई मशीन इसी पैटर्न पर बनाई जाती है। होव के सामने उस समय बड़ी समस्या आ गई, जब वहीं के एक व्यक्ति सिंगर

ने नकल करके मशीन बनानी शुरू कर दी। इसपर होव को बहुत नुकसान हुआ। उसने अदालत की शरण ली। अदालत ने होव के पक्ष में निर्णय दिया। इसके बाद होव को काफी सारी रॉयल्टी मिली। इससे उसके जीवन से तंगी दूर हो गई। होव के इस प्रयास ने मनुष्य को सभ्य कहलाने में बहुत मदद की। सभ्य होने में सिले हुए कपड़ों ने अहम भूमिका निभाई। □

ईदी अमीन

(युगांडा का क्रूर तानाशाह)

ईदी अमीन का जन्म सन् 1925 में हुआ था। आरंभ से ही वह बहुत महत्त्वाकांक्षी था। वह सन् 1972 से 1979 तक आधुनिक अफ्रीका के देश युगांडा का राष्ट्रपति रहा। अपने शासनकाल के दौरान उसने 50 हजार एशियन लोगों को अपने देश से बाहर चले जाने का आदेश दिया और असंख्य लोगों को मौत के घाट भी उतार दिया था। उसके द्वारा किए गए सभी कृत्य सिद्ध करते हैं कि

वह एक अत्यंत क्रूर शासक था। उसकी यह तानाशाही अधिक न चल सकी। उसके अत्याचारों से त्रस्त होकर शीघ्र ही सैनिक बगावत में उसका तख्ता पलट कर दिया गया। □

ईश्वरचंद्र विद्यासागर

(भारतीय समाज-सुधारक)

ईश्वरचंद्र विद्यासागर का जन्म बंगाल में सन् 1802 में हुआ था। उन्होंने अल्प समय में ही गंभीर अध्ययन हासिल किया। इसी कारण विद्वानों ने उन्हें 'विद्यासागर' की उपाधि दी। उन्होंने अध्यापक के रूप में भी देश एवं समाज के समक्ष उदाहरण पेश किया। उन्होंने खासतौर पर बालिका शिक्षा पर जोर दिया। उनका मानना था कि शिक्षा के जरिए ही समाज में व्याप्त कुरीतियों को खत्म किया जा सकता है। उस समय समाज में विधवाओं का जीवन बहुत कठिन था। विधवा-विवाह के बारे में सोचा भी नहीं जा सकता था। ईश्वरचंद्र ने इसका प्रबल विरोध किया। उन्होंने विधवा-विवाह पर जोर दिया। उन्होंने धर्म के ठेकेदारों का मुँह बंद करने के लिए अपने इकलौते पुत्र का विधवा से विवाह किया। समाज में अंधविश्वास चरम पर था। उन्होंने उसके खिलाफ भी जोरदार आंदोलन चलाया। उन्हें समाज से कई कुरीतियों को उखाड़ फेंकने में कामयाबी मिली। उन्होंने अपने जीवन-काल में 52 ग्रंथों की रचना की। उनमें से 27 संस्कृत में लिखे गए थे। उनकी रचनाओं ने समाज को जागरूक करने का काम किया। □

ईसप

(यूनानी कथाकार)

ईसप का व्यक्तित्व तथा काल सभी कुछ विवादास्पद है। कुछ विद्वानों के अनुसार, ईसप का जन्म लगभग 620 ई.पू. यूनान के एक गुलाम परिवार में हुआ था। वह सामांस द्वीप के निवासी इयाटमन का दास था। दास होने के कारण वह शिक्षा प्राप्त नहीं कर सका। उसके मालिक ने उसे बेच दिया। परंतु वह महान् दार्शनिक प्रवृत्ति का व्यक्ति था। कहा जाता है कि उसके विरोधियों ने उसपर देव मंदिर से सोने का प्याला चुराने का अभियोग लगाया था और उसे पर्वत शिखर से धक्का देकर मृत्युदंड दिया था। उसकी मृत्यु 560 ई.पू. होने का अनुमान है।

संसार की लगभग सभी भाषाओं में ईसप की शिक्षाप्रद और मनोरंजक कहानियाँ अनूदित होकर अत्यंत लोकप्रिय हुईं। प्रारंभ में ईसप गुलाम के रूप में काम करता था, परंतु वह बहुत चतुर था। वह जानवरों की कहानियों के रूप में बड़ी शिक्षाप्रद बातें कहता था। 'लोमड़ी और अंगूर', 'शेर और चूहा' आदि विश्व-प्रसिद्ध कहानियाँ उसी की रचनाएँ कही जाती हैं। हो सकता है कि 'पंचतंत्र' और 'हितोपदेश' की कहानियाँ यूरोप पहुँची हों और ईसप ने अपना ली हों। कुछ भी हो, उसकी शिक्षाप्रद कहानियाँ विश्व भर में प्रसिद्ध हैं, जिनका संग्रह बाद में किया गया। कहा जाता है कि क्रोइसस द्वारा यूनान पर आक्रमण के समय ईसप ने उसे अपनी कहानियों से मोहित कर यूनान को स्वतंत्र करा लिया था।

अनेक शताब्दियों के बीत जाने पर भी ईसप द्वारा दी गई शिक्षा आज भी उतनी ही प्रासंगिक और ग्रहणीय है। उसकी कहानियाँ 'ईसप्स फेबल्स' में संगृहीत हैं, जिनका संग्रह 14वीं शताब्दी में एक भिक्षु मैक्सिमम प्लानुडे ने किया।

□

उदय शंकर

(प्रसिद्ध भारतीय नर्तक)

उदय शंकर सुप्रसिद्ध भारतीय नर्तक थे। उन्होंने भारतीय नृत्य में नवीनतम शैलियों का निर्माण किया और अपने नृत्यों में पश्चिमी नृत्य विधाओं का भी समावेश किया। उन्होंने शिव-पार्वती, लंका-दहन, तांडव नृत्य, श्रम और यंत्र, भगवान् बुद्ध, 'रिद्म ऑफ लाइफ' और 'रामलीला' नाम से नवीन नृत्यों की रचना की। इनमें प्रयोग की जानेवाली वेशभूषा, संगीत, संगीत-यंत्र, ताल

और लय आदि उन्होंने स्वयं आविष्कृत किए थे। उन्होंने रामायण पर नृत्य-नाटिका की रचना भी की। वर्षों अपने नर्तक दल के साथ यूरोप, अमेरिका आदि देशों में घूमकर उन्होंने भारतीय नृत्यों का प्रदर्शन किया। उनकी आरंभिक रुचि चित्रकला की ओर होने के कारण इंग्लैंड में 'रॉयल कॉलेज ऑफ आर्ट' में उन्हें चित्रकारी सीखने के लिए भेजा गया। वहाँ एक नाट्य-गृह में उनकी भेंट अन्ना पावलोवा से हुई। पावलोवा सुप्रसिद्ध बैले नर्तकी थीं। वहाँ से उनका रुझान नृत्य की ओर होता चला गया और उन्होंने लंदन के ओपेरा हाउस में राधा-कृष्ण नृत्य प्रस्तुत किया, जिसमें उन्होंने स्वयं कृष्ण का किरदार निभाया और पावलोवा ने राधा का अभिनय किया। भारत सरकार द्वारा सन् 1971 में उन्हें 'पद्म भूषण' और 1975 में विश्व भारती द्वारा 'देशी कोत्तम' सम्मान से विभूषित किया गया।

□

उमर खय्याम

(फारसी के प्रसिद्ध कवि)

उमर खय्याम पूर्वी फारस के एक उच्च कोटि के कवि थे। उन्हें खगोलविद् और गणितज्ञ के रूप में भी जाना जाता है। निजामुल मुल्क के राज्याधीन कलेंडर की खामियों को दूर करके उन्होंने उसे एक स्पष्ट कलेंडर का रूप दिया। अरबी की गणित पुस्तकों का उन्होंने फारसी में अनुवाद भी किया था। अपनी लिखी

कविताओं के कारण उन्हें संसार में बहुत ख्याति प्राप्त हुई। उनकी कविताओं को 'रुबाइयों' के नाम से जाना जाता है, जिसका पहला अंग्रेजी अनुवाद सन् 1859 में हुआ था और अनेक संस्करण निकल चुके हैं। उनका काल 11वीं या 12वीं शताब्दी का माना गया है।

□

उस्ताद बिस्मिल्ला खाँ

(प्रख्यात शहनाईवादक)

उस्ताद बिस्मिल्ला खाँ साहब का जन्म सन् 1916 में हुआ था। वे अपने श्रेष्ठ शहनाई-वादन के लिए विश्व भर में प्रसिद्ध थे। उन्हें अन्य कई गायनों में भी महारत हासिल थी, परंतु विश्व में उनकी पहचान महान् शहनाई-वादक के रूप में ही है। प्रायः सभी विशिष्ट समारोहों का शुभारंभ उन्हीं के वादन से होता था। विश्व के अनेक देशों में वहाँ

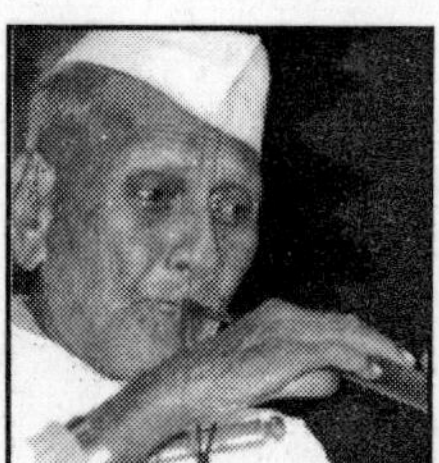

के रहनेवालों पर उन्होंने अपनी शहनाई का जादू चलाया। उन्हें 'पद्मश्री' और 'पद्मभूषण' जैसे पुरस्कारों

से विभूषित किया जा चुका है। उनके अनेक रिकॉर्ड भी प्रसारित हुए। वे बनारस के रहनेवाले थे और बनारस एवं अपनी शहनाई दोनों से बराबर ही प्रेम करते हैं।

□

ऊधम सिंह

(क्रांतिकारी शहीद)

ऊधम सिंह का जन्म सन् 1903 में पटियाला के एक गाँव में हुआ था। बचपन में ही माता-पिता का देहांत हो जाने के कारण उनका पालन-पोषण अनाथालय में हुआ था। जलियाँवाला बाग का बीभत्स कांड बचपन में ही उन्होंने अपनी आँखों से देखा था, जब माइकल ओ. डायर ने अमृतसर के जलियाँवाला बाग में निहत्थे भारतीयों पर गोली चलाने का आदेश दिया था। पंजाब में निर्दोष जनता के दमन की छाप उनके मन पर बालपन से ही पड़ चुकी थी, जिन्हें वह कभी भुला न सके। बड़े होने पर उन्होंने नकली पासपोर्ट बनवाया और सन् 1937-38 में इंग्लैंड जा पहुँचे। वहाँ उन्होंने एक सभा में बैठे डायर को अपनी गोली का निशाना बना दिया।

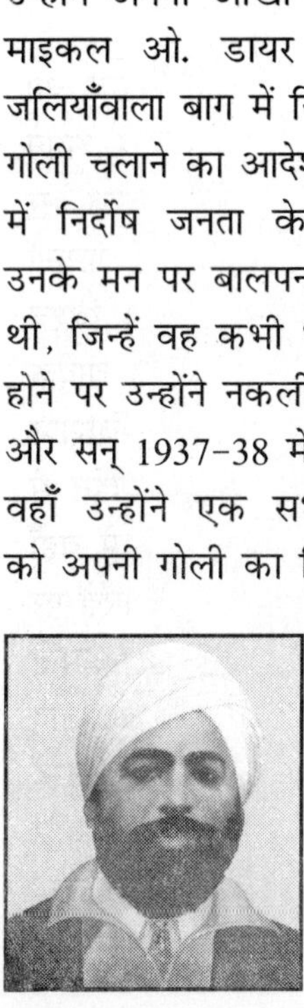

इसके लिए 13 जुलाई, 1940 को ऊधम सिंह को फाँसी की सजा दी गई। भारत माता का एक और वीर सपूत उस पर अपने प्राण न्योछावर कर गया।

□

एंटोन हेनरी बेक्वरेल

(रेडियो सक्रियता के खोजकर्ता)

एंटोन हेनरी बेक्वरेल का जन्म फ्रांस में सन् 1852 में हुआ था। उन्होंने अपनी रुचि के अनुरूप विज्ञान में ही पढ़ाई की। एंटोन को एक दिन प्रयोगशाला में काम करते समय विचार आया कि फॉस्फोरस में चमकनेवाले पदार्थ का पता लगाया जाए! उन्हें वे वस्तुएँ अधिक परेशान कर रही थीं, जो सूर्य के छिप जाने पर भी अँधेरे में चमकती थीं। वे उस वस्तु की जानकारी करके उसके प्रभाव को जानना चाहते थे। वे अपनी जिज्ञासा को शांत करने के लिए मैडम क्यूरी के पास उनकी प्रयोगशाला में पहुँच गए। आखिरकार वे इस निष्कर्ष पर पहुँचे कि अँधेरे में वस्तुएँ सहज रेडियो सक्रियता के कारण ही चमकती हैं। इससे विज्ञान को काफी मदद मिली। उन्हें इस खोज के लिए सन् 1903 में 'नोबेल पुरस्कार' से सम्मानित किया गया। एंटोन हेनरी की खोज ने समाज

में फैली भ्रांतियों को खत्म करने में भी बहुत मदद की। रेडियो सक्रियता की खोज से पहले लोग अँधेरे में चमकनेवाली चीजों को तमाम तरह के तर्कों से सिद्ध करने का प्रयास करते थे। हालाँकि वे तर्क सच्चाई से कोसों दूर थे। इससे समाज में केवल भ्रम ही फैलता था।

□

एच.एन. सेठना

(पोखरण परमाणु विस्फोट के मार्गदर्शक)

डॉ. एच.एन. सेठना भारत के परमाणु ऊर्जा कार्यक्रम से जुड़े थे। देश ने उनके मार्गदर्शन में ही पहली बार राजस्थान के जैसलमेर जिले के पोखरण क्षेत्र में सन् 1974 में परमाणु परीक्षण किया था। ऐसा करके भारत दुनिया में परमाणु क्षमता रखनेवाला छठा देश बना। वैज्ञानिकों ने इस सफल परीक्षण की जानकारी तत्कालीन प्रधानमंत्री इंदिरा गांधी को गुप्त संदेश 'बुद्ध आ रहा है' के जरिए दी। इस वाक्य से साफ झलकता है कि भारत के परमाणु परीक्षण का उद्‌देश्य शांतिपूर्ण कार्यों में इसका इस्तेमाल करना है। उस समय अमेरिका, रूस, फ्रांस एवं जर्मनी आदि का ही परमाणु ऊर्जा पर एकाधिकार था। ये देश नहीं चाहते थे कि परमाणु ऊर्जा तकनीक किसी अन्य देश के पास पहुँचे। इससे साफ था कि ये एकाधिकार बनाए रखकर इस तकनीक का कारोबारी इस्तेमाल करना चाहते थे। भारत के प्रसिद्ध वैज्ञानिक डॉ. विक्रम साराभाई ने परमाणु कार्यक्रम की शुरुआत की थी। हालाँकि उनके सपने को डॉ. सेठना ने पूरा किया। उन्होंने ट्रांबे में प्लूटोनियम प्लांट की स्थापना में बहुत अहम भूमिका निभाई। देश की आजादी से पूर्व विदेशों में रहकर डॉ. सेठना शोध-कार्य करते रहे थे। स्वतंत्रता-प्राप्ति के बाद सरकार ने उनके समेत कई अन्य वैज्ञानिकों को भारत लौटने का आग्रह किया। सरकार चाहती थी कि वे देश के लिए शोध-कार्यों में मदद करें। डॉ. सेठना संयुक्त राष्ट्र समेत भारत के परमाणु विज्ञान से संबद्ध संस्थानों से जुड़े रहे। भारत सरकार की ओर से उन्हें सन् 1960 में 'शांतिस्वरूप भटनागर पुरस्कार' से सम्मानित किया गया।

□

एच.जी. वेल्स

(ब्रिटिश लेखक और सुधारक)

ब्रिटिश लेखक और सुधारक एच.जी. वेल्स का पूरा नाम हरबर्ट जॉर्ज वेल्स था। उनका आरंभिक जीवन अत्यंत निर्धनता में व्यतीत हुआ, इसलिए बहुत वर्षों तक वे अनेक छोटे-मोटे काम करते रहे। वह बड़ी ही तीव्र बुद्धि के स्वामी और दूरदर्शी व्यक्ति थे।

विज्ञान की डिग्री प्राप्त करने के लिए उन्होंने लंदन के एक कॉलेज में प्रवेश लिया। यहीं से उनका जीवन दो धाराओं में विभक्त हो गया। वे अपने देशवासियों की प्रगति और प्रसन्नता के लिए कार्य करने लगे। वे विज्ञान के द्वारा लोगों के जीवन को सुखी बनाना चाहते थे। समाजवाद की ओर भी उनका रुझान बढ़ता जा रहा था। अपने विचारों के व्यापक प्रचार के लिए उन्होंने लेखन का सहारा लेते हुए विज्ञान पर आधारित कुछ श्रेष्ठ उपन्यास लिखे। उनकी कल्पित विज्ञान-कथाएँ आगे चलकर अक्षरशः सत्य सिद्ध हुईं। 'वार ऑफ द वल्ड्र्स', 'फर्स्ट मैन इन द मून' और 'टाइम मशीन' आदि उनकी प्रमुख पुस्तकें हैं। उनका संक्षिप्त विश्व इतिहास भी बहुत प्रसिद्ध है।

□

एडमंड हिलेरी

(एवरेस्ट पर्वतारोही)

एडमंड हिलेरी का जन्म सन् 1919 में न्यूजीलैंड में हुआ था। उनकी रुचि शुरुआत से ही प्रकृति का अध्ययन करने में रही थी। उन्होंने युवा अवस्था में ही पर्वतों के उस पार जाकर जानकारी एकत्र करने के लिए कई देशों की यात्राएँ अकेले एवं दोस्तों के सहयोग से कीं। इस प्रकार उनका साहस बढ़ता गया। इसके चलते उन्होंने दुनिया की सबसे ऊँची चोटी एवरेस्ट पर चढ़ने की ठान ली। इसी दौरान उन्होंने पर्वतारोहण की जानकारी करके सरकार की मदद करने की व्यवस्था की। उन्होंने भारतीय पर्वतारोही तेनजिंग नॉर्गे के साथ हिमालय की सबसे ऊँची चोटी एवरेस्ट के लिए सन् 1953 में अभियान शुरू किया। उसमें विजय भी पाई। यह अभियान अपनी सफलता के कारण आज भी दुनिया भर में प्रसिद्ध है। एडमंड हिलेरी भारत में न्यूजीलैंड के राजदूत भी रहे थे।

□

एडॉल्फ फ्रेडरिक जोहान बटनांट

(सेक्स हारमोन के खोजकर्ता)

एडॉल्फ फ्रेडरिक को जिस कार्य के लिए जाना जाता है, वे सेक्स क्रिया से संबंधित हारमोंस एस्ट्रोज (1929), एंडोस्ट्रॉरोन (1931) और प्रोजेस्टॉन (1934) का क्रमशः पता लगाना था। इसलिए इन्हें रसायन विज्ञान में सन् 1939 का 'नोबेल पुरस्कार' दिया गया।

□

एडॉल्फ हिटलर

(जर्मन तानाशाह)

एडारुल्फ हिटलर का जन्म आस्ट्रिया में एक कस्टम अधिकारी के घर हुआ। उसने पढ़ाई बीच में ही छोड़ दी थी और इसके बाद समाचार-पत्र बेचकर गुजारा किया। विलक्षण प्रतिभावाले एडॉल्फ हिटलर का जीवन बहुत ही विवादास्पद रहा है। वह प्रथम विश्व युद्ध के दौरान सेना में भरती हो गया। इसमें उसने बेहतरीन प्रदर्शन किया। इसके कुछ समय बाद वह जर्मन वर्क्स पार्टी में शामिल हो गया। फिर उसने नेशनल सोशलिस्ट वर्क्स पार्टी बनाई। उसकी पार्टी कुछ समय बाद जर्मनी की सबसे बड़ी राजनीतिक पार्टी के रूप में उभरी। इसके बाद वह जर्मनी का तानाशाह बन बैठा। उसपर 5 करोड़ से अधिक लोगों को मौत के घाट उतारने का भी आरोप है। उसने दुनिया के हजारों नगरों का मटियामेट कर दिया था। उसने 10 वर्षों के भीतर सारे यूरोप को जीत लिया। उसने पोलैंड पर हमला करके दूसरे विश्व युद्ध की शुरुआत की। उसे प्रारंभ में सफलता मिलती गई; परंतु जब उसने रूस पर आक्रमण किया तो अमेरिका, ब्रिटेन एवं रूस ने एकजुट होकर उसका सामना किया। इससे हिटलर की सेनाओं के पैर उखड़ने लगे। वहीं मित्र देशों की सेनाएँ बर्लिन तक पहुँच गईं। हिटलर यहूदियों का सबसे बड़ा दुश्मन साबित हुआ। उसने लाखों यहूदियों को गैस चैंबरों में बंद करके मरवा दिया था। अंत में उसने आत्महत्या कर ली।

□

एनी बेसेंट

(थियोसोफिस्ट नेता)

भारत में श्रीमती एनी बेसेंट का नाम 'होमरूल लीग' और 'थियोसोफिकल सोसाइटी' के साथ जुड़ा हुआ है। उन्होंने 'होमरूल लीग' की स्थापना के लिए सन् 1915 में बहुत प्रयत्न किए और अपने विचारों के प्रचार-प्रसार के लिए दो पत्र निकाले, जिनका नाम क्रमश: 'कॉमनवेल्थ' और 'न्यू इंडिया' था। सन् 1916 में सरकार द्वारा 'न्यू इंडिया' की जमानत जब्त कर ली गई और 10,000 की नई जमानत की माँग की गई। सरकार ने उनके साथ धोखा किया। जमानत राशि जमा करने पर भी उन्हें नजरबंद कर लिया गया। इस घटना ने ब्रिटिश सरकार के प्रति उनका नजरिया बदल दिया। भारतीय विचारधारा में परिवर्तन लाने और हिंदू संस्कृति के पुनरुद्धार में

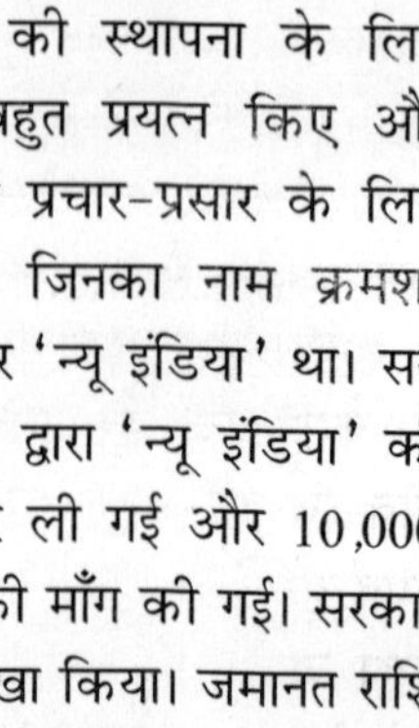

उन्होंने महती योगदान दिया। वे इंग्लैंड की रहनेवाली थीं और सन् 1893 में भारत आईं। सन् 1895 से 1907 तक वे बनारस में रहीं और वहाँ 'सेंट्रल हिंदू स्कूल' की स्थापना की। आगे चलकर मदन मोहन मालवीयजी ने उस स्कूल को अपने अथक प्रयासों से 'हिंदू विश्वविद्यालय' बनाया। उन्होंने 'गीता' का अंग्रेजी में अनुवाद भी किया, जिसके लिए उन्होंने डॉ. भगवानदास से सहायता ली। सन् 1913 में वे पूर्ण रूप से राजनीति में सक्रिय हो गईं और सारे देश सहित जवाहरलाल नेहरू जैसे व्यक्तियों को भी प्रभावित किया।

□

एरलिच पॉल

(प्रसिद्ध जीव-विज्ञानी)

एरलिच पॉल सन् 1854 में जर्मनी में पैदा हुए थे। पढ़ाई पूरी करके जीव-विज्ञानी बने। उस समय जर्मनी समेत यूरोप के अन्य देशों में तपेदिक का कहर जारी था। तपेदिक का उपचार न होने के कारण बहुत से लोगों को अपनी जान गँवानी पड़ रही थी। इस समस्या को दूसरे वैज्ञानिकों की भाँति एरलिच पॉल ने चुनौती के रूप में लिया। उन्होंने शोध के जरिए उस जीवाणु को खोज निकाला, जिससे तपेदिक रोग होता था। इतना ही नहीं, एक कदम आगे बढ़कर उस रोग की दवा भी खोज निकाली। उन्होंने पता लगाया कि रोग-प्रतिरोधक

क्षमता में एंटी-बायोटिक दवा की क्या भूमिका रहती है, इससे दुनिया भर को तपेदिक से निपटने में मदद मिली। उसने इस रोग पर काबू करके इसकी भयावहता को कम किया। इससे लोगों की जान बचाने में चिकित्सकों को बहुत सहायता मिली। एरलिच पॉल के प्रयास से तपेदिक अब जानलेवा बीमारी नहीं रह गई है। बाजार में इसकी प्रभावपूर्ण दवा भी उपलब्ध है। कई देशों की सरकारों ने एरलिच के प्रयास को और आगे बढ़ाते हुए तपेदिक का सटीक इलाज खोज निकाला है।

□

एरिस्टोटल

(यूनानी दार्शनिक)

इस अमेरिकी दौलतमंद इनसान का पूरा नाम आनासिस एरिस्टोटल था। इसका जन्म सन् 1906 में हुआ था। उसने कारोबार के जरिए बेशुमार दौलत कमाई। हालाँकि उसकी पहचान

अमेरिका में उस समय बनी, जब उसने राष्ट्रपति जॉन केनेडी की मृत्यु के बाद उनकी बेहद सुंदर पत्नी

जैकलिन से विवाह कर लिया। उसके पास कई भारी नौवाहन बेड़े थे। उनमें से कई बेहद अत्याधुनिक भी थे, इसलिए इस क्षेत्र के अन्य कारोबारी उसका मुकाबला नहीं कर पाते थे। उसका कारोबार विदेशों में भी फैला था। वह तेल एवं माल ढुलाई किया करता था। इससे उसके पास धन की कमी नहीं थी। वह अमेरिकी सरकार को भी भारी-भरकम टैक्स दिया करता था। वह शानो-शौकत भरा जीवन व्यतीत कर रहा था। जैकलिन के साथ उसने सुखद जीवन व्यतीत किया। उस समय तेल एवं माल ढुलाई कारोबार पर उसका एकच्छत्र राज था। उसने अपने कारोबार को अरसे तक कायम रखा था। बीमारी के कारण सन् 1975 में उसकी मृत्यु हो गई थी।

□

एलिजाबेथ प्रथम

(इंग्लैंड की सम्राज्ञी)

एलिजाबेथ प्रथम इंग्लैंड की सम्राज्ञी थीं। उन्होंने 50 वर्ष के लंबे समय तक इंग्लैंड पर राज्य किया। वह ऐन बोलिन और हेनरी अष्टम की बेटी थीं। एलिजाबेथ को जारज संतान माना जाता था। वे सन् 1598 में जब इंग्लैंड की गद्दी पर बैठीं, तब उनकी उम्र मात्र 25 वर्ष थी। ब्रिटेन की पार्लियामेंट में उन्होंने कहा था कि 'मैं अपनी प्रजा को प्रेम से जीतना चाहती हूँ, भय से नहीं।' एलिजाबेथ के

काल में इंग्लैंड में शांति और समृद्धि का प्रसार हुआ। इंग्लैंड के अधिकांश निवासियों को उनके शासन पर गर्व है। शेक्सपियर, बेकन सिडनी, स्पेंसर तथा अन्य महत्त्वपूर्ण लेखकों को उन्होंने प्रोत्साहित किया। वे इतिहासकारों तथा ऐतिहासिक उपन्यासकारों के लिए प्रिय विषय रहीं। एलिजाबेथ आजन्म अविवाहित रहीं। उन्होंने व्यापार, कला, दस्तकारी और भवन-निर्माण के कार्यों में बहुत रुचि ली।

□

एलिजाबेथ टेलर

(ब्रिटिश अभिनेत्री)

एलिजाबेथ टेलर ब्रिटेन की प्रसिद्ध अभिनेत्री थी। उसका जन्म सन् 1932 में हुआ था। लिज ने 8 वर्ष की उम्र में ही सिनेमा की दुनिया में कदम रख दिया था, लेकिन फिल्मी दुनिया में वह अपने सौंदर्य और अनूठे अंदाज के बलबूते पर जम पाई। अपने अद्वितीय अंदाज और उत्कृष्ट अभिनय के लिए उसने विश्व भर में सराहना प्राप्त की। लिज टेलर ने एक के बाद एक करोड़पति लोगों से आठ

बार शादी की और तलाक लिये। यह सिलसिला 19 वर्ष की आयु से शुरू हुआ, जब लिज ने निक्की हिल्टन नामक एक करोड़पति से विवाह किया। हॉलीवुड के सुपर स्टार रिचर्ड बर्टन के साथ लिज ने दो-तीन बार विवाह किए। बर्टन ने लिज को करोड़ों रुपए के रत्न-आभूषण भेंट किए। 'क्लियोपेट्रा', 'द सेंडपाइपर', 'डू इन एफ्रेड ऑफ वर्जीनिया वुल्फ', 'द कॉमेडियन', 'रिफ्लेक्शन इन ए गोल्डन आई' आदि लिज की विख्यात फिल्में हैं। उसे दो बार 'ऑस्कर अवार्ड' भी प्राप्त हो चुका है।

□

एवेंजेलिस्टा टॉरिसेलि

(भौतिक एवं गणित विशारद)

टॉरिसेलि का जन्म सन् 1608 में उत्तरी इटली के फेंजा नगर में हुआ था। वे अपने पादरी चाचा के पास रहते थे। वे पढ़ाई में अव्वल थे। इसे देख उनके चाचा ने उन्हें विज्ञान की पढ़ाई करने के लिए रोम भेज दिया। वहाँ प्रसिद्ध वैज्ञानिक गैलीलियो ने उनका एक निबंध पढ़ा। उन्हें वह बहुत ही पसंद आया। उन्होंने इसकी बहुत तारीफ की। टॉरिसेलि का संपर्क गैलीलियो से उनकी मौत से कुछ समय पूर्व ही हुआ था। उन्होंने गैलीलियो से शून्य स्थान की समस्या का हल खोजने की जिज्ञासा व्यक्त की थी। टॉरिसेलि का कहना था कि हम जिस वातावरण में रहते हैं, वह हवा का अनंत समुद्र है। उन्होंने यह भी बताया कि हवा में भार है। इतना ही नहीं, नमीवाली हवा शुष्क की अपेक्षा भारी होती है।

यही वजह है कि जब बैरोमीटर में पारा ऊपर चढ़ जाता है, तब पारा यह बताता है कि बारिश आने वाली है। जब भी वैज्ञानिक मौसम के बारे में जानकारी करने का प्रयास करते हैं तो वे टॉरिसेलि को अवश्य याद करते हैं। उन्होंने बताया कि वातावरण में शून्य कहीं भी नहीं है। टॉरिसेलि को भौतिकी के साथ गणित में भी महारत हासिल थी। उनकी मृत्यु महज 49 वर्ष की अल्पायु में सन् 1647 में हो गई थी। इस महान् वैज्ञानिक को उसके योगदान के लिए हमेशा याद किया जाता रहेगा। इस विलक्षण प्रतिभा से पहले यूनान के महान् दार्शनिक अरस्तू ने कहा था, "संभवत: प्रकृति को शून्य से नफरत है। सर्वथा दुनिया में शून्य कहीं भी नहीं है।"

□

कन्फ्यूशियस

(चीनी दार्शनिक)

कन्फ्यूशियस चीन के एक महान् दार्शनिक थे। उनका काल ईसा से लगभग 500 वर्ष पूर्व का रहा है। उनका प्रारंभिक जीवन अनेक विचित्र किंवदंतियों से भरा

हुआ है। उनके संबंध में प्रसिद्ध है कि बचपन में वे बड़े ही कुरूप थे। कन्फ्यूशियस 'कुंग- फूजे' शब्द का लैटिन अनुवाद है। इसका अर्थ है–दार्शनिक राजा। कन्फ्यूशियस ने चीन को चरित्र संबंधी नवीन दर्शन दिया। उनकी शिक्षाएँ हमें हमारे सामाजिक उत्तरदायित्व को समझने की प्रेरणा देती हैं। अपने विचारों का प्रचार करने के लिए उन्होंने 60 वर्ष की उम्र में एक स्कूल की स्थापना की। व्यक्ति का चरित्र, परिवार के प्रति उसके कर्तव्य, समाज-सुधार और मनुष्य के व्यक्तिगत संबंध आदि उनके पाठ्यक्रम के मुख्य अंश थे। चीनी दार्शनिकों में कन्फ्यूशियस को सर्वाधिक प्रसिद्धि प्राप्त है। उनके जीवनकाल में ही उनका सम्मान होने लगा था।

□

कपिल देव

(भारतीय क्रिकेट खिलाड़ी)

कपिल देव क्रिकेट जगत् का जाना- माना नाम है। वह भारत ही नहीं, अपितु विश्व के सर्वश्रेष्ठ क्रिकेट खिलाड़ी हैं।

क्रिकेट के इस महान् खिलाड़ी का जन्म सन् 1959 में हुआ था। सन् 1978-79 में उन्होंने पाकिस्तान के विरुद्ध मैच खेलते हुए फैसलाबाद में अपने शानदार क्रिकेट कॅरियर का पहला विकेट लिया था। सन् 1994 में कपिल देव ने अहमदाबाद में मैच खेलते हुए सर रिचर्ड हेडली के 431 विकेट का रिकॉर्ड तोड़कर विश्व में एक नया रिकॉर्ड कायम किया। कपिल देव को 'हरियाणा हरिकेन' भी कहा जाता है। 15 वर्ष के अपने शानदार क्रिकेट कॅरियर में कपिल ने 131 टेस्ट मैच और 227 एक दिवसीय मैच खेले। मैचों के दौरान उन्हें कभी किसी प्रकार की चोट नहीं आई। उन्होंने 5 हजार से ज्यादा रन भी बनाए।

□

कबीर

(समाजसुधारक संत)

कहा जाता है कि कबीर का जन्म एक विधवा ब्राह्मणी के यहाँ हुआ था। लोक-लाज के भय से वह उन्हें काशी के पास लहरतारा नामक तालाब पर छोड़ गई थी। नीरू एवं नीमा नामक एक जुलाहे दंपती को वह नवजात शिशु मिला तो उन्होंने उस शिशु को उठा लिया और पुत्र की भाँति उसका पालन-पोषण करने लगे। कबीर को भाषा का ज्ञान नहीं था, फिर भी समाज में फैले जात-पाँत के भेद भाव के प्रति अपने मन की घृणा को उन्होंने कागजों

में उकेरते हुए निर्गुण भक्ति-शाखा के अंतर्गत साखी, सबद, दोहे और उलटबासियाँ आदि की रचना की। कबीर की सारी रचनाएँ भक्तिपूर्ण हैं। उनकी कविताओं में अंधविश्वास एवं अन्य कुरीतियों और मूर्ति-पूजा का खंडन किया गया है। कबीर का पालन-पोषण एक मुसलिम परिवार में हुआ था, इस कारण उन्हें अछूत माना गया। इस मान्यता को कड़ी चुनौती देते हुए अपने चातुर्य बुद्धि के बल पर उन्होंने विद्वान् संत रामानंदजी को अपना गुरु बनाया और उनसे दीक्षा ग्रहण की। □

कल्हण

(ऐतिहासिक महाकवि)

कल्हण के अनुसार, एक श्रेष्ठ कवि वह होता है, जिसके शब्द अतीत का चित्रण करने में एक न्यायाधीश की भाँति घृणा या प्रेम की भावना से सर्वथा मुक्त होते हैं।

कल्हण एक ऐसे काव्यकार थे, जिन्होंने संस्कृत भाषा में कश्मीर के इतिहास की रचना की। उनकी उस रचना को महाकाव्य की संज्ञा दी जाती है। उनका निवास-स्थान भी कश्मीर ही था। अपने क्षेत्र के ऐतिहासिक महाकाव्य को उन्होंने 'राजतरंगिणी' नाम दिया। इसका रचनाकाल 1148 ई. के बाद का है। इस महाकाव्य की विशेषता यह है कि इसमें कश्मीर के आरंभ से लेकर उसकी रचना के अंत तक उस राज्य का पूरा इतिहास क्रमबद्ध दिया गया है। 'राजतरंगिणी' में अंकित प्रत्येक शब्द का महत्त्व कश्मीर के लिए ही नहीं, वरन् उस समय के भारतीय इतिहास के संबंध में भी है, जिसे प्रामाणिक माना जाता है। □

कवि प्रदीप

(लोकप्रिय गीतकार)

प्रदीप का जन्म सन् 1914 में मध्य प्रदेश के उज्जैन जिले के बड़नगर कस्बे में हुआ था। उनके माता-पिता ने उनका नाम 'रामचंद्र नारायण द्विवेदी' रखा था। वे पढ़ाई पूरी करने के बाद बंबई चले गए। वहाँ उन्होंने टॉकीज में नौकरी शुरू कर दी। इसी दौरान उनका रुझान फिल्मी गीतों के लेखन की ओर हुआ। उन्होंने पहला गीत फिल्म 'कंगन' के लिए लिखा था। इसके बाद वे 'प्रदीप' नाम से प्रसिद्ध हुए। इसके बाद उन्होंने पीछे मुड़कर नहीं देखा। उन्होंने करीब 1,700 फिल्मी गीत लिखे। उनके अधिकतर गीत राष्ट्रभक्ति से ओत-प्रोत होते थे। उनके गीत देशवासियों के दिलों को

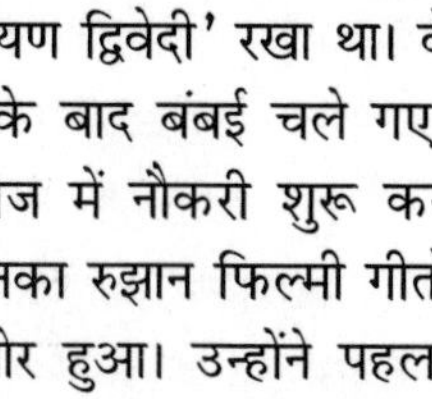

छू जाते थे। इतना ही नहीं, सुननेवालों की आँखों से आँसू बह निकलते थे। उनके गीत 'ऐ

मेरे वतन के लोगो, जरा आँख में भर लो पानी' को लता मंगेशकर ने आवाज दी, जिसे सुनकर प्रधानमंत्री जवाहरलाल नेहरू भी अपने आँसू नहीं रोक पाए थे। उनका रचित गीत 'आओ बच्चो तुम्हें दिखाएँ झाँकी हिंदुस्तान की···' ने बहुत ही लोकप्रियता हासिल की। इसे बच्चे बैंड पर स्कूलों में गाते दिखाई देने लगे। फिल्म 'नास्तिक' का गाना 'कितना बदल गया इनसान' लोगों के दिलों को छू गया। उन्होंने 'साबरमती के संत तूने कर दिया कमाल' लिखकर भारतीयों में जोश पैदा कर दिया। उन्होंने धार्मिक गीतों की भी रचना की।

☐

कस्तूरबा गांधी

(गांधीजी की पत्नी)

कस्तूरबा का जन्म सन् 1869 में काठियावाड़ के पोरबंदर में हुआ था। उनके पिता का नाम गोकुलदास मकनजी था, जो कि साधारण व्यापारी थे। उन दिनों लड़कियों को अधिक पढ़ाने का रिवाज नहीं था। 7 वर्ष की उम्र में उनकी सगाई गांधीजी के साथ कर दी गई और विवाह 13 वर्ष की उम्र में हो गया। बा बापू से 6 महीने बड़ी थीं। बा बेशक पढ़ी-लिखी नहीं थीं, किंतु फिर भी वे एक बहुत कुशल गृहिणी थीं। उन्होंने अपने

आपको बापू के आदर्शों के अनुरूप ढाल लिया। बापू की पत्नी होने के नाते उन्होंने कभी यह इच्छा नहीं की कि उनके साथ किसी प्रकार का विशिष्ट व्यवहार किया जाए। गांधीजी के सभी आंदोलनों में वे बढ़-चढ़कर हिस्सा लेती थीं। वे कई बार गिरफ्तार भी हुईं। कई बार गांधीजी की अनुपस्थिति में वे उनके स्थान की पूर्ति भी करती थीं। वह 22 फरवरी, 1944 का दिन था, जब बा सदा के लिए सुख की नींद सो गईं। उस समय उनका सिर बापू की गोद में था।

☐

काउंट केमिला काबूर

(इटली का कूटनीतिज्ञ)

काबूर का जन्म तूरिन में सन् 1810 में हुआ था। उस समय तूरिन सारडीनिया का हिस्सा था। उसने शिक्षा पूरी करने के बाद तूरिन सैनिक एकेडमी में बतौर सैनिक कार्य करना शुरू कर दिया। इटली को सुगठित करने का प्रयास उसने तभी से शुरू कर दिया। इसके लिए उसने वे सभी हथकंडे अपनाए, जो एक सुघड़ कूटनीतिज्ञ को सुहाते हैं। सारडीनिया राज्य ने भी उसके इस प्रयास का भरपूर समर्थन किया। पेरिस में सन् 1856 में इस संबंध में एक संधि हुई। उसने नेपोलियन तृतीय की मदद से आस्ट्रिया को अपनी सीमाओं का विस्तार करने से रोका। आखिरकार उसे सारडीनिया का प्रधानमंत्री नियुक्त किया गया। उसने इटली के छोटे-छोटे हिस्सों को एकजुट

करके देश को संगठित करने में सफलता हासिल कर ली। काबूर निरंतर संघर्ष करते रहने के कारण अपनी सेहत पर ध्यान नहीं दे पाया। परिणामस्वरूप उसे बीमारी ने जकड़ लिया, जिससे सन् 1861 में उसकी मृत्यु हो गई। इसके बाद विक्टर एमानुएल को इटली का राजा बनाया गया।

□

काउंट रूमफोर्ड

(अमरीकी ताप विज्ञानी)

काउंट रूमफोर्ड का जन्म अमेरिका के मैसाचुसेट्स की ब्रिटिश कॉलोनी के बोबने कस्बे में सन् 1753 में हुआ था। उसका वास्तविक नाम बेंजामिन टांपसन था। जब वह अल्पायु का था, उसके पिता की मृत्यु हो गई थी। उसकी शिक्षा जैसे-तैसे पूरी हो सकी। उसे 14 वर्ष की उम्र में ही हैंपशायर के कॉन्वार्ड कस्बे के स्कूल में शिक्षक की नौकरी मिल गई। वह बेहद खूबसूरत नवयुवक था। उसे देखते ही 30 वर्षीय धनवान महिला उसकी

तरफ आकर्षित हो गई। इससे काउंट रूमफोर्ड की आर्थिक परेशानियाँ खत्म हो गईं। उसने रूमफोर्ड की स्थानीय मिलिशिया में मेजर नियुक्त होने में मदद की। हालाँकि जनता उसे ब्रिटिश एजेंट मानने लगी, इसलिए उसे अमेरिका छोड़ना पड़ गया। वह वहाँ से ब्रिटेन आ गया। वहाँ उसे अमेरिकी मामलों का विशेषज्ञ माना गया। उसे 'रॉयल सोसाइटी' ने बारूद पर किए गए परीक्षणों के कारण अपना सदस्य बना लिया। ब्रिटेन के राजा ने उसकी बेहतरीन सेवा के लिए उसे 'नाइट' की उपाधि से सम्मानित किया। इतना ही नहीं, बावेरिया के शासक ने उसे अपना मार्गदर्शक नियुक्त कर उच्च पद प्रदान किया। उसे यहाँ पर तमाम तरह के सुधार करने का अवसर मिला। उसने कई उल्लेखनीय कार्य जनता के हित के लिए किए। इसके परिणामस्वरूप राजा ने उसे 'काउंट' के खिताब से नवाजा। वहाँ से लौटकर उसने इंग्लैंड में शोध-कार्य शुरू कर दिए। उसे शोध के जरिए मालूम हुआ कि रगड़ से ताप पैदा होता है। उसने पता लगाया कि वस्तु का तप्त अंश ऊपर की ओर जाता है, जबकि ठंडा नीचे की ओर आता है। अब उसके पास सम्मान एवं धन की कमी नहीं रह गई थी।

□

काजी नजरुल इसलाम

(बँगला के विद्रोही कवि)

काजी नजरुल इसलाम को आधुनिक बँगला साहित्य में विशेष सम्मान प्राप्त है। बँगला कविता को पुरानी रूढ़ियों से निजात दिलाकर एक नई विचारधारा को

जन्म देने का श्रेय उन्हीं को जाता है। यही कारण है कि उन्हें 'विद्रोही कवि' कहा जाता है।

नजरुल इसलाम का जन्म 25

मई, 1899 को पटना में हुआ था। उनके पिता का नाम काजी फकीर अहमद था, जो पटना से आसनसोल चुरलिया नामक स्थान पर आकर बस गए। 8 वर्ष की उम्र में ही पिता का साया उनके सिर से उठ गया था। उस दु:ख भरे समय में उनके चाचा ने उन्हें सहारा दिया। चाचा नाटक कंपनी में काम करते थे। नजरुल भी उनके साथ रहकर नाटकों के प्रति आकर्षित हो गए। गाने और बाँसुरी बजाने का शौक भी उन्हें वहीं से लगा। कविता में उनकी रुचि प्रारंभ से ही थी। उनके अनेक कविता संग्रहों में 'संचयन', और 'शेष सौगात', 'अग्निवीण ा', 'धूमकेतु', 'दोलन चाँदा', 'भाँगार गान', 'पूर्वेर हाओया', 'सिंधु हिल्लोल', 'छायानत बुलबुले' आदि प्रसिद्ध हैं। उनकी काव्य-कृतियों ने साहित्य में विद्रोह की भावना का संचार किया।

□

कामराज के.

('कामराज योजना' के प्रणेता)

के. कामराज का जन्म सन् 1903 में हुआ था। कामराज ने शिक्षा बहुत कम ग्रहण की। इसके बावजूद उन्होंने कई महत्त्वपूर्ण कार्य किए। मद्रास के मुख्यमंत्री रहने के बावजूद कांग्रेस के अध्यक्ष नियुक्त किए गए। स्वतंत्रता आंदोलन में शिरकत करने के कारण उन्हें कई बार जेल जाना पड़ा। उन्हें सन् 1947 में भारतीय संविधान सभा का सदस्य भी बनाया गया। सन् 1951 में लोकसभा के सदस्य चुने गए। अरसे तक तमिलनाडु कांग्रेस के अध्यक्ष भी रहे। 'कामराज योजना' सन् 1963 में आई थी। इसके तहत सभी

प्रमुख कांग्रेसियों से उनके पदों से त्याग-पत्र दिलवा दिए गए। इस प्रकार कांग्रेस के इतिहास में उनके योगदान को हमेशा के लिए याद रखा जाएगा। उनके द्वारा कांग्रेस को मजबूत करने के लिए कई महत्त्वपूर्ण कार्य किए गए।

□

कार्ल बेंज

(प्रथम कार निर्माता)

कार्ल का जन्म 25 नवंबर, 1844 को जर्मनी में हुआ था। जब वह मात्र 2 वर्ष का था, उसके पिता की मृत्यु हो गई थी। बेंज की रुचि कुछ-न-कुछ बनाने या निर्माण करते रहने में अधिक थी। उसकी इसी लगन ने उसे प्रेरित किया और शिक्षा के साथ

ही उसने घड़ियाँ रिपेयरिंग करने की एक छोटी सी वर्कशॉप भी बना ली। छोटी-छोटी मशीनों के निर्माण में वह बड़ी ही लगन के साथ लगा रहता था।

भाप और गैस-चालित इंजन तब तक निर्मित हो चुके थे। ऐसे ही इंजन को देखकर कार्ल ने सोचा, यदि इसे पेट्रोल से चलाया जा सके तो कैसा हो? इसके बाद दिन-रात एक करके वह ऐसी ही कार बनाने में जुट गया।

सन् 1885 में कार्ल को अपने परिश्रम का फल मिला। उसने एक ऐसी कार का निर्माण किया, जिसे आधुनिक कार का प्रारंभिक रूप कहा जा सकता है। उसकी वह कार लकड़ी के तीन पहियोंवाली टमटम जैसी थी। अपने उस अद्भुत प्रयास से कार्ल ने आधुनिक कार निर्माताओं का मार्गदर्शन किया। □

कार्ल मार्क्स

(साम्यवादी विचारधारा के जनक)

कार्ल मार्क्स जन्म से यहूदी थे।

उनका जन्म सन् 1818 में हुआ था। कुछ समय तक फ्रांस में रहने के बाद वे लंदन आ गए थे। वहाँ के खान मजदूरों की दशा को देखते हुए अपने साम्यवादी विचारों के आधार पर उन्होंने कहा कि इंग्लैंड और जर्मनी आदि औद्योगिक देश ही सबसे पहले कम्युनिस्ट बनेंगे। परंतु सन् 1918 की क्रांति के पश्चात् रूस ने सबसे पहले साम्यवाद को अपनाया। कार्ल मार्क्स अच्छे वक्ता और लेखक भी थे। उनके ग्रंथ साम्यवादियों की 'बाइबिल' हैं। □

कार्वर जॉर्ज वाशिंगटन

(वनस्पति विज्ञानी)

जॉर्ज वाशिंगटन का जन्म सन् 1864 में उन दिनों में हुआ था, जब

अमेरिका गृहयुद्ध की स्थिति से गुजर रहा था। उनकी माँ का नाम मोसेस कार्वर था। वह एक जमींदार की गुलाम थीं। इस प्रकार, वाशिंगटन को बेहद अभाव में अपना बचपन बिताना पड़ा। युवा होने पर वाशिंगटन ने पारिवारिक नाम के लिए उस जमींदार का ही नाम चुना। मालिक के पास रहते हुए बागबानी में उसकी इतनी रुचि बढ़ गई कि उसने उच्च शिक्षा प्राप्त करके वनस्पति-शास्त्री बनने का संकल्प लिया।

अपनी जिज्ञासा, लगन और गहन

अध्ययन से वाशिंगटन ने फसलों के नए-नए उपयोगों का पता लगाते हुए मिट्टी के सुधार की दिशा में भी बहुत कार्य किया। अपने जीवन में उन्होंने काफी ख्याति और प्रतिष्ठा प्राप्त की। सन् 1943 में उनका देहांत हो गया।

□

कालिदास

(संस्कृत के महाकवि)

महाकवि कालिदास के जीवन के संबंध में अनेक कथाएँ प्रचलित हैं,

किंतु किसमें कितनी सत्यता है, इसे विश्वास के साथ नहीं कहा जा सकता। उनका प्रारंभिक जीवनकाल अत्यंत मूर्खतापूर्ण कहा जाता है। किंतु उनके काव्य से स्पष्ट होता है कि उन्होंने उस समय प्रतिष्ठित अध्ययन-केंद्र काशी में उच्च शिक्षा प्राप्त की थी। कालिदास उज्जैन में प्रतापी राजा सम्राट् विक्रमादित्य की सभा के नवरत्नों में प्रमुख थे।

साहित्य, अलंकार और काव्य के अतिरिक्त वे ज्योतिष के भी प्रकांड विद्वान् थे। वे अद्वितीय कवि और नाटककार थे। 'मेघदूत', 'ऋतुसंहार', 'कुमार संभव' और 'रघुवंश' उनके प्रमुख काव्य-ग्रंथ और 'अभिज्ञान शाकुंतलम्', 'विक्रमोर्वशीय' एवं 'मालविकाग्निमित्र' आदि प्रसिद्ध नाटक हैं।

कालिदास के नाटकों की ये विशेषता है कि उनका प्रत्येक पात्र भीड़ में भी अपना पृथक् अस्तित्व बनाए रखता है। कालिदास रस, ध्वनि और पद-लालित्य के अपूर्व कवि थे। वे अपने काव्य में अत्यंत विलक्षण उपमाओं का प्रयोग करते थे। उनके ग्रंथों का अनेक भाषाओं में अनुवाद हो चुका है।

□

किरण बेदी

(प्रथम महिला आई.पी.एस.)

श्रीमती किरण बेदी भारत की प्रथम आई.पी.एस. अधिकारी हैं। वे सन् 1972 के बैच से हैं। उन्होंने हमेशा अपने कर्तव्य को पूरी निष्ठा और ईमानदारी के साथ निभाया, इसलिए वे जहाँ भी, जिस पद पर भी रहीं, हमेशा चर्चा का विषय बनी रहीं। जब दिल्ली में उनकी ड्यूटी यातायात पुलिस कमिश्नर के पद पर थी, तब उन्होंने अनिश्चित स्थान पर खड़ी कारों को क्रेन द्वारा उठवाना आरंभ किया तो उनका नाम 'क्रेन बेदी' पड़ गया। जेल प्रमुख के पद पर आसीन होने पर उन्होंने तिहाड़ जेल का पूरा वातावरण ही बदल दिया।

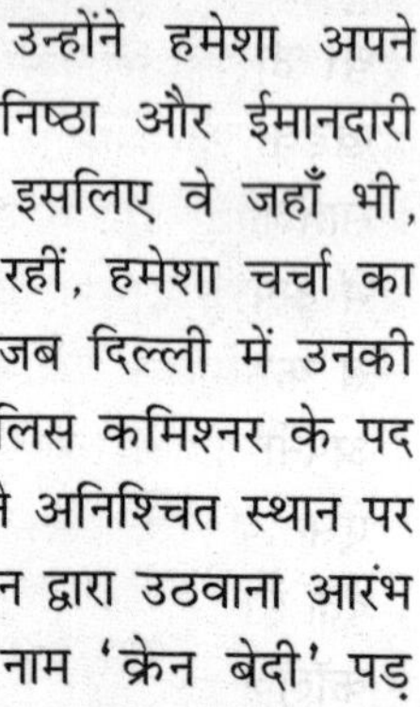

आरंभ में वे एशियन खेलों में महिला टेनिस चैंपियन थीं। सन् 1995 में उन्हें

'मैगसेसे पुरस्कार' से सम्मानित किया गया। सन् 2011 में अन्ना हजारे द्वारा लोकपाल बिल के लिए चलाए गए आंदोलन में उन्होंने बढ़-चढ़कर हिस्सा लिया।

□

किशोर कुमार

(प्रसिद्ध गायक-अभिनेता)

किशोर कुमार का जन्म 4 अगस्त, 1929 को मध्य प्रदेश के खंडवा शहर में जाने-माने वकील कुंजीलाल के यहाँ हुआ था। किशोर कुमार का वास्तविक नाम आभास कुमार गांगुली था। किशोर कुमार अपने भाई-बहनों में दूसरे नंबर पर थे। उन्होंने अपने जीवन के हर क्षण में खंडवा को याद किया। वे जब भी किसी सार्वजनिक मंच पर या किसी समारोह में अपना कार्यक्रम प्रस्तुत करते थे, शान से कहते थे, किशोर कुमार खंडवावाले। अपनी जन्मभूमि और मातृभूमि के प्रति ऐसा जज्बा बहुत कम लोगों में दिखाई देता है। किशोर कुमार इंदौर के क्रिश्चियन कॉलेज में पढ़े थे और उनकी आदत थी कि कॉलेज की कैंटीन से उधार लेकर खुद भी खाना और दोस्तों को भी खिलाना। वह ऐसा समय था, जब 10-20 पैसे की उधारी भी बहुत मायने रखती थी। किशोर कुमार पर जब कैंटीनवाले के 5 रुपए 12 आना उधार हो गए और कैंटीन का मालिक जब उनको अपने 5 रुपए बारह आना चुकाने को कहता तो वे कैंटीन में बैठकर ही टेबल पर गिलास और चम्मच बजा-बजाकर 5 रुपया बारह आना गा-गाकर कई धुन निकालते थे और कैंटीनवाले की बात अनसुनी कर देते थे। बाद में उन्होंने अपने एक गीत में 'पाँच रुपया बारह आना' का बहुत ही खूबसूरती से इस्तेमाल किया।

शायद बहुत कम लोगों को '5 रुपया बारह आना' वाले गीत की यह असली कहानी मालूम होगी। किशोर कुमार की शुरुआत एक अभिनेता के रूप में फिल्म 'शिकारी' (1946) से हुई। इस फिल्म में उनके बड़े भाई अशोक कुमार ने प्रमुख भूमिका निभाई थी। उन्हें पहली बार गाने का मौका मिला, 1948 में बनी फिल्म 'जिद्दी' में, जिसमें उन्होंने देव आनंद के लिए गाना गाया था। किशोर कुमार के. एल. सहगल के जबरदस्त प्रशंसक थे, इसलिए उन्होंने यह गीत उनकी शैली में ही गाया। 'जिद्दी' की सफलता के बावजूद उन्हें न तो पहचान मिली और न कोई खास काम मिला। उन्होंने सन् 1951 में फणी मजूमदार द्वारा निर्मित फिल्म 'आंदोलन' में हीरो के रूप में काम किया; मगर फिल्म फ्लॉप हो गई। सन् 1954 में उन्होंने बिमल राय की 'नौकरी' में एक बेरोजगार युवक की संवेदनशील भूमिका कर अपनी जबरदस्त अभिनय प्रतिभा से परिचित करवाया। इसके बाद

सन् 1955 में बनी 'बाप रे बाप', 1956 में 'नई दिल्ली', 1957 में 'मि. मेरी' व 'आशा' और 1958 में बनी 'चलती का नाम गाड़ी', जिसमें किशोर कुमार ने अपने दोनों भाइयों अशोक कुमार एवं अनूप कुमार के साथ काम किया और उनकी अभिनेत्री थीं–मधुबाला। यह भी मजेदार बात है कि किशोर कुमार की शुरुआत की कई फिल्मों में मोहम्मद रफी ने किशोर कुमार के लिए अपनी आवाज दी थी। मोहम्मद रफी ने फिल्म 'रागिनी' एवं 'शरारत' में किशोर कुमार को अपनी आवाज उधार दी तो मेहनताना लिया सिर्फ 1 रुपया। काम के लिए किशोर कुमार सबसे पहले एस. डी. बर्मन के पास गए थे, जिन्होंने पहले भी उन्हें सन् 1950 में बनी फिल्म 'प्यार' में गाने का मौका दिया था। एस.डी. बर्मन ने उन्हें फिर 'बहार' फिल्म में एक गाना गाने का मौका दिया–'कुसूर आप का'; और यह गाना बहुत हिट हुआ। शुरू में किशोर कुमार को एस.डी. बर्मन और अन्य संगीतकारों ने अधिक गंभीरता से नहीं लिया और उनसे हलके स्तर के गीत गवाए गए; लेकिन किशोर ने सन् 1957 में बनी फिल्म 'फंटूश' में 'दु:खी मन मेरे' गीत से अपनी ऐसी धाक जमाई कि जाने-माने संगीतकारों को किशोर कुमार की प्रतिभा का लोहा मानना पड़ा। इसके बाद एस. डी. बर्मन ने किशोर कुमार को अपने संगीत निर्देशन में कई गीत गाने का मौका दिया। आर. डी. बर्मन के संगीत निर्देशन में किशोर कुमार ने 'मुनीम जी', 'टैक्सी ड्राइवर', 'फंटूश', 'नौ दो ग्यारह', 'पेइंग गेस्ट', 'गाइड', 'ज्वैल थीफ', 'प्रेम पुजारी', 'तेरे-मेरे सपने' जैसी फिल्मों में अपनी जादुई आवाज से फिल्म-संगीत के दीवानों को अपना दीवाना बना लिया।

एक अनुमान के अनुसार, किशोर कुमार ने 1940 से 1980 के बीच के अपने कॅरियर के दौरान करीब 574 से अधिक गाने गाए। उन्होंने हिंदी के साथ ही तमिल, मराठी, असमी, गुजराती, कन्नड़, भोजपुरी, मलयालम और उड़िया फिल्मों के लिए भी गीत गाए। किशोर कुमार को आठ 'फिल्मफेयर अवॉर्ड' मिले। उनको पहला 'फिल्मफेयर अवॉर्ड' सन् 1969 में 'आराधना' फिल्म के गीत 'रूप तेरा मस्ताना प्यार मेरा दीवाना' के लिए दिया गया। किशोर कुमार की खासियत यह थी कि उन्होंने देव आनंद से लेकर राजेश खन्ना एवं अमिताभ बच्चन के लिए अपनी आवाज दी और इन सभी अभिनेताओं पर उनकी आवाज ऐसी रची-बसी, मानो किशोर खुद उनके अंदर मौजूद हों! किशोर कुमार ने 81 फिल्मों में अभिनय किया और 18 फिल्मों का निर्देशन भी किया। फिल्म 'पड़ोसन' में उन्होंने जिस मस्तमौला आदमी के किरदार को निभाया, वह किरदार वे जिंदगी भर अपनी असली जिंदगी में निभाते रहे। □

कुमारिल भट्ट

(भारतीय दार्शनिक)

कुमारिल भट्ट का काल सातवीं शताब्दी में माना जाता है। वे शंकराचार्य के समकालीन थे। उन दिनों बौद्ध धर्म प्रचलन में था। तब वैदिक धर्म की साख बचाते हुए कुमारिल भट्ट ने बौद्ध धर्म के तत्कालीन गुरुओं को अपने तर्क से पराजित करते हुए वैदिक धर्म का प्रचार-प्रसार किया।

श्री भट्ट विख्यात दार्शनिक और वेदों के भाष्यकार के रूप में भी प्रसिद्ध हैं। वे मीमांसा दर्शन के महान् पंडित थे। उन्होंने 'तंत्र-वातिक' और 'मीमांसा वातिक' नामक महत्त्वपूर्ण ग्रंथों की रचना की। वे बिहारी ब्राह्मण थे। बौद्ध धर्म के प्रभाव के कारण पहले बौद्ध हुए, परंतु बाद में उन्होंने हिंदू धर्म में दीक्षा ग्रहण की।

□

कृष्णदेव राय

(विजयनगर के प्रतापी राजा)

कृष्णदेव राय बड़े ही वीर और प्रतापी राजा थे। उनकी राजधानी विजयनगर थी। कृष्णदेव राय के नाम के साथ लगे 'राय' शब्द का अर्थ 'राजा' है। उन्होंने अपने राज्य का विस्तार भी किया। वह विद्वानों और कलाकारों को संरक्षण देनेवाले थे। वह स्वयं भी बहुत विद्वान् थे। उन्होंने संस्कृत में कविता और ग्रंथ की रचना की। उस समय का प्रसिद्ध मजाकिया व्यक्ति तेनालीराम उन्हीं के दरबार में था।

कृष्णदेव राय धर्म-कर्म में बहुत विश्वास रखते थे। उन्होंने दक्षिण के सभी मंदिरों व तीर्थों की यात्रा की थी।

□

के.आर. नारायणन

(भारत के पूर्व राष्ट्रपति)

के.आर. नारायणन का जन्म सन् 1920 में हुआ था। उनका पूरा नाम कोचेरिल रामन नारायणन था। वे सन् 1992 में भारत के उप-राष्ट्रपति तथा 1997 में राष्ट्रपति बने। इससे पूर्व उनकी उपलब्धियों में चीन में भारत के सफल राजदूत और केंदीय मंत्रिमंडल में मंत्री पद पर रहना भी शामिल है।

□

के.एम. करिअप्पा

(भारतीय थल सेनाध्यक्ष)

भारतीय थल सेना अध्यक्ष जनरल के.एम. करिअप्पा का जन्म सन् 1899 में कुर्ग में हुआ था। उन्हें सन् 1919 में सेना में कमीशन प्राप्त हुआ। उन्होंने मेसोपोटामिया, पश्चिमोत्तर सीमाप्रांत, क्वेटा, ईरान एवं इराक समेत कई अन्य युद्धों में भाग लिया। उन्होंने इस दौरान अदम्य साहस का परिचय देकर अपना कौशल दिखाया। अमेरिकी राष्ट्रपति ट्रूमैन ने उनकी योग्यता के चलते उन्हें 'लीजियन ऑफ मैरिट' की उपाधि प्रदान की। उनकी बहादुरी एवं देश-सेवा के लिए उन्हें कई विश्वविद्यालयों ने 'डॉक्टरेट' की उपाधि से सम्मानित किया। जनरल करिअप्पा की पहचान मधुर स्वभाव के हास्य व प्रिय व्यक्ति के रूप में थी। सैनिकों की भलाई के लिए वे सदैव फिक्रमंद रहते थे। उन्होंने सरकार से कई ऐसी सुविधाओं की सिफारिश की, जिन्हें पूर्ववर्ती जनरल जरूरी नहीं समझते थे। जनरल करिअप्पा की सेवानिवृत्ति के बाद सरकार ने उन्हें ऑस्ट्रेलिया एवं न्यूजीलैंड आदि देशों में बतौर भारतीय उच्चायुक्त तैनात किया। उन्होंने इस दायित्व को बखूबी निभाया। उनके प्रयास से उक्त देशों के भारत से बेहतर संबंध बने। उनके नाम पर देश की कई छावनियों में सड़कें बनी हुई हैं। ये उनके प्रति सैन्य सम्मान की प्रतीक हैं। जनरल करिअप्पा सेना की आनेवाली पीढ़ियों के प्रेरणास्रोत बने रहेंगे।

□

के.के. हैब्बर

(ख्यातिप्राप्त चित्रकार)

हैब्बर का जन्म कन्नड़ प्रदेश में सन् 1912 में एक साधारण परिवार में हुआ था। बचपन से ही उनकी रुचि कला में थी। उनके माता-पिता को इसकी जानकारी मिली तो उन्होंने उन्हें कला की शिक्षा लेने के लिए बंबई भेज दिया। वहाँ से शिक्षा पूरी करने के बाद हैब्बर को कई विदेश-यात्राएँ करने का अवसर मिला। वहाँ पर उन्होंने विदेशी चित्रकारों के चित्र देखे। अपने हुनर से उन्होंने भी विदेशियों को बहुत प्रभावित किया। हैब्बर की खासियत यह रही कि वे नाइफ से पेंटिंग करते थे। हालाँकि उनपर विदेशी चित्रकारों का असर था। यह असर विदेश-यात्राएँ करने के बाद अधिक दिखाई दिया। उन्होंने महानगरों में कई चित्र प्रदर्शनियाँ आयोजित कीं। उनके जरिए उन्हें काफी पहचान मिली। उनके चित्र 'माँ और बेटा' तथा 'मुरगे की लड़ाई' ने काफी प्रशंसा बटोरी। उन्हें सरकारी एवं गैर-सरकारी संस्थाओं की ओर से काफी

सम्मान भी मिला। वे वर्षों तक ललित कला अकादमी के मुखिया भी रहे। उनकी पहचान देश-विदेश में आज भी कायम है।

□

केशवचंद्र सेन

(ब्राह्म समाज के नेता)

केशवचंद्र सेन का जन्म सन् 1958 में कलकत्ता में हुआ था। उनके पिता प्यारेमोहन का परिवार बंगाल के सुप्रसिद्ध घरानों में से था। केशवचंद्र सेन बंगाल में 'ब्राह्म समाज'

के प्रतिष्ठापकों में से थे। उन्होंने महर्षि देवेंद्रनाथ ठाकुर के साथ मिलकर 'ब्राह्म समाज' का कार्य आरंभ किया था। दोनों ने सती-प्रथा, विधवा-त्रास, बाल-विवाह आदि कुरीतियों के विरुद्ध कार्य को आगे बढ़ाने का प्रयत्न किया, जिसकी राजा राममोहन द्वारा शुरुआत की गई थी। किंतु स्वयं 'ब्राह्म समाज' के नियमों को भंग करते हुए केशवचंद्र ने अपनी नाबालिग पुत्री का विवाह कूच बिहार के राजा से कर दिया। 'ब्राह्म समाज' के लोगों ने इसका विरोध किया तो उन्होंने 'नव-विधान' नाम से एक नया पंथ खड़ा कर लिया। केशवचंद्र ने महर्षि देवेंद्रनाथ ठाकुर के साथ मिलकर एक विद्यालय की स्थापना भी की थी।

□

कैलाश सत्यार्थी

(समाजसेवक)

कैलाश सत्यार्थी को समाज सेवा के साथ-साथ भोपाल गैस त्रासदी में राहत अभियान चलाने के लिए भी जाना जाता है। उनके इस जीवट को सलाम करते हुए उन्हें मलाला यूसुफजई के साथ वर्ष 2014 के नोबेल शांति पुरस्कार से सम्मानित कर उनके महती कार्यों की पुष्टि की गई।

सत्यार्थी का जन्म 11 जनवरी, 1954 को मध्य प्रदेश के विदिशा शहर में हुआ। वह बचपन से ही दूसरों के मददगार रहे और हमेशा दूसरों की सहायता में बढ़कर आगे आए।

बाल अधिकारों के लिए संघर्ष हेतु सत्यार्थी ने 26 साल की उम्र में अपना इलेक्ट्रिकल इंजीनियर का पेशा छोड़कर बच्चों के अधिकारों के लिए काम करना शुरू कर दिया और 1983 में 'बचपन बचाओ आंदोलन' की शुरुआत की। उन्होंने बाल श्रम के खिलाफ अपने आंदोलन को 'सबके लिए शिक्षा' से भी जोड़ा और इसके लिए यूनेस्को द्वारा चलाए गए कार्यक्रम से भी जुड़े।

वह बच्चों के लिए काम करनेवाली संस्था इंटरनेशनल सेंटर ऑन चाइल्ड लेबर ऐंड एजुकेशन के ग्लोबल मार्च अगेंस्ट चाइल्ड लेबर और उसकी वैश्विक सलाहकार परिषद् से भी जुड़े रहे।

बाल मजदूरी के खिलाफ चलनेवाले अपने अभियान को कैलाश सत्यार्थी ने देश के साथ-साथ विदेशों में भी फैलाया है। उनके इस प्रयास से प्रभावित होकर सार्क के सदस्य देशों ने बाल मजदूरी पर एक कार्यदल बनाने की घोषणा की। □

कोपरनिकस

(खगोलशास्त्री)

कोपरनिकस का जन्म पोलैंड में सन् 1473 में हुआ था। उन्होंने खगोल विद्या के क्षेत्र में बहुत ही महत्त्वपूर्ण काम किया। उन्होंने अपने शोध के जरिए कई सच दुनिया के समक्ष पेश किए। इससे सदियों से चले आ रहे कई विचार झूठे साबित हुए। उन दिनों खगोल-शास्त्रियों का मानना था कि ब्रह्मांड का केंद पृथ्वी है तथा सूर्य एवं तारे उसकी परिक्रमा करते हैं। कोपरनिकस ने अध्ययन के दौरान पाया कि उक्त धारणा सर्वथा गलत है। उन्होंने बताया कि पृथ्वी ही सूर्य के चारों ओर घूमती है। यह परिक्रमा करते समय वह अपनी धुरी पर घूमती है। कोपरनिकस ने लोगों की भावनाओं को ध्यान में रखते हुए सन् 1543 में इस सिद्धांत को लेकर एक पुस्तक लिखी। इसके लिए

कोपरनिकस ने धर्म-गुरुओं के नाराज होने का खतरा भी मोल लिया। सबसे दु:खद यह रहा कि उनकी पुस्तक की पहली प्रति प्रकाशित होकर तब उनके गृहनगर पहुँची, जब उनका शरीरांत हो गया। □

कोलंबस क्रिस्टोफर

(अमेरिका की खोज करनेवाला)

कोलंबस का जन्म सन् 1446 में इटली में जिनोआ नगर में हुआ था। उसने

अनेक समुद्री यात्राएँ की थीं। उन दिनों यूरोप का प्रत्येक देश पूर्व तक पहुँचने का कोई छोटा मार्ग तलाश रहा था। तब कोलंबस ने पश्चिम की ओर जाकर पूर्व के देशों तक पहुँचने का प्रयास किया। सन् 1492 में 3 अगस्त को उसकी देख-रेख में स्पेन के पोलेस बंदरगाह से तीन छोटे जहाज चल पड़े। तीनों जहाज केनरी द्वीप पहुँचे। 9 सितंबर को उन्होंने वहाँ से पश्चिम दिशा की राह पकड़ी। कई हफ्तों तक समुद्र की यात्रा करने के पश्चात् उन्हें जमीन दिखाई दी। वे वहाँ उतरे। कोलंबस ने उस द्वीप को 'सैन-सल्वाडोर' नाम दिया। यह बहामा द्वीप-समूह में है। कोलंबस उन द्वीप-समूहों में घूमा और वहाँ के गाँवों में उसे कुछ श्यामल वर्ण के लोग मिले। उस स्थान को 'इंडिया' के समीप का जानकर उसने वहाँ के लोगों को 'इंडियन' कहा। कुछ और यात्राएँ करने

के बाद उसने दक्षिणी अमेरिका का तट ढूँढ़ निकाला। आज वह 'अमेरिका के खोजी' के नाम से ही जाना जाता है।

□

क्रांतिकारी अमीरचंद

(भारतीय क्रांतिकारी)

अमीरचंद का जन्म सन् 1869 में हुआ था। भारत के स्वतंत्रता संग्राम में उन्होंने भी योगदान देने की ठानी और उत्तर भारत के क्रांतिकारी दल में शामिल हो गए। उस दल के मुखिया रासबिहारी बोस थे। उस दल ने ब्रिटिश सरकार के विरुद्ध बगावत की योजना बनाई और उस समय के वाइसराय लॉर्ड हार्डिंग पर बम फेंका। हार्डिंग पर बम फेंकने के कारण ब्रिटिश सरकार बुरी तरह से घबरा गई थी। उसने ताबड़तोड़ दबिशें और गिरफ्तारियाँ शुरू कर दीं। काररवाई का पता चलते ही रासबिहारी बोस जापान भाग गए। परंतु अन्य लोग,

जो इस योजना में शामिल थे, उन्हें गिरफ्तार कर लिया गया। उनमें अमीरचंद, अवध बिहारी, बालमुकुंद और बसंत विश्वास थे। उन सभी पर मुकदमा चलाया गया और फाँसी की सजा दी गई।

□

क्राइस्ट जीसस

(ईसाई धर्म के प्रवर्तक)

ईसा के पिता जोजफ नजारथ में

रहते थे। उनके पिता और माता मेरी डेविड शाही खानदान से संबंधित थे। मुख्यत: बताया जाता है कि वह समय ईसवी शताब्दी प्रारंभ होने से पाँच-छह वर्ष पूर्व का रहा होगा, जब ईसा ने इस धरती पर जन्म लिया। उस समय वहाँ हैरोद नामक क्रूर शासक राज करता था। जब उसने सुना कि यहूदियों के राज्य का शासक जन्म ले चुका है तो उसने बेथलेहम के 2 साल तक की उम्र के सभी बच्चों की हत्या करने का आदेश दे दिया। किंतु क्राइस्ट के माता-पिता ने उसी समय बेथलेहम छोड़ दिया और मिस्र के शरणार्थी बन गए। हैरोद की मृत्यु तक वे लोग मिस्र में ही रहे। हैरोद की मृत्यु के पश्चात् जब वे नजारथ लौटे, तब ईसा की उम्र 12 वर्ष की थी।

लगभग 30 वर्ष की उम्र में ईसा को अपने भीतर उपस्थित दैवी शक्ति का अनुभव हुआ। तब वे प्रचार और लोगों के दु:खों को दूर करने लगे। उस काम में कुछ और लोग भी उनके साथ जुड़ गए। यह बात वहाँ के शासक दल को पसंद नहीं आई और छोटी सी उम्र में

ही विद्रोह का दोष लगाते हुए उन्हें सूली पर चढ़ा दिया गया।

क्रॉमवेल ओलिवर

(कूटनीतिज्ञ और राष्ट्रनायक)

इंग्लैंड के हडिंगटनशायर नामक स्थान पर एक संपन्न सामंत परिवार

में सन् 1599 में ओलिवर का जन्म हुआ था। उसकी पूरी शिक्षा-दीक्षा कैंब्रिज में हुई। पहले सन् 1628 में उसका चयन पार्लियामेंट के सदस्य के रूप में हुआ। क्रॉमवेल का व्यक्तित्व काफी प्रभावशाली था। जब चार्ल्स प्रथम ने पार्लियामेंट के सारे अधिकार अपने हाथ में लेने चाहे तो क्रामवेल ने इसका विरोध किया। सन् 1653 में उसने अपने आपको देश का शासक घोषित कर दिया, जिसके लिए उसे अनेक कठिनाइयों का सामना करते हुए कितने ही जोड़-तोड़ करने पड़े। क्रॉमवेल ने 5 वर्षों तक बड़ी ही दृढता, परंतु दयालुतापूर्ण शासन किया और ब्रिटेन की स्थिति को उस ऊँचाई तक पहुँचाया कि यूरोप के अन्य राष्ट्र अपनी समस्याओं के संबंध में उससे परामर्श लेने लगे, क्योंकि उन्हें विश्वास था कि क्रॉमवेल उनकी समस्या का समाधान निकालने में पूर्णतया सक्षम है।

क्रिस्टोफर मार्लो

(ब्रिटिश नाटककार)

क्रिस्टोफर मार्लो का जन्म ब्रिटेन में सन् 1564 में हुआ था। उनके पिता जूते गाँठने का काम करते थे, इसलिए उनका बचपन बहुत गरीबी में बीता था। उनके पिता ने आर्थिक तंगी के कारण उन्हें आगे नहीं पढ़ाने का निर्णय कर लिया था; परंतु मार्लो पढ़ाई में काफी होशियार थे, इसलिए स्कूल की ओर से उन्हें छात्रवृत्ति मिलने लगी। उनका रुझान साहित्य की ओर था। उन्होंने नाटक आदि लिखकर ही आजीविका चलानी शुरू कर दी थी। उनके नाटक बहुत ही लोकप्रिय होने लगे। इसलिए उनकी गिनती एलिजाबेथ के समय के प्रमुख नाटककारों में होती थी। उन्हें किसी भी तरह उस समय के स्तंभ शेक्सपियर से कम नहीं आँका जाता था। उनके नाटकों में 'पेरिस का हत्याकाल', 'डॉ. फाउस्ट', 'तैमूर लंग' तथा 'एडवर्ड द्वितीय' मुख्य रहे।

उनकी मृत्यु 29 वर्ष की अल्पायु में ही एक सामान्य से झगड़े में होनी बताई जाती है। उनके विरोधी ने उन्हें छुरा घोंप दिया था। उन्होंने साहित्य के क्षेत्र में काफी योगदान दिया। उन्होंने

कई कविताओं की भी रचना की थी। उनमें से कई तो काफी लोकप्रिय हुईं। मार्लो अपने

समय के साहित्यकारों में अग्रणी श्रेणी के थे। उनका इस क्षेत्र में बहुत सम्मान था। उन्हें कई पुरस्कारों से भी सम्मानित किया गया था।

□

क्रिस्टोफर शोल्स

(टाइपराइटर के जनक)

शोल्स के समय टेलीग्राफ एवं शॉर्टहैंड के संकेतों को तेजी से पकड़ पाना मुश्किल हो रहा था। ऐसे में किसी ऐसी मशीन की जरूरत महसूस की जा रही थी, जो तेजी से लिख सके। शोल्स ने इस समस्या का समाधान किया। उन्होंने एक ऐसी मशीन का निर्माण किया, जिससे शब्दों को जोड़ा जा सका। उन्होंने उसका नाम 'टाइपराइटर' रखा। वह मशीन 1 मिनट में 60 से 80 शब्द तक लिखने में सक्षम थी। इसे उस समय का क्रांतिकारी कदम माना गया। इसकी वजह समान एवं साफ अक्षर अंकित होना था। इसके बाद शोल्स ने एक विज्ञापन दिया, जिसमें लड़कियों को टाइप सिखाने का प्रशिक्षण देने की जानकारी दी गई। इससे रोज़गार के अवसर खुले। इसने लोगों को अपनी ओर आकृष्ट किया। इसके साथ ही टाइपराइटर की बिक्री पूरे यूरोप में बढ़ गई। टाइपराइटर ने लिखने के क्षेत्र में क्रांतिकारी परिवर्तन किया। उस मशीन ने शोल्स क्रिस्टोफर को अमर कर दिया।

□

क्लियोपेट्रा

(मिस्र की सौंदर्य-सम्राज्ञी)

मिस्र की रानियों को 'क्लियोपेट्रा' के नाम से पुकारा जाता है। यह नाम सौंदर्य का प्रतीक बन गया है। जिस क्लियोपेट्रा का वर्णन यहाँ किया जा रहा है, वह खास सुंदर नहीं थी, परंतु उसका व्यक्तित्व अत्यधिक आकर्षक और प्रभावशाली था। वह टॉलेमी ग्यारहवें की पुत्री थी। पिता की मृत्यु के पश्चात् राजगद्दी उसे और उसके बड़े भाई को प्राप्त हुई। क्लियोपेट्रा के भाई ने उसे मिस्र से बाहर निकाल दिया। उन दिनों मिस्र पर रोम का आधिपत्य था। सीजर के मिस्र में आने पर क्लियोपेट्रा की मुलाकात उससे हुई। उसके साथ मिलकर क्लियोपेट्रा अपने भाई को परास्त कर अपने छोटे भाई के साथ राज्य करने लगी, यहाँ तक कि उसने अपने बड़े भाई को जहर देकर मरवा दिया। तभी उसका संपर्क मार्क एंटनी से हुआ। एंटनी अपनी पत्नी को तलाक देकर क्लियोपेट्रा के साथ रहने लगा। उसकी पत्नी के भाई ऑक्टेवियन ने उसपर आक्रमण कर उसे परास्त कर दिया। तब

एंटनी ने आत्महत्या कर ली। उसकी मृत्यु से आहत क्लियोपेट्रा ने भी जहर खाकर आत्महत्या कर ली।

□

क्लेमेंट एटली

(ब्रिटिश प्रधानमंत्री)

क्लेमेंट एटली का जन्म सन् 1883 में ब्रिटेन में एक संपन्न घराने में हुआ था। उनकी शिक्षा भी बहुत अच्छे ढंग से हुई। इसके बावजूद उनके भीतर गरीबों एवं कमजोर तबके के प्रति प्रेम था। वे प्रथम विश्व युद्ध से पहले ही दलितों एवं गरीबों की मदद करते रहे थे। ब्रिटेन में सन् 1922 में हुए आम चुनाव में लेबर पार्टी विजयी रही। लेबर पार्टी के सत्ता में आने पर रैमजे मैकडोनल्ड को प्रधानमंत्री बनाया गया। एटली उनके संसदीय सचिव बने। इसी के साथ उन्हें राजनीति की मुख्य धारा में शामिल होने का मौका मिला। द्वितीय विश्व युद्ध के दौरान हुए आम चुनाव में लेबर पार्टी को हार का मुँह देखना पड़ा। इसपर चर्चिल को प्रधानमंत्री बनने का मौका मिला। वहीं एटली क्लेमेंट विरोधी दल के नेता थे। इस समय सभी दलों का सहयोग पाने के लिए एटली को उप-प्रधानमंत्री बनाया गया। द्वितीय विश्व युद्ध के दौरान हिटलर के कारनामों की वजह से यूरोप की अर्थव्यवस्था पूरी तरह चरमरा गई थी। ब्रिटेन में हुए चुनाव में एक बार फिर लेबर पार्टी विजयी रही। एटली को प्रधानमंत्री बनाया गया। उन्होंने ब्रिटेन में उद्योगों का राष्ट्रीयकरण किया तथा राष्ट्रीय स्वास्थ्य सेवा लागू की। उनके शासनकाल में ही भारत को आजादी मिली। इसके बावजूद उनके प्रधानमंत्रित्व काल में हुए चुनाव में उनका दल सत्ता से बाहर हो गया। इसपर उन्हें विरोधी दल का नेता चुना गया। वे 'हाउस ऑफ लॉर्ड्स' के सदस्य भी बने।

□

खुदीराम बोस

(बाल-क्रांतिकारी)

खुदीराम बोस एक क्रांतिकारी छात्र नेता थे। उनका जन्म सन् 1889 में हुआ था। जिस समय देश में स्वदेशी आंदोलन चल रहा था, उस समय खुदीराम बोस छोटी उम्र के ही थे। लेकिन उन्होंने स्कूल छोड़कर क्रांतिकारी कार्यों में भाग लेना शुरू कर दिया। एक बार वे मिदनापुर में ब्रिटिश सरकार के विरुद्ध साहित्य वितरित करते हुए पकड़े गए। उस समय अल्पायु के

कारण उन्हें कोई दंड नहीं दिया गया। सन् 1908 में मुजफ्फरपुर में एक अंग्रेज मजिस्ट्रेट की हत्या करने के लिए उन्हें भेजा गया। उन्होंने जिस कार पर बम फेंका, वह बिल्कुल मजिस्ट्रेट की कार जैसी ही थी, परंतु उस कार में मजिस्ट्रेट नहीं था। उसमें दो अंग्रेज औरतें सफर कर रही थीं, जो बम विस्फोट में मारी गईं। उसके लिए खुदीराम बोस को गिरफ्तार करके मौत की सजा दी गई।

□

ख्वाजा मोइनुद्दीन चिश्ती

(प्रसिद्ध सूफी संत)

ख्वाजा मोइनुद्दीन चिश्ती का समय सन् 1152 से 1212 तक माना जाता है। वे अपने समय के महान् सूफी संत थे। वे मूलतः ईरान के रहनेवाले थे। ईरान से आकर उन्होंने राजस्थान

के अजमेर शहर को अपने रहने के लिए चुना और फिर वहीं बस गए। वे गुरु और समाज-सुधारक थे। अजमेर में उनकी विश्व-प्रसिद्ध दरगाह बनी हुई है। यहाँ प्रतिवर्ष उनके जन्म-दिवस पर उर्स लगता है। लोगों की ख्वाजा में अपार श्रद्धा है, इसलिए भारत के कोने-कोने से ही नहीं, बल्कि विदेशों से भी उनके भक्त इस उर्स में भाग लेने आते हैं।

□

गणेश दामोदर चाफेकर

(वीर क्रांतिकारी)

महाराष्ट्र के एक ही परिवार के तीन चाफेकर भाइयों ने अपने साथियों के साथ मिलकर ऐसे क्रांतिकारी कार्य किए, जिनके लिए उन्हें आज भी महाराष्ट्र का हीरो माना जाता है। तीनों चाफेकर बंधु महाराष्ट्र के सफल क्रांतिकारी थे। पूना में प्लेग का रोग फैला हुआ था। उस समय वहाँ प्लेग कमिश्नर के रूप में रैंड नामक एक अंग्रेज की तैनाती थी। वहाँ के रोगियों और कर्मचारियों के साथ अत्यंत अमानवीय और आपत्तिजनक व्यवहार किया किया जाता था। गणेश चाफेकर, जोकि चाफेकर बंधुओं में सबसे बड़ा था, को उसके विरुद्ध कार्य करने के कारण गिरफ्तार कर फाँसी की सजा दी गई। दूसरा भाई बालकृष्ण भी अधिक दिनों तक गिरफ्तारी से बच नहीं सका। उसे भी हैदराबाद में गिरफ्तार कर लिया गया। तीसरा भाई वासुदेव सबसे छोटा था। उसने उन दो मुखबिरों की हत्या कर दी, जो चाफेकर के कार्यों की सूचना सरकार तक पहुँचाते थे। पुलिस थाने में उनके खिलाफ जाँच-पड़ताल कर रहे अधिकारी पर भी उन्होंने गोली चला दी; पर उन्हें गिरफ्तार कर लिया गया और मौत की सजा सुना दी गई।

□

गणेशशंकर विद्यार्थी

(क्रांतिकारी संपादक)

गणेशशंकर विद्यार्थी का जन्म 26 अक्तूबर, 1890 को इलाहाबाद में हुआ था। उनके पिता जयनारायण श्रीवास्तव और माता गोमती देवी सात्त्विक वृत्ति के

थे। माता इलाहाबाद की रहनेवाली थीं और पिता ग्वालियर रियासत के। अन्याय के प्रति विद्रोह और उसे सहन न करने की प्रवृत्ति उनमें बचपन से ही थी। हाई स्कूल पास करने के बाद गणेशजी 'स्वराज्य' नामक पत्र में लेख लिखने लगे। पं. सुंदरलालजी ने उन्हें 'विद्यार्थी' नाम दिया, जो उनके नाम का ही अंग बन गया। कानपुर आकर उनका लेखन-कार्य और तेज हो गया। वे 'अभ्युदय' और 'कर्मयोगी' आदि पत्रों में लिखने लगे। इससे उनकी प्रसिद्धि बढ़ी और वह 'सरस्वती' पत्रिका के संपादकीय विभाग में काम करने लगे। कुछ ही दिन बाद यह पत्र सरकारी क्रोध का निशाना बना। आगे चलकर वह पत्र दैनिक हो गया।

अनेक कष्ट उठाकर भी विद्यार्थी जी 'प्रताप' द्वारा अन्याय का प्रतिकार करने का प्रयत्न करते रहे। वे कई बार जेल गए। उनका परिचय देश के प्रसिद्ध लेखकों व नेताओं से हुआ और नवीनजी आदि ने तो लिखना वहीं से सीखा। सन् 1931 में जब भगत सिंह आदि को फाँसी दी गई तो देश में हड़तालें हुईं। कानपुर में उस समय सांप्रदायिक दंगे भड़क उठे। विद्यार्थी जी दंगों को शांत करने के प्रयत्न में एक आततायी के छुरे का शिकार हो गए।

□

गाइस जूलियस सीजर

(रोम का संस्थापक)

रोम की संघीय व्यवस्था को बदलकर राजतंत्र स्थापित करनेवाला सीजर दैवी गुण से संपन्न था। उसे दुनिया के कर्मठ एवं दृढ इच्छा शक्तिवाला सैनिक माना जाता था। उसमें नेतृत्व क्षमता, उत्साह, भाषण कला, लेखन, कानून की जानकारी तथा कला की परख गजब की थी। उन्हीं दिनों सीजर ने सुला सेनापति की एक प्रमुख विरोधी युवती कारनेलिया से विवाह कर लिया। इसी के साथ वह विपत्तियों से घिर गया। उसने रोम त्याग दिया, परंतु उसे समुद्री डाकुओं ने कैद कर लिया। वह घबराया बिल्कुल नहीं। उसने इस दौरान कहानियाँ एवं कविताएँ लिखीं। यहाँ से मुक्त होने के बाद वह रोम लौटा और सेना एकत्रित करके फ्रांस, बेल्जियम एवं स्पेन के

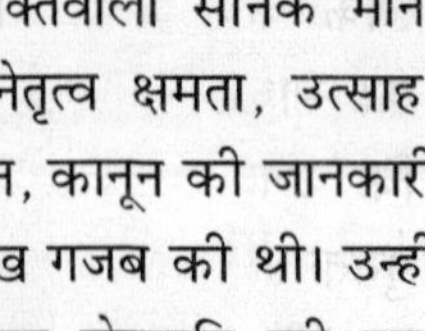

हिस्से गाल हसपानिया को मिलाकर उसे यूरोपियन साम्राज्य बनाया। इसके बाद ब्रूट्स नामक व्यक्ति ने पोंपी थिएटर में छुरा घोंपकर उसकी हत्या कर दी थी। □

गिरीश कर्नाड

(अभिनेता व नाटककार)

गिरीश कर्नाड का जन्म कर्नाटक के पश्चिमी घाट क्षेत्र के एक छोटे से गाँव में हुआ था। उस समय वहाँ बिजली भी नहीं थी। चारों ओर घने जंगल से घिरे हुए उस गाँव में रात्रि के समय दीये की रोशनी में विभिन्न प्रकार की लोक-कथाएँ सुनना ही उनके मनोरंजन का साधन था। संभवत: यही कारण है कि उनकी कृतियों में जहाँ भारत की पुरातनता झाँकती है, वहीं आधुनिकता का भी सम्मिश्रण है।

गिरीश कर्नाड केवल नाटककार ही नहीं, अभिनेता, फिल्म निर्माता, कहानी लेखक और समाज की आधुनिक समस्याओं को उजागर करनेवाले महान् साहित्यकार हैं।

उनका विचार था कि वे कवि बनेंगे; परंतु जब छात्रवृत्ति लेकर वे ऑक्सफोर्ड गए तो उन्होंने नाटकों की ओर रुझान दरशाया। उन्होंने पहला नाटक कन्नड़ में लिखा और उसके बाद उसका अंग्रेजी में अनुवाद किया। उनके नाटकों में ययाति, तुगलक, हयवदन, अंजु मल्लिगे, अग्निमतु माले, नागमंडल, अग्नि और बरखा आदि बहुत प्रसिद्ध हैं। उन्होंने कुछ कन्नड़ फिल्में भी बनाई हैं

और कई फिल्मों में अभिनय भी किया है। सन् 1999 में गिरीश कर्नाड को 34वाँ 'ज्ञानपीठ पुरस्कार' दिया गया। गिरीश कर्नाड ने छोटे परदे पर भी अनेक महत्त्वपूर्ण कार्यक्रम और 'सुराजनामा' आदि सीरियल पेश किए हैं। उनके कुछ नाटक, जिनमें 'तुगलक' आदि आते हैं, सामान्य नाटकों से कुछ भिन्न हैं। दिल्ली का सुल्तान मुहम्मद बिन तुगलक एक दूरदर्शी व्यक्ति था; परंतु उसमें कमजोरी यह थी कि उसे जल्दी गुस्सा आ जाता था। वह प्रत्येक व्यक्ति को अपने से कम बुद्धिमान समझता था। कर्नाड ने इस नाटक में वर्तमान दौर को, जिसमें प्रमुख रूप से नेहरू युग सम्मिलित है, दिल्ली के सुल्तान के समय में बदल दिया है। गिरीश कर्नाड संगीत अकादमी के अध्यक्ष भी रह चुके हैं। इस प्रकार साहित्य से संबंधित अनेक क्षेत्रों में काम करने के कारण गिरीश कर्नाड ने कन्नड़ साहित्य को ही समृद्ध नहीं किया, अपितु हिंदी साहित्य भी उनकी देन से अछूता नहीं है। □

गुरु गोविंद सिंह

(सिखों के दसवें गुरु)

गुरु गोविंद सिंह का जन्म सन् 1666 में पटना में हुआ था। उनके पिता सिखों के नौवें गुरु तेगबहादुर थे। सच्चे समाज सुधारक, राजनेता और दूरदर्शी व्यक्ति होने के साथ-साथ गोविंद सिंह अच्छे कवि भी थे। उनके द्वारा लगभग 40 रचनाओं का सृजन किया गया। उनकी कविताओं में मानव धर्म और आध्यात्मिकता का सार भरपूर मिलता है। खालसा पंथ की स्थापना भी उन्होंने ही की थी। गुरु गोविंद सिंहजी ने अपने आपको देश व

जाति के लिए पूरी तरह समर्पित कर दिया। सिखों को संगठित कर वे जीवन भर अन्याय और अत्याचार के विरुद्ध अडिग रहे। उनके चारों बेटे सहर्ष सच्चे धर्म के नाम पर बलिदान हो गए। सन् 1708 में दुश्मनों द्वारा घायल कर दिए जाने पर गुरु गोविंद सिंह ने देह-त्याग कर दिया था।

□

गुरु तेगबहादुर

(सिखों के नौवें गुरु)

मात्र 5 वर्ष की उम्र में ही तेगबहादुर भक्ति-भाव में लीन रहने लगे थे। उन दिनों देश में कट्टरपंथी मुगल शासक

औरंगजेब का शासन था। तेगबहादुर के अनेक विरोधी थे, जो उन्हें मारने के लिए साजिश रचते थे। इन सबकी परवाह न करते हुए गुरु तेगबहादुर ने हिंदू धर्म की रक्षा के लिए अपने प्राणों की भी बलि देने का निश्चय किया। औरंगजेब चाहता था कि गुरु तेगबहादुर मुसलमान बन जाएँ; किंतु उन्होंने ऐसा करने से इनकार कर दिया, जिसके कारण उन्हें बहुत कष्ट दिए गए और अंत में उनकी हत्या कर दी गई।

□

गुरु नानकदेव

(सिख धर्म के प्रवर्तक)

गुरु नानकदेव का जन्म सन् 1526 में तलवंडी (अब पाकिस्तान में) नामक ग्राम में हुआ था। उनके पिता का नाम कालूचंद खत्री था। वे ग्राम के पटवारी थे और खेती-बाड़ी का भी काफी बड़ा काम था। नानकजी का स्वभाव बाल्यकाल से ही शांत था। वे अपना अधिकतर समय

एकांत सेवन, सत्संग और ईश्वर-चिंतन में लगाते थे। उनकी पत्नी का नाम सुलक्खनी था। श्रीचंद और

लक्ष्मीचंद नाम के उनके दो बेटे हुए। आगे चलकर श्रीचंद ने संन्यास ले लिया और 'उदासी संप्रदाय' चलाया। 'जपुजी साहिब' गुरु नानक की सबसे प्रसिद्ध रचना है 'यह गुरु ग्रंथ साहिब' के प्रारंभ में दी गई है।

□

गुलजारीलाल नंदा

(प्रख्यात गांधीवादी नेता)

गुलजारीलाल नंदा भारत के प्रसिद्ध गांधीवादी नेता थे। उनकी शिक्षा-दीक्षा इलाहाबाद विश्वविद्यालय में हुई। प्रारंभ में उन्होंने श्रमिक नेता के रूप में कार्य किया। जवाहरलाल नेहरू के प्रधानमंत्रित्व काल में वे भारत सरकार के एक प्रमुख मंत्री रहे। जवाहरलाल नेहरू की अनुपस्थिति में उन्हें दो बार कार्यवाहक प्रधानमंत्री भी बनाया गया। उनकी सेवाओं को देखते हुए तथा गांधीवादी के रूप में अटूट निष्ठा रखने के कारण भारत सरकार ने उन्हें देश का सर्वोच्च नागरिक सम्मान 'भारत-रत्न' प्रदान किया।

□

गैलीलियो

(दूरबीन के आविष्कारक)

आज हम यदि अपने आस-पास अच्छी घड़ियों को देख पाते हैं तो इसका श्रेय गैलीलियो को जाता है। उन्हीं के प्रयोगों के आधार पर अच्छी घड़ियों का निर्माण हो सका। दूरबीन के आविष्कार के विषय में ज्ञात होते ही गैलीलियो ने तुरंत दूरबीन का निर्माण आरंभ कर दिया। उसकी मदद से उन्होंने अनेक सफल खोजें कीं। वे पहले व्यक्ति थे, जिन्होंने पता लगाया कि सूर्य पर धब्बे और चंद्रमा पर पर्वत हैं। बृहस्पति ग्रह के चारों ओर चंद्रमा घूमता है, शुक्र परिवर्तित होता है, साथ ही आकाशगंगा अनेक दूरवर्ती तारों के प्रकाश के अलावा कुछ और नहीं। यह सभी पता लगानेवाले वही थे। गैलीलियो ने अपने विचारों का प्रतिपादन कई पुस्तकों में किया। उसी के आदर्शों पर चलकर दूसरे वैज्ञानिकों ने भी प्राचीन मान्यताओं पर आँख मूँदकर विश्वास न करके स्वयं सत्य जानना आरंभ कर दिया।

□

गोपाल कृष्ण गोखले

(प्रथम पंक्ति के स्वतंत्रता सेनानी)

गोपालकृष्ण गोखले का जन्म 9 मई, 1866 को महाराष्ट्र के रत्नागिरि जिले के चितपावन ब्राह्मण परिवार में हुआ था। कोल्हापुर और बंबई के एलफिंस्टन कॉलेज से उन्होंने पढ़ाई की, फिर पूना में अध्यापन करने लगे। सन् 1887 में वे जस्टिस महादेव

गोविंद रानाडे के सहायक बने। सन् 1902 में उन्हें इंपीरियल काउंसिल का सदस्य चुना गया। सन् 1905 में गोखले कांग्रेस के बनारस अधिवेशन के अध्यक्ष बनाए गए। उन्होंने सदैव भारतीयों पर लगाए जानेवाले अधिक करों और सेना पर किए जानेवाले अधिक व्यय का विरोध किया। गोखले दक्षिण अफ्रीका में गांधीजी द्वारा चलाए जा रहे आंदोलनों का भी पूरी तरह समर्थन किया करते थे। गांधीजी उन्हें अपना राजनीतिक गुरु मानते थे।

□

गोविंद बल्लभ पंत

(उ.प्र. के प्रथम मुख्यमंत्री)

10 सितंबर, 1887 को अल्मोड़ा जिले में पं. गोविंद बल्लभ पंत का जन्म हुआ था। अल्मोड़ा में प्रारंभिक शिक्षा और इलाहाबाद से बी.ए., एल.-एल.बी. करने के पश्चात् उन्होंने नैनीताल में वकालत आरंभ कर दी। पर्वतीय क्षेत्रों की दशा में सुधार के लिए सन् 1916 में 'कुमायूँ परिषद्' की स्थापना की, फिर देश-सेवा में जुट गए। उन्होंने स्वतंत्रता संग्राम के अनेक आंदोलनों में बढ़-चढ़कर हिस्सा लिया। वे कई बार जेल गए। वे सन् 1931 में कांग्रेस कार्यकारिणी के सदस्य चुने गए। सन् 1937 में कांग्रेस की ओर से पंत उत्तर प्रदेश के मुख्यमंत्री बनाए गए। सन् 1942 के 'अंग्रेजो भारत छोड़ो' आंदोलन में उन्हें ढाई वर्ष की सजा हुई। वे सन् 1946 में संविधान सभा के सदस्य निर्वाचित हुए, फिर स्वतंत्र भारत में 1955 तक उत्तर प्रदेश के मुख्यमंत्री रहे और उसके पश्चात् केंद्र सरकार में गृहमंत्री रहे। अस्वस्थता के कारण 7 मार्च, 1961 को उनका देहावसान हो गया।

□

गोस्वामी तुलसीदास

(रामचरितमानस के रचयिता)

गोस्वामी तुलसीदास का जन्म सन् 1537 में उत्तर प्रदेश के बाँदा जिले के राजापुर गाँव में हुआ था। वे सरयूपारीण ब्राह्मण थे। उनके पिता का नाम आत्माराम शुक्ल और माता का नाम हुलसी था। तुलसीदास को वाल्मीकि का अवतार माना जाता है। ऐसा भी माना जाता है कि जन्म के समय उनके मुँह में पूरे 32 दाँत थे। बाल्यकाल में उन्हें तुलसीराम या 'रामबोला' के नाम से जाना जाता था।

तुलसीदास का विवाह बुद्धिमती के साथ हुआ था। उनका अपनी पत्नी से अगाध प्रेम था, इसीलिए एक दिन जब बुद्धिमती अपने मायके गई हुई थी, तब वे उसी रात्रि उससे मिलने वहाँ जा पहुँचे। इससे बुद्धिमती को बहुत लज्जा आई। वह धिक्कारती हुई तुलसीदास से बोली कि जितना प्रेम वह हाड़-मांस की बनी उस स्त्री से करते हैं, यदि उसका आधा भी भगवान् राम से किया होता

तो उनका जीवन सफल हो जाता। यह सुनकर तुलसी वहाँ से चले गए और सबकुछ छोड़कर ईश्वर-भक्ति में लग गए। उन्होंने इस अवधि में कई ग्रंथों की रचना की। 'रामचरितमानस' उनकी सर्वश्रेष्ठ कृति है।

□

गौतम बुद्ध

(बौद्ध धर्म के प्रवर्तक)

गौतम बुद्ध का जन्म ईसा से लगभग 5 शताब्दी पूर्व हुआ था। उनका जन्मस्थान नेपाल की सीमा पर कपिलवस्तु नामक नगर था। वहाँ के राजा शुद्धोदन उनके पिता थे। बचपन में उनका नाम सिद्धार्थ था। 19 वर्ष की उम्र में उनका विवाह राजकुमारी यशोधरा के साथ हुआ। 10 वर्ष गृहस्थ जीवन में व्यतीत करने के पश्चात् उनकी रुचि दर्शन-शास्त्र के प्रति जाग्रत् हुई। एक दिन जब वे नगर-भ्रमण के लिए निकले तो उन्होंने एक अत्यंत वृद्ध, एक भयंकर रोगी और एक मृत व्यक्ति को देखा। इस भ्रमण ने जीवन के प्रति उनका नजरिया बदल दिया। फिर एक रात वे अपनी पत्नी यशोधरा और पुत्र राहुल को सोता हुआ छोड़कर जंगल की ओर चले गए। 6 वर्षों तक यहाँ-वहाँ भ्रमण करते हुए अंत में बोधगया में एक वृक्ष के नीचे बैठकर चिंतन-मनन करते हुए उन्हें ज्ञान की प्राप्ति हुई। वह वृक्ष 'बोधिवृक्ष' के नाम से प्रसिद्ध हुआ और सिद्धार्थ का नाम 'बुद्ध' पड़ गया। बुद्ध की शिक्षाएँ बौद्ध धर्म के नाम से प्रचलित हुईं।

□

घनश्यामदास बिड़ला

(प्रसिद्ध उद्योगपति)

घनश्यामदास बिड़ला उद्योग जगत् का जाना-माना नाम है। भारत की राष्ट्रीय संपत्ति और उसकी वृद्धि के साथ-साथ उन्होंने स्वतंत्रता संग्राम में पूरे उत्साह के साथ गांधीजी का साथ दिया। गांधीजी से उनकी सर्वप्रथम भेंट कलकत्ता में हुई थी। उसके पश्चात् गांधीजी से संपर्क निरंतर बढ़ता चला गया। सर्वप्रथम सन् 1918 में कलकत्ता में 'बिड़ला ब्रदर्स प्रा. लि.' की स्थापना की गई, जिसमें लगभग 20 लाख रूपए की पूँजी का निवेश किया गया था। उन्होंने पहले दिल्ली में कपड़ा मिल की स्थापना की, फिर धीरे-धीरे जूट, कपड़ा, सीमेंट तथा अन्य प्रकार की मिलों की स्थापना की गई। टाटा के बाद बिड़ला उद्योग समूह ही सबसे बड़ी औद्योगिक

इकाई है। उन्होंने ही दक्षिण-पूर्वी एशिया, अफ्रीका आदि अनेक देशों में कारखाने लगाने की परंपरा डाली। उन्होंने नई दिल्ली स्थित 'बिड़ला भवन' राष्ट्र को समर्पित कर दिया।

□

चंदबरदाई

('पृथ्वीराजरासो' के रचयिता)

दिल्ली और अजमेर के वीर शासक पृथ्वीराज चौहान के दरबार में चंदबरदाई का एक कवि के रूप में विशेष स्थान था। वह पृथ्वीराज चौहान का बचपन का मित्र भी था। दोनों की मित्रता घनिष्ठ थी। अच्छा कवि होने के साथ-साथ चंदबरदाई एक अच्छा योद्धा भी था। उसने 'पृथ्वीराज रासो' नामक ग्रंथ की रचना की, जिसमें उसने पृथ्वीराज की वीरता एवं अन्य कारनामों का बड़ा सुंदर वर्णन किया है। इस ग्रंथ को हिंदी साहित्य के प्रारंभिक काव्य ग्रंथों में स्थान दिया गया है।

□

चंद्रगुप्त प्रथम

(मौर्य वंश का संस्थापक)

चंद्रगुप्त प्रथम ने ही भारत में मौर्य राजवंश की स्थापना की थी। उसका शासनकाल 322 से 297 ई.पू. था। चंद्रगुप्त की माँ का नाम मुरा था। मुरा पाटलिपुत्र के राजा नंद की दासी थी। नंद ने उसका अपमान करके उसे राज्य से निकाल दिया था। चंद्रगुप्त की भेंट तक्षशिला (अब पाकिस्तान) के आचार्य और कूटनीतिज्ञ ब्राह्मण चाणक्य से हुई। चाणक्य ने भी राजा नंद के वध की प्रतिज्ञा की हुई थी। अत: दोनों ने मिलकर नंद का वध किया और चंद्रगुप्त पाटलिपुत्र की गद्दी पर बैठा। युवावस्था में चंद्रगुप्त की मुलाकात सिकंदर से हुई थी। सिकंदर की मृत्यु के पश्चात् उसके सेनापति सेल्यूकस ने सिंधु नदी पार करके भारत में आगे बढ़ने की इच्छा से आक्रमण किया; परंतु चंद्रगुप्त ने उसे परास्त करके उसकी इच्छा पूरी न होने दी। तब सेल्यूकस ने अफगानिस्तान का बहुत सा हिस्सा चंद्रगुप्त को भेंट कर दिया और संबंधों को मैत्रीपूर्ण बनाने के लिए अपनी पुत्री का हाथ चंद्रगुप्त को सौंप दिया। चाणक्य की मदद से चंद्रगुप्त का साम्राज्य अरब सागर से बंगाल की खाड़ी तक विस्तृत हो गया। उसने पाटलिपुत्र को ही अपनी राजधानी बनाया। चंद्रगुप्त ने 5 ई.पू. 297 में राजगद्दी त्याग दी।

□

चंद्रशेखर आजाद

(भारत के महान् क्रांतिकारी)

चंद्रशेखर आजाद का जन्म सन् 1905 में अलीराजपुर में हुआ था। उनके पिता का नाम सीताराम तिवारी था। देश में उन दिनों ब्रिटिश हुकूमत के अत्याचारों की त्रासदी पसरी हुई थी। इसी कारण क्रांति की भावना बचपन से ही उनके हृदय में हिलोरें मारने लगी थी। परिणामस्वरूप चंद्रशेखर आजाद एक

प्रमुख क्रांतिकारी के रूप में उभरे। रामप्रसाद बिस्मिल, राजेंद्र लाहिड़ी, रोशन सिंह एवं अशफाक उल्ला खाँ आदि को साथ लेकर उन्होंने सन् 1924 में लखनऊ के पास काकोरी स्टेशन से सरकारी खजाना लूट लिया था, जिसके लिए आजाद के अन्य साथियों को फाँसी की सजा दी गई। उसके बाद सरदार भगत सिंह के साथ मिलकर उन्होंने क्रांतिकारी दल का नेतृत्व किया। क्रांतिकारियों के दल ने ही पुलिस सुपरिंटेंडेंट सांडर्स की भी गोली मारकर हत्या कर दी थी। इतना ही नहीं, आजाद ने भारत के वाइसराय लॉर्ड इरविन की गाड़ी को भी उड़ाने की कोशिश की; किंतु वाइसराय बच गया। इसके बाद पुलिस हर समय उनकी तलाश में रहती थी। एक दिन किसी मुखबिर के कारण पुलिस ने इलाहाबाद के अल्फ्रेड पार्क में चंद्रशेखर आजाद को घेर लिया। कई घंटे तक वे गोलियों से पुलिस का सामना करते रहे, पर जब उनकी पिस्तौल में मात्र एक गोली शेष रह गई तो उन्होंने उसे अपनी कनपटी पर दाग दिया, क्योंकि वे नहीं चाहते थे कि अंग्रेज पुलिस जीते-जी उन्हें पकड़ सके।

□

चक्रवर्ती राजगोपालाचार्य

(भारत के प्रथम गवर्नर जनरल)

राजगोपालाचार्य का जन्म सन् 1879 में द्रास के सलेम जिले में एक गाँव में परम वैष्णव परिवार में हुआ था। उनके पिता गाँव के मुंसिफ थे। वे बचपन से ही बहुत मेधावी छात्र थे। स्कूल के दिनों से ही उन्होंने अनेक महान् लेखकों की कृतियाँ पढ़नी आरंभ कर दी थीं। भारत के उदारवादी नेताओं का भी उन पर बहुत प्रभाव था और देश भर में चल रही क्रांतिकारी गतिविधियों पर भी उनकी पूरी नजर थी। रोलेट ऐक्ट और जलियाँवाला बाग कांड के बाद वे कांग्रेस में आ गए। उन्होंने गांधीजी के सभी आंदोलनों में भाग लिया। वे भारतीय कांग्रेस के उन नेताओं में से एक थे, जिन्होंने पाकिस्तान के निर्माण की बात सबसे पहले स्वीकार की।

वे स्वतंत्र भारत के पहले गवर्नर जनरल थे। प्रेम और सम्मान से उन्हें 'राजाजी' कहा जाता था।

'राजाजी' को सन् 1954 में देश के सर्वोच्च नागरिक सम्मान 'भारत रत्न' से विभूषित किया गया था।

□

चरक

('चरक संहिता' के प्रणेता)

चरक मूलतः कश्मीर के निवासी थे। उन्होंने अपने पूर्ववर्ती विद्वान् अग्निवेश द्वारा लिखित ग्रंथ को संशोधित किया और उसे पूर्णतया नवीन रूप प्रदान किया। परंतु इस कार्य के लिए उन्होंने पूरा श्रेय अग्निवेश को ही दिया। संभवतः पहले उस पुस्तक का नाम 'अग्निवेश संहिता' था, परंतु चरक ने उसे 'चरक-संहिता' का नाम दिया। 'चरक संहिता' आयुर्वेद का बहुत ही प्रसिद्ध और महत्त्वपूर्ण मौलिक ग्रंथ है।

□

चाँद बीबी

(बीजापुर की वीरांगना)

चाँद बीबी अहमदनगर के सुलतान हुसैन निजामशाह की बेटी थी। उसका विवाह बीजापुर के सुलतान आदिलशाह से हुआ था। पति की मृत्यु के समय उसका पुत्र बहुत छोटा था, इसलिए बेटे की संरक्षिका बनकर चाँद बीबी ने स्वयं राज-काज सँभाला। सन् 1584 में वह बीजापुर छोड़कर चली गईं। परंतु 1543 में अकबर की सेना ने अहमदनगर पर कब्जा कर लिया। मुगलों से संधि करने के लिए चाँद बीबी ने अपने राज्य का बरार भाग उन्हें दे दिया। परंतु मुगलों को इससे संतोष नहीं हुआ। उन्होंने पुनः अहमदनगर पर धावा बोल दिया। इस समय चाँद बीबी ने अपने कुशल नेतृत्व से मुगलों को किले पर कब्जा नहीं करने दिया, परंतु उसके अपने ही लोगों ने उसे सतारा के किले में बंदी बना लिया।

□

चाणक्य

(महान् कूटनीतिज्ञ और अर्थशास्त्री)

चाणक्य उन ब्राह्मणों में से एक थे, जिन्हें मगधपति घनानंद ने दान-पुण्य देने के लिए नियत किया हुआ था। चाणक्य कुरूप और स्वाभिमानी थे, इसलिए नंद ने उन्हें राज्य से अपमानित कर निकाल दिया था। चाणक्य ने उसी क्षण प्रतिज्ञा की थी कि वह तब तक अपनी शिखा नहीं बाँधेंगे, जब तक घनानंद को मार नहीं देंगे। अपने इसी प्रयोजन को सिद्ध करने के लिए उन्होंने चंद्रगुप्त नामक एक योग्य बालक को एक शिकारी से खरीदकर तक्षशिला में शिक्षा-दीक्षा दी। घनानंद ने चंद्रगुप्त की माता का भी अपमान किया था, इसलिए दोनों ही नंद-विरोधी थे।

कौटिल्य चाणक्य का ही एक और नाम है। राज्य-संचालन के संबंध में चाणक्य ने एक महत्त्वपूर्ण ग्रंथ बड़े विस्तार से लिखा, जिसे 'अर्थशास्त्र' कहा जाता है। 'चाणक्य नीति' नामक ग्रंथ भी उनकी एक अन्य रचना है। चाणक्य को भारत का 'मेकियावली' कहा जाता है। चाणक्य बहुत विद्वान्, परंतु निस्स्वार्थी व्यक्ति थे। सम्राट् चंद्रगुप्त के विशाल साम्राज्य की बागडोर उन्हीं के हाथों में थी, परंतु फिर भी वह एक सामान्य सी कुटिया में रहते हुए बहुत सीधा-सादा जीवन व्यतीत करते थे।

□

चार्ली चैपलिन

(प्रसिद्ध हास्य अभिनेता)

अभिनेता और फिल्म-निर्माता के रूप में चार्ली चैपलिन ने विश्व भर में अपनी पहचान बनाई। उनके अभिनय का अंदाज अनूठा और अद्वितीय था। मूक और सवाक् दोनों प्रकार की फिल्मों में चार्ली ने काम किया था। वे लंदन के एक साधारण से परिवार में जनमे थे। उनकी माँ का नाम हेना था। वह थिएटर में नर्तकी थीं। चार्ली को स्टेज कलाकार बनाने का पूरा श्रेय उनकी माँ को ही जाता है। वे लंदन से अमेरिका आ गए। उनकी

पहली फिल्म सन् 1914 में और अंतिम फिल्म 1967 में 'ए काउंटेस फ्रॉम हांगकांग' आई थी। सन् 1952 में वे स्विट्जरलैंड जा बसे। 'गोलमेज कॉन्फ्रेंस' के समय जब गांधीजी का लंदन जाना हुआ था, तब उनकी भेंट चार्ली से हुई थी। उनकी मृत्यु सन् 1977 में हुई थी।

□

चार्ल्स गुडईयर

(आधुनिक रबर निर्माता)

चार्ल्स गुडईयर का जन्म सन् 1800 में अमेरिका के कनेक्टीकट राज्य के न्यू हेयन नगर में हुआ था। वह उन लोगों में से था, जिसने रबर की कमी को दूर करने के लिए अनेक प्रयास

किए। अनेक प्रयोगों से उसने पता लगाया कि गंधक मिला रबड़ अन्य प्रकार के किसी भी रबड़ की अपेक्षा कहीं अधिक अच्छा होता है। न तो वह गरम होने पर पिघलता, न चिपचिपा होता, न बदबू देता और न ही ठंड से सिकुड़कर फटता था।

जिस विधि से गुडईयर ने रबड़ तैयार किया था, उसे 'वैल्कनाइज' कहा जाता है। यूनानी अग्नि देवता का नाम 'वलकन' है। गुडईयर के इस आविष्कार ने उसे अधिक लाभ नहीं दिया, यहाँ तक कि मरते समय भी वह काफी बड़े कर्ज के बोझ तले दबा हुआ था; जबकि

सदियों से मोटरगाड़ियों में उसी की रीति द्वारा तैयार किया गया रबड़ उपयोग किया जा रहा है।

□

चार्ल्स डार्विन

(प्रख्यात जीव-वैज्ञानिक)

चार्ल्स डार्विन ने क्रम विकास के सिद्धांत का प्रतिपादन किया। उनका शोध आंशिक रूप से सन् 1831 से 1836 तक एच.एम.एस. बीगल पर उनकी समुद्र-यात्रा के संग्रहों पर आधारित था। उनमें से कई संग्रह इस संग्रहालय में अभी भी उपस्थित हैं। डार्विन महान् वैज्ञानिक थे। आज जो हम सजीव चीजें देखते हैं, उनकी उत्पत्ति तथा विविधता को समझने के लिए उनका 'विकास का सिद्धांत' सर्वश्रेष्ठ माध्यम बन चुका है। संचार डार्विन के शोध का केंद्रबिंदु था। उनकी सर्वाधिक प्रसिद्ध पुस्तक 'ओरिजन ऑफ स्पेसीज (Origin of Species) प्रजातियों की सामान्य उत्पत्ति पर केंद्रित थी। डार्विन चाहते थे कि उनका सिद्धांत यथासंभव व्यापक रूप से प्रसारित हो। डार्विन के विकास के सिद्धांत से हमें यह समझने में मदद मिलती है कि किस प्रकार विभिन्न प्रजातियाँ एक-दूसरे के साथ जुड़ी हुई हैं। उदाहरणत: वैज्ञानिक यह समझने का प्रयास कर रहे हैं कि रूस की बैकाल झील में प्रजातियों की विविधता कैसे विकसित हुई। कई वर्षों के दौरान, जिसमें उन्होंने अपने सिद्धांत को परिष्कृत किया, डार्विन ने अपने अधिकांश साक्ष्य विशेषज्ञों के लंबे पत्राचार से प्राप्त किए। डार्विन का मानना था कि वे प्राय: किसी से चीजों को सीख सकते हैं और वे विभिन्न विशेषज्ञों, जैसे, कैंब्रिज के प्रोफेसर से लेकर सुअर-पालकों तक से अपने विचारों का आदान-प्रदान करते थे। बीगल पर विश्व-भ्रमण हेतु अपनी समुद्री यात्रा को वे अपने जीवन की सर्वाधिक महत्त्वपूर्ण घटना मानते थे, जिसने उनके व्यवसाय को सुनिश्चित किया। समुद्री-यात्रा के बारे में उनके प्रकाशनों तथा उनके नमूने इस्तेमाल करनेवाले प्रसिद्ध वैज्ञानिकों के कारण उन्हें लंदन की वैज्ञानिक सोसाइटी में प्रवेश पाने का अवसर प्राप्त हुआ।

अपने कॅरियर के प्रारंभ में डार्विन ने प्रजातियों के जीवाश्म सहित बर्नाकल (विशेष हंस) के अध्ययन में 8 वर्ष व्यतीत किए। उन्होंने सन् 1851 तथा 1854 में दो खंडों के जोड़ों में बर्नाकल के बारे में पहला सुनिश्चित वर्गीकरण विज्ञान का अध्ययन प्रस्तुत किया। इसका अभी भी उपयोग किया जाता है।

□

चार्ल्स डिकेंस

(अंग्रेज उपन्यासकार)

चार्ल्स डिकेंस सन् 1812 में जनमे। उनका बचपन अत्यधिक निर्धनता में व्यतीत हुआ था। इसी कारण वह निम्न वर्ग के कष्टों से भलीभाँति परिचित थे। डिकेंस ने अंग्रेजी में अनेक उपन्यास लिखे। उनके उपन्यासों में मध्य विक्टोरिया युग का बहुत अच्छा चित्रण देखने को मिलता है, जिनमें उच्च वर्ग से लेकर मध्य और निम्न वर्ग के लोगों का बड़ा ही विनोद और व्यंग्यपूर्ण वर्णन मिलता है। उनके उपन्यास के संवाद जितने हास्यास्पद होते हैं, उतने ही उनके पात्रों के नाम भी। उच्च वर्ग सदैव उनके उपन्यासों को नकारता रहा है; क्योंकि उनमें उस समय की वास्तविकता का यथार्थ वर्णन मिलता है। कुछ लोगों के मतानुसार उनकी 'पिकपिक पेपर्स' नामक कृति सर्वश्रेष्ठ है। 'द लाइफ एंड एडवेंचर ऑफ निकोलस निकलबी', 'ग्रेट एक्सपेक्टेशंस', 'डेविड कॉपरफील्ड', 'दि एडवेंचर ऑफ ओलिवर ट्विस्ट', 'ए टेल ऑफ टू सिटीज' आदि उनकी श्रेष्ठ रचनाएँ हैं।

□

चार्ल्स बावेज

(प्रथम कंप्यूटर निर्माता)

चार्ल्स बावेज का जन्म सन् 1792 में डेवनशायर के निकट इंग्लैंड में हुआ था। वे बचपन से ही तीव्र बुद्धि के थे। चार्ल्स बावेज गणितज्ञ थे और मशीनों के निर्माण में उनकी विशेष रुचि थी। चार्ल्स बावेज ने 19वीं शताब्दी के आरंभ में एक कंप्यूटर बनाया था। यह कंप्यूटर बहुत तेजी से गणना का काम करता था। उस पर बड़ी-बड़ी संख्याओं का जोड़-घटाव आदि हो सकता था। इतनी खूबियाँ होने के बावजूद उसमें कुछ कमियाँ थीं; जैसे उसमें बहुत लंबे-चौड़े पेचीदा सर्किट होते थे और मशीन भी बहुत भारी थी, इसलिए उससे काम लेना काफी कठिन था। उसे 'डिफरेंस इंजन' नाम दिया गया। यही प्रथम वास्तविक कंप्यूटर था, इसलिए चार्ल्स बावेज को 'कंप्यूटर का प्रथम निर्माता' माना जाता है।

□

चैतन्य महाप्रभु

(प्रसिद्ध कृष्णभक्त संत)

चैतन्य महाप्रभु का जन्म सन् 1485 में बंगाल के नवद्वीप नामक स्थान पर जगन्नाथ मिश्र के घर में हुआ था। उनकी

माता का नाम शची देवी था। चैतन्य का मूल नाम निमाई था। वे बालपन से ही कृष्ण-भक्ति में इस प्रकार लीन रहते थे कि उन्हें 'चैतन्य' कहा जाने लगा। उनकी शिक्षा गंगादास नामक वैयाकरण द्वारा हुई और कुछ ही वर्षों पश्चात् वे व्याकरण के असाधारण विद्वान् हो गए। उनका विवाह 15 वर्ष की उम्र में लक्ष्मी देवी के साथ किया गया; परंतु कृष्ण-भक्ति में लीन चैतन्य को गृहस्थ-जीवन न भाया। अत: एक दिन वे घर छोड़कर चले गए। उन्होंने 'गौड़ीय' नामक एक नवीन संप्रदाय भी चलाया।

□

च्यांग काई शेक

(चीनी राष्ट्रवाद के प्रणेता)

च्यांग काई शेक का जन्म सीक्यांग (चीन) में एक निर्धन कृषक परिवार में हुआ था। प्रारंभ में उनके सामने रोजगार की समस्या थी, इसलिए वे सेना में भरती हो गए। साहस और अनुशासन उनके

प्रमुख गुण थे। चीन की पीपुल्स पार्टी में उनका महत्त्वपूर्ण स्थान रहा। वे सनयात सेन के योग्य उत्तराधिकारी भी थे। 5 अप्रैल, 1975 को उनका देहांत हो गया। पहले चीन और बाद में फारमोसा (अब ताइवान) के महान् राजनेता रहे। च्यांग काई शेक ने चीन में गणतंत्रात्मक राष्ट्रवादी सरकार की स्थापना में महत्त्वपूर्ण योगदान दिया था। च्यांग डॉ. सनयात सेन के एक योग्य सहयोगी भी रहे थे। सन् 1911 में चीनी राजनीति के आकाश में च्यांग का उदय हुआ। एक क्रांतिकारी संगठन की स्थापना करके उन्होंने अपना स्वतंत्रता संग्राम तेज किया और सन् 1928 में चीन को आजाद करा लिया। चीन के स्वतंत्र होने पर राष्ट्रवादी सरकार के वे प्रथम राष्ट्रपति बने। सन् 1938 तक उन्होंने चीन के एकीकरण के लिए बड़ी निष्ठा से काम किया। 1943 में भी वे राष्ट्रपति के रूप में काफी लोकप्रिय रहे, लेकिन 'माओवाद' के कारण वे 21 जनवरी, 1949 को ताइवान (फारमोसा) चले गए। वहाँ पर उन्होंने लोकतांत्रिक शासन व्यवस्था की स्थापना की। उस समय वे अत्यधिक वृद्ध होने पर भी एक परिश्रमी व्यक्ति थे। विश्व की महान् विभूतियों में उनकी गणना की जाती है।

च्यांग काई शेक 20वीं शताब्दी के शीर्ष क्रांतिकारी एवं राजनेता माने जाते हैं। ताइवान को एक विकसित और समृद्ध देश बनाने का श्रेय भी च्यांग काई शेक को ही जाता है।

□

छत्रपति शिवाजी

(मराठा राज्य के संस्थापक)

छत्रपति शिवाजी का जन्म सन् 1627 में हुआ था। उस समय देश में मुगलों का शासन था। मुगलों के अत्याचार जनता पर लगातार बढ़ते जा रहे थे, इसलिए बचपन से ही शिवाजी के मन में मुगलों के खिलाफ जंग करने तथा उन्हें भगाकर अपना राज्य स्थापित करने का विचार आता था। उनके पिता शाहजी भोंसले बीजापुर के शासक आदिलशाह के अधीन काम करते थे। उन्होंने अपने बेटे की शिक्षा का जिम्मा कोंडदेव को सौंपा। कोंडदेव ने शिवाजी की प्रतिभा को पहचाना तथा उन्हें वीरता का पाठ पढ़ाया। 20 वर्ष की उम्र में उन्होंने बीजापुर के तोरण दुर्ग पर अधिकार कर लिया। यहीं से उनकी जीत का सिलसिला शुरू हो गया। इसपर बीजापुर के शासक ने उनके पिता शाहजी को कैद कर लिया, हालाँकि शिवाजी ने उन्हें बहादुरी के बल पर मुक्त करवा लिया।

दिल्ली की गद्दी पर बैठने के बाद औरंगजेब ने शिवाजी को खत्म करने के लिए तमाम प्रपंच किए, परंतु नाकाम रहा। शिवाजी ने अपना संघर्ष जारी रखा। इसके परिणामस्वरूप उन्होंने सिंहगढ़ के किले पर कब्जा कर लिया। इस तरह उन्होंने मराठा राज्य की स्थापना की। शिवाजी का नाम इतिहास में सम्मान के साथ दर्ज है। □

जगजीवन राम

(दलित नेता)

बाबू जगजीवन राम सन् 1908 में एक बहुत ही साधारण परिवार में जनमे। उन्होंने बनारस हिंदू विश्वविद्यालय और कलकत्ता से शिक्षा-दीक्षा ग्रहण की। उस समय दलित वर्ग अत्यंत शोचनीय दशा में जीवन व्यतीत कर रहा था। तब शिक्षा के दिनों से ही उन्होंने दलितों के उत्थान के लिए कार्य करने आरंभ कर दिए। उन्हें 'अखिल भारतीय दलित संघ' का अध्यक्ष बनाया गया। सबसे पहले उन्हें बिहार में असेंबली का नामांकित सदस्य नियुक्त किया गया। उसके पश्चात् वे प्राय: किसी-न-किसी संस्था और उच्च पदों से संबद्ध रहे। सन् 1937 में उन्हें बिहार कांग्रेस का मंत्री नियुक्त किया गया। अनेक वर्षों तक उन्होंने कांग्रेस में कार्यकारिणी के सदस्य की हैसियत से भी कार्य किया। उन्होंने केंद्रीय मंत्रिमंडल में श्रम, खाद्य, रेल आदि अनेक मंत्रालयों में मंत्री के रूप में कार्य किया। बाबू जगजीवन राम हरिजनों के बहुत ही प्रिय नेता थे, इसलिए उन्हें 'बाबूजी' के नाम से याद किया जाता है। □

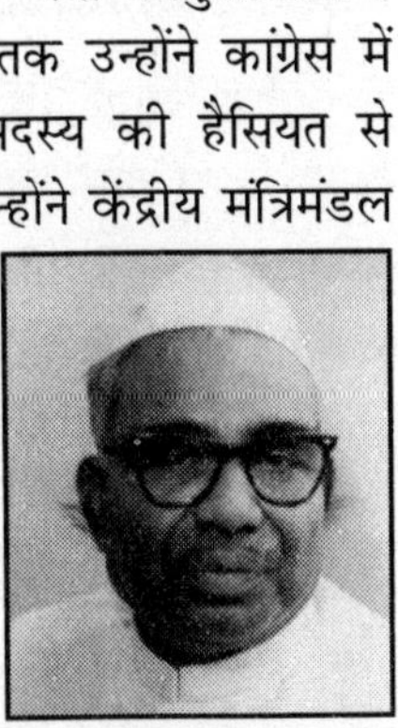

जमनालाल बजाज

(भारतीय उद्योगपति)

सेठ जमनालाल बजाज उद्योग जगत् का जाना-माना नाम है। वे पक्के गांधीवादी थे। उनका उद्योग भी गांधीवादी नीतियों पर ही चलता था। इतना ही नहीं, स्वतंत्रता संग्राम के प्रत्येक कार्य में वे गांधीजी के सहयोगी रहे थे। स्वतंत्रता आंदोलन के दौरान वे कई बार जेल भी गए और तन-मन-धन से कांग्रेस की सहायता करते रहे। उन्होंने 'गांधी सेवा संघ' और 'गो-सेवा संघ' की स्थापना की। वे एकमात्र ऐसे उद्योगपति थे, जिन्होंने ग्रामोद्योगों को बढ़ावा देने का प्रयत्न किया। उनकी याद में प्रतिवर्ष विशेष क्षेत्रों में जन-सेवा कार्यों के लिए 'जमनालाल बजाज' पुरस्कार दिए जाते हैं, जिसे प्रतिष्ठित सम्मान माना जाता है।

□

जमशेदजी टाटा

(प्रमुख भारतीय उद्योगपति)

जमशेदजी टाटा जीजी भाई टाटा के पुत्र थे। जीजी भाई टाटा भारत के प्रथम श्रेणी के उद्योगों में सम्मिलित टाटा उद्योग समूह की स्थापना करनेवाले टाटा परिवार के प्रमुख सदस्य का नाम है। जीजी भाई बड़ौदा रियासत के नवसारी नामक छोटे से कस्बे के एक निर्धन परिवार में जनमे थे। अपनी तीक्ष्ण बुद्धि और उत्कृष्ट व्यापार-कौशल के चलते उन्होंने मात्र 28 वर्ष की उम्र में 2 करोड़ रुपए अर्जित कर लिये थे, जिनमें से 15 लाख रुपए अनेक धर्मार्थ कार्यों हेतु बंबई में दान कर दिए थे। उसके बाद उनके कार्यों को आगे बढ़ाने का कार्य उनके पुत्र जमशेदजी ने किया। उन्होंने कपड़ा मिलों की स्थापना की। फिर धीरे-धीरे उद्योग जगत् में अपनी जड़ें जमाते हुए टाटा समूह को भारत की सर्वश्रेष्ठ औद्योगिक इकाई बनाया। उन्होंने अपनी सबसे पहली कंपनी लोनावला के निकट स्थापित की, जिसका नाम 'टाटा आयरन एंड स्टील' रखा गया। इस इस्पात कारखाने के लिए उन्होंने जमशेदपुर को चुना। जमशेदपुर में आज जितनी भी सुख-समृद्धि पनप रही है, वह सब जमशेदजी के अथक परिश्रम का ही परिणाम है; क्योंकि जिस समय उन्होंने वहाँ इस्पात कारखाना लगाया था, वहाँ कोसों दूर तक पीने का पानी भी मौजूद नहीं था।

□

जयदेव

(गीत-गोविंद के रचयिता)

जयदेव का काल 12वीं शताब्दी और जन्म-स्थान बंगाल के केंदुली नामक गाँव को माना जाता है। उनकी कृति 'गीत-गोविंद' संस्कृत की एक मौलिक रचना है।

उसमें उन्होंने श्रीकृष्ण के राधा-प्रेम का वर्णन बड़े ही शृंगारपूर्ण ढंग से किया है। मान्यता ऐसी भी है कि जयदेव नाम के कुछ अन्य कवि भी हुए हैं। भक्ति-रस से परिपूर्ण कविता करने के कारण जयदेव स्वयं भक्तों के आराध्य बन गए हैं। 'गीत-गोविंद' का अनुवाद अनेक भाषाओं में हो चुका है।

□

जयप्रकाश नारायण

(सर्वोदय आंदोलन के प्रणेता)

जयप्रकाश नारायण का जन्म 11 अक्तूबर, 1902 को सारण जिले के सिताबदियारा गाँव में एक कायस्थ परिवार में हुआ था। उन्होंने अपनी शिक्षा

पटना कॉलिजिस्ट स्कूल, बिहार विद्यापीठ और बनारस हिंदू विश्वविद्यालय से पूरी की। उनकी गिनती देश के उन नेताओं में की जाती है, जिन्होंने कई बार भारतीय जनमानस को अपने आंदोलनों से प्रभावित किया। इसके बाद उन्होंने सैकड़ों डाकुओं के आत्मसमर्पण का नेतृत्व भी किया। उनका यह कार्य अत्यंत सराहनीय और दुनिया भर में अपने ढंग का अद्वितीय प्रयास था। इंदिराजी के प्रधानमंत्रित्व-काल में जब इमरजेंसी लागू की गई तो जे.पी. ने ऐसा आंदोलन खड़ा कर दिया, जिसके फलस्वरूप देश में सरकार परिवर्तन की स्थिति उत्पन्न हो गई। सन् 1979 में उनका देहांत हो गया। उस समय वह अत्यधिक अस्वस्थ थे। उनके गुरदों ने काम करना बंद कर दिया था। मरणोपरांत 19 वर्ष बाद उन्हें देश के सर्वोच्च नागरिक सम्मान 'भारत रत्न' से अलंकृत किया गया।

□

जयशंकर प्रसाद

(प्रसिद्ध हिंदी साहित्यकार)

जयशंकर प्रसाद का जन्म सन् 1889 में बनारस में हुआ था। उनके पूर्वज कन्नौज के थे, परंतु उनसे पूर्व परिवार बनारस आकर बस गया था, जहाँ उनका तंबाकू का व्यापार खूब फला-फूला। इसी कारण उन्हें 'सुँघनी साहू' कहा जाने लगा। उनका व्यापार इतना प्रसिद्ध था कि महाराजा बनारस के बाद दूसरे नंबर पर उनके परिवार को धनी समझा जाता था। जब उनकी उम्र मात्र 16 वर्ष की थी, तभी उनके पिता

की मृत्यु हो गई थी। इस कारण सारे घर का भार उनके कंधों पर आ गया था। प्रसादजी ने अपनी सभी जिम्मेदारियों को पूरी तरह से निभाते हुए अपने साहित्य-कार्य में पूरा योगदान देते हुए व्यापार का भी व्यापक विस्तार किया।

प्रसादजी ने सन् 1910 में साहित्य के क्षेत्र में कदम रखा। इसके बाद उन्होंने पीछे मुड़कर नहीं देखा और साहित्य की अनेक विधाओं में लिखते रहे। वे छायावादी लेखक थे। उन्होंने 'इंदु' नामक पत्रिका निकाली। सुमित्रानंदन पंत और सूर्यकांत त्रिपाठी 'निराला' उन्हीं के समकालीन लेखक थे। सन् 1937 में जयशंकर प्रसाद का देहांत हो गया था। 'कामायनी उनकी प्रसिद्ध रचना है।

□

जवाहरलाल नेहरू

(स्वतंत्र भारत के प्रथम प्रधानमंत्री)

जवाहरलाल नेहरू का जन्म 14 नवंबर, 1889 को इलाहाबाद में कश्मीरी पंडित मोतीलाल नेहरू के घर में हुआ था। मोतीलालजी का परिवार कश्मीर से दिल्ली

आकर बसा था। गांधीजी ने जवाहरलाल नेहरू को अपना उत्तराधिकारी घोषित करते हुए कहा था कि राष्ट्र उनके हाथों में सुरक्षित है।

सन् 1916 में नेहरूजी का विवाह कमलाजी के साथ हुआ। उसी वर्ष नेहरूजी की भेंट गांधीजी से भी हुई, जिसके बाद वे देश के स्वतंत्रता संग्राम का हिस्सा बनते चले गए। इसके बाद उनका एक पैर जेल में और एक बाहर रहने लगा। भारत के अंतिम वाइसराय के रूप में जब लॉर्ड माउंटबेटन दिल्ली आए तो जवाहरलालजी ने भारत को स्वतंत्र किए जाने की योजनाओं में भाग लेकर उन्हें अंतिम रूप दिए जाने में सहयोग दिया। 15 अगस्त, 1947 को जब भारत स्वतंत्र हुआ तो जवाहरलाल नेहरू को देश का प्रथम प्रधानमंत्री बनाया गया। अपनी सच्चाई, कर्तव्यनिष्ठा और देश-प्रेम के कारण वे भारतीय जनता के हृदय में विशेष स्थान प्राप्त कर चुके थे। बच्चे उन्हें 'चाचा नेहरू' कहकर पुकारते थे। सन् 1964 में भारत माता का यह सपूत पंच तत्त्व में विलीन हो गया। दिल्ली में यमुना किनारे शांति वन में नेहरूजी की समाधि स्थित है।

□

जाकिर हुसैन

(भारत के पूर्व राष्ट्रपति)

जाकिर हुसैन का जन्म फरवरी 1857 में हैदराबाद में हुआ था। उनका पैतृक निवास उत्तर प्रदेश के फर्रुखाबाद जिले

की कायमगंज तहसील में था। उनके जन्म के समय उनके पिता फिदा हुसैन कानून की शिक्षा ग्रहण करने के लिए परिवार सहित हैदराबाद गए हुए थे। इटावा और अलीगढ़ मुसलिम विश्वविद्यालय से शिक्षा प्राप्त करने के पश्चात् जाकिर हुसैन डॉक्टरेट करने के लिए बर्लिन गए। वहाँ से लौटने पर उन्हें जामिया मिलिया विश्वविद्यालय के कुलपति पद का कार्यभार सौंपा गया। सन् 1956-58 में यूनेस्को की कार्यकारिणी में वे भारत के प्रतिनिधि थे। सन् 1967 में उपराष्ट्रपति और 1967 में देश के राष्ट्रपति बने। सन् 1954 में उन्हें 'पद्म भूषण' और सन् 1963 में 'भारत रत्न' का सर्वोच्च सम्मान प्रदान कर अलंकृत किया गया।

□

जिद्दू कृष्णमूर्ति

(आधुनिक अध्यात्मवादी)

जे. कृष्णमूर्ति ने अध्यात्म और मुक्ति को एक नई परिभाषा दी और उसे जनमानस के व्यावहारिक धरातल पर ले आए। 'ऑर्डर ऑफ द स्टार इन दि ईस्ट' संस्था को उन्होंने विश्व व्यापी बनाकर, सन् 1929 में अपने को उससे पूरी तरह अलग कर लिया। इसके बाद वे यूरोप, अमेरिका, ऑस्ट्रेलिया आदि देशों में सत्य का दर्शन प्रचारित करते रहे। कुछ वर्ष पूर्व तो उनकी गणना विश्व के शीर्षस्थ विचारकों में होने लगी थी। वे समस्त जीवन को साधना का ही एक भाग मानते थे। वे मनुष्य का ध्येय सत्य की खोज करना मानते थे। उनका कहना था, 'नए आदमी को जनमाना है। उसे नई तरह की शिक्षा की जरूरत है, जिससे वह बिना किसी पूर्वग्रह के स्वयं सत्य की खोज और पहचान कर सके। किसी दूसरे के द्वारा सत्य को नहीं प्राप्त किया जा सकता। जो मन रूढियों, विश्वासों, कथनों, उदाहरणों आदि से भरा है। एक खाली प्याले-सा रिक्त मन ही सत्य को ग्रहण कर सकता है। वास्तव में जे. कृष्णमूर्ति इस युग के महामानव थे, ब्रह्मवेत्ता थे और उनका चिंतन मातृभूमि, राष्ट्रभाषा, आनुवंशिकता आदि पहचानों से बहुत ऊपर था। परंपरा, प्रार्थना, गुरु आदि उनके लिए अर्थहीन थे। कई वर्ष अमेरिका में रहकर भी उन्होंने अपने दर्शन का प्रचार किया।

11 वर्ष की में कृष्णमूर्ति को डॉ. ऐनी बेसेंट ने उनके पिता से माँग लिया था और उनकी उच्च सात्विक वातावरण में शिक्षा-दीक्षा हुई थी। सन् 1929 में उन्होंने 'थियोसोफिकल सोसाइटी' से अपना संबंध विच्छेद कर लिया। उस समय तक उनका नाम सारे विश्व में फैल चुका था।

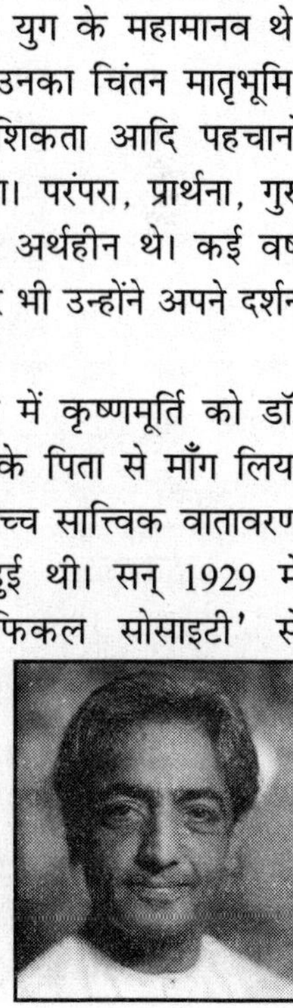

उनके ऊपर 25 से अधिक किताबें लिखी गईं, जो लाखों की संख्या में बिकीं। डॉ. ऐनी बेसेंट ने उनकी तुलना कृष्ण और ईसा से की थी। वे बहुत ही सुदर्शन भी थे। दुनिया के विद्वान् उनसे मिलने को हमेशा लालायित रहते थे। 17 फरवरी, 1986 को अमेरिका में उनकी मृत्यु हो गई। वे आजीवन अविवाहित रहे।

□

जेम्स हेडली चेईज

(जासूसी उपन्यास लेखक)

'नो आर्किड्स फॉर मिस बलेंडिश' के इस प्रख्यात लेखक का जन्म सन् 1906 में लंदन में हुआ था। लेकिन उनकी लेखन शैली अमेरिकी थी। सन् 1938 में उनका पहला उपन्यास प्रकाशित हुआ था। इसके बाद

उन्होंने लगभग 80 रोमांचक उपन्यास लिखे, जिससे दुनिया भर में उनके नाम की धूम मच गई।

हेडली चेईज द्वितीय विश्व युद्ध के समय रॉयल एयरफोर्स में थे। वे सन् 1956 में फ्रांस एवं 1961 में स्विट्जरलैंड में रहने लगे। वहीं कारसेक्स वेवी में उनके पास ही चार्ली चैप्लिन रहा करते थे।

जेम्स हेडली चेईज का निधन सन् 1985 में हुआ। उस समय वह 78 वर्ष के थे। उनकी उपन्यास प्रतियाँ 2 करोड़ से भी ज्यादा की संख्या में बिकी हैं, जिनमें से 'नो आर्किड्स फॉर मिस बलेंडिश' पर अमेरिका, ब्रिटेन और फ्रांस में फिल्में भी बनाई जा चुकी हैं।

जेम्स हेडली चेईज के उपन्यास भारत में भी काफी लोकप्रिय हैं। उनके कुछ प्रसिद्ध उपन्यासों के नाम हैं–'आई वुड रादर स्टे प्रेअर', 'वेल नाउ माई प्रेटी', 'मिशन फॉर सेफ वॉल्ट्स', 'दे डोंट मेक दैट ए मोर', 'डू मी ए फेवर ड्रॉप डेड', 'वी वांट नीड इट नाउ', 'वांट टू स्टे एलाइव', 'ए टाइम टू डाइ', 'आइ द किलर', 'ए कॉफिन फ्रॉम हांगकांग', 'सकर पंच', 'बेंग बेंग यू आर डेड', 'गेट द लोड ऑफ दिस', 'द जोकर इन द पेक', 'ए लोट्स फॉर मिस कूनो', 'नॉक नॉक', 'बेलीवेड वायलेंट', 'द वे द कुकी क्रंबल्स', 'द लॉस्ट हंट', 'मोर डेडली देन द मेल', 'काड', 'द डेड स्टे डंब', 'शॉक ट्रीटमेंट', 'मिशन टू वेनिस', 'फिगर इट आउट योरसेल्फ', 'लेडी हैरिस यू आर ग्रेट', 'द फास्ट बक' तथा 'ट्रस्टेड लाइक द फॉक्स' आदि।

□

जेम्स ए. जिम कार्बेट

(शिकार कथा लेखक)

जेम्स ए. जिम कार्बेट का जन्म 8 अक्तूबर, 1933 को हुआ था। वे आयरिश मूल के भारतीय लेखक व दार्शनिक थे। उन्होंने मानवीय अधिकारों के लिए संघर्ष किया तथा संरक्षित वनों के आंदोलन का भी प्रारंभ किया।

उन्होंने नैनीताल के पास कालाढूँगी

में आवास बनाया था। वह स्थान आज भी वहाँ आनेवाले पर्यटकों को उस व्यक्ति के जीवन का ज्ञान कराता है, जो न केवल एक शिकारी था, बल्कि एक संरक्षक, चमड़े का कार्य करनेवाला, जंगली जानवरों के फोटो खींचनेवाला तथा बढ़ई था।

उन्होंने उत्तराखंड के गढ़वाल जिले में अनेक आदमखोर बाघों को मारा था, जिनमें रुद्रप्रयाग का आदमखोर तेंदुआ भी शामिल था। लेकिन बाद में विचार बदलने से और बाघों की घटती संख्या देखकर उन्होंने सिर्फ छायाचित्रकारिता (फोटोग्राफी) ही अपनाई।

जिम कार्बेट आजीवन अविवाहित रहे। उन्हीं की तरह उनकी बहन ने भी विवाह नहीं किया। दोनों-भाई बहन सदैव साथ-साथ रहे और एक-दूसरे का दुःख बाँटते रहे।

कुमाऊँ तथा गढ़वाल में जब आदमखोर शेर आ जाता था तो जिम कार्बेट को बुलाया जाता था। जिम कार्बेट वहाँ जाकर आदमखोर शेर को मारकर ही लौटते थे।

जिम कार्बेट एक कुशल शिकारी थे। वे शिकार करने में जहाँ दक्ष थे, वहीं एक अत्यंत प्रभावशील लेखक भी थे। शिकार-कथाओं के कुशल लेखकों में जिम कार्बेट का नाम विश्व में अग्रणी है। उनकी 'माई इंडिया' पुस्तक बहुत चर्चित है। भारत-प्रेम उनका इतना अधिक था कि वे उसके यशोगान में लगे रहते थे। कुमाऊँ और गढ़वाल उन्हें बहुत प्रिय थे। ऐसे कुमाऊँ-गढ़वाल के हमदर्द व्यक्ति के नाम पर गढ़वाल-कुमाऊँ की धरती पर स्थापित पार्क का होना उन्हें श्रद्धा के फूल चढ़ाने के ही बराबर है। अतः जिम कार्बेट के नाम पर जो पार्क बना है, उससे हमारा राष्ट्र भी गौरवान्वित हुआ है। जिम कार्बेट के प्रति यह कुमाऊँ-गढ़वाल और भारत की सच्ची श्रद्धांजलि है। आज विश्व में उनका नाम प्रसिद्ध है और एक शिकारी के रूप में आदर से लिया जाता है।

□

जॉन कीट्स

(इंग्लैंड के प्रसिद्ध कवि)

जॉन कीट्स इंग्लैंड का महान् कवि था। उसका जन्म सन् 1795 में हुआ था। इंग्लैंड के रोमांटिक कवियों में कीट्स का महत्त्वपूर्ण स्थान है। उसने कुछ समय तक सेंट थॉमस हॉस्पिटल में चिकित्सा शिक्षा भी प्राप्त की थी। जब कीट्स की पहली पुस्तक प्रकाशित हुई थी, तब उसकी उम्र मात्र 21 वर्ष थी। अपनी इसी

लेखन-विद्या के कारण वह 25 वर्ष की छोटी सी उम्र में ख्याति की चरम सीमा पर पहुँच चुका था। 'एंडीमियन', 'लामिया', 'इसाबेल', 'इव ऑफ सेंट

एग्नीज', 'ओड टू ए नाइटिंगेल' और 'ओड ऑन ए ग्रीसियन अर्न' आदि उसकी सफल पुस्तकें हैं, जिनके कारण उसे ख्याति प्राप्त हुई। सन् 1821 में 26 वर्ष की उम्र में रोम में कीट्स की मृत्यु हो गई।

□

जॉन केनेडी

(पूर्व अमेरिकी राष्ट्रपति)

अमेरिका के सबसे कम आयुवाले, सबसे युवा राष्ट्रपति जॉन केनेडी थे। इससे भी बड़ी बात यह थी कि वे पहले रोमन कैथोलिक थे, जो इस पद के दावेदार बने। उनके पिता जोसेफ केनेडी करोड़पति थे। शिक्षा पूरी होने पर द्वितीय विश्व युद्ध के दौरान वे सेना में भरती हो गए और तारपीडो विभाग में कमांडर नियुक्त किए गए। युद्ध के पश्चात् वे राजनीति में सक्रिय हो गए। जल्द ही जॉन डेमोक्रेटिक पार्टी के प्रतिनिधि के रूप में सन् 1961 में देश के राष्ट्रपति चुने गए। अपने कार्यकाल में उन्होंने नागरिकों के अधिकारों के लिए कई कानून बनाए।

22 नवंबर, 1963 को जब केनेडी टेक्सास में डलास नामक स्थान के दौरे पर थे, तब किसी ने गोली मारकर उनकी हत्या कर दी।

□

जॉन फ्रेंकलिन एंडर्स

(पोलियो टीके की खोजकर्ता)

जॉन फ्रेंकलिन का जन्म सन् 1897 में हुआ था।

बहुत प्रयासों के परिणामस्वरूप फ्रेंकलिन ने नॉन-नरर्व्स कल्चर द्वारा पोलियो रोग के वायरस उत्पन्न करने में सफलता प्राप्त की, जिससे पोलियो के टीके का विकास करने में सहायता मिली। सन् 1954 में फ्रेंकलिन को दो अन्य व्यक्तियों फ्रेडरिक रोबिंस और टॉमस बैलर के साथ 'नोबेल पुरस्कार' दिया गया। पोलियो जैसी जटिल समस्या का समाधान निकालने में यह एक महत्त्वपूर्ण कदम था। पोलियो के टीके की खोज में इनके योगदान के महत्त्व से कतई इनकार नहीं किया जा सकता।

□

जॉन बायड डनलप

(रबड़ टायरों के निर्माता)

जॉन बायड डनलप का जन्म सन् 1840 में इंग्लैंड के स्कॉटलैंड के आयरशायर नामक स्थान पर हुआ था। पशु चिकित्सा को अपना व्यवसाय बनाकर वे उसी से अपनी आजीविका चलाते थे। वे सड़क यात्रा को अधिक सुखद बनाना चाहते थे, इसलिए अपने आवश्यक कार्यों के बाद बचे हुए समय का सदुपयोग

वे इसी कार्य में लगाते थे। वे 27 वर्ष की उम्र में स्कॉटलैंड छोड़कर बेलफास्ट चले आए। कई प्रयोगों के पश्चात् सन् 1858 में उन्हें अपने कार्य में सफलता मिली और 48 वर्ष की उम्र में बेलफास्ट के एक साइकिल व्यापारी के साथ मिलकर उन्होंने टायर वाली 12 साइकिलें बनाईं। इस प्रकार उनकी मेहनत व सपना सच हुआ और लोगों को भी टायरोंवाले वाहनों की उपयोगिता समझ में आ गई।

□

जॉन बेयर्ड

(टेलीविजन के प्रारंभिक निर्माता)

जॉन बेयर्ड का जन्म सन् 1888 में स्कॉटलैंड में लासगो के निकट एक छोटे से नगर हेलेंसबर्ग में हुआ था। बाद में वे लंदन आ गए। बेयर्ड का स्वास्थ्य अकसर खराब रहता था। इसी कारण पिता के मंत्री होते हुए भी उन्हें अनेक नौकरियाँ करने पर भी निराशा और असफलता ही हाथ

लगी। विज्ञान की ओर उनका रुझान अधिक था, इसलिए वे टेलीविजन के आविष्कार में भी लगे रहे। टेलीविजन के नियमित कार्यक्रमों का प्रसारण 2 नवंबर, 1936 से हुआ था। बेयर्ड द्वारा इस दिशा में किया गया कार्य आधुनिक टेलीविजन प्रसारण पद्धति का प्रारंभिक रूप है। इसीलिए उन्हें टेलीविजन का जनक या प्रारंभिक निर्माता कहा जाने लगा। सन् 1946 में बेयर्ड का देहांत हो गया।

□

जॉन स्मिथ

(साहसी यात्री)

जॉन स्मिथ का जन्म इंग्लैंड में हुआ था। उसे बचपन से ही यात्राएँ करने का शौक था। इसलिए उसका सारा जीवन साहसिक अभियानों के नाम रहा। इस दौरान उसे विभिन्न प्रकार के संकटों का सामना करना

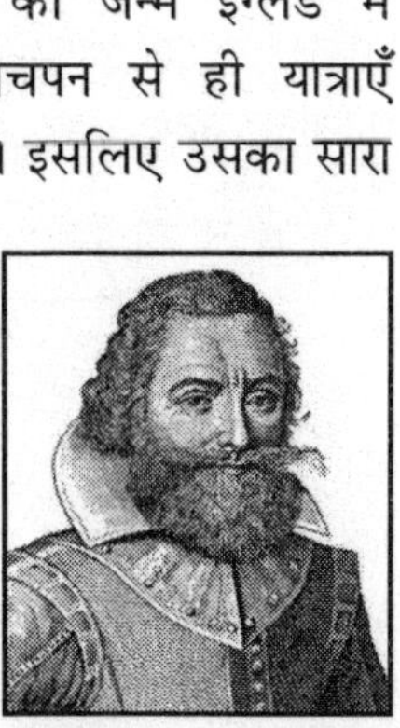

पड़ा। कई बार तो उसकी जान पर भी बन आई थी। जब वह फ्रांस से होकर यात्रा कर रहा था तो उसे डाकुओं ने लूट लिया। इस दौरान उसपर जानलेवा हमला भी किया गया। इसके पश्चात् वह येरूशलम के लिए जा रहा था तो तूफान आ जाने पर जहाज पर सवार लोगों ने इसके लिए उसे ही जिम्मेदार ठहराते हुए उसे समुद्र में फेंक दिया। उसने किसी तरह अपनी जान बचाई।

इसके बाद लड़ाई के दौरान उसे पकड़ लिया गया तथा दास बनाकर बेच दिया। उसने भागकर जान बचाई तथा इंग्लैंड आ गया। स्मिथ ने यात्राओं के दौरान कई नक्शे बनाए, जिनसे समुद्री यात्राओं में लोगों को काफी मदद मिली।

□

जॉन स्मट्स

(रंगभेद के विरोधी कूटनीतिज्ञ)

जॉन स्मट्स दक्षिण अफ्रीका में सेनानायक थे। उन दिनों वहाँ रंगभेद की भावना चरम पर थी। स्मट्स ने इसका प्रत्येक स्तर पर विरोध किया। दक्षिण अफ्रीका में बोअर की लड़ाई के दौरान गांधीजी ने इंग्लैंड का साथ दिया था। इस कारण गांधीजी की वहाँ पर काफी चर्चा थी। स्मट्स भी गांधीजी को जानते थे। उन्होंने दक्षिण अफ्रीकी सेना के जरिए प्रथम विश्व युद्ध में इंग्लैंड की

मदद की थी। दूसरे विश्व युद्ध में वे प्रधानमंत्री बने। उन्होंने देश से रंगभेद मिटाने के लिए गांधीजी से वैचारिक मदद ली। इसमें उन्हें काफी हद तक सफलता भी मिली।

□

जॉर्ज वाशिंगटन

(अमेरिकी राष्ट्रपति)

वाशिंगटन का जन्म 11 फरवरी,

1732 को ब्रिज्स क्रीक (वर्जीनिया) में हुआ था। 20 जुलाई, 1749 को उन्होंने भू-मापक का कार्य सँभाला। उसके बाद वह सेना में शामिल हुए। उन्होंने चर्च, काउंटी एवं सेना में कई पद सँभालकर अपनी योग्यता प्रदर्शित की। 14 दिसंबर, 1799 को इस महान् स्वतंत्रता सेनानी तथा स्वाधीन अमेरिका के प्रथम राष्ट्रपति की मृत्यु हो गई।

जॉर्ज वाशिंगटन संयुक्त राज्य अमेरिका के प्रथम राष्ट्रपति होने की अपेक्षा अमेरिका के महान् सेनानी के रूप में अधिक याद किए जाते हैं। उन्होंने अमेरिका की स्वाधीनता के लिए ब्रिटिश सरकार के विरुद्ध संघर्ष किया। सन् 1783 में अमेरिका को स्वतंत्रता प्राप्त हो गई थी। 6 नवंबर, 1752 को मेजर का पद प्राप्त करने के साथ ही उनका सैनिक जीवन गतिशील हुआ और 24 जुलाई, 1758 को वे वर्जीनिया के प्रतिनिधि चुने गए। यह उनकी महत्त्वपूर्ण सफलता थी। सन् 1761 में उन्होंने दक्षिणी राज्यों की 1,887 मील लंबी यात्रा घोड़ागाड़ी से तय की। वाशिंगटन ने सन् 1774 के ऐतिहासिक फिलाडेल्फिया सम्मेलन

में वर्जीनिया का प्रतिनिधित्व किया था। 16 जून, 1775 को वे उत्तरी अमेरिका के राज्यों की संयुक्त सेनाओं के प्रधान चुने गए, तत्पश्चात् नौ वर्षीय युद्ध में उन्होंने ब्रिटिश सेना के छक्के छुड़ा दिए और संयुक्त राज्यों की स्वाधीनता (जो 4 जुलाई, 1776 को घोषित हो चुकी थी) को मान्यता देने के लिए ब्रिटिश सरकार को बाध्य कर दिया। 28 मई, 1787 को वे 'फेडरल सम्मेलन' (फिलाडेल्फिया) के अध्यक्ष बनाए गए।

जॉर्ज वाशिंगटन ने 17 सितंबर, 1787 को संविधान प्रारूप पर हस्ताक्षर किए और 30 अप्रैल, 1789 को अमेरिका के प्रथम राष्ट्रपति के रूप में पद ग्रहण किया। 1797 तक वे राष्ट्रपति के पद पर आसीन रहे। 4 जुलाई, 1798 को जॉर्ज वाशिंगटन लेफ्टिनेंट जनरल और प्रधान सेनापति नियुक्त हुए।

□

जॉर्ज बर्नार्ड शॉ

(ब्रिटिश नाटककार)

जॉर्ज बर्नार्ड शॉ का जन्म सन् 1856 में आयरलैंड में हुआ था। वे एक प्रतिभावान् व्यक्ति थे। जीवन भर इंग्लैंड में रहने पर भी उन्होंने अपनी आयरिश परंपरा नहीं छोड़ी। अपने जीवन के अंतिम क्षणों तक उन्होंने नाटकों की रचना की। वे बेहद सादा जीवन जीते थे। उन्होंने जीवन भर न कभी शराब को हाथ लगाया और न ही मांस का सेवन किया। उन्हें बीसवीं शताब्दी का शीर्ष नाटककार माना जाता है। वे स्वयं को शेक्सपियर से भी श्रेष्ठ नाटककार मानते थे। उनके नाटकों में बुद्धि-तत्त्व और विचार-पक्ष के साथ व्यंग्य व विनोद का मिश्रण भी था। उनकी एक विशेषता यह भी थी कि वे जो भी बात कहते, उसमें अनोखापन अवश्य रहता था। सन् 1950 में उनका देहांत हो गया था।

□

जॉर्ज स्टीफेंसन

(इंजन के आविष्कारक)

स्टीफेंसन का जन्म इंग्लैंड में न्यूकैसल में हुआ था। उसका जीवन बहुत संघर्ष में बीता। उसके पिता कोयले की खदान में फायरमैन थे। आय सीमित होने के कारण वे घर का खर्च चलाने तथा उन्हें पढ़ाने में नाकाम रहे। उन्होंने बचपन में ही स्टीफेंसन को कोयले की खदान में अपने साथ लगा लिया। इसपर वह दिन भर वहाँ काम करता था। रात में वह किसी तरह पढ़ाई करने लगा। कोयले की खदान ही उसका जीवन हो गई थी। वह वहाँ कोयलों को गाड़ी में भरकर लोगों को खींचता हुआ देखकर

बहुत परेशान होता। उसके दिमाग में विचार आता कि यदि कोयले से लदी गाड़ियों को कोई मशीन खींचे तो कितनी सहूलियत होगी! इसलिए उसने इस दिशा में अपने प्रयास शुरू किए। उसने कई वर्षों के प्रयास के बाद सन् 1814 में एक इंजन बनाया। सौभाग्य से वह कामयाब रहा। इससे खान से कोयला खींचकर बाहर ले जाने में काफी मदद मिली। इसके बाद उसने स्टाफटन एवं डार्लिक्टन के बीच रेलवे की स्थापना की। उसपर गाड़ी 25 मील प्रतिघंटा की गति से चली।

□

जे.आर.डी. टाटा

(टाटा उद्योग समूह के अध्यक्ष)

जे.आर.डी. टाटा भारत के उच्च औद्योगिक टाटा घराने के सदस्य थे। उनका जन्म सन् 1904 में पेरिस में हुआ था। शिक्षा-दीक्षा के पश्चात् उन्हें 'टाटा संस लिमिटेड' में सहायक के रूप में नियुक्त किया गया। टाटा समूह के दर्जनों कारखाने 'टाटा संस लि.' के अंतर्गत आते हैं। जे.आर.डी. ने टाटा समूह में कुछ उद्योगों की बढ़ोतरी भी की। सन् 1932 में उन्होंने 'टाटा एयरलाइंस' कंपनी

की स्थापना की। वे स्वयं भी बहुत अच्छे और देश के पहले लाइसेंसधारी विमान चालक थे। इस कंपनी की आरंभिक उड़ान उन्होंने स्वयं की थी, जो कराची और बंबई के मध्य थी। सन् 1953 में उन्हें 'एयर इंडिया' का अध्यक्ष बनाया गया। सन् 1978 तक ये 'इंडियन एयरलाइंस' के सदस्य रहे। उन्हें अनेक विश्वविद्यालयों, सरकारों और संस्थाओं ने सम्मानित किया।

□

जे.बी.एम. हाल्डेन

(रसायनशास्त्री)

हाल्डेन ब्रिटेन के जाने-माने जीव-रसायन वैज्ञानिक थे। उनका जन्म

सन् 1892 में हुआ था। हालाँकि उनकी गिनती भारतीय वैज्ञानिकों में होती है। उन्होंने अपनी पढ़ाई पूरी करने के बाद जीव-रसायन शास्त्र के बारे में शोध शुरू कर दिए। इस दौरान उनके समक्ष सबसे बड़ी पीड़ा यह रही कि जीव-रसायन शास्त्र आम आदमी की भाषा में मौजूद नहीं था। इस कारण आम आदमी उसे समझने में नाकाम था। इसलिए यह उसके लिए अरुचिकर विषय हो चला था। यह हाल्डेन के समक्ष भी बड़ी चुनौती थी। वे सन् 1957 में भारत आ बसे। यहाँ उन्होंने बहुत से शोध किए। यहाँ उनके वैज्ञानिक कार्यों के अतिरिक्त एक बड़ी देन यह भी है कि उन्होंने

जीव-रसायन शास्त्र को आम आदमी की भाषा प्रदान की। इससे उसकी रुचि इस दिशा में बढ़नी स्वाभाविक थी। हाल्डेन अपने समकालीन जीव-रसायन शास्त्रियों के लिए प्रेरणा के स्रोत रहे।

□

जेम्स कुक

(ऑस्ट्रेलिया का खोजी नाविक)

जेम्स कुक का जन्म सन् 1728 में हुआ था।

वह ब्रिटेन के यॉर्कशायर नगर का रहनेवाला था। जेम्स कुक को उन लोगों में विशेष स्थान प्राप्त है, जिन्होंने पश्चिमी राष्ट्रों के लिए नई दुनिया की खोज की थी। उसने कनाडा के भीतरी भागों के सर्वेक्षण का काम किया था, इसलिए ब्रिटिश सरकार द्वारा उसे ऑस्ट्रेलिया और दक्षिणी भागों के देशों की खोज का काम सौंपा गया। उसने 1 जुलाई, 1768 के इंग्लैंड से 'एवेंडर' नामक जहाज से अपनी यात्रा शुरू की थी। अक्तूबर में वह न्यूजीलैंड जा पहुँचा। वहाँ से वह सन् 1770 में ऑस्ट्रेलिया के उस स्थान पर पहुँचा, जहाँ आज सिडनी बंदरगाह है। उसने निर्धन ऑस्ट्रेलिया को विभिन्न लोगों के बसने लायक बनाया। चूँकि उस समय वह क्षेत्र अविकसित था, अतः पहले-पहल पिछड़ा क्षेत्र समझकर वहाँ ब्रिटिश कैदियों को ही भेजा गया। कुक एक चतुर नाविक था।

□

जेम्स वॉट

(भाप इंजन के सुधारक)

जेम्स वॉट का जन्म स्कॉटलैंड में हुआ था। उसे बचपन से ही बीमारियों ने जकड़ लिया था, इस कारण उसकी शिक्षा नियमित रूप से नहीं चल पा रही थी। उसे घर पर ही पढ़ाई करनी पड़ी। जेम्स को औजार बनाने में काफी दिलचस्पी थी, इसलिए उसने उसी काम में खुद को लगा लिया। वॉट के समय में भाप के इंजन महज कोयले एवं अन्य तरह की खानों में भरे पानी को निकालने के काम में इस्तेमाल किए जाते थे। वे ताकतवर नहीं होने के कारण अधिक समय तक कार्य नहीं कर पाते थे। इस कारण कारगर भी साबित नहीं हो पा रहे थे। जेम्स वॉट ने इस समस्या को समझा तथा भाप की ताकत बढ़ाने का विचार किया। उन्होंने उन इंजनों में काफी सुधार किया। इससे उन्हें आधुनिक भाप का इंजन कहा जाने लगा। उस इंजन ने रेलगाड़ी खींचने में भी अहम भूमिका निभाई। इससे देश में क्रांतिकारी बदलाव आया। माल इधर-उधर ले जाने में काफी मदद मिली। लोगों

को भी काफी फायदा हुआ। वॉट के नाम पर बिजली की शक्ति की इकाई का नामकरण किया गया। 'वॉट' नाम का वह मानक आज भी दुनिया भर में कायम है।

□

जेसी ओवंस

(अमरीकी एथलीट)

जेसी ओवंस का जन्म संयुक्त राज्य अमेरिका के एक सामान्य नीग्रो परिवार में हुआ था। निर्धन ओवंस को लिफ्टमैन का कार्य भी करना पड़ा था। 14 वर्ष की उम्र में ही वे खेलों में

विशिष्टता प्राप्त कर चुके थे। 1928 में उन्होंने कई जूनियर विश्व रिकॉर्ड कायम किए। चार्ल्स रीले से उन्हें प्रशिक्षण प्राप्त हुआ था। 21 वर्ष की उम्र में वे दुनिया के प्रसिद्ध एथलीट बन चुके थे।

जेसी ओवंस अश्वेत जाति का गौरव थे। 1936 में बर्लिन ओलंपिक में ओवंस ने 4 स्वर्ण पदक जीते और नए रिकॉर्ड कायम किए। पहले 2 स्वर्ण पदक उन्हें 100 मी., 200 मी. की दौड़ में प्राप्त हुए। तीसरा स्वर्ण पदक उन्होंने 26 फीट, 5¼ इंच की लंबी कूद में प्राप्त किया और उस रिकॉर्ड को 24 वर्ष तक कोई धावक नहीं तोड़ सका। ओवंस ने अमेरिकी 4×100 मी. रिले दौड़ की टीम में शामिल हो पुनः विश्व रिकॉर्ड बनाया। शीघ्र ही लोग उन्हें 'उड़ता ओवंस' कहने लगे थे। आधी शताब्दी तक ओवंस सर्वश्रेष्ठ एथलीट के रूप में खेल जगत् पर छाए रहे। जेसी ने 11 बड़े कीर्तिमान स्थापित किए थे। 19 वर्ष की उम्र में उन्होंने कॉलेज की प्रतियोगिता में ही विश्व रिकॉर्ड की बराबरी की थी। उनकी इस सफलता पर अमेरिका के 28 विश्वविद्यालयों ने उन्हें छात्रवृत्ति देने का निर्णय किया था। सन् 1936 के बर्लिन ओलंपिक में उन्होंने 4 स्वर्ण पदक प्राप्त करके अपनी जाति को शीर्ष सम्मान प्रदान किया तथा रंगभेद के समर्थकों पर करारा प्रहार किया। बर्लिन ओलंपिक का इतिहास वास्तव में ध्यानचंद और जेसी ओवंस की शानदार उपलब्धियों के कारण अविस्मरणीय माना जाता है। सन् 1955 में वे भारत भी आए थे। ओवंस ने जिस लगन के साथ अंतरराष्ट्रीय खेल जगत् में अपना स्थान बनाया, उसके कारण उन्हें सर्वत्र अद्भुत सम्मान भी मिला। उन्होंने 45 मिनट में 4 विश्व कीर्तिमान भंग करने का गौरव भी प्राप्त किया था।

□

जोसफ पुलित्जर

(पुलित्जर पुरस्कारों के संस्थापक)

जोसफ पुलित्जर का जन्म सन् 1847 में हंगरी में हुआ था। सन्

1864 में जोसफ अमेरिका की ओर कूच कर गए। वहाँ एक वर्ष उन्होंने अमेरिकी गृहयुद्ध में 'यूनियन आर्मी' की ओर से भाग लिया। इसके पश्चात् पत्रकारिता के क्षेत्र में हाथ आजमाने का विचार बनाया और सन् 1879 तक सेंट लुई पोस्ट-डिस्पेच के मालिक बन गए। इसमें इन्हें काफी अच्छी सफलता प्राप्त हुई। तब सन् 1885 में उन्होंने 'न्यूयॉर्क वर्ल्ड पत्र' खरीद लिया। सन् 1887 में जोसफ ने 'ईवनिंग वर्ल्ड' आरंभ किया। जोसफ पुलित्जर ने 'स्कूल ऑफ जर्नलिज्म' और 'पुलित्जर पुरस्कारों' की स्थापना की। 'पुलित्जर पुरस्कार' पत्रकारिता, समाज-सेवा और साहित्य-सेवा के लिए वितरित किए जाते हैं। प्रतिवर्ष इन पुरस्कारों के रूप में अच्छी-खासी रकम दी जाती है। अनेक भारतीयों को भी इन पुरस्कारों से सम्मानित किया जा चुका है। सन् 1911 में जोसफ पुलित्जर का देहांत हो गया था।

□

जोहान गुटेनबर्ग

(छपाई के आविष्कारक)

जोहान गुटेनबर्ग जर्मनी का रहनेवाला था। उसने पीतल के ऐसे साँचों का आविष्कार किया, जिनसे सुंदर और उपयोगी टाइप ढाला जा सकता था। उस टाइप से छपाई का अच्छा काम सरलता से होने लगा। छपाई के आविष्कारक के रूप में उसका नाम प्रसिद्ध हुआ; जबकि इस बात का कोई विशेष साक्ष्य नहीं है कि मुद्रा का आविष्कार उसी ने किया या नहीं, क्योंकि यदि छपाई की बात की जाए तो उसका अर्थ होता है—अलग-अलग अक्षरों की छपाई से। जबकि लोगों का मत ऐसा भी है कि बहुत पहले चीनियों ने मिट्टी से अक्षरों की टाइप ढालकर उनसे छपाई की थी। इसलिए 'गुटेनबर्ग की बाइबिल' के नाम से विश्व-प्रसिद्ध पुस्तक को भी निश्चित रूप से

उसके द्वारा छापी गई नहीं माना जा सकता। यह भी माना जाता है कि यूरोप ने मुद्रण का नए सिरे से आविष्कार किया था; किंतु जोहान ने टाइप ढालने का साँचा बनाकर दुनिया के लिए बड़ा कार्य किया।

□

ज्योतिबा फुले

(प्रसिद्ध समाज-सुधारक)

ज्योतिबा फुले का जन्म सन् 1827 में हुआ था। माना जाता है कि उनके पुरखे अपनी आजीविका के लिए या तो किसी माली के पास काम किया करते

होंगे या स्वयं का फूलों का व्यवसाय रहा होगा, इसी कारण इस परिवार के नाम के साथ 'फुले' शब्द जुड़ गया।

ज्योतिबा महाराष्ट्र के सुप्रसिद्ध समाज-सुधारक थे। समाज में प्रचलित छुआछूत और महिलाओं की दुर्दशा को देखकर उनका हृदय बहुत आहत होता था। उन्होंने अपना पूरा जीवन समाज-सुधार के कार्यों में लगा दिया। सन् 1854 में उन्होंने एक ऐसे स्कूल की स्थापना की, जिसमें केवल लड़कियों को पढ़ाया जाता था। पूरे भारतवर्ष में लड़कियों की शिक्षा की दिशा में किया गया यह पहला प्रयास था, क्योंकि उस समय का यह भारत भर का पहला कन्या विद्यालय था। छुआछूत की दिशा में हरिजनों की पानी की समस्या का कुछ हद तक समाधान करने के लिए उन्होंने उन्हें अपने कुएँ से पानी लेने की छूट दे दी थी। उन्हें इस बात की तनिक भी परवाह नहीं थी कि उनके ऐसे कार्यों के लिए उनका समाज से बहिष्कार किया जा सकता था। देश-भक्ति का जज्बा भी उनके भीतर कूट-कूटकर भरा

था। जब तिलक और अगरकर पर राजद्रोह का मुकदमा चलाया गया था, तब पैरवी के लिए उन्होंने पूरी निष्ठा के साथ धन एकत्रित किया था। □

टॉलस्टॉय

(प्रसिद्ध रूसी उपन्यासकार)

टॉलस्टॉय का जन्म सन् 1828 में रूस के एक समृद्ध जागीरदार परिवार में हुआ था। सत्य के प्रति उनकी अटूट निष्ठा थी। इसी कारण

गांधीजी ने उन्हें अपना गुरु माना था। यदि यह कहा जाए तो अतिशयोक्ति न होगी कि टॉलस्टॉय पाश्चात्य जगत् की एक अनोखी विभूति थे। उपन्यास-लेखन के कारण उन्हें बहुत प्रसिद्धि मिली। वे ईसाई धर्म के कट्टरपन के विरुद्ध थे। वे प्रकृति-प्रेमी थे। इसी भावना ने उनका हृदय परिवर्तित कर दिया और उन्होंने अपनी जमींदारी पर काम करनेवाले गुलामों को मुक्त कर दिया। अंतिम दिनों में उनका जीवन काफी कष्टप्रद रहा। 28 अक्तूबर, 1919 को उनका शव एक छोटे से रेलवे स्टेशन के निकट पड़ा मिला था। □

टीपू सुलतान

(मैसूर का सुलतान)

टीपू सुलतान साहस, योग्यता और पराक्रम की बेजोड़ मिसाल था। वह एक स्वतंत्रता-प्रेमी सुलतान था। टीपू के पिता का नाम हैदर अली था। हैदर अली युद्ध-कौशल में निपुण था। उसी की

भाँति टीपू भी युद्ध-विद्या में कुशल था। सन् 1783 में पिता की मृत्यु के पश्चात् टीपू ने मैसूर की राजगद्दी सँभाली। उस समय मैसूर को अपने अधिकार में लेने के लिए अंग्रेज युद्ध कर रहे थे। सन् 1784 में अंग्रेजों की चालाकियों को मात देते हुए अपनी रण-कुशलता और चतुराई से टीपू ने उन्हें संधि करने के लिए विवश कर दिया। किंतु बाद में अतिरिक्त बल की सहायता से अंग्रेजों ने उसे पराजित कर दिया, जिसके कारण उसे अंग्रेजों को अपना आधा राज्य, 3 करोड़ रुपए और दो पुत्र बंधक के रूप में सौंपने पड़े। सन् 1799 में अंग्रेजों और उनके

सहायक निजाम एवं मराठों से अपनी राजधानी श्रीरंगपट्टनम की रक्षा करते हुए टीपू सुलतान ने एक देशभक्त वीर की भाँति स्वयं को बलिदान कर दिया।

□

टोडरमल

(अकबर के राजस्व मंत्री)

टोडरमल अच्छे गणितज्ञ और कुशल योद्धा थे। उनका जन्म लाहौर में हुआ था। टोडरमल ने मुगल सल्तनत की मालगुजारी के लिए नियमों को व्यवस्थित करके भूमि-सुधारों और उसकी पैमाइश

आदि के काम में बहुत ख्याति अर्जित की। वे गणित के अच्छे ज्ञाता थे। कहा तो यहाँ तक जाता है कि अकबर के दरबार में उनसे अधिक गणित का ज्ञान किसी को नहीं था। वे मात्र एक दरबारी ही नहीं थे, वरन् अनेक बार युद्ध में भाग लेकर उन्होंने अपनी वीरता का जौहर भी दिखाया। अपनी तीव्र बुद्धि के बल पर ही मात्र 27 वर्ष की उम्र में टोडरमल ने अकबर के दरबार में दीवान का पद प्राप्त किया। उनके द्वारा मालगुजारी के नियम आज के मालगुजारी कानूनों में भी प्रयोग में आ रहे हैं।

□

डॉ. आत्माराम

(काँच उद्योग के भारतीय प्रवर्तक वैज्ञानिक)

डॉ. आत्माराम का जन्म सन् 1908 में बिजनौर जिले के पिताना गाँव में हुआ था। वे बड़े ही विनम्र और उच्च कोटि के वैज्ञानिक थे। उन्होंने भारत में कलकत्ता काँच और सिरेमिक प्रयोगशाला का कार्यभार सँभाला और विभिन्न प्रकार के उपयोगी काँच बनाने के संबंध में अनेक अनुसंधान किए। सन् 1960 में उनके प्रयत्नों से ही भारत में श्रेष्ठ किस्म के काँच का निर्माण किया जाने लगा, जो

देश की सैनिक और सार्वजनिक आवश्यकताओं की पूर्ति में उपयोगी सिद्ध हुआ। भारत में सिरेमिक संबंधी उद्योगों की स्थापना का श्रेय भी डॉ. आत्माराम को ही जाता है। ऑप्टीकल काँच बनाने की विधि उन्होंने ही विकसित की। उनका संपर्क डॉ. मेघनाद साहा और डॉ. शांतिस्वरूप भटनागर आदि महान् वैज्ञानिकों से भी हुआ। उन्होंने भारत में वैज्ञानिक और अनुसंधानशालाओं का कार्यभार भी सँभाला। सन् 1985 में उनका देहावसान हो गया, जिससे देश ने एक महान् वैज्ञानिक खो दिया।

□

डॉ. ए.पी.जे. अब्दुल कलाम

(भारतीय प्रक्षेपास्त्र के जनक)

डॉ. ए.पी.जे. अब्दुल कलाम एक अंतरराष्ट्रीय ख्याति प्राप्त वैज्ञानिक हैं। उनके द्वारा भारतीय प्रक्षेपास्त्र के निर्माण और विकास की दिशा में किए गए सराहनीय कार्यों के कारण ही उन्हें यह ख्याति प्राप्त हुई है। डॉ. कलाम

का मूल निवास-स्थान तमिलनाडु का रामेश्वरम है। विज्ञान में शिक्षा ग्रहण करने के बाद वे काफी लंबे समय से भारतीय मिसाइल कार्यक्रम से संबद्ध रहे हैं। उन्होंने जिन भारतीय प्रक्षेपास्त्रों के विकास-कार्य में महत्त्वपूर्ण भूमिका निभाई है, उनके नाम पृथ्वी, त्रिशूल, आकाश, नाग, अग्नि-1 और अग्नि-2 हैं। डॉ. कलाम बहुत ही सीधे-सादे व्यक्ति हैं, किंतु अपने जन-कल्याणकारी कार्यों से वे जनमानस में अत्यंत लोकप्रिय हो चुके हैं। अपनी उच्च कार्यक्षमता और सामान्य रहन-सहन के कारण प्रत्येक भारतीय उन्हें सम्मानित दृष्टि से देखता है।

□

डॉ. जगदीशचंद्र बसु

(प्रसिद्ध वैज्ञानिक)

डॉ. जगदीशचंद्र बसु का जन्म 30 नवंबर, 1858

को हुआ था। वे भारत के प्रसिद्ध वैज्ञानिक थे, जिन्हें भौतिकी, जीव विज्ञान, वनस्पति विज्ञान तथा पुरातत्त्व का गहरा ज्ञान था। वे पहले वैज्ञानिक थे, जिन्होंने रेडियो और सूक्ष्म तरंगों की प्रकाशिकी पर कार्य किया। वनस्पति विज्ञान में उन्होंने कई महत्त्वपूर्ण खोजें कीं। वे भारत के पहले वैज्ञानिक थे, जिन्होंने एक अमरीकन पेटेंट प्राप्त किया। उन्हें 'रेडियो-विज्ञान का पिता' माना जाता है। वे विज्ञान कथाएँ भी लिखते थे और

इन्हें 'बंगाली विज्ञान कथा-साहित्य का पिता' भी माना जाता है।

ब्रिटिश भारत के बंगाल प्रांत में जनमे बसु ने सेंट जेवियर महाविद्यालय, कलकत्ता (कोलकाता) से स्नातक की उपाधि प्राप्त की। फिर वे लंदन विश्वविद्यालय में चिकित्सा की शिक्षा लेने गए। लेकिन स्वास्थ्य की समस्याओं के चलते उन्हें वह शिक्षा बीच में ही छोड़कर भारत वापस आना पड़ा। फिर उन्होंने प्रेसीडेंसी कॉलेज में भौतिकी के प्राध्यापक का पद सँभाला और जातिगत भेदभाव का सामना करते हुए भी बहुत से महत्त्वपूर्ण वैज्ञानिक प्रयोग किए। उन्होंने बेतार के संकेत भेजने में असाधारण प्रगति की और सबसे पहले रेडियो संदेशों को पकड़ने के लिए अर्धचालकों का प्रयोग करना शुरू किया। लेकिन अपनी खोजों से व्यावसायिक लाभ उठाने की जगह उन्होंने उन्हें सार्वजनिक रूप से प्रकाशित कर दिया, ताकि अन्य शोधकर्ता इन पर आगे काम कर सकें। इसके बाद उन्होंने वनस्पति जीव-विज्ञान में अनेक खोजें कीं। इन्होंने एक यंत्र 'क्रिस्टोग्राफ' का आविष्कार किया, जिससे विभिन्न उत्तेजकों के प्रति पौधों की प्रतिक्रिया का अध्ययन किया और इस तरह से इन्होंने सिद्ध किया कि वनस्पतियों और पशुओं के ऊतकों में काफी समानता है। वे पेटेंट प्रक्रिया के विरुद्ध थे और मित्रों के कहने पर ही उन्होंने एक पेटेंट के लिए आवेदन किया। हाल के वर्षों में आधुनिक विज्ञान को मिले उनके योगदानों को फिर मान्यता दी जा रही है।

□

डॉ. चंद्रशेखर वेंकट रमन

('रमन प्रभाव' के आविष्कारक)

भारतीय वैज्ञानिक डॉ. चंद्रशेखर वेंकट रमन के साथ 'रमन प्रभाव' संबंधी खोज जुड़ी हुई है। डॉ. रमन का जन्म त्रिचिनापल्ली में हुआ था। वे शुरुआती दौर से ही पढ़ाई में अव्वल थे। इसके चलते उन्होंने खेल गतिविधियों को भी तिलांजलि दे दी थी। उन्होंने बी.एस-सी. में मद्रास विश्वविद्यालय से टॉप किया। एम.एस-सी. में भी उन्होंने प्रथम स्थान पाया। उनकी इच्छा विज्ञान के क्षेत्र में काम करने की रही, परंतु उन्हें मजबूरन वित्तविभाग में लेखाकार के पद पर नौकरी करनी पड़ी। वहाँ से तबादला होकर कलकत्ता आने पर उनकी मुलाकात 'इंडियन एसोसिएशन फॉर द कल्टीवेशन ऑफ साइंस' के सर आशुतोष मुखर्जी से हुई। वहाँ उन्हें मनचाही नौकरी मिल गई। रमन ने 'रमन प्रभाव' की खोज की। जब प्रकाश की

एकरंगी किरण किसी पारदर्शी पदार्थ से गुजरती है तो उस किरण का कुछ भाग अपने रास्ते में

फैल जाता है। इस फैले हुए प्रकाश की तरंग की लंबाई आरंभिक प्रकाश की तरंग की लंबाई से अधिक होती है। इसी प्रकार इसका रंग भी भिन्न होता है। इसी को 'रमन प्रभाव' के नाम से जाना जाता है। वैज्ञानिक रमन ने प्रकाश संबंधी कई सिद्धांत प्रतिपादित किए। इन्हीं के चलते ब्रिटिश सरकार ने उन्हें 'सर' की उपाधि प्रदान की। इतना ही नहीं, सन् 1930 में उन्हें भौतिकी के लिए 'नोबेल पुरस्कार' भी प्रदान किया गया।

□

डॉ. भीमराव रामजी अंबेडकर

(भारतीय संविधान के निर्माता)

डॉ. भीमराव रामजी अंबेडकर, एक भारतीय विधिवेत्ता थे। वे राजनीतिक नेता और एक बौद्ध पुनरुत्थानवादी होने के साथ-साथ भारतीय संविधान के निर्माता भी थे। उन्हें 'बाबा साहेब' के नाम से भी जाना जाता है। उनका जन्म एक गरीब अस्पृश्य परिवार में हुआ था। बाबा साहेब अंबेडकर ने अपना सारा जीवन भारतीय समाज में सर्वव्यापित जाति व्यवस्था के विरुद्ध संघर्ष में बिता दिया। उन्हें बौद्ध महाशक्तियों के दलित-आंदोलन को प्रारंभ करने का श्रेय भी जाता है। बाबा साहेब अंबेडकर को 'भारत-रत्न' से भी सम्मानित किया गया है, जो भारत का सर्वोच्च नागरिक पुरस्कार है। कई सामाजिक और वित्तीय बाधाएँ पारकर अंबेडकर उन कुछ पहले अछूतों में से एक बन गए, जिन्होंने भारत में कॉलेज की शिक्षा प्राप्त की। अंबेडकर ने कानून की उपाधि प्राप्त करने के साथ ही विधि, अर्थशास्त्र व राजनीतिक विज्ञान में अपने अध्ययन व अनुसंधान के कारण कोलंबिया विश्वविद्यालय और 'लंदन स्कूल ऑफ इकोनॉमिक्स' से कई डॉक्टरेट डिग्रियाँ भी अर्जित कीं। अंबेडकर वापस अपने देश एक प्रसिद्ध विद्वान् के रूप में लौट आए और इसके बाद कुछ साल तक उन्होंने वकालत का अभ्यास किया। इसके बाद उन्होंने कुछ पत्रिकाओं का प्रकाशन भी किया, जिनके द्वारा उन्होंने भारतीय अस्पृश्यों के राजनीतिक अधिकारों और सामाजिक स्वतंत्रता की वकालत की। डॉ. अंबेडकर को भारतीय बौद्ध भिक्षु ने 'बोधिसत्त्व' की उपाधि प्रदान की है।

□

डॉ. मुल्कराज आनंद

(भारतीय अंग्रेजी साहित्यकार)

सुप्रसिद्ध भारतीय साहित्यकार डॉ. मुल्कराज आनंद का जन्म सन् 1905 में हुआ था। अंग्रेजी में लिखनेवाले वे प्रसिद्ध साहित्यकार थे। आलोचना और उपन्यास के क्षेत्र में भी उन्होंने सराहनीय कार्य किया है। उन्होंने कुछ वर्ष इंग्लैंड में भी बिताए। 'कुली', 'अनटचेबल',

'सेवन समर्स', 'द बब्बल', 'टू लीव्स ऐंड ए बड', 'कन्फैशन ऑफ ए लव' आदि उनकी प्रसिद्ध रचनाओं के नाम हैं। उन्होंने एक श्रेष्ठ पत्रिका 'मार्ग' का प्रकाशन भी किया था। यह पत्रिका कला से संबंधित थी।

□

डॉ. लक्ष्मी सहगल

(प्रख्यात स्वतंत्रता सेनानी)

डॉ. लक्ष्मी सहगल का जन्म सन् 1914 में एक परंपरावादी तमिल परिवार में हुआ और उन्होंने मद्रास मेडिकल कॉलेज से मेडिकल की शिक्षा ग्रहण की, फिर वे सिंगापुर चली गईं। दूसरे विश्व युद्ध के दौरान जब जापानी सेना ने सिंगापुर में ब्रिटिश सेना पर हमला किया तो लक्ष्मी सहगल सुभाषचंद्र बोस की 'आजाद हिंद फौज' में शामिल हो गई थीं।

वे बचपन से ही राष्ट्रवादी आंदोलन से प्रभावित हो गई थीं और जब महात्मा गांधी ने विदेशी वस्तुओं के बहिष्कार का आंदोलन छेड़ा तो लक्ष्मी सहगल ने उसमें हिस्सा लिया। वे

सन् 1943 में 'अस्थायी आजाद हिंद सरकार' की कैबिनेट में पहली महिला सदस्य बनीं। एक डॉक्टर की हैसियत से वे सिंगापुर गई थीं।

'आजाद हिंद फौज' की 'रानी झाँसी रेजीमेंट' में लक्ष्मी सहगल बहुत सक्रिय रहीं। बाद में उन्हें कर्नल का ओहदा दिया गया, लेकिन लोगों ने उन्हें 'कैप्टन लक्ष्मी' के रूप में ही याद रखा।

'आजाद हिंद फौज' की हार के बाद ब्रिटिश सेनाओं ने स्वतंत्रता सेनानियों की धर-पकड़ की और 4 मार्च, 1946 को वे पकड़ी गईं। पर बाद में उन्हें रिहा कर दिया गया। उन्होंने सन् 1947 में कर्नल प्रेम कुमार सहगल से विवाह किया और कानपुर आकर बस गईं। लेकिन उनका संघर्ष खत्म नहीं हुआ और वे वहा। भी वंचितों की सेवा में लग गईं। वे भारत-विभाजन को कभी स्वीकार नहीं कर पाईं और अमीर व गरीबों के बीच बढ़ती खाई का हमेशा विरोध करती रहीं।

□

डॉ. वर्गीज कुरियन

(भारत में 'श्वेत क्रांति' के जनक)

डॉ. कुरियन का जन्म सन् 1921 में हुआ था। वे भारत में 'दुग्ध क्रांति', जिसे 'श्वेत क्रांति' के नाम से भी जाना जाता है, के जनक माने जाते हैं। महाराष्ट्र के 60 लाख किसानों के लिए 60 हजार कोऑपरेटिव सोसाइटियाँ बनाकर उन्होंने जनसाधारण को दूध के लिए

होनेवाली भारी किल्लत से भी छुटकारा दिलाया। ये सोसाइटियाँ प्रतिदिन 30 लाख टन दूध की सप्लाई करती हैं। इसी को 'श्वेत क्रांति' और 'ऑपरेशन फ्लड' के नाम से भी जाना जाता है। इन जन उपयोगी कार्यों के लिए उन्हें अनेक पुरस्कारों से सम्मानित किया गया। इनमें 'विश्व खाद्य पुरस्कार' (1989) और 'मैगसेसे' पुरस्कार, (1963) प्रमुख हैं। □

डॉ. विक्रम साराभाई

(महान् भारतीय वैज्ञानिक)

डॉ. विक्रम साराभाई का 12 अगस्त, 1919 को अहमदाबाद में एक समृद्ध परिवार में जन्म हुआ। डॉ. साराभाई के व्यक्तित्व का सर्वाधिक उल्लेखनीय पहलू उनकी रुचि की सीमा और विस्तार एवं ऐसे तौर-तरीके थे, जिनमें उन्होंने अपने विचारों को संस्थाओं में परिवर्तित किया। सृजनशील वैज्ञानिक, सफल और दूरदर्शी उद्योगपति, उच्च कोटि के प्रवर्तक, महान् संस्था निर्माता, अलग किस्म के शिक्षाविद्, कला पारखी, सामाजिक परिवर्तन के ठेकेदार, अग्रणी प्रबंधक, प्रशिक्षक जैसी अनेक विशेषताएँ उनके व्यक्तित्व में समाहित थीं। उनकी सबसे महत्त्वपूर्ण विशेषता यह थी कि वे ऐसे उच्च कोटि के इनसान थे, जिसके मन में दूसरों के प्रति असाधारण सहानुभूति थी। वह एक ऐसे व्यक्ति थे कि जो भी उनके संपर्क में आता, उनसे प्रभावित हुए बिना न रहता। वे जिनके साथ भी बातचीत करते, उनके साथ फौरी तौर पर व्यक्तिगत सौहार्द स्थापित कर लेते थे। ऐसा इसलिए संभव हो पाता था, क्योंकि वे लोगों के हृदय में अपने लिए आदर व विश्वास की जगह बना लेते थे और उनपर ईमानदारी की छाप छोड़ जाते थे। विक्रम अंबालाल साराभाई (12 अगस्त, 1919-30 दिसंबर, 1971) भारत के प्रमुख वैज्ञानिक थे। उन्होंने 86 वैज्ञानिक शोध-पत्र लिखे एवं 40 संस्थान खोले। उन्हें विज्ञान एवं अभियांत्रिकी के क्षेत्र में सन् 1966 में भारत सरकार द्वारा 'पद्मभूषण' से सम्मानित किया गया था। डॉ. विक्रम साराभाई के नाम को भारत के अंतरिक्ष कार्यक्रम से अलग नहीं किया जा सकता। यह जग प्रसिद्ध है कि वह विक्रम साराभाई ही थे, जिन्होंने अंतरिक्ष अनुसंधान के क्षेत्र में भारत को अंतरराष्ट्रीय मानचित्र पर स्थान दिलाया। लेकिन इसके साथ-साथ उन्होंने वस्त्र, इलेक्ट्रॉनिक्स और अन्य अनेक क्षेत्रों में भी बराबर का योगदान किया।

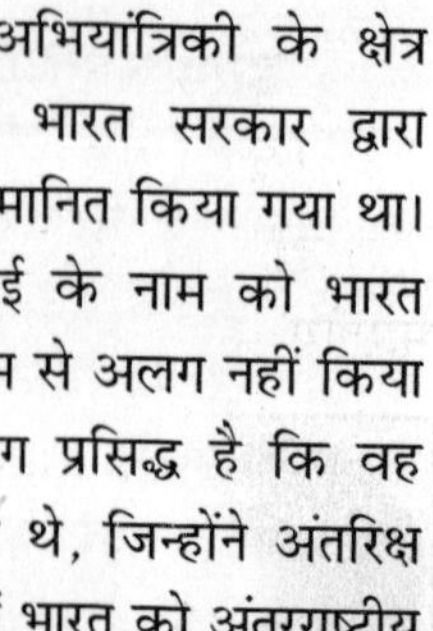

डॉ. साराभाई का कोवलम, तिरुवनंतपुरम् (केरल) में 30 दिसंबर, 1971

को देहांत हो गया। इस महान् वैज्ञानिक के सम्मान में तिरुवनंतपुरम् में स्थापित 'थुंबा इक्वेटोरियल रॉकेट लाउंचिंग स्टेशन' (टी.आर.एल.एस.) और संबद्ध अंतरिक्ष संस्थाओं का नाम बदलकर 'विक्रम साराभाई अंतरिक्ष केंद्र' रख दिया गया। यह भारतीय अंतरिक्ष अनुसंधान संगठन (इसरो) के एक प्रमुख अंतरिक्ष अनुसंधान केंद्र के रूप में उभरा है। सन् 1974 में सिडनी स्थित 'अंतरराष्ट्रीय खगोल विज्ञान संघ' ने निर्णय लिया कि 'सी ऑफ सेरेनिटी' पर स्थित 'बेसल' नामक 'मून क्रेटर' अब 'साराभाई क्रेटर' के नाम से जाना जाएगा।

□

डॉ. हरगोविंद खुराना

(कृत्रिम जीन के खोजकर्ता)

डॉ. हरगोविंद खुराना मूलतः भारतीय हैं। उनका जन्म सन् 1922 में मुल्तान (अब पाकिस्तान) में हुआ था। सन् 1946 में गवर्नमेंट कॉलेज, लाहौर से एम.एस-सी. करने के बाद रसायन में आगे का शोध कार्य उन्होंने इंग्लैंड में किया। कुछ समय बाद वे कनाडा गए और कोलंबिया विश्वविद्यालय में रसायन विभाग के अध्यक्ष बने। सन् 1960 में वे अमेरिका जाकर बस गए।

डॉ. खुराना ने कृत्रिम जीन का निर्माण करके विज्ञान में नई उपलब्धि हासिल की। शरीर और चिकित्सा विज्ञान में उनके विशिष्ट कार्य के लिए सन् 1968 में उन्हें 'नोबेल पुरस्कार' से सम्मानित किया गया था।

□

डॉग हैमरशील्ड

(नोबेल पुरस्कार विजेता)

डॉग हैमरशील्ड का जन्म सन् 1905 में स्वीडन में हुआ था। शिक्षा पूरी करने के बाद वे कूटनीति के क्षेत्र में आए। उन्होंने देश की खातिर अंतरराष्ट्रीय स्तर पर संबंध बेहतर बनाए और अपनी कूटनीति के जरिए स्वीडन की स्थिति सुदृढ बना ली। हैमरशील्ड आगे चलकर विश्व-प्रसिद्ध कूटनीतिज्ञ एवं राजनयिक बने। वे सन् 1953 से 1961 तक संयुक्त राष्ट्र संघ के महासचिव रहे। इस दौरान उन्होंने दुनिया भर में लोकप्रियता हासिल की। उनके कार्यकाल में शांति के बहुत सारे प्रयास किए गए। इसमें उन्हें अपेक्षित कामयाबी भी मिली। इसके चलते उन्हें 'शांति का देवदूत' भी कहा जाने लगा था। उनके कार्यकाल को आज भी अपेक्षित उपलब्धियों के लिए याद किया जाता

है। सन् 1961 में डॉग हैमरशील्ड की एक हवाई दुर्घटना में मौत हो गई थी। मरणोपरांत उसी वर्ष उन्हें 'नोबेल शांति पुरस्कार' से सम्मानित किया गया।

□

डेनियल डिफो

('रॉबिंसन क्रूसो' के रचयिता)

डेनियल डिफो से ज्यादा प्रसिद्ध नाम आज 'रॉबिंसन क्रूसो' का है,

जो वास्तव में इस अमर कहानीकार की लेखनी की ही उपज है। स्कॉटलैंड के एक अन्वेषक अलेक्जेंडर सेलकर्क के जीवन की सत्य घटनाओं के आधार पर लिखी गई यह संभवत: विश्व की सर्वाधिक प्रसिद्ध कथाकृति है। इसे पढ़नेवाले अब भी रॉबिंसन के रूप में अपनी कल्पना करते हैं। डेनियल डिफो अपनी इस कृति के कारण ही विश्व में अमर हो गए हैं। उन्होंने कई पुस्तकें लिखीं, किंतु उनमें 'रॉबिंसन क्रूसों' ने ही विश्व में प्रथम स्थान पाया। इसका कई भाषाओं में अनुवाद हो चुका है। डिफो की अन्य महत्त्वपूर्ण कृतियाँ हैं–'द फॉरचून एंड मिसफॉरचून ऑफ माल फ्लैंडर्स', 'द जनरल ऑफ इयर', 'द लाइफ ऐंड एडवेंचर ऑफ मिस्टर डंकन कैंपबेल', 'द जनरल ऑफ प्लेग इयर', 'द लाइफ एंड एडवेंचर ऑफ मिस्टर डंकन कैंपबेल', 'द न्यू वायजेज राउंड द वर्ल्ड' एवं 'ए टूर थ्रू द होल आइलैंड ऑफ ग्रेट ब्रिटेन'।

डिफो का साहित्य एक नए जगत् की सृष्टि करता है। 'रॉबिंसन क्रूसो' के रूप में उन्होंने विश्व को एक ऐसी अद्‌भुत कृति दी है, जो लोकप्रियता में अपनी तुलना नहीं रखती।

□

तात्या टोपे

(अजेय स्वतंत्रता सेनानी)

तात्या टोपे का जन्म सन् 1813 में पुणे के एक ब्राह्मण परिवार में हुआ था। उनका वास्तविक नाम रामचंद्र पांडुरंग था। उनके पिता पेशवा बाजीराव द्वितीय के दरबार में अधिकारी थे। बाजीराव के दत्तक पुत्र नाना धोंधू पंत और तात्या में खूब मैत्री थी। तात्या टोपे गुरिल्ला युद्ध में बड़े प्रवीण थे। उन्होंने झाँसी की रानी लक्ष्मीबाई को शस्त्र-विद्या का अच्छा ज्ञान दिया था। पहले लक्ष्मीबाई

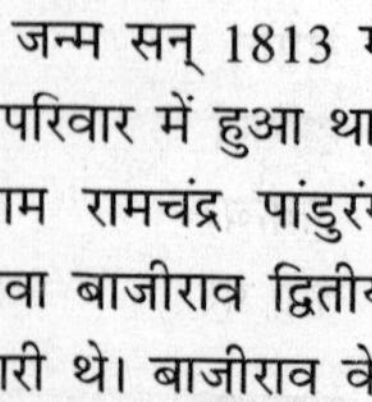

और बाद में नाना साहब के साथ मिलकर उन्होंने छापामार युद्धों में अंग्रेजों की सेना को बहुत छकाया। पकड़े जाने पर सन् 1859 में तात्या टोपे को फाँसी पर लटका दिया गया।

□

तानसेन

(संगीत सम्राट्)

तानसेन का जन्म ग्वालियर से 7 मील दूर एक छोटे से गाँव में ब्राह्मण कुल में हुआ था। उनके पिता का नाम मकरंद पांडे और माता का नाम वेहट था। हालाँकि कुछ विद्वानों को उनके हिंदू होने में संदेह है। तानसेन की प्रारंभिक संगीत-शिक्षा का प्रबंध ग्वालियर के राजा मानसिंह तोमर ने किया था। उन्होंने संगीत की शिक्षा स्वामी हरिदास से पाई थी। संगीत-विद्या में तानसेन ने इतनी निपुणता हासिल कर ली कि उनकी ख्याति बादशाह अकबर तक जा पहुँची और उनके संगीत को परखने के पश्चात् अकबर ने उन्हें

अपने दरबारी नव-रत्नों में खास स्थान दिया और उन्हें 'मियाँ' के खिताब से नवाजा। इसलिए उनके द्वारा निर्मित प्रत्येक राग के साथ 'मियाँ' शब्द जोड़ दिया गया, जिससे उनकी विशिष्टता प्रकट होती रहे, जैसे–मियाँ का मल्हार, मियाँ की सारंग आदि।

□

तिरुवल्लुवर

(तमिल संत-कवि)

तिरुवल्लुवर तमिल के संत-कवि थे। उन्होंने तमिल साहित्य और जनजीवन

को बहुत अधिक प्रभावित किया है। उनके द्वारा रचित कविता को तिरुवल्लुवर अर्थात् 'पवित्र कविता' के नाम से जाना जाता है। उन्होंने जैन, बौद्ध, वैदिक और ब्राह्मणवाद की सभी श्रेष्ठ शिक्षाओं को ग्रहण किया और साथ ही तत्कालीन समाज में प्रचलित आडंबरों व कुरीतियों का कड़ा विरोध भी किया। उनके कविता संग्रह 'तिरुवल्लुर' का अनेक भाषाओं में अनुवाद हुआ है। उन्हें 'दैवी कवि' कहा गया है। उनकी इस पुस्तक को तमिल भाषा में 'वेद' का स्थान प्राप्त है। तिरुवल्लुवर व्यवसाय से जुलाहे थे। मद्रास (चेन्नई) के मैल्लपुर को उनका निवास-स्थान माना जाता है। वहीं उनका एक मंदिर है और पास ही एक तालाब भी है।

□

तीर्थंकर महावीर

(जैनधर्म के प्रवर्तक)

महावीर जैन धर्म के प्रसिद्ध तीर्थंकर थे। उनका वास्तविक नाम वर्द्धमान था। वर्द्धमान कुंडग्राम नामक छोटे से राज्य के क्षत्रिय राजा सिद्धार्थ के पुत्र थे। उनकी माता का नाम त्रिशला था। उनके जन्म के समय उनके पिता ने लोक-कल्याण के लिए अनेक कार्य किए, कर माफ कर दिए, अनेक अत्याचार बंद कर दिए, बहुत

से कैदियों को मुक्त कर दिया आदि। वर्द्धमान ने अपनी तपस्या के दौरान 12 वर्षों में मात्र 349 बार भोजन किया था। उन्होंने नींद पर भी विजय प्राप्त कर ली थी। इस प्रकार वीरतापूर्वक कष्ट सहने के कारण वे 'महावीर' कहलाए। कठोर तपस्या के पश्चात् ज्ञान प्राप्त करके वे स्थान-स्थान पर घूमते हुए अहिंसा का प्रचार करने लगे। अंततः 546 ई.पू. पावापुरी में उनका निधन हो गया। पावापुरी जैनियों का प्रसिद्ध तीर्थ है।

□

तेनजिंग नोर्गे

(एवरेस्ट विजेता)

तेनजिंग नोर्गे नेपाली मूल के भारतीय नागरिक थे। उनका जन्म सन् 1914 में हुआ था। उन्होंने 29 मई, 1953 को संसार के सर्वोच्च और अजेय शिखर एवरेस्ट पर भारत का राष्ट्रीय ध्वज फहराकर भारत के प्रत्येक नागरिक को गौरवान्वित किया था। सन् 1922 से प्रायः

प्रत्येक वर्ष विश्व के सर्वश्रेष्ठ पर्वतारोही इस अजेय शिखर पर विजय प्राप्त करने का प्रयास करते आ रहे थे। किंतु अंततः इस असंभव से लगनेवाले कार्य में सफलता न्यूजीलैंड के एडमंड हिलेरी और भारत के तेनजिंग नोर्गे को मिली। तेनजिंग नोर्गे को भारत के राष्ट्रपति ने 'पद्म भूषण' इंग्लैंड की महारानी एलिजाबेथ ने 'जॉर्ज पदक' और नेपाल सरकार ने 'नेपाल-तारा' की उपाधि से अलंकृत किया।

□

त्यागराज

(कन्नड़ कवि व संगीतज्ञ)

त्यागराज भक्तिमार्गी कवि एवं

कर्नाटक संगीत के महान् संगीतज्ञ थे। उन्होंने समाज एवं साहित्य के साथ-साथ कला को भी समृद्ध किया। वे बहुमुखी प्रतिभा के धनी थे। उन्होंने सैकड़ों भक्ति-गीतों की रचना की, जो भगवान् राम की स्तुति में थे। उनके सर्वश्रेष्ठ गीत 'पंचरत्न कृति' अकसर धार्मिक आयोजनों में गाए जाते थे। तंजावपुर जिले के तिरुवरूर में 4 मई, 1767 को पैदा हुए त्यागराज की माँ का नाम सीताम्मा और पिता का रामब्रह्म था। वह अपनी एक कृति में कहते हैं, "सीताम्मा मायाम्मा श्री रामुदु माँ तंद्री।" (सीता मेरी माँ और श्रीराम मेरे पिता हैं)। इस गीत के जरिए

शायद वह दो बातें कहना चाहते हैं। एक ओर वास्तविक माता-पिता के बारे में बताते हैं, दूसरी ओर प्रभु राम के प्रति अपनी आस्था प्रदर्शित करते हैं। एक अच्छे सुसंस्कृत परिवार में पैदा हुए और पले-बढ़े त्यागराज प्रकांड विद्वान् और कवि थे। वह संस्कृत, ज्योतिष तथा अपनी मातृभाषा तेलुगू के ज्ञाता थे।

त्यागराज के लिए संगीत ईश्वर से साक्षात्कार का मार्ग था। उनके भीतर संगीत में भक्ति-भाव विशेष रूप से उभरकर सामने आया है। संगीत के प्रति उनका लगाव बचपन से ही था। कम उम्र में ही वह वेंकटरमनैया के शिष्य बन गए और किशोरावस्था में ही उन्होंने पहले गीत 'नमो-नमो राघव' की रचना की।

दक्षिण भारतीय शास्त्रीय संगीत के विकास में प्रभावी योगदान करनेवाले त्यागराज की रचनाएँ आज भी काफी लोकप्रिय हैं और धार्मिक आयोजनों तथा त्यागराज के सम्मान में आयोजित कार्यक्रमों में उनका खूब गायन होता है। त्यागराज ने मुत्तुस्वामी दीक्षित और श्यामा शास्त्री के साथ कर्नाटक संगीत को नई दिशा दी। उनके योगदान को देखते हुए उन्हें 'त्रिमूर्ति' की संज्ञा दी गई।

उनकी संगीत प्रतिभा से तंजावुर नरेश काफी प्रभावित थे और उन्हें दरबार में शामिल होने के लिए आमंत्रित भी किया था। लेकिन प्रभु की उपासना में डूबे त्यागराज ने उनके आकर्षक प्रस्ताव को अस्वीकार कर दिया। उन्होंने राजा के प्रस्ताव को अस्वीकार कर प्रसिद्ध कृति 'निधि का सुखम्?'–यानी 'क्या धन से सुख की प्राप्ति हो सकती है?' की रचना की थी। कहा जाता है कि त्यागराज के भाई ने भगवान् राम की वह मूर्ति पास ही कावेरी नदी में फेंक दी थी, जिसकी वह अर्चना करते थे। त्यागराज अपने इष्ट से अलगाव को बरदाश्त नहीं कर सके और घर से निकल पड़े। इस क्रम में उन्होंने दक्षिण भारत के लगभग सभी प्रमुख मंदिरों की यात्रा की और उन मंदिरों के देवताओं की स्तुति में गीत बनाए। त्यागराज ने करीब 600 कृतियों की रचना करने के अलावा तेलुगू में दो नाटक 'प्रह्लाद-भक्ति विजय' और 'नौका चरितम्' भी लिखा। 'प्रह्लाद-भक्ति विजय' जहाँ पाँच दृश्यों में 45 कृतियों का नाटक है, वहीं 'नौका चरितम्' एकांकी है और उसमें 21 कृतियाँ हैं। त्यागराज की विद्वत्ता उनकी हर कृति में झलकती है। हालाँकि 'पंचरत्न कृति' को उनकी सर्वश्रेष्ठ रचना कहा जाता है। सैकड़ों गीतों के अलावा उन्होंने 'उत्सव संप्रदाय कीर्तनम्' और 'दिव्यनाम कीर्तनम्' की भी रचनाएँ कीं। उन्होंने संस्कृत में भी गीतों की रचना की। हालाँकि उनके अधिकतर गीत तेलुगू में हैं। त्यागराज की रचनाओं के बारे में कहा जाता है कि उनमें सबकुछ अपने सर्वश्रेष्ठ रूप में है। उसमें कोई भी हिस्सा अनावश्यक नहीं है, चाहे संगीत हो या

बोल। इसके अलावा उसमें प्रवाह भी ऐसा है, जो संगीत-प्रेमियों को अपनी ओर खींच लेता है। आध्यात्मिक रूप में वह उन लोगों में थे, जिन्होंने भक्ति के सामने किसी बात की परवाह नहीं की। उन्हें सिर्फ संगीत एवं भक्ति से लगाव था और वे दोनों उनके लिए पर्यायवाची थे। उनके जीवन का कोई भी पल राम से जुदा नहीं था। वह अपनी कृतियों में भगवान् राम को मित्र, मालिक, पिता व सहायक बताते हैं। अपनी भक्ति के बीच ही उन्होंने 6 जनवरी, 1847 को समाधि ले ली।

□

थॉमस अल्वा एडिसन

(विद्युत् बल्ब के आविष्कारक)

थॉमस अल्वा एडिसन का जन्म सन् 1874 में अमेरिका में हुआ था। उन्होंने

एक हजार से भी अधिक चीजें ईजाद कीं, जिनमें से कई खोजें तो बहुत ही अद्‌भुत हैं। इसी कारण उन्हें विश्व का सबसे महान् आविष्कारक कहा जा सकता है। वे 'मेनलो पार्क' के जादूगर के नाम से प्रसिद्ध थे।

उनके द्वारा आविष्कृत वस्तुओं में सबसे प्रसिद्ध बिजली का बल्ब है। रोशनी के लिए इससे पहले भी अनेक प्रकार के लैंपों का इस्तेमाल किया जाता रहा था, किंतु उन सब में कोई-न-कोई चीज, जैसे मिट्‌टी का तेल, मोम या गैस जलानी पड़ती थी। कोई भी लैंप ऐसा न था, जिसमें किसी चीज को जलाने की बजाय उसे तपाकर उससे रोशनी प्राप्त की जा सके।

अपने अनेक प्रयासों में, अनेक प्रक्रियाओं से गुजरकर 21 अक्तूबर, 1879 को एडिसन अपने इस नए लैंप को आजमाने के लिए तैयार हुए। लैंप का स्विच खोल दिया गया। एडिसन की मेहनत रंग लाई। लैंप चमका और एडिसन का प्रयोग सफल रहा। बाद में दूसरे लोगों ने उस लैंप में कई सुधार किए। एडिसन ने बिजली के बल्ब के अलावा चलचित्र, फोनोग्राफ, टेलीग्राफ, कार्बन टेलीफोन ट्रांसमीटर, माइक्रोफोन आदि कई उपयोगी और महत्त्वपूर्ण चीजें ईजाद कीं।

□

थॉमस हार्डी

(प्रसिद्ध अंग्रेज लेखक)

हार्डी इंग्लैंड के डोरसेट नामक स्थान पर पैदा हुआ था। वह बहुप्रतिभा का धनी था। उसने वास्तुशिल्प, भवनों के नक्शे, भवनों के चित्र आदि बनाए तथा कई कविताएँ एवं उपन्यास लिखे। उसका साहित्य के क्षेत्र में काफी नाम हुआ। उसकी 'फार फ्रॉम द मेडिंग क्राउड' और एक अन्य पुस्तक प्रकाशित हुई। उसका उपन्यास 'मेयर ऑफ द वेस्टरब्रिज' बहुत चर्चित रहा। हार्डी के साहित्य

में योगदान को काफी सराहा गया। उसके साहित्य को परिपक्व माना गया। इसकी वजह भी साफ है कि उसने 60 साल की उम्र के बाद लेखन-कार्य शुरू किया।

□

दलाई लामा

(बौद्ध धर्मगुरु)

तिब्बत में बौद्ध धर्म के प्रधान को 'लामा' के नाम से पुकारा जाता है। यह पदवी वंश परंपरा के आधार पर नहीं दी जाती। सारे संसार में से विशेष लक्षणों से युक्त व्यक्ति को लामा के रूप में चुना जाता है। चयन प्रक्रिया के पश्चात् इस पद से संबंधित उसकी शिक्षा-दीक्षा का प्रबंध किया जाता है। वर्तमान में तिब्बती बौद्धों के धर्मगुरु दलाई लामा हैं। उनका वास्तविक नाम 'तेनजिन ग्यात्सो' है। चीन की साम्यवादी सरकार द्वारा तिब्बत पर अधिकार कर लिये जाने के पश्चात् दलाई लामा अपने अनेक भक्तों के साथ भारत

आ गए और भारत सरकार की सहायता से धर्मशाला नामक नगर में बस गए। तभी से दलाई लामा लगातार तिब्बत की आजादी के लिए प्रयत्न कर रहे हैं। उन्होंने हमेशा समस्याओं को आपसी सद्भाव से सुलझाने का समर्थन किया है। पूरा विश्व उनका सम्मान करता है। सन् 1989 में उन्हें 'नोबेल शांति पुरस्कार' भी दिया गया। वे अहिंसा के प्रबल समर्थक हैं।

□

दादाभाई नौरोजी

(कांग्रेस के संस्थापकों में एक)

दादाभाई नौरोजी का जन्म सन् 1825 में हुआ था। उन्होंने अपने कार्यों से भारत

का नाम ऊँचा किया। वे पहले ऐसे भारतीय थे, जो शिक्षा ग्रहण करने के बाद गणित और भौतिक विज्ञान के सहायक प्रोफेसर नियुक्त किए गए। उनके जीवन का बहुत सा समय इंग्लैंड में व्यतीत हुआ। उन्होंने वहाँ भारत के गैर-सरकारी राजदूत के रूप में भी कार्य किया। सन् 1889 में उन्होंने इंग्लैंड में कांग्रेस संबंधी कार्यों के लिए एक समिति की स्थापना की। वे सदैव नरम विचारों के पक्षधर रहे। सन् 1917 में उनका निधन हो गया।

□

दादा साहब फाल्के

(भारतीय सिनेमा के जनक)

दादा साहब फाल्के का जन्म 30 अप्रैल, 1870 को नासिक के निकट हुआ था। उनका पूरा नाम धुंडीराज गोविंद फाल्के था। आरंभ से ही वे कला की ओर आकर्षित थे। एक बार उन्होंने किसी विदेशी कंपनी का मूल चलचित्र देखा। उसे देखकर उन्होंने ठान लिया कि अपने देश में भी वे वैसी ही फिल्म अवश्य बनाएँगे। इसके लिए उन्होंने स्वयं विदेश जाकर मशीनें खरीदीं, स्वयं ही फिल्म की कथा लिखी, स्वयं उसमें कलाकार बने और स्वयं ही उसका निर्देशन भी किया।

उनके द्वारा बनाई गई पहली फिल्म सन् 1912 में 'राजा हरिश्चंद्र' थी। उनकी अंतिम फिल्म 'गंगावतरण' थी, जो सन् 1957 में प्रदर्शित हुई। उन्होंने 125 फिल्मों का निर्माण किया।

□

दादू दयाल

(प्रसिद्ध संत-कवि)

दादू दयाल का जन्म सन् 1544 में अहमदाबाद में हुआ था। हिंदी के संत कवियों में उन्हें कबीर के बाद स्थान प्राप्त है। उनकी जाति के संबंध में अनेक मत हैं और उन्हें निम्न जाति का माना जाता है। उनके गुरु का नाम बुड्ढन था। दादू पंथी लोग बुड्ढन को

अपने भगवान् का स्वरूप मानकर पूजते हैं। उन्होंने 'दादू पंथ' नामक भक्ति संप्रदाय की स्थापना की। हिंदू और मुसलमान दोनों ही उनके अनुयायी हैं। 'अनसेवाणी', 'कायाबेलि' आदि उनकी रचनाएँ हैं। सन् 1603 में साँभर के निकट नराने की गुफा में उन्होंने अपना शरीर त्याग दिया। वहाँ प्रतिवर्ष फाल्गुन में मेला लगता है।

□

दारा शिकोह

(शाहजहाँ का बड़ा बेटा)

मुगल सम्राट् शाहजहाँ के दो पुत्र थे, जिनमें दारा शिकोह बड़ा था। दारा शिकोह भारतीय दर्शन-शास्त्र का बड़ा प्रशंसक था। वह एक सज्जन व्यक्ति था। बादशाह ने उसे पंजाब का गवर्नर बनाया। उसे कांधार युद्ध के लिए भेजा गया तो वहाँ उसे पराजय का सामना करना पड़ा। 1657 ई. में

शाहजहाँ की बीमारी के वक्त वह उसके पास ही था। शाहजहाँ उसे राजगद्दी पर बिठाना चाहता था, परंतु औरंगजेब ने इसका प्रबल विरोध किया। औरंगजेब से हुए तीनों युद्धों में दारा हार गया और वहाँ से भाग गया। जब दारा शिकोह पुनः औरंगजेब के हाथों पड़ा तो उसने उसे भिखारी की शक्ल में एक गंदी सी हथिनी पर बैठाकर शहर भर में घुमाया और मरवा दिया।

□

दिलीप कुमार

(हिंदी सिने अभिनेता)

दिलीप कुमार का जन्म 11 दिसंबर, 1922 को पाकिस्तान के पेशावर शहर में हुआ था। वे भारत के बहुत ही लोकप्रिय और निराले अभिनेता हैं। उन्होंने अनेक सुपर हिट फिल्मों में काम किया है। सन् 1995 का 'दादा साहब फाल्के पुरस्कार' भी उन्हें दिया गया था। पाकिस्तान सरकार ने भी सन् 1997 में दिलीप कुमार को अपने सर्वोच्च नागरिक सम्मान 'निशान-ए-इम्तियाज' से सम्मानित किया था। यहाँ तक कि पाकिस्तान में उनका

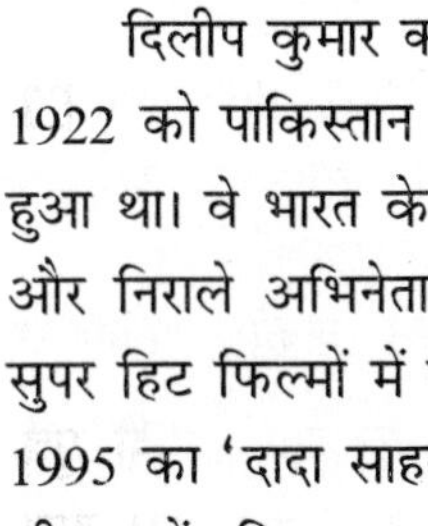

पैतृक मकान, जोकि पेशावर शहर के ख्वानी बाजार की गोमा गली में है, को पाकिस्तान सरकार द्वारा राष्ट्रीय स्मारक घोषित करने की योजना बनाई गई है।

□

दीनदयाल उपाध्याय

(भारत के महान् संगठनकर्ता)

दीनदयाल उपाध्यायजी का जन्म सन् 1917 में मथुरा में हुआ था। वे

शिक्षाकाल से ही प्राचीन भारतीय सभ्यता-संस्कृति के प्रति उदार थे। इसी कारण राष्ट्रीय स्वयंसेवक संघ के सदस्य बने। सन् 1957 में 'जनसंघ' नामक राजनीतिक दल की स्थापना के समय उन्हें दल के मंत्री पद पर नियुक्त किया गया था। सन् 1955 में वे उसके महामंत्री और 1967 में अध्यक्ष बने। उन्हें 'एकात्मक मानव' दर्शन के प्रणेता के रूप में जाना जाता है। एक महान् विचारक होने के साथ-साथ वे कुशल संगठनकर्ता भी थे। वे अत्यंत प्रभावशाली वक्ता थे। उनमें श्रोताओं को मंत्रमुग्ध कर देने की विशेष कला थी। उनकी मृत्यु 11 फरवरी, 1968 को मुगलसराय रेलवे स्टेशन के निकट रहस्यमय परिस्थितियों में हुई।

□

देवकीनंदन खत्री

(‘चंद्रकांता संतति’ के रचयिता)

देवकीनंदन खत्री 18 जून, 1861 को मुजफ्फरपुर के पूसा नामक स्थान

पर जनमे। उनके पूर्वज पंजाब के निवासी थे, किंतु उनके पिता लाला ईश्वरदास बनारस आकर वहीं बस गए थे। प्रारंभ में देवकीनंदनजी ने उर्दू और फारसी पढ़ी, किंतु बनारस आने के बाद उन्होंने हिंदी, अंग्रेजी और संस्कृत का भी अध्ययन किया। उनके पिता का काफी अच्छा व्यापार था। वे भी पिता के व्यापार में उनका हाथ बँटाते थे; किंतु खाली बचे समय का उपयोग वे उपन्यास लिखने में किया करते थे। उनके ‘चंद्रकांता संतति’ नामक उपन्यास को अभूतपूर्व सफलता प्राप्त हुई।

□

देशबंधु चित्तरंजन दास

(भारतीय नेता)

देशबंधु चित्तरंजन दास का जन्म

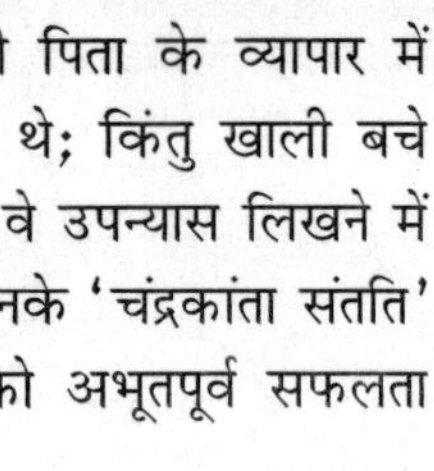

सन् 1870 में ढाका जिले के विक्रमपुर नगर के पास तालीर नामक स्थान पर हुआ था। आई.सी.एस. में असफल रहने के बाद उन्होंने वकालत पढ़ी और कुछ ही वर्षों में उनकी गिनती देश के प्रमुख वकीलों में की जाने लगी। सन् 1908 में अलीपुर बम केस से अरविंद घोष को बरी करवाने के बाद उन्हें काफी प्रसिद्धि मिली। इसके बाद उन्होंने सन् 1910 में ढाका षड्यंत्र, 1914 में दिल्ली षड्यंत्र और 1918 में अलीपुर हत्याकांड की पैरवी की। इन सभी मुकदमों से उन्हें सारे देश में मान-सम्मान मिला। उन्होंने गांधीजी के साथ स्वतंत्रता आंदोलनों में भाग लिया। सन् 1921 में वकालत छोड़कर देशबंधुजी ने अपनी सारी संपत्ति राष्ट्र को समर्पित कर दी और स्वयं खादी धारण करने का संकल्प लिया, जिससे जनता में उनका आदर और भी बढ़ गया। तभी से लोग प्रेम से उन्हें ‘देशबंधु’ कहने लगे।

देशबंधु कुशल वकील होने के साथ-साथ विद्वान्, कवि, लेखक और पत्रकार भी थे।

□

ध्यानचंद

(हॉकी जादूगर)

मेजर ध्यानचंद का जन्म 29 अगस्त, 1905 को इलाहाबाद में हुआ था। उन्हें ‘हॉकी का जादूगर’ के नाम से भी जाना जाता है। वे सेना में एक साधारण सिपाही से लांसनायक बने थे। सन् 1936 में बर्लिन में हुए ओलंपिक के दौरान उनके खेल को

देखकर जर्मनी का तत्कालीन तानाशाह शासक हिटलर हतप्रभ रह गया। सन् 1956 में ध्यानचंद को 'पद्मभूषण' से सम्मानित किया गया था। सन् 1928, 1932 और 1956 के ओलंपिक में ध्यानचंद ने भारतीय हॉकी टीम का ऐसा शानदार प्रतिनिधित्व किया, जिसे आज तक दुनिया भर में याद किया जाता है। उन्होंने 24-1 गोल से विरोधी टीम को हराकर ऐसा रिकॉर्ड कायम किया, जिसे आज तक कोई तोड़ नहीं पाया है। 3 दिसंबर, 1980 को इस महान् खिलाड़ी का देहांत हो गया।

□

नरसी मेहता

(गुजरात के संत-कवि)

नरसी मेहता मध्यकालीन गुजराती साहित्य के सबसे प्रसिद्ध और लोकप्रिय संत-कवि थे। उनका जन्म सौराष्ट्र के पूर्व भाग के तलाजा गाँव के नागर ब्राह्मण कुल में सन् 1414 में हुआ था। बचपन से ही ईश्वर में उनकी अटूट आस्था थी। भगवान् कृष्ण द्वारा उनकी हुंडी

चुकाने की कथा भगवान् में उनकी निष्ठा की पराकाष्ठा का द्योतक है। गांधीजी की प्रार्थना सभा का प्रमुख गीत 'वैष्णव जन...' नरसी मेहता द्वारा ही लिखा गया है। गुजरात के प्रसिद्ध साहित्यकार श्री कन्हैयालाल माणिकलाल मुंशी ने उन्हें 'गुजराती काव्य का सिरमौर' कहा है।

□

नरेंद्र मोदी

प्रख्यात राजनेता नरेंद्र मोदी का जन्म गुजरात के वडनगर में 17 सितंबर, 1950 को हुआ। बचपन से ही उन्होंने अपने जीवन को कठोर नियमों में ढाला। सत्रह वर्ष की उम्र में पढ़ाई छोड़ने के बाद

वह अध्यात्म में प्रवृत्त हुए और घर छोड़कर हिमालय की यात्रा पर निकल गए। दो वर्ष बाद संघ के कामों में जुट गए।

स्वामी विवेकानंद के जीवन से प्रभावित नरेंद्र 1972 में औपचारिक रूप में संघ के प्रचारक के रूप में कार्य करने लगे। नरेंद्र की प्रतिभा को पहचानकर जल्दी ही उन्हें भाजपा में महासचिव बना दिया गया। 7 अक्तूबर, 2001 को नरेंद्र मोदी पहली बार गुजरात के मुख्यमंत्री बने और लगातार तीन बार इस पद पर बने रहे।

वर्ष 2014 के लोकसभा चुनावों में वह पार्टी की ओर से पी.एम. घोषित हुए। नरेंद्र मोदी के नेतृत्व में भाजपा ने पूर्ण बहुमत से जीत हासिल की और 26 मई, 2014 को राष्ट्रपति भवन में नरेंद्र मोदी ने भारत के प्रधानमंत्री के रूप में शपथ ली।

अपनी जीत को अमली जामा पहनाने के लिए नरेंद्र मोदी ने अनेक नारे दिए, जिनमें एक नारा 'सबका साथ, सबका विकास' भी है। वह देश के लोकप्रिय प्रधानसेवक हैं और उन्हें विकास-पुरुष कहकर संबोधित किया जाता है। आज वह मिनिमम गवर्नमेंट, मैक्सिमम गवर्नेंस के साथ जनहित के काम में लगे हुए हैं।

□

नागवार रामाराव नारायण मूर्ति

(प्रसिद्ध उद्योगपति)

नागवार रामाराव नारायण मूर्ति (जन्म 20 अगस्त, 1946) भारत की प्रसिद्ध सॉफ्टवेयर कंपनी 'इन्फोसिस टेक्नोलॉजीज' के संस्थापक और जाने-माने उद्योगपति हैं। उनका जन्म मैसूर में हुआ। आई.आई.टी. में पढ़ने के लिए वे मैसूर

से बैंगलोर आए, जहाँ सन् 1967 में उन्होंने मैसूर विश्वविद्यालय से 'बेचलर ऑफ इंजीनियरिंग' की उपाधि और सन् 1969 में आई.आई.टी., कानपुर से 'मास्टर ऑफ टेक्नोलॉजी' (M.Tech) की उपाधि प्राप्त की। नारायण मूर्ति आर्थिक स्थिति सुदृढ़ न होने के कारण इंजीनियरिंग की पढ़ाई का खर्च उठाने में असमर्थ थे। उनके उन दिनों के सबसे प्रिय शिक्षक मैसूर विश्वविद्यालय के डॉ कृष्णमूर्ति ने नारायण मूर्ति की प्रतिभा को पहचानकर उनकी हर तरह से मदद की। बाद में आर्थिक स्थिति सुदृढ़ हो जाने पर नारायण मूर्ति ने डॉ. कृष्ण मूर्ति के नाम पर एक छात्रवृत्ति प्रारंभ करके उस कर्ज को चुकाया। अपने सार्वजनिक जीवन का आरंभ नारायण मूर्ति ने 'पाटनी कंप्यूटर सिस्टम्स' (PCS), पुणे से किया। बाद में अपने एक मित्र शशिकांत शर्मा और प्रो. कृष्णय्या के साथ सन् 1975 में पुणे में 'सिस्टम रिसर्च इंस्टीट्यूट' की स्थापना की थी। सन् 1981 में नारायण मूर्ति ने 'इन्फोसिस' कंपनी की स्थापना की। मुंबई के एक अपार्टमेंट में शुरू हुई इस कंपनी की प्रगति की कहानी आज दुनिया जानती है। सभी साथियों की कड़ी मेहनत रंग लाई और सन् 1991 में 'इन्फोसिस' पब्लिक लिमिटेड कंपनी में परिवर्तित हुई। सन् 1999 में कंपनी ने उत्कृष्टता और गुणवत्ता का प्रतीक SEI-CMM हासिल किया। सन् 1999 में कंपनी ने एक नया इतिहास रचा, जब उसके शेयर अमेरिकी शेयर बाजार NAS DAQ में रजिस्टर्ड हुए। नारायण मूर्ति सन् 1981 से लेकर 2002 तक इस कंपनी के मुख्य

कार्यकारी निदेशक रहे। सन् 2002 में उन्होंने इसकी कमान अपने साथी नंदन नीलेकनी को थमा दी, लेकिन फिर भी इन्फोसिस कंपनी के साथ वे मार्गदर्शक के तौर पर जुड़े रहे। वे सन् 1992 से 1994 तक 'नास्कॉम' के भी अध्यक्ष रहे। सन् 2005 में नारायण मूर्ति को विश्व का आठवाँ सबसे बेहतरीन प्रबंधक चुना गया।

आज एन.आर. नारायणमूर्ति अनेक लोगों के आदर्श हैं। चेन्नई के एक कारोबारी पट्टाभिरमण कहते हैं कि उन्होंने जो भी कुछ कमाया है, वह मूर्ति की कंपनी इन्फोसिस के शेयरों की बदौलत ही, और उन्होंने अपनी सारी कमाई इन्फोसिस को ही दान कर दी है। पट्टाभिरमण और उनकी पत्नी नारायण मूर्ति को भगवान् की तरह पूजते हैं। उन्होंने अपने घर में श्री मूर्ति का फोटो भी लगा रखा है। उन्हें पद्मश्री, पद्मविभूषण और 'ऑफीसर ऑफ द लेजियन ऑफ ऑनर' (फ्रांस सरकार) के सम्मानों से अलंकृत किया जा चुका है। इस सूची में शामिल अन्य नाम थे–बिल गेट्स, स्टीव जॉब्स तथा वॉरेन वफे।

हालाँकि नारायण मूर्ति अब अवकाश ग्रहण कर चुके हैं, लेकिन वे 'इन्फोसिस' के मानद चेयरमैन बने रहेंगे।

□

नाना साहब

(1857 की क्रांति के सेनानी)

नाना साहब का नाम धोंधू पंत था। वे बाजीराव पेशवा द्वितीय के दत्तक पुत्र थे। बाजीराव की मृत्यु के बाद उन्हें पेशवा कहलाने और 8 लाख रुपए की पेंशन प्राप्त करने का अधिकार

दिया गया; परंतु ब्रिटिश सरकार ने उन्हें कुछ भी देने से इनकार कर दिया। तब उन्होंने महाराष्ट्र छोड़ दिया और कानपुर के पास बिठूर नामक स्थान पर आ गए। तब तक सन् 1857 का विद्रोह आरंभ हो चुका था। नाना साहब ने उसके संचालन में पूरी निष्ठा के साथ खुलकर सहयोग किया। जब धीरे-धीरे उनके सभी साथी अंग्रेजों द्वारा फाँसी पर चढ़ा दिए गए तो नाना साहब भी सबकुछ त्यागकर वनों में चले गए। उसके बाद से उनका कुछ पता नहीं चला।

□

नामदेव

(महाराष्ट्र के संत-कवि)

नामदेव का जन्म 26 अक्तूबर, 1270 को पंढरपुर में हुआ था। उनके पिता दामाशेट शिपि पहले परभणी जिले के नरसी बामणी नामक गाँव में रहते

थे। उनके जन्म से पूर्व वे पंढरपुर आकर बस गए। वे दर्जी का काम करते थे। 11 वर्ष की उम्र में

नामदेव का विवाह राजाई नामक कन्या से हुआ था। नामदेव के गुरु का नाम बिठोबा खेवर था। नामदेव निर्गुण-निराकार ब्रह्म के उपासक थे। गुरु नानक ने अपने 'जपुजी साहिब' में उनके द्वारा स्थापित आध्यात्मिक तत्त्वों को संगृहीत किया है। □

नील आर्मस्ट्रांग

(चंद्रमा पर प्रथम मानव)

नील आर्मस्ट्रांग वह पहले मानव थे, जिन्होंने पृथ्वी से लाखों किलोमीटर दूर चंद्रमा की सतह पर कदम रखा था। नील अंतरिक्ष यात्री थे। 21 जुलाई, 1969 को वे चंद्रमा की सतह पर उतरे थे। इस मिशन पर उनके साथ दूसरे अमेरिकी अंतरिक्ष यात्री एडविन एल्ड्रिन थे, जिन्होंने उनके साथ चंद्रमा की सतह को स्पर्श किया था। उनके तीसरे साथी माइकेल कॉलिंस कमांड मॉड्यूल में बैठे हुए चंद्रमा के चारों ओर चक्कर काटते रहे। आर्मस्ट्रांग ने युद्ध-काल के दौरान लड़ाकू विमानों में पायलट की भूमिका निभाई थी। इसके पश्चात् वे अमेरिकी अंतरिक्ष अनुसंधान संस्था 'नासा' में शामिल हो गए। सन् 1962 में 'नासा' द्वारा उन्हें 'अंतरिक्ष यात्री' के रूप में चुना गया। □

नेताजी सुभाषचंद्र बोस

(महान् स्वतंत्रता सेनानी)

नेताजी सुभाषचंद्र बोस का जन्म 23 जनवरी, 1897 को उड़ीसा के कटक शहर में हुआ था। उनके पिता का नाम जानकीनाथ दास बोस और माँ का नाम प्रभावती था। जानकीनाथ बोस कटक शहर के मशहूर वकील थे। पहले वे सरकारी वकील थे, मगर बाद में उन्होंने निजी प्रैक्टिस शुरू कर दी थी। कटक की महापालिका में उन्होंने लंबे समय तक काम किया था और वे बंगाल विधानसभा के सदस्य भी रहे थे। अंग्रेज सरकार ने उन्हें 'राय बहादुर' का खिताब दिया था। प्रभावती के पिता का नाम गंगानारायण दत्त था। दत्त परिवार को कलकत्ता (कोलकाता) का एक कुलीन परिवार माना जाता है। प्रभावती और जानकीनाथ बोस की कुल मिलाकर 14 संतानें थीं, जिनमें 6 बेटियाँ और 8 बेटे थे। सुभाषचंद्र बोस उनकी नौवीं संतान और पाँचवें बेटे थे। अपने सभी भाइयों में सुभाष को सबसे अधिक लगाव शरत्चंद्र से था। शरद बाबू प्रभावती और जानकीनाथ के दूसरे बेटे थे। सुभाष उन्हें 'मेजदा' कहते थे। शरद बाबू की पत्नी का नाम विद्यावती था।

सुभाषचंद्र बोस (23 जनवरी, 1897 – 18 अगस्त, 1945 विवादित) जो 'नेताजी' नाम से

भी जाने जाते हैं, भारत के स्वतंत्रता संग्राम के अग्रणी नेता थे। विश्व युद्ध के दौरान, अंग्रेजों के खिलाफ लड़ने के लिए, उन्होंने जापान के सहयोग से आजाद हिंद फौज का गठन किया था। उनके द्वारा दिया गया 'जय हिंद' का नारा भारत का राष्ट्रीय नारा बन गया है। सन् 1944 में अमेरिकी पत्रकार लुई फिशर से बात करते हुए महात्मा गांधी ने नेताजी को 'देशभक्तों का देशभक्त' कहा था। नेताजी का योगदान और प्रभाव इतना बड़ा था कि कहा जाता है कि अगर उस समय नेताजी भारत में उपस्थित रहते तो शायद भारत एक संघ राष्ट्र बना रहता और भारत का विभाजन न होता। स्वयं गांधीजी ने इस बात को स्वीकार किया था। द्वितीय विश्व युद्ध में जापान की हार के बाद नेताजी को नया रास्ता ढूँढ़ना जरूरी था। उन्होंने रूस से सहायता माँगने का निश्चय किया था।

18 अगस्त, 1945 को नेताजी हवाई जहाज से मंचूरिया की तरफ जा रहे थे। किंतु उस सफर के दौरान वे लापता हो गए। उस दिन के बाद वे कभी किसी को दिखाई नहीं दिए।

23 अगस्त, 1945 को जापान की एक संस्था ने दुनिया को खबर दी कि 18 अगस्त के दिन नेताजी का हवाई जहाज ताइवान की भूमि पर दुर्घटनाग्रस्त हो गया था और उस दुर्घटना में बुरी तरह से घायल होकर नेताजी ने अस्पताल में अंतिम साँस ली थी। दुर्घटनाग्रस्त हवाई जहाज में नेताजी के साथ उनके सहायक कर्नल हबिबूर थे। उन्होंने नेताजी को बचाने का प्रयास किया, लेकिन वे कामयाब नहीं हुए। फिर नेताजी की अस्थियाँ जापान की राजधानी टोकियो में 'रेनकोजी' नामक बौद्ध मंदिर में रखी गईं।

स्वतंत्रता के पश्चात् भारत सरकार ने इस घटना की जाँच करने के लिए सन् 1956 और 1977 में दो बार एक आयोग का गठन किया। दोनों बार यह नतीजा निकला कि नेताजी उस विमान दुर्घटना में ही मारे गए थे। लेकिन जिस ताइवान की भूमि पर यह दुर्घटना होने की खबर थी, उस ताइवान देश की सरकार से तो उन दोनों आयोगों ने बात ही नहीं की!

□

नेल्सन मंडेला

(पूर्व दक्षिण अफ्रीकी राष्ट्रपति)

नेल्सन रोलीहल्ला मंडेला (जन्म 18 जुलाई, 1918) दक्षिण अफ्रीका के पूर्व राष्ट्रपति थे। मंडेला वहाँ के प्रथम अश्वेत राष्ट्रपति बने थे। उन्होंने अपनी जिंदगी के 27 वर्ष रॉबेन द्वीप पर कारागार में रंगभेद नीति के खिलाफ लड़ते हुए बिताए। दक्षिण अफ्रीका एवं समूचे विश्व में रंगभेद की नीति का विरोध करते हुए जहाँ श्री मंडेला पूरी दुनिया में स्वतंत्रता एवं

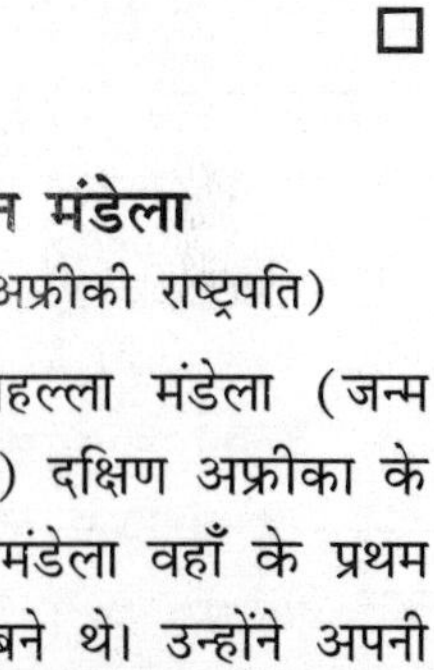

समानता के प्रतीक बन गए, वहीं रंगभेद की नीति पर चलनेवाली सरकारें श्री मंडेला को साम्यवादी एवं आतंकवादी बताती थीं और 'अफ्रीकन नेशनल कांग्रेस' को ऐसे लोगों की पनाहगा!

पंडित रविशंकर

(सितार के जादूगर)

पं. रविशंकरजी ने भारतीय संगीत को यूरोप, अमेरिका और इंग्लैंड आदि देशों में जितना लोकप्रिय बनाया है, उतना संभवत: अन्य कोई संगीतज्ञ नहीं कर सका। सितार को निस्संदेह विदेशों में स्थापित करने का श्रेय उन्हें ही है। आज विदेशों में उनसे सितार सुनकर आनंद-विभोर होनेवालों की तो कोई गिनती ही नहीं, वरन् उनसे सितार-वादन सीखनेवालों की संख्या भी दिनोदिन बढ़ रही है।

उनका जन्म बनारस में हुआ था और वे सुप्रसिद्ध नर्तक उदयशंकर के छोटे भाई हैं। पहले-पहल वे भी अपने भाई की नर्तक-मंडली में नृत्य प्रदर्शित करते थे, परंतु उन्होंने नृत्य छोड़कर सितार का अभ्यास आरंभ किया। अलाउद्दीन खाँ साहब से उन्होंने सितार सीखा और अद्भुत सितारवादक बने।

उन्होंने भारतीय सितार-वादन में पाश्चात्य संगीत को मिलाकर अनेक सफल प्रयोग किए। देश-विदेश के संगीत-प्रेमी उनके नाम से भलीभाँति परिचित हैं। वे 'भारत-रत्न' से सम्मानित हो चुके हैं।

पतंजलि

(योगशास्त्र के जनक)

पतंजलि के जीवन के संबंध में कुछ अधिक जानकारियाँ नहीं मिलतीं। वे संस्कृत के प्रसिद्ध विद्वान् तथा उच्च कोटि के वैयाकरण और योगशास्त्र के जनक थे। उन्होंने संस्कृत व्याकरण को व्यवस्थित करके उसके लिए एक महत्त्वपूर्ण ग्रंथ 'अष्टरध्यायी' की रचना की। उस ग्रंथ के कारण ही वे प्रसिद्ध हुए। यह संस्कृत भाषा का अद्भुत ग्रंथ है। पतंजलि द्वारा बताए गए योग-ज्ञान के आधार पर भारत ने विश्व के प्राय: सभी देशों को प्रभावित किया है।

पर्ल बक

(अमरीकी लेखिका)

पर्ल बक अमेरिका की प्रसिद्ध लेखिका थीं। उनका जन्म सन् 1892 में

हुआ था। उन्होंने अपने उपन्यास में चीन के किसानों के विषय में बड़े ही सुंदर ढंग से महाकाव्य जैसा वर्णन किया है। उनके सुप्रसिद्ध उपन्यासों में 'गुड अर्थ' के लिए सन् 1932 में उन्हें 'पुलित्जर पुरस्कार' से सम्मानित किया गया था। 1932 में लिखा गया 'संस' और सन् 1935 में लिखा गया उपन्यास 'ए अर्थ' उनकी अन्य महत्त्वपूर्ण कृतियाँ हैं।

□

पाइथागोरस

(गणित के मौलिक नियमों के प्रणेता)

पाइथागोरस का जन्म ईसा से 582 वर्ष पूर्व ग्रीस के सामोस द्वीप में हुआ था। उसके जीवन के संबंध में अधिक जानकारियाँ तो नहीं हैं, किंतु ऐसा प्रतीत होता है कि ग्रीस से वह मिस्र गया और वहाँ से इटली। इटली जाकर उसने एक संप्रदाय की शुरुआत की। उसके उस संप्रदाय में नक्षत्र विद्या जाननेवाले गणितज्ञ, शरीर वैज्ञानिक और अन्य महत्त्वपूर्ण विषयों के ज्ञाता थे। पाइथागोरस और उनके शिष्यों ने गणित संबंधी ज्ञान को संगीत

में भी उतार दिया था। पाइथागोरस ने गणित के मौलिक नियम बनाए थे। ऐसा माना जाता है कि जितनी प्रसिद्धि उनके सिद्धांत को मिली, उतनी शायद ही गणित के किसी और सिद्धांत को मिली हो। किंतु सत्य यह भी है कि स्वयं उसके पास ही अपने सिद्धांत के सही होने का कोई प्रमाण नहीं था!

□

पाणिनि

(संस्कृत वैयाकरण)

पाणिनि संस्कृत व्याकरणकार थे। संस्कृत की समृद्धि के क्षेत्र में उनके किए गए कार्यों का विशेष स्थान है। उनका निवास-स्थान गांधार का

शलातूर नामक वह स्थान माना जाता है, जहाँ काबुल और सिंधु मिलती हैं। उनकी माता का नाम दाक्षी था। उनके जीवन और शिक्षा-दीक्षा के विषय में अधिक जानकारी प्राप्त नहीं है, परंतु सूत्र रूप में संस्कृत व्याकरण में उनके द्वारा की गई रचनाएँ स्वतः ही उन्हें अभूतपूर्व विद्वान् सिद्ध कर देती हैं। उन्होंने अद्भुत रूप से धातु-पाठ और सूत्रों द्वारा संस्कृत भाषा के नियमों की स्थापना की है। पाणिनि के व्याकरण ग्रंथ 'अष्टाध्यायी' का अध्ययन किए बगैर संस्कृत में पूर्ण पारंगत नहीं

हुआ जा सकता है। 'अष्टाध्यायी' में 1943 धातुएँ हैं, जिनसे विभिन्न शब्दों की उत्पत्ति का पता चलता है। संस्कृत की समृद्धि में इस ग्रंथ का भी विशेष योगदान है।

□

पॉल हैरिस

(रोटरी इंटरनेशनल के संस्थापक)

पॉल हैरिस का नाम दुनिया भर में जाना जाता है। उनका 'रोटरी इंटरनेशनल' की स्थापना का प्रयास काफी सुखद रहा। यह आज दुनिया भर में फल-फूल रहा है। उन्होंने 'रोटरी इंटरनेशनल' की स्थापना सन् 1905 में की थी। इसका मूल उद्देश्य गरीब देशों की विभिन्न स्तरों पर मदद करना था। इसमें उन्हें काफी हद तक सफलता भी मिली। 'रोटरी इंटरनेशनल' ने पोलियो के खिलाफ सबसे पहले दुनिया भर में अभियान चलाया। इसके बाद विभिन्न देशों की सरकारें भी मदद के लिए आगे आईं। परिणाम आज हमारे सामने है कि कई देशों से पोलियो का नामोनिशान मिट गया है। दुनिया के शेष देश भी इसमें कामयाबी पाने की जद्दोजहद में जुटे हैं। भारत में भी 'रोटरी इंटरनेशनल' एवं सरकार की मदद से पोलियो पर काफी हद तक काबू पाया जा चुका है। इसके बावजूद सरकार की मदद से अब भी राउंड जारी हैं। सरकारी मशीनरी को पोलियो का खात्मा करने के लिए सबसे बड़ी लड़ाई उन लोगों

से लड़नी पड़ी, जो अज्ञानता के चलते तथा धर्म की आड़ में दवा पिलाने का विरोध करते रहे हैं। धर्मगुरुओं को प्रभाव में लेकर तथा सख्ती करके ऐसे तत्त्वों पर काबू पाया जा सका। इतना ही नहीं, कुछ लोगों ने तो अपनी जायज-नाजायज माँग मनवाने के लिए पल्स पोलियो अभियान के बहिष्कार को हथियार के रूप में इस्तेमाल किया। इनसे निपटने के लिए सरकार को काफी मशक्कत करनी पड़ी। इसके सुखद परिणाम आज दुनिया के हर कोने में देखने को मिल रहे हैं। इसे सबसे बड़ा संगठित अभियान भी कहा जा सकता है। प्राकृतिक आपदा के वक्त भी 'रोटरी इंटरनेशनल' ने हमेशा मदद की। इसलिए पॉल हैरिस को हमेशा याद किया जाता रहेगा।

□

पिकासो

(स्पेनिश चित्रकार)

पिकासो का जन्म सन् 1881 में

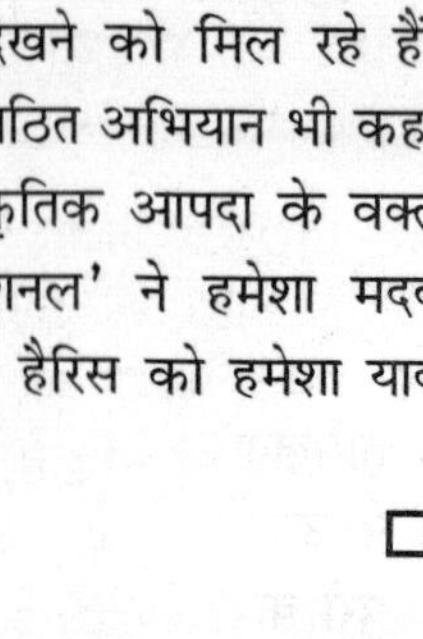

हुआ था। उसे अपने समय का सबसे महान् चित्रकार माना जाता है। उसके चित्रों में विशिष्ट

भाव-व्यंजना, रंगों और उत्कृष्ट तकनीक का समावेश दृष्टिगोचर होता है। कला-प्रेमी आज भी उसके चित्रों को भारी मूल्य चुकाकर खरीदते हैं। पिकासो को मूर्ति-कला के जन्म का श्रेय दिया गया है। प्राचीनकाल से चित्रकला में चली आ रही परंपराओं को उसने नवीन रूप देकर पूरी तरह से बदल दिया। उसके आरंभिक चित्रों में पेरिस कला के प्रभाव को दरशाते हुए, किंतु बाद के चित्रों में क्यूबिज्म का सृजन करके वस्तुओं को त्रिकोणीय आकार दिया गया। 'श्वेरनिका' चित्र में उसने स्पेन के सन् 1936 के गृह-युद्ध का बड़ा ही सजीव चित्रण किया है।

□

पी.वी. अखिलन

(तमिल साहित्यकार)

अखिलन का जन्म सन् 1923 में तमिलनाडु में हुआ था। उनके माता-पिता ने उनकी शिक्षा बड़े ही अच्छे ढंग से पूरी करवाई। अखिलन की रुचि साहित्य में रही, इसलिए उन्होंने लेखन के क्षेत्र में ही कदम बढ़ाए। इसी के चलते तमिल साहित्य में अखिलन विश्व-प्रसिद्ध नाम है। उन्होंने पचास से अधिक पुस्तकें लिखीं। 'चित्रप्रिया' उनकी सर्वश्रेष्ठ रचना मानी जाती है। उन्होंने कई उपन्यास भी लिखे, जिनमें 'चितिरप्पावे' और 'कायालविझी' बहुत ही लोकप्रिय हैं। उनकी रचना 'चितिरप्पावे' का हिंदी में 'चित्रप्रिया' के नाम से अनुवाद है। इस रचना में तमिल समाज का चित्रण किया गया है। अखिलन ने समाज में मौजूद रीति-रिवाजों के साथ कुरीतियों के बारे में विस्तार से जिक्र किया। उन्होंने कई रिवाजों को बेजा भी करार दिया। उन्होंने इनको तिलांजलि देने के लिए भी समाज को प्रेरित किया। अखिलन की गिनती तमिल के सर्वश्रेष्ठ साहित्यकारों में की जाती है। उनके उपन्यासों को कई पुरस्कार भी प्रदान किए गए। वे अपनी पीढ़ी के साहित्यकारों में अग्रणी रहे हैं। उन्होंने दूसरे साहित्यकारों को भी और धार देने के लिए प्रेरित किया है। इसी कारण उनको तमिल साहित्य जगत् में आज भी भरपूर सम्मान दिया जाता है। अखिलन साहित्य-यात्रा बीच में ही छोड़ सन् 1988 में दुनिया से विदा हो गए थे।

□

पी.टी. ऊषा

(भारतीय महिला एथलीट)

पी.टी. ऊषा (जन्म 27 जून, 1964), जो आमतौर पर पी.टी. ऊषा के नाम से जानी जाती हैं, भारत के केरल राज्य की खिलाड़ी हैं।

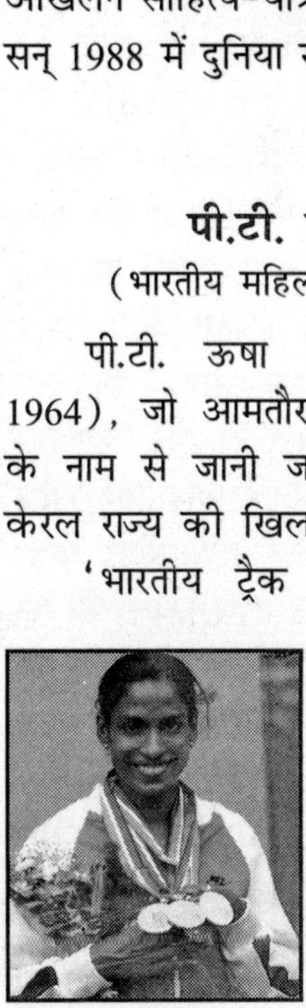

'भारतीय ट्रैक एंड फील्ड की रानी' मानी जानेवाली पी.टी. ऊषा भारतीय एथलेटिक्स में सन् 1979 से हैं। वे भारत की अब तक की सबसे

अच्छी खिलाड़ियों में से हैं। केरल के कई हिस्सों में परंपरा के अनुसार ही उनके नाम के पहले उनके परिवार/घर का नाम है। उन्हें 'पय्योली एक्सप्रेस' नामक संबोधन दिया गया था।

पी.टी. ऊषा का जन्म केरल के कोजिकोड जिले के पय्योली ग्राम में हुआ था। सन् 1976 में केरल सरकार ने महिलाओं के लिए एक खेल विद्यालय खोला और ऊषा को उनके जिले का प्रतिनिधि चुना गया।

सन् 1979 में उन्होंने राष्ट्रीय विद्यालय खेलों में भाग लिया, जहाँ ओ.एम. नांबियार का उनकी ओर ध्यानाकर्षित हुआ। वे अंत तक उनके प्रशिक्षक रहे। सन् 1980 के मास्को ओलंपिक में उनकी शुरुआत कुछ खास नहीं रही। सन् 1982 के नई दिल्ली एशियाड में उन्हें 100 मीटर व 200 मीटर में रजत पदक मिला, लेकिन एक वर्ष बाद कुवैत में एशियाई ट्रैक और फील्ड प्रतियोगिता में एक नए एशियाई कीर्तिमान के साथ उन्होंने 400 मीटर में स्वर्ण पदक जीता। सन् 1983-89 के बीच में ऊषा ने ए.टी.एफ. खेलों में 13 स्वर्ण जीते। सन् 1984 के लॉस एंजेल्स ओलंपिक की 400 मीटर बाधा दौड़ के सेमीफाइनल में वे प्रथम थीं, पर फाइनल में पीछे रह गईं। मिल्खा सिंह के साथ, जो सन् 1960 में हुआ था, लगभग वैसे ही तीसरे स्थान के लिए दाँतों तले उँगली दबा देनेवाला फोटोफिनिश हुआ। ऊषा ने 1/100 सेकेंड की वजह से कांस्य पदक गँवा दिया। 400 मीटर बाधा दौड़ का सेमीफाइनल जीतकर वे किसी भी ओलंपिक प्रतियोगिता के फाइनल में पहुँचनेवाली पहली महिला और पाँचवीं भारतीय बनीं।

सन् 1986 में सियोल में हुए दसवें एशियाई खेलों की दौड़-कूद में पी.टी. ऊषा ने 4 स्वर्ण एवं 1 रजत पदक जीते। उन्होंने जितनी भी दौड़ों में भाग लिया, सब में नए एशियाई खेल कीर्तिमान स्थापित किए। सन् 1985 में जकार्ता में हुई एशियाई दौड़-कूद प्रतियोगिता में उन्होंने 5 स्वर्ण पदक जीते। एक ही अंतरराष्ट्रीय प्रतियोगिता में 6 स्वर्ण जीतना भी एक कीर्तिमान है।

ऊषा ने अब तक 101 अंतरराष्ट्रीय पदक जीते हैं। वे दक्षिण रेलवे में अधिकारी पद पर कार्यरत हैं। सन् 1985 में उन्हें 'पद्मश्री' व 'अर्जुन पुरस्कार' दिया गया।

□

पुरुषोत्तमदास टंडन

(हिंदी के प्रबल समर्थक)

श्री पुरुषोत्तमदास टंडनजी का जन्म सन् 1882 में इलाहाबाद में हुआ था।

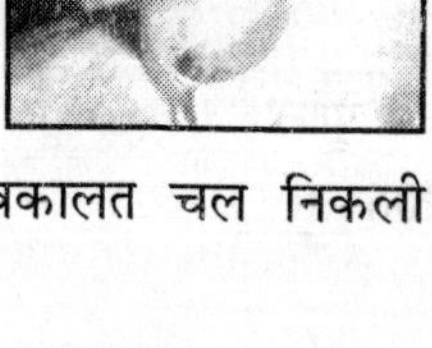

उनकी शिक्षा भी वहीं हुई और उन्होंने एम.ए. एवं एल-एल. बी. करके वहीं वकालत आरंभ कर दी। कुछ ही दिनों में उनकी वकालत चल निकली

और वह नगर के नामी वकीलों में गिने जाने लगे। उन्हीं दिनों लाला लाजपतराय ने 'लोक सेवक मंडल' की स्थापना की तो टंडनजी वकालत छोड़कर उसके सदस्य बन गए और सन् 1921 से सक्रिय राजनीति में भाग लेने लगे। वे अनेक बार जेल गए। सन् 1936-37 में देश में लोकप्रिय सरकारें बनीं तो टंडनजी उत्तर प्रदेश विधानसभा के अध्यक्ष चुने गए। सन् 1946 में फिर उन्हीं को उत्तर प्रदेश विधानसभा का अध्यक्ष चुना गया। वे सन् 1950 में कांग्रेस अध्यक्ष भी रहे।

टंडनजी हिंदी के कट्टर समर्थक थे और उसे देश को जोड़नेवाली कड़ी मानते थे। उन्होंने हिंदी के प्रचार-प्रसार के लिए 'हिंदी साहित्य सम्मेलन' की स्थापना की। वह विचार-स्वातंत्र्य के व्यक्ति थे। लाला लाजपतराय की मृत्यु के बाद वही 'लोक सेवक मंडल' के अध्यक्ष रहे। 1952 में लोकसभा और 1957 में राज्यसभा के सदस्य बनाए गए। टंडनजी तपश्चर्या और उदात्त जीवन के प्रतीक थे, इसलिए उन्हें 'राजर्षि' कहा जाता था। उन्हें 'भारत-रत्न' की उपाधि से सम्मानित करने राष्ट्रपति डॉ. राजेंद्र प्रसादजी स्वयं इलाहाबाद गए थे। उनका निधन 1 जुलाई, 1962 को हुआ था।

□

पृथ्वीराज कपूर

(सुप्रसिद्ध अभिनेता)

पृथ्वीराज कपूर का जन्म सन् 1906 में पेशावर में हुआ था। सन् 1927 में शिक्षा समाप्त करके वे आर्देशिर ईरानी की 'इंपीरियल फिल्म' में एक्स्ट्रा के रूप में भरती हुए। अपनी मेहनत और काम के प्रति लगन से वे शीघ्र ही श्रेष्ठ अभिनेता बन गए। उन्होंने अनेक शानदार फिल्मों में काम किया। सन् 1931 में उनकी पहली बोलती फिल्म आई, जिसका नाम 'आलमआरा' था। उन्होंने 'सिकंदर-ए-आजम' जैसी मशहूर फिल्म में भी मुख्य किरदार निभाया था। 'कल, आज और कल' उनकी अंतिम फिल्म थी। इस फिल्म में उनके साथ उनके बेटे और पोते ने भी काम किया था। सन् 1969 में उनका स्वर्गवास हो गया।

□

पृथ्वीराज चौहान

(दिल्ली और अजमेर के राजा)

पृथ्वीराज चौहान को भारतीय इतिहास में एक विशिष्ट स्थान प्राप्त है। दिल्ली और अजमेर उनके द्वारा शासित राज्य थे। कन्नौज के राजा जयचंद से उनकी प्रतिद्वंद्विता थी। जयचंद की पुत्री संयोगिता पृथ्वीराज पर मोहित थी।

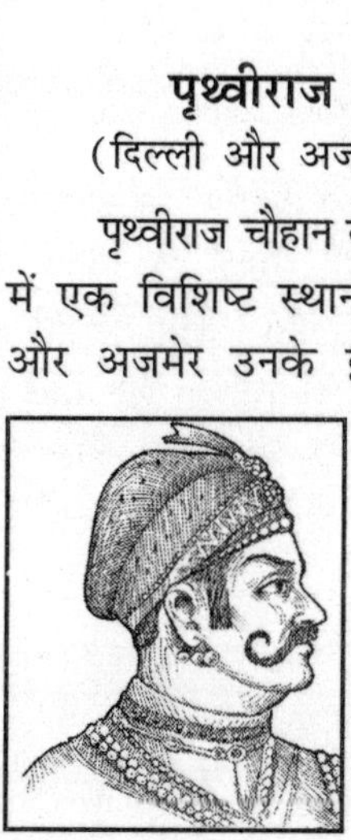

जयचंद ने उसका स्वयंवर रचाया। पृथ्वीराज स्वयंवर सभा से संयोगिता का हरण कर ले गया। इसका बदला लेने के लिए जयचंद ने गजनी के सुल्तान मुहम्मद गोरी को उस पर आक्रमण करने के लिए उकसाया और उसमें उसे भरपूर सहायता भी प्रदान की। पहले युद्ध में पृथ्वीराज ने गोरी को करारी शिकस्त दी। परंतु बाद में गोरी से हार गए और उनकी हत्या कर दी गई। चंदबरदाई नामक राजकवि ने 'पृथ्वीराज रासो' ग्रंथ में पृथ्वीराज की वीरता का बड़ा सजीव वर्णन किया है। पृथ्वीराज की वीरता का सबसे बड़ा प्रमाण यह है कि वे गोरी के अतिरिक्त और किसी से कभी पराजित नहीं हुए थे। सन् 1182 में उन्होंने चंदेल के राजा को हराकर महोबा पर भी अधिकार कर लिया था। वे बड़े ही वीर, साहसी और पराक्रमी योद्धा थे।

□

पेले

(प्रसिद्ध फुटबॉल खिलाड़ी)

विश्व-प्रसिद्ध फुटबॉल खिलाड़ी पेले का जन्म सन् 1940 में ब्राजील में हुआ था। पेले विश्व के सर्वश्रेष्ठ फुटबॉल खिलाड़ी थे। उनका वास्तविक नाम एडसन अरान्हेस इनासिमेटो था। वे टीम में 'इनसाइड फॉरवर्ड्स' की जगह से खेलते रहे। पेले फुटबॉल के बेताज बादशाह बने। यह विश्व-कीर्तिमान उन्होंने मात्र 17 वर्ष की उम्र में बनाया। उन्होंने सन् 1958, 1962 और 1970 में अभूतपूर्व

खेल कौशल का प्रदर्शन करते हुए ब्राजील को फुटबॉल का वर्ल्ड कप दिलाया। सन् 1967 में ब्राजील के राष्ट्रपति ने पेले को 'राष्ट्रीय कोच' घोषित किया। उन्होंने 20 वर्ष के शानदार खेल-प्रदर्शन के पश्चात् सन् 1977 में फुटबॉल से संन्यास ले लिया।

□

पोरस

(स्वाभिमानी भारतीय राजा)

पोरस एक स्वाभिमानी भारतीय राजा था। झेलम और चिनाब के मध्य के क्षेत्र में उसका राज्य था। 326 ईसा पूर्व में विश्व-विजेता बनने की चाह लिये जब सिकंदर महान् भारत की ओर आया, तब गंधार-नरेश आंभी की पोरस के प्रति ईर्ष्या और भारत का एकच्छत्र राजा बनने के प्रलोभन के कारण पोरस के हाथियों की टुकड़ी युद्ध में असफल रही और उसे पराजय का मुँह देखना पड़ा। जब पोरस को बंदी के रूप में सिकंदर के सामने

उपस्थित किया गया तो उसने शाही गर्व के साथ सिकंदर से कहा कि 'उसके साथ वैसा ही

व्यवहार किया जाए, जैसा किसी राजा के साथ किया जाता है।' उसकी वीरता से प्रसन्न होकर सिकंदर ने मित्रवत् उसका राज्य वापस लौटा दिया।

□

प्रकाश पादुकोण

(प्रसिद्ध बैडमिंटन खिलाड़ी)

प्रकाश पादुकोण एक प्रसिद्ध भारतीय बैडमिंटन खिलाड़ी रहे हैं। उनका जन्म 10 जून, 1955 को हुआ था और वे कर्नाटक के रहनेवाले थे। भारत में बैडमिंटन के कई महान् एकल खिलाड़ी हुए हैं, लेकिन भारतीय बैडमिंटन के बारे में दुनिया के दृष्टिकोण पर सबसे गहरा असर पादुकोण ने ही डाला। उन्होंने ही सबसे पहले यह दिखाया था कि चीनियों का मुकाबला कैसे किया जा सकता है! नियंत्रण और सटीकता का इस्तेमाल करते हुए वे खेल को धीमा करके अपनी गति पर ले आते थे और उनकी चतुराई उन्हें

डगमगा देती थी। सन् 1989 में कुआलालंपुर में उन्होंने विश्व कप फाइनल में हान जियान को 15-0 से परास्त किया। वे लगातार नौ साल सन् 1971 से 1979 तक वरिष्ठ राष्ट्रीय चैंपियन रहे। प्रसिद्ध हिंदी फिल्म अभिनेत्री दीपिका पादुकोण उन्हीं की बेटी हैं।

□

प्रेमचंद

(उपन्यास सम्राट्)

प्रेमचंद का वास्तविक नाम धनपतराय था।

उनका जन्म 31 जुलाई, 1880 को बनारस के पास लमही नामक गाँव में हुआ था। उनकी प्रारंभिक शिक्षा उर्दू और फारसी में लमही के एक मौलवी के पास हुई। उन्होंने दसवीं कक्षा बनारस से पास की थी। माता-पिता की असामयिक मृत्यु के कारण उनके बचपन के दिन काफी कठिनाई से बीते। तब 18 रुपए प्रतिमाह पर वे चुनार स्कूल में अध्यापक हुए। अनेक स्थानों पर अध्ययन और स्कूल इंस्पेक्टर का कार्य करते हुए उन्होंने बी.ए. पास किया। उनकी सबसे पहली कहानी 'दुनिया का सबसे अनमोल रत्न' नवाब राय के नाम से छपी। 'बड़े घर की बेटी' प्रेमचंद के नाम से छपनेवाली उनकी पहली कहानी थी। इसके पश्चात् उन्होंने पीछे मुड़कर नहीं देखा और एक के बाद एक सीढ़ियाँ चढ़ते हुए साहित्य जगत् के शिखर पर जा पहुँचे। हिंदी कथा साहित्य में सामाजिक विषयों को स्थान देने और बहुत खूबी से उनपर लिखने के कारण उन्हें 'उपन्यास सम्राट्' कहा जाता है।

'गोदान' उनका प्रसिद्ध उपन्यास है। 18 अक्तूबर, 1936 को हिंदी साहित्य का यह अनमोल जवाहरात इस दुनिया को अलविदा कह गया।

□

प्लेटो

(यूनानी दार्शनिक)

प्लेटो यूनान का महान् दार्शनिक था। उसे 'अफलातून' के नाम से भी जाना जाता है। संसार के साहित्य और विचारधारा को उसने बहुत प्रभावित किया। उसका जन्म लगभग 427 ई.पू. माना जाता है। वह बड़े ही धनी व कुलीन घराने से था। उसे संगीत, भाषण-कला और जिम्नास्टिक में निपुणता प्राप्त थी। उसने स्पार्टा के युद्ध में भी भाग लिया। पहले वह कविता लिखता था; किंतु सुकरात के संपर्क में आने पर उसका रुझान दर्शन-शास्त्र की ओर हो गया। 387 ई. पूर्व में उसने 'अकादमी' नामक

स्कूल की स्थापना की, जिसका उद्देश्य दर्शन-शास्त्र की शिक्षा देना था। प्लेटो ने 'रिपब्लिक' आदि पुस्तकें लिखीं। उसकी गिनती संसार के महान् दार्शनिकों में की जाती है। मृत्यु के समय प्लेटो की आयु 80 वर्ष थी।

□

फाह्यान

(प्रसिद्ध चीनी यात्री)

फाह्यान एक चीनी यात्री था। वह

401 ईसवी में बौद्ध ग्रंथों की खोज में भारत आया था। उसने उत्तर भारत के प्रायः सभी बौद्ध केंदों की यात्रा की। वह यहाँ 'विनयपिटक' की मूल प्रति खोजना चाहता था। इसके लिए वह चीन के पश्चिमी भाग से गोबी के रेगिस्तान को पार करके खेतान पहुँचा। फिर वह पामीर को लाँघता हुआ तक्षशिला और पेशावर आया। वह तीन वर्ष तक पाटलिपुत्र में भी रहा। उसने अपनी भारत-यात्रा के विषय में काफी कुछ लिखा; किंतु उसमें नालंदा विश्वविद्यालय का कहीं कोई उल्लेख नहीं मिलता। वह 410 ईसवी में ही चीन वापस चला गया था।

□

फिदेल कास्त्रो

(क्यूबा के राष्ट्रपति)

फिदेल कास्त्रो का जन्म क्यूबा में सन् 1927 में हुआ था। वे यहाँ पर शिक्षा ग्रहण करके राजनीति में सक्रिय हो गए। उस समय क्यूबा में तानाशाह पुलिस की सरकार थी। उनके अत्याचारों से जनता काफी परेशान थी। हालाँकि वहाँ किसी में भी उसके खिलाफ आवाज उठाने की

हिम्मत नहीं थी। अपने क्रांतिकारी साथियों के साथ मिलकर कास्त्रो ने अत्याचारी सरकार का तख्ता पलट दिया। इसके बाद खुद ही देश की सत्ता सँभाल ली। कास्त्रो क्यूबा के क्रांतिकारी मार्क्सवादी राष्ट्रपति बने। इसके बाद उन्होंने कृषि, उद्योग-धंधे, शिक्षा एवं स्वास्थ्य समेत अनेक क्षेत्रों में क्रांतिकारी परिवर्तन किए। अमेरिका भी उस समय महाशक्ति के रूप में उभर रहा था। वहीं रूस पहले से ही महाशक्ति होने के कारण दुनिया भर में अपना दबदबा बनाए हुए था। दोनों महाशक्तियों के बीच शीतयुद्ध शुरू हो गया था। ये दोनों अपने-अपने हितों को साधने के लिए अविकसित एवं विकासशील देशों को लालच देकर या दबाव बनाकर अपने पक्ष में कर रहे थे। उनके इस रवैए से तंग आकर गुटनिरपेक्ष आंदोलन का विचार उभरा। इसके तहत कुछ देशों ने मिलकर गुटनिरपेक्ष आंदोलन चलाया। इस आंदोलन को जन्म देनेवालों में पं. जवाहरलाल नेहरू, फिदेल कास्त्रो एवं अन्य नेता शामिल रहे। गुटनिरपेक्ष आंदोलन के सदस्यों ने अमेरिका एवं रूस के दबाव में आने से इनकार कर दिया था। कास्त्रो ने ऐसा करके अमेरिका को तगड़ा झटका दिया था।

□

फिराक गोरखपुरी

(प्रसिद्ध शायर)

फिराक गोरखपुरी का जन्म सन् 1896 में गोरखपुर में हुआ था। उनका वास्तविक नाम रघुपति सहाय फिराक़ था। उनके पिता मुंशी गोरख प्रसाद प्रसिद्ध शायर और वकील थे। इस प्रकार शायरी उनके खून में थी। उन्होंने अपनी उच्च शिक्षा इलाहाबाद से पूरी की। वहाँ पहुँचकर शायरी और परवान चढ़ी। बी.ए. करते ही डिप्टी कलेक्टर के लिए चुने गए; किंतु कांग्रेस के आंदोलनों में हिस्सा लेने के कारण जेल भेज दिए गए। फिराक साहब की अधिकांश शायरी

क्लासिक का दर्जा रखती हैं। उनके एक ही कविता-संग्रह के लिए उन्हें दो बार पुरस्कृत किया गया। उस रचना का नाम 'गुले-नगमा' है। पहला पुरस्कार सन् 1960 में 'साहित्य अकादमी' द्वारा और दूसरा 1970 में 'भारतीय ज्ञानपीठ' द्वारा मिला।

□

फेर्मी एनरिको

(परमाणु रिएक्टर के निर्माता)

फेर्मी का जन्म 29 सितंबर, 1901 को इटली में हुआ था। वे इतनी गहनता के साथ अध्ययन करते थे कि कॉलेज

पहुँचने पर भौतिक विज्ञान में वे अपने शिक्षक से अधिक ज्ञान रखने लगे थे। अब तक परमाणु पर अनेक शोध किए जा रहे थे। फेर्मी ने अणु शक्ति को अपनी खोज और अनुसंधान का विषय बनाया। उनके अनुसंधान का प्रमुख विषय यूरेनियम था। उसके लिए सन् 1938 में उन्हें 'नोबेल पुरस्कार' भी मिला। इसके पश्चात् वे अमेरिका आ गए। अमेरिकी सरकार के कहने पर फेर्मी ने गुप्त रूप से ऐसा परमाणु रिएक्टर बनाया, जिसमें यूरेनियम को ईंधन के रूप में प्रयोग किया गया। यह कार्य सन् 1947 में सफल हुआ।

□

फ्रेडरिक नीत्शे

(जर्मन दार्शनिक)

फ्रेडरिक नीत्शे का जन्म 15 अक्तूबर, 1844 को लिपजिग के निकट एक गाँव में प्रोटेस्टेंट पादरी के घर हुआ था। भाषा-विज्ञान की पढ़ाई के साथ ही उसने पादरी बनने की शिक्षा ग्रहण की। शिक्षा के पश्चात् उसने भाषा-विज्ञान पढ़ाने के लिए प्राध्यापक का पद छोड़ दिया।

इसके पश्चात् उसने कई ग्रंथों की रचना की। अपनी नवीन विचारधारा के कारण उसे काफी प्रसिद्धि प्राप्त हुई थी। वह शक्ति के संकल्प को सार्वभौम सत्य मानता था। उसके दर्शन-शास्त्र के अनुसार, मानव के व्यक्तित्व का विकास उसकी क्षमताओं को प्रकट करता है। 23 अगस्त, 1900 को उसका देहांत हुआ।

□

फ्लोरेंस नाइटिंगेल

(नर्सिंग सेवा की संस्थापिका)

19वीं शताब्दी की प्रमुख महिलाओं में फ्लोरेंस नाइटिंगेल का नाम भी शामिल है। वह आधुनिक नर्सिंग सेवा की संस्थापिका थीं। क्रीमिया के युद्ध में तुर्की में ब्रिटिश अस्पताल में उन्होंने घायलों की सेवा और वहाँ की सफाई निस्स्वार्थ भाव से की। उन्होंने लंदन में श्रेष्ठ थॉमस हॉस्पिटल में नर्सिंग स्कूल की स्थापना की। उनके कार्यों से नर्सों के प्रति सम्मान की भावना और चिकित्सा-कार्यों में कार्य कुशलता बढ़ी।

□

बंकिमचंद्र चटर्जी

(आनंद मठ के रचयिता)

बंकिमचंद्र चटर्जी का जन्म 26 जून, 1838 को हुआ था। बँगला

साहित्य में उनका उदय सूर्योदय के समान माना जाता है। बँगला साहित्य ही नहीं, उन्हें भारतीय साहित्य का भी प्रथम आधुनिक उपन्यासकार माना गया है। उन्होंने सन् 1882 में अपने 'आनंदमठ' नामक उपन्यास में 'वंदे मातरम्' गीत लिखा, जिसने देश के स्वाधीनता संग्राम के दौरान प्रत्येक भारतवासी के हृदय में नई उमंगों का संचार कर दिया। यह गीत देश के कोने-कोने में गूँजा और इसका गान करते हुए अनेक युवक फाँसी के फंदे पर झूल गए। बंकिमचंद्र को 'राष्ट्र-निर्माता' भी कहा जाता है।

□

बछेंद्री पाल

(एवरेस्ट विजेता)

बछेंद्री पाल का जन्म सन् 1956 में हुआ था। अपनी शिक्षा पूरी करने के पश्चात् उन्होंने अध्यापन आरंभ कर दिया। यही उनका मुख्य व्यवसाय था। वे उत्तरकाशी के कॉलेज में लेक्चरर रही हैं; परंतु उनकी प्रमुख रुचि पर्वतारोहण में थी। सन् 1984 में एवरेस्ट शिखर पर पहुँचनेवाली वे प्रथम भारतीय महिला और विश्व की महिलाओं में पाँचवीं हैं।

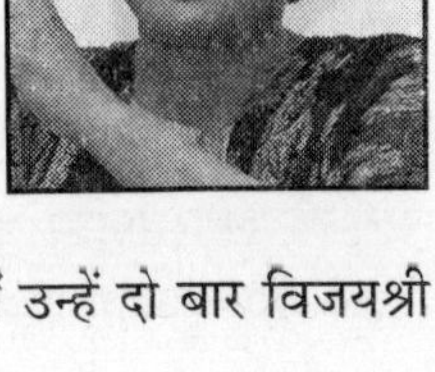

एवरेस्ट अभियान में उन्हें दो बार विजयश्री प्राप्त हुई। उनका विवाह संतोष यादव नामक एक पुलिस अधिकारी से हुआ है, जो हरियाणा के रहनेवाले हैं।

□

बड़े गुलाम अली खाँ

(प्रसिद्ध स्वर साधक)

बड़े गुलाम अली खाँ का जन्म सन् 1907 में लाहौर में हुआ था। जब वे 20 वर्ष के हुए, तब उनके पिता ने दूसरा विवाह कर लिया। सौतेली माँ का व्यवहार उनके और उनकी माँ

के प्रति बेहद खराब था। रोजाना कलह से तंग आकर उन्होंने सारंगी बजाना सीखा और अपनी आजीविका चलाने लगे। उन्होंने कुछ समय तक बंबई में रहकर गाना सीखा। धीरे-धीरे उन्हें गाना गाने के लिए संगीत सम्मेलनों में आमंत्रित किया जाने लगा। सन् 1945 में बंबई में एक समारोह में गांधीजी उनके गाने से इतने प्रभावित हुए कि उनका गाना दो बार सुना और खूब सराहा। भारत सरकार द्वारा उन्हें 'पद्मभूषण' से अलंकृत किया गया। 23 अप्रैल, 1968 को हैदराबाद में उनका देहांत हो गया।

□

बर्ट्रेंड रसेल

(ब्रिटिश दार्शनिक)

बर्ट्रेंड रसेल अंतरराष्ट्रीय ख्यातिप्राप्त ब्रिटिश दार्शनिक, गणितज्ञ, वैज्ञानिक, शिक्षा-शास्त्री, राजनीतिज्ञ, समाज-शास्त्री

तथा लेखक थे। प्रारंभ से ही उनकी रुचि गणित और दर्शन की ओर थी। बाद में समाज-शास्त्र उनका तीसरा विषय हो गया। इन्होंने 11 वर्ष की अल्प-आयु में गणित के एक सिद्धांत का अनुसंधान किया था, जो उनके जीवन की एक महान् घटना थी। गणित के क्षेत्र में उनकी देन शास्त्रीय थी, जिससे वह बहुत लोकप्रिय नहीं हो सके, लेकिन उनकी महानता निर्विवाद है। ए.एन. हाइकहैड के सहयोग से रचित 'प्रिंसिपिया मैथेमेटिका' अपने ढंग का अपूर्व ग्रंथ है। उन्होंने 'नाभि भौतिकी' और 'सापेक्षता' पर भी लिखा है।

बर्ट्रेंड रसेल 'रॉयल ह्यूमन सोसाइटी' के सदस्य रहे। प्रथम विश्वयुद्ध के समय अपनी शांतिवादी नीतियों के कारण इन्हें जेल-यात्रा करनी पड़ी।

महायुद्ध की समाप्ति के पश्चात् उन्होंने 'बोल्शेविज्म' पर एक ग्रंथ की रचना की। वे पेकिंग, शिकागो, हॉरवर्ड और न्यूयॉर्क के विश्वविद्यालयों में दर्शन-शास्त्र के प्राध्यापक रहे। वे ब्रिटेन की 'इंडिया लीग' के अध्यक्ष चुने गए थे। अतः भारत के स्वतंत्रता संग्राम से भी उनका निकट का संबंध था। अपनी इच्छा के विपरीत वे सदैव किसी-न-किसी विवाद या आंदोलन से संबंधित रहे। वृद्धावस्था में भी वे परमाणु परीक्षण विरोधी आंदोलनों के सूत्रधार थे। 'विवाह और नैतिकता' नाम की उनकी पुस्तक लंबी अवधि तक विवाद का विषय बनी रही। द्वितीय महायुद्ध की विभीषिका के फलस्वरूप गणित और दर्शन के अतिरिक्त समाज-शास्त्र, राजनीति, शिक्षा एवं नैतिकता संबंधी समस्याओं ने भी उनकी चिंतन-धारा को प्रभावित किया। वे विश्व संघीय सरकार के कट्टर समर्थक थे। उन्होंने पाप की परंपरावादी गलत धारा का खंडन कर आधुनिक युग में पाप के प्रति यथार्थवादी एवं वैज्ञानिक दृष्टिकोण का प्रतिपादन किया।

बर्ट्रेंड रसेल बीसवीं शती के प्रख्यात दार्शनिक, महान् गणितज्ञ और शांति के अग्रदूत थे। विश्व की चिंतन-धारा को इतना अधिक प्रभावित करनेवाले ऐसे महापुरुष कदाचित् ही उत्पन्न होते हैं। उन्हें मानवता से प्रेम था। जीवनपर्यंत इस युग के पाखंडों और बुराइयों के विरुद्ध लड़ना उनका लक्ष्य था। दक्षिण वियतनाम में अमेरिका के सैनिकों की बर्बरता और नर-संहार की जाँच के लिए संयुक्त राष्ट्र संघ के अंतरराष्ट्रीय युद्धापराध आयोग के गठन की पुरजोर शब्दों में माँग कर इस

महामानव ने विश्व मानवता को सर्वोच्च स्थान प्रदान किया।

सन् 1950 में उन्हें साहित्य का 'नोबेल पुरस्कार' प्रदान किया गया। उन्होंने 40 ग्रंथों का प्रणयन किया था। 'इंट्रोडक्शन टू मैथेमेटिकल फिलॉसफी', 'आउटलाइन ऑफ फिलॉसफी तथा 'मैरेज एंड मोरैलिटी' महत्त्वपूर्ण कृतियाँ हैं।

3 फरवरी, 1970 को 98 वर्ष की आयु में उनका देहांत हो गया।

□

बहादुरशाह जफर

(भारत के अंतिम सम्राट)

बहादुरशाह जफर कहने भर को ही दिल्ली के शासक थे। दिल्ली के शाही तख्त पर जफर बैठा करते थे, लेकिन शासन-सत्ता की बागडोर पूरी तरह ब्रिटिश सरकार के हाथों में थी। जफर अपने पिता अकबर

द्वितीय की तरह अंग्रेजों की ईस्ट इंडिया कंपनी से पेंशन पाते थे। वे सन् 1837 से 1858 तक राजगद्दी पर विराजमान रहे। सन् 1857 में उत्पन्न हुई प्रथम भारतीय जनक्रांति में बहादुरशाह जफर ने अंग्रेजों की दासता के विरुद्ध रणभेरी बजाते हुए उस क्रांति का नेतृत्व किया था। तब अंग्रेज सेनापति ने संधि के बहाने उन्हें बुलाया और धोखे से गिरफ्तार कर रंगून भेज दिया गया। वहाँ उन्हें एक कैदी की तरह रखा गया। सन् 1882 में 87 वर्ष की आयु में उनका देहांत हो गया था।

□

बाजीराव पेशवा

(हिंदू पतपादशाही के समर्थक)

बाजीराव दूसरे पेशवा थे। वह बहुत चतुर राजनीतिज्ञ शासक थे। उस समय भारत अनेक छोटे-छोटे राज्यों में बँटा हुआ था। उनकी इच्छा थी कि सभी हिंदू शासकों को इकट्ठा करके

उनका एक संघ बनाया जाए और 'हिंदू पतपादशाही' की स्थापना की जाए। इसके लिए उन्होंने ग्वालियर के सिंधिया, बड़ौदा के गायकवाड़, इंदौर के होलकर और नागपुर के भोंसले राजाओं को मिलाकर एक संघ बनाया; परंतु उन्हें केवल 42 वर्ष की थोड़ी सी उम्र मिली थी, इसलिए वह विशाल हिंदू साम्राज्य स्थापित न कर सके।

□

बाणभट्ट

(संस्कृत लेखक)

बाणभट्ट का जन्म कन्नौज की सोना नदी के किनारे प्रीतिकूट गाँव के एक ब्राह्मण परिवार में हुआ था। मात्र 14 वर्ष की उम्र में बाणभट्ट के सिर से पिता

का साया उठ गया। उन दिनों अधिकांश लेखक या कवि राजाओं के आश्रय में रहते थे। बाणभट्ट को बचपन से ही कविता करने और लेखन का शौक था। उन्हें सम्राट् हर्षवर्धन के दरबारी कवि होने का गौरव प्राप्त था। सम्राट् के साथ उनकी अच्छी पटती थी। उनकी साहित्यिक कीर्ति संस्कृत की दो प्रमुख कृतियों 'कादंबरी' और 'हर्षचरितम्' पर आधारित है। 'हर्षचरितम्' मात्र काव्य ही नहीं है, वरन् ऐतिहासिक दृष्टि से भी अति महत्त्वपूर्ण है। 'कादंबरी' अपनी कथा और सुंदर गद्य के लिए प्रसिद्ध है। 'कादंबरी' रोमांचक प्रेम-गाथा से परिपूर्ण है, जिसे साहित्य-शास्त्रियों ने गद्य का रसपूर्ण काव्य माना है। उसमें श्रृंगार के साथ-साथ अद्‍भुत और करुण रस का भी समावेश है। उनका देहांत 647 ई. में हुआ।

□

बाबा आम्टे

(प्रसिद्ध समाज-सेवी)

बाबा आम्टे का जन्म सन् 1914 में हुआ था। उनके माता-पिता ने उनका नाम मुरलीधर देवीदास रखा। उनके माता-पिता

बहुत ही धार्मिक प्रवृत्ति के थे। उनके आचार-विचारों का प्रभाव उनके जीवन पर भी पड़ा, इसलिए वे बचपन से गरीबों एवं असहायों की सेवा किया करते थे। इसमें उनको बहुत ही सुख मिलता था। हालाँकि वे पीठ के कष्ट के कारण न तो बैठ सकते थे और न ही खड़े हो सकते थे। इससे उनका अपना जीवन बहुत ही कष्टप्रद था। इसके बावजूद वे समाज-सेवा को हमेशा तत्पर रहते। इस प्रकार वे बड़े होकर प्रसिद्ध समाज-सेवी हुए। उन्होंने कोढ़ग्रस्त लोगों के लिए बहुत उपयोगी कार्य किए। उनके सेवा-भाव के कारण ही उन्हें देश भर से बुलावा आता था। इसपर वे कभी भी वहाँ पहुँचने में आना-कानी नहीं करते थे। इतना ही नहीं, उसमें हरसंभव सहयोग करने से भी पीछे नहीं रहते थे। इसीलिए सेवा-भाव में उनका नाम देश भर में प्रसिद्ध हो गया था। उन्होंने समाज-सेवा में ही अपनी पहचान बना ली थी। समाज के हर वर्ग में उनका बहुत सम्मान था।

□

बॉबी फिशर

(शतरंज का बादशाह)

बॉबी फिशर का जन्म 9 मार्च, 1943 को शिकागो (अमेरिका) में हुआ था। न्यूयॉर्क में उसका लालन-पालन हुआ था। फिशर ने हाई स्कूल के बाद पढ़ाई छोड़ दी और शतरंज का दीवाना हो गया।

शतरंज जैसे गूढ़ खेल पर नन्ही सी उम्र में ही अधिकार पानेवाले विश्व के दो खिलाड़ियों में रूस के गैरी कास्पारोव और अमेरिका के जेम्स रॉबर्ट फिशर का नाम उल्लेखनीय है। बॉबी मात्र 13 वर्ष की उम्र में ही अमेरिका के शतरंज चैंपियन बन गए थे। यह उनकी एक अत्यंत महत्त्वपूर्ण उपलब्धि थी। बॉबी को शतरंज की किताबें और पत्रिकाओं में उलझना ज्यादा अच्छा लगता था। संभवत: इसी कारण वह एक उद्दंड प्रकृति का खिलाड़ी बना। 1972 का वर्ष शतरंज के खेल में ऐतिहासिक माना जाता है। इस वर्ष बॉबी ने आइसलैंड में रूस के बोरिस स्पॉस्की को हराकर अमेरिका के लिए विश्व-विजेता बनने का गौरव प्राप्त किया। इस विजय से वह सारे विश्व का चहेता खिलाड़ी बन गया। अमेरिकावासी उसे 'शतरंज का बादशाह' कहने लगे थे।

फिशर शतरंज के शिखर पर पहुँचनेवाले खिलाड़ियों में अपना एक अलग स्थान रखते हैं। अपनी सफलताओं की अपेक्षा वे अपने विचित्र स्वभाव तथा आचरण के कारण अधिक चर्चित रहे हैं। □

बारबरा कोर्टलैंट

(अमरीकी लेखिका)

बारबरा कोर्टलैंट का जन्म सन् 1902 में अमेरिका में हुआ था। उन्होंने पढ़ाई पूरी करने के बाद साहित्य के क्षेत्र में कदम रखा। उन्हें एक पखवाड़े में उपन्यास लिख देने में महारत हासिल थी। वे इस कारण दुनिया की सबसे अधिक लिखने एवं बिकनेवाली उपन्यासकार हैं। सन् 1994 तक उनकी 600 पुस्तकें प्रकाशित हो चुकी थीं। उनकी पुस्तकों की दुनिया भर में सबसे अधिक बिक्री दर्ज है। 'गिनीज बुक ऑफ वर्ल्ड रिकॉर्ड्स' के मुताबिक उनकी पुस्तकों की 27 भाषाओं में 50 करोड़ प्रतियाँ बिक चुकी हैं। वे अपने समय के उपन्यासकारों के लिए प्रेरणा बनीं। उन्होंने बुढ़ापे में भी रोमांटिक उपन्यास लिखे।

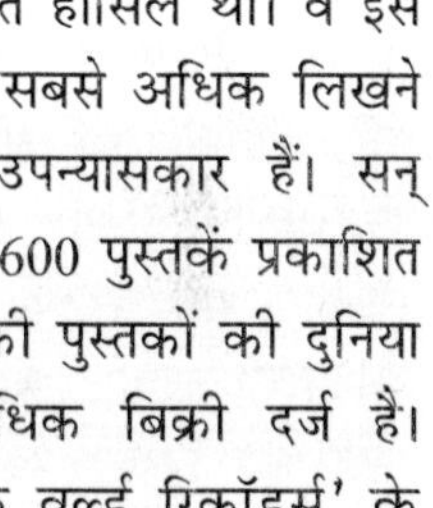

उनकी माँग अमेरिका में आज भी उसी तरह बनी हुई है। 90 वर्ष की उम्र में 50 करोड़ पुस्तकें बिकने पर उनके सम्मान में लंदन में एक समारोह आयोजित किया गया। उसमें सभी वस्तुओं का रंग गुलाबी रखा गया। इसकी वजह बारबरा कोर्टलैंट द्वारा पहनी गई खास गुलाबी ड्रेस थी।

□

बालकृष्ण भट्ट

(हिंदी प्रदीप के संपादक)

भट्टजी का जन्म सन् 1901 में हुआ था। उनके पिता का नाम वेणी प्रसाद था, जो प्रयाग में आकर बस गए थे। बालकृष्ण भट्ट प्रसिद्ध हिंदी लेखक थे। उन्होंने कुछ युवकों के साथ मिलकर प्रयाग में 'हिंदी प्रवर्धिनी सभा' की स्थापना की थी और उसी सभा के अधीन 'हिंदी प्रदीप' नामक पत्र निकाला था। भट्टजी ही उसके संपादक थे। वह उसमें 'कलिराज की सभा', 'रेल का टिकट खेल', 'बाल विवाह नाटक', 'नूतन ब्रह्मचारी', 'जैसा काम वैसा परिणाम' आदि हास्य-व्यंग्यपूर्ण लेख लिखते रहे।

भट्टजी ने कुछ दिन प्रयाग की कायस्थ पाठशाला में संस्कृत पढ़ाने का काम भी किया। वहाँ से वह 'काशी नागरी प्रचारिणी सभा' में आ गए और कोश विभाग में कुछ दिनों तक काम करते रहे।

□

बाल गंगाधर तिलक

(भारतीय स्वतंत्रता सेनानी)

बाल गंगाधर तिलक का जन्म 23 जुलाई, 1856 को महाराष्ट्र के रत्नागिरि नामक स्थान पर हुआ था। उनके पिता गंगाधर राव संस्कृत और व्याकरण के पंडित थे। बाल्यकाल से ही तिलक का हृदय बड़ा उदार था। वे सदैव लोगों के कष्टों से द्रवित होकर उनकी सेवा करने के लिए तत्पर रहते थे। उनके इन्हीं गुणों के कारण विद्यार्थी जीवन में उनके सभी साथी उनका सम्मान करते थे। आगे चलकर जनता उनका सम्मान करते हुए उन्हें शिरोमणि मानने लगी। इसीलिए उन्हें 'तिलक' नाम से पुकारा जाता था।

□

बिंबिसार

(मगध का राजा)

बिंबिसार का काल 603–557 ई.पू. माना जाता है। उसके समय में मगध का काफी विस्तार हुआ। इसी कारण उसकी प्रसिद्धि दूर-दूर तक थी। उस समय चार प्रमुख राज्य थे–अवध, वत्स, कोशल और मगध। बिंबिसार ने अपने पड़ोसी राज्य कोशल, लिच्छवी और वैदेह राजाओं की कन्याओं से विवाह करके उनसे अच्छे संबंध स्थापित किए। उसके कई पुत्र थे, किंतु उन सब में अजातशत्रु ने काफी ख्याति प्राप्त की। पहले गिरिव्रज उसकी राजधानी थी, जिसके बाहर पाँच दीवारों का परकोटा था। बाद में उसने राजगृह को अपनी राजधानी बनाया। उसके राज्य

में 80,000 गाँव थे। बिंबिसार पहले जैन धर्म का अनुयायी था, परंतु जब उसने गौतम बुद्ध के दर्शन किए तो वह बौद्ध बन गया। बिंबिसार के पुत्र अजातशत्रु ने ही उसकी हत्या कर दी थी।

□

बिरजू महाराज

(कत्थक गुरु)

पद्म विभूषण से सम्मानित जाने-माने कत्थक गुरु पं. बिरजू महाराज

मानते हैं कि नृत्य और संगीत में प्रयोग कतई गलत नहीं है, बशर्ते कलाकार उसके दायरे को पहचानें और अपनी पहचान को कायम रखें। संगीत और नृत्य की तमाम विधाओं में निपुण बिरजू महाराज वर्तमान भारतीय फिल्मों में नृत्य को लेकर हो रहे प्रयोगों के प्रति चिंतित भी हैं। आज कत्थक को एक महत्त्वपूर्ण मुकाम तक पहुँचानेवाले लखनऊ घराने के इस कलाकार का शुरुआती दौर संघर्ष का रहा और इसीलिए वे आज भी अपने गुरु के अलावा स्वयं को एक अच्छा शागिर्द और शिष्य मानते हैं।

उनका जन्म लखनऊ के एक बड़े कत्थक घराने में हुआ। पिता अच्छन महाराज चाचा शंभू महाराज का खासा नाम था, पर जब वे केवल 9 वर्ष के थे, तभी पिताजी गुजर गए। पिताजी के देहांत के बाद कर्ज और गरीबी का दौर झेला। एक समय था, जब घर में घोड़े-गाड़ी, आठ-आठ नौकर थे, सबकुछ था; पर पिताजी के गुजर जाने के बाद कर्ज में भी रहे और गरीबी का दौर भी झेला।

उन दिनों न टेप था, न रेडियो था; लेकिन दिमाग पर उस वक्त जो याददाश्त कायम हो पाई थी, वह आज भी वैसी ही है। उनकी गुरु-बहिन कपिला वात्स्यायन उन दिनों लखनऊ आईं और वह उन्हें अपने साथ दिल्ली ले गईं। और तभी से उनकी कत्थक-यात्रा शुरू हुई।

□

बिरसा मुंडा

(आदिवासी स्वतंत्रता सेनानी)

बिरसा मुंडा का जन्म सन् 1875 में हुआ था। वह बिहार के राँची और सिंहभूम जिलों के अर्द्धनग्न आदिवासी लोगों का नेता था। यह वह समय था, जब ईसाई पादरी भोले-भाले अशिक्षित आदिवासियों को लालच देकर उनका धर्म-परिवर्तन कराकर उन्हें ईसाई धर्म में सम्मिलित कर रहे थे। बिरसा स्वयं अधिक पढ़ा-लिखा तो नहीं था, किंतु इस सबसे वह बहुत आहत हो रहा था;

क्योंकि पादरी लोग उनका और उनके रीति-रिवाजों का मजाक उड़ाते थे। बिरसा अपनी

जाति का उत्थान चाहता था, इसलिए वह आदिवासियों को जातीय गौरव की याद दिलाकर उनमें उत्साह भरना चाहता था। अंग्रेजों ने इसे 'विद्रोह' का नाम देते हुए अशांति फैलाने का आरोप लगाकर बिरसा मुंडा को गिरफ्तार कर लिया।

बिरसा के जेल से रिहा होने पर उसके अनुयायियों ने अंग्रेजों के विरुद्ध तीर-कमान लेकर मोरचा खोल दिया; लेकिन वे अधिक समय तक टिक न पाए। बिरसा को फिर गिरफ्तार कर लिया गया। अंततः उसकी मृत्यु जेल में ही हुई।

□

बिहारी

(सतसई के रचयिता)

बिहारी का जन्म सन् 1595 में माना जाता है। अपने पदों में उन्होंने स्वयं को 'मथुरा का चौबे' कहा है। 'सतसई' बिहारी के द्वारा रचित ग्रंथ है। ऐसा समझा जाता है कि हिंदी साहित्य में 'रामचरितमानस' के बाद 'बिहारी सतसई' को जितनी लोकप्रियता मिली है, उतनी और किसी ग्रंथ को नहीं मिली। यह उसकी चमत्कारिकता के कारण है।

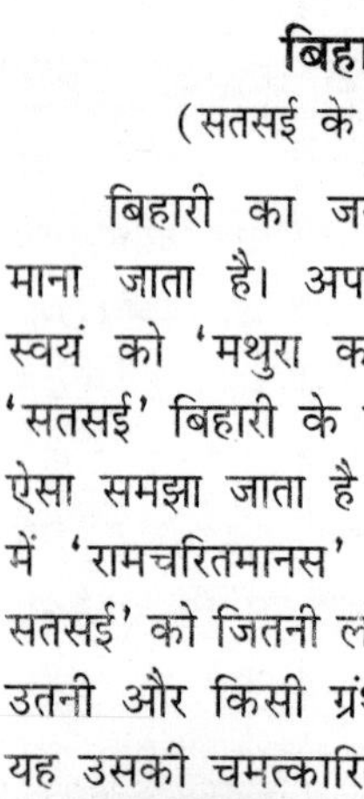

बिहारी आमेर के राजा जय सिंह के आश्रय में रहते थे। उनके पिता का नाम केशवदास था। केशवदास ओरछा-नरेश के दरबारी कवि थे, इसलिए बिहारी का ओरछा जाना भी माना जाता है। बिहारी और उसके पिता दोनों ही स्वामी नरहरि दास के शिष्य थे। ओरछा पतन के बाद केशवदास वृंदावन आ गए, इस कारण बिहारी की शिक्षा-दीक्षा वहीं हुई।

□

बीरबल

(अकबर के नवरत्नों में एक)

बीरबल का जन्म कानपुर जिले के तिकवाँपुर नामक गाँव में हुआ था। उनके पिता गंगादास कान्यकुब्ज ब्राह्मण थे।

उनका पैतृक नाम महेशदास था। अपनी सूझ-बूझ, तीव्र बुद्धि और वाक्-चातुर्य के बल पर उन्होंने कानपुर से दिल्ली तक का सफर तय किया और मुगल सम्राट् अकबर के दरबार के नव-रत्नों में जगह बनाई। उन्हें 'हिंदी साहित्य के ब्रह्म कवि' की उपाधि दी गई है। अकबर और बीरबल के किस्से पूरे भारतवर्ष में प्रचलित हैं। प्रचलित कथाओं से प्रतीत होता है कि बीरबल अकबर के काफी निकट थे।

□

बीरबल साहनी

(भारतीय वनस्पति-शास्त्री)

बीरबल साहनी का जन्म पश्चिमी पंजाब के शाहपुरा जिले के एक गाँव में सन् 1891 में हुआ था। उनके पिता रसायन विज्ञान के अध्यापक थे। उनकी गिनती पंजाब के प्रमुख व्यक्तियों में की जाती थी। उनके पिता चाहते थे कि वे भी पिता की भाँति ही वैज्ञानिक बनें। बीरबल साहनी को बचपन से ही पौधों में विशेष रुचि थी। पौधों के जीवाणुओं के विषय में डॉ. बीरबल साहनी ने विशिष्ट कार्य किए। इसी के लिए सन् 1919 में उन्हें डॉक्टरेट की उपाधि प्राप्त हुई। यह उपाधि उन्हें कैंब्रिज में मिली। वहाँ से वापस लौटने पर उन्हें बनारस विश्वविद्यालय में

वनस्पति-शास्त्र का प्राध्यापक बनाया गया। उन्होंने लखनऊ में पौधों के अध्ययन के लिए एक अनुसंधानशाला की स्थापना भी की। रुग्णता के कारण सन् 1949 में उनका देहांत हो गया।

□

बेंजामिन फ्रेंकलिन

(विद्युत् वैज्ञानिक)

बेंजामिन फ्रेंकलिन एक महान् राजनीतिज्ञ होने के साथ-साथ लेखक, प्रकाशक और वैज्ञानिक भी था।

फ्रेंकलिन का जन्म सन् 1706 में संयुक्त राज्य अमेरिका के बोस्टन में हुआ था। वह 17 वर्ष की उम्र में घर से भागकर फिलाडेल्फिया चला गया और वहाँ उसने एक छापेखाने में नौकरी कर ली। इसके बाद उसने अपना छपाई का कारखाना शुरू किया और 'सैटरडे ईवनिंग पोस्ट' के नाम से प्रसिद्ध अखबार भी चलाया। बेंजामिन द्वारा किए गए अनेक प्रयोगों में से बिजली के संबंध में किया गया उसका प्रयोग सबसे अधिक प्रसिद्ध है। उसने द्वि-फोकसीय काँच का भी आविष्कार किया।

□

भगत सिंह

(महान् क्रांतिकारी)

भगत सिंह का जन्म 28 सितंबर, 1907 में हुआ था। उनके पिता का नाम सरदार किशन सिंह और माता का नाम विद्यावती कौर था। वह एक सिख परिवार था, जिसने

आर्यसमाज के विचार को अपना लिया था। अमृतसर में 13 अप्रैल,

सन् 1919 को हुए जलियाँवाला बाग हत्याकांड ने भगत सिंह की सोच पर गहरा प्रभाव डाला था। लाहौर के नेशनल कॉलेज की पढ़ाई छोड़कर उन्होंने भारत की आजादी के लिए 'नौजवान भारत सभा' की स्थापना की थी। भगत सिंह भारत के एक प्रमुख स्वतंत्रता सेनानी थे। उन्होंने देश की आजादी के लिए जिस साहस के साथ शक्तिशाली ब्रिटिश सरकार का मुकाबला किया, वह आज के युवकों के लिए बहुत बड़ा आदर्श है। उन्होंने केंद्रीय असेंबली में बम फेंककर भी भागने से मना कर दिया, जिसके फलस्वरूप उन्हें 23 मार्च, 1931 को उनके दो अन्य साथियों–राजगुरु तथा सुखदेव के साथ फाँसी पर लटका दिया गया।

सारे देश ने उनके बलिदान को बड़ी गंभीरता से याद किया। उनके जीवन ने कई हिंदी फिल्मों के चरित्रों को प्रेरित किया। कुछ फिल्में तो उनके नाम से बनाई गईं; जैसे 'द लीजेंड ऑफ भगतसिंह', मनोज कुमार की सन् 1967 में बनी फिल्म 'शहीद, भगतसिंह' उनके जीवन पर बनाई गई अब तक की सर्वश्रेष्ठ प्रामाणिक फिल्म मानी जाती है। काकोरी कांड में 4 क्रांतिकारियों को फाँसी एवं 16 अन्य को कारावास की सजाओं से भगत सिंह इतने अधिक उद्विग्न हुए कि उन्होंने सन् 1928 में अपनी पार्टी 'नौजवान भारत सभा' का 'हिंदुस्तान रिपब्लिकन एसोसिएशन' में विलय कर दिया और उसे एक नया नाम दिया 'हिंदुस्तान सोशलिस्ट रिपब्लिकन एसोसिएशन।' उन्होंने पहले लाहौर में सांडर्स-वध और उसके बाद दिल्ली की केंद्रीय असेंबली में चंद्रशेखर आजाद व पार्टी के अन्य सदस्यों के साथ बम विस्फोट करके ब्रिटिश साम्राज्य के विरुद्ध खुले विद्रोह को बुलंदी प्रदान की। इन सभी बम धमाकों के लिए उन्होंने वीर सावरकर के क्रांति दल 'अभिनव भारत' की भी सहायता ली और इसी दल से बम बनाने के गुर सीखे।

□

भाई परमानंद

(महान् क्रांतिकारी)

भाई परमानंद का जन्म सन् 1874 में पंजाब के उस भाग में हुआ था, जो आजकल पाकिस्तान का हिस्सा है। प्रारंभ से ही वे आर्यसमाज के अनुयायी थे। उन्हें वैदिक धर्म के प्रचार के लिए अफ्रीका भेजा गया। वहाँ उनका संपर्क भारतीय क्रांतिकारियों से हुआ। वहाँ से वे अमेरिका चले गए और उनकी भेंट लाला हरदयाल से हुई। वे उनके 'गदर दल' में शामिल हो गए। दल के अन्य सदस्यों के साथ भारत आने

पर उन्हें गिरफ्तार कर लिया गया। तब काला पानी की सजा के तहत उन्हें सन् 1915 तक अंडमान जेल में रखा गया। अंत में वे अनशन पर रिहा किए गए और सन् 1953 में 'हिंदू महासभा' के अध्यक्ष चुने गए।

□

भाई वीरसिंह

(पंजाबी साहित्य के पुरोधा)

वीरसिंह का जन्म सन् 1872 में अमृतसर में हुआ। उनके पुरखे मुल्तान में शाही सेवा में थे। उनके दादा बाद में अमृतसर में आकर बस गए। वीरसिंह के छह भाई-बहन थे। उनके नाना ज्ञानी हजारा सिंह उस समय के बड़े साहित्यकारों में से थे। वीर सिंह का बचपन अपने नाना के यहाँ बीता, इसलिए उनपर साहित्य का खासा असर रहा। उनका रुझान भी इसी दिशा में बढ़ा। उन्होंने पंजाबी में गीत, बाल-साहित्य, निबंध, जीवनी, कविता, नाटक एवं उपन्यास लिखने शुरू कर दिए। 'सुंदरी' उनका पहला पंजाबी उपन्यास है। उन्होंने 'बाबा नौधासिंह' एवं 'सतवंत कौर' आदि पठनीय उपन्यास लिखे। इनसे उनका साहित्य बहुत लोकप्रिय हो गया। उनकी पहचान अब पंजाबी साहित्यकार के रूप में दूर-दूर तक होने लगी। वीरसिंह ने अपने साहित्य के प्रकाशन के लिए 'वजीर-ए-हिंद' प्रेस की भी स्थापना की। साहित्य अकादेमी की ओर से उन्हें पुरस्कृत किया गया। भारत सरकार ने उन्हें 'पद्मभूषण' से सम्मानित किया। उम्र बढ़ने के साथ ही उनका स्वास्थ्य भी खराब रहने लगा। अंततः 10 जून, 1957 को उनका निधन हो गया।

□

भारतेंदु हरिश्चंद्र

(आधुनिक हिंदी के जनक)

हिंदी को खड़ी बोली का सरल रूप देने के लिए भारतेंदु हरिश्चंद्र ने पत्र-पत्रिकाओं, नाटकों और कविताओं द्वारा जो कार्य किया, उसी के कारण उन्हें 'आधुनिक हिंदी का जनक' कहा जाता है। उनकी हिंदी-सेवाओं के कारण मित्रों और प्रशंसकों ने उन्हें 'भारतेंदु' उपाधि से सम्मानित किया। यह शब्द उन्हें इतना भाया कि वह उनके नाम का ही अंग बन गया। उन्होंने हिंदी कार्यों के लिए पर्याप्त धन भी व्यय किया।

उनका जन्म बनारस के एक संपन्न परिवार में सितंबर 1850 में हुआ था। पिता गोपालचंद्र

महाराजा बनारस के अच्छे मित्र थे और इतने धनी थे कि आवश्यकता पड़ने पर महाराजा को ऋण भी देते थे। 5 वर्ष की उम्र में उनकी माता की मृत्यु हो गई। उनके यज्ञोपवीत के दिन पिता की मृत्यु हो गई। राजा शिवप्रसाद 'सितारेहिंद' और नंद किशोर उन्हें अंग्रेजी पढ़ाते थे। 11 वर्ष की उम्र में उनका विवाह हो गया। उनकी पत्नी मन्नोदेवी से दो बेटे और एक बेटी हुई। दोनों बेटों की बचपन में मृत्यु हो गई।

भारतेंदु के पिता भी कविता करते थे। उनकी मृत्यु के बाद भारतेंदु ने बनारस में लगे पहले प्रेस से वे रचनाएँ छपवाईं और 'कवि-वचन सुधा' एवं 'हरिश्चंद्र चंद्रिका' नामक दो पत्रिकाएँ निकालीं। बाद में 'बाला बोधिनी' और 'भागवत् तोषिणी' नामक दो पत्रिकाएँ और निकालीं। उन्होंने डेढ़ दर्जन के लगभग नाटक और 3,000 के लगभग भक्तिगान लिखे। उनके कार्यों से प्रभावित होकर अनेक लेखक उनकी मित्र-मंडली में सम्मिलित हुए। उनमें बदरीनाथ चौधरी 'प्रेमघन', प्रतापनारायण मिश्र, बालकृष्ण भट्ट और राधाचरण गोस्वामी आदि थे।

भारतेंदु बड़ी रंगीन तबीयत के थे। उन्हें इत्र और पान का बहुत शौक था। सैकड़ों रुपए मासिक इन चीजों पर व्यय होता था। परंतु हिंदी के प्रचार व प्रसार के लिए भी उन्होंने कभी हाथ न रोका। उनकी हिंदी सेवाओं के कारण और हिंदी को नया स्वरूप देने के कारण उस युग को 'भारतेंदु युग' कहा जाता है।

उनका देहावसान 5 जनवरी, 1885 को हुआ।

उनके नाटकों में 'सत्य हरिश्चंद्र', 'चंद्रावली', 'विषस्य विषमौषधम्', 'प्रेमयोगिनी नीलदेवी', 'भारत जननी' और 'वैदिकी हिंसा हिंसा न भवति' आदि प्रसिद्ध हैं।

□

भास्कराचार्य

(प्रसिद्ध गणितज्ञ)

भास्कराचार्य प्राचीन भारत के एक प्रसिद्ध गणितज्ञ एवं ज्योतिषी थे। उनके द्वारा रचित मुख्य ग्रंथ 'सिद्धांतशिरोमणि' है, जिसमें लीलावती, ग्रहगणित तथा गोलाध्याय नामक चार भाग हैं। ये चार भाग क्रमशः अंकगणित, बीजगणित, ग्रहों की गति से संबंधित गणित तथा गोला से संबंधित हैं। आधुनिक युग में धरती की गुरुत्वाकर्षण शक्ति (पदार्थों को अपनी ओर खींचने की शक्ति) की खोज का श्रेय न्यूटन को दिया जाता है; किंतु बहुत कम लोग जानते हैं कि गुरुत्वाकर्षण का रहस्य न्यूटन से भी कई सदियों पहले भास्कराचार्यजी ने उजागर किया। भास्कराचार्य ने अपने 'सिद्धांत

शिरोमणि' ग्रंथ में पृथ्वी के गुरुत्वाकर्षण के बारे में लिखा है कि 'पृथ्वी आकाशीय पदार्थों को विशिष्ट शक्ति से अपनी ओर खींचती है। इस कारण से आसमानी पदार्थ पृथ्वी पर गिरता है।'

उन्होंने 'करण कौतूहल' नामक एक दूसरे ग्रंथ की भी रचना की थी। वे अपने समय के सुप्रसिद्ध गणितज्ञ थे। कथित रूप से वह उज्जैन की वेधशाला के अध्यक्ष भी थे। उन्हें मध्यकालीन भारत का सर्वश्रेष्ठ गणितज्ञ माना जाता है।

इनका जन्म 1114 ई. में, विज्जडविड नामक गाँव में हुआ था, जो सह्याद्रि पहाड़ियों में स्थित है। उन्होंने गणित का ज्ञान अपने संत पिता से प्राप्त किया। बाद में ब्रह्मगुप्त की पुस्तकों से उन्हें ऐसी प्रेरणा मिली कि सारा जीवन उन्होंने गणित के लिए समर्पित कर दिया।

□

मकबूल फिदा हुसैन

(भारत के जाने-माने चित्रकार)

मकबूल फिदा हुसैन भारत के जाने-माने प्रतिष्ठित चित्रकार थे। उनका जन्म महाराष्ट्र के पंढरपुर नामक स्थान पर हुआ। उन्हें बचपन में पढ़ने की इच्छा नहीं होती थी, इसलिए वे किताबों में से देखकर चित्र बनाने लगे। कभी-कभी वे प्रकृति-चित्रण भी करते थे। इस तरह वे चित्रकला की ओर आकृष्ट हुए। 14 वर्ष की उम्र में उन्हें पोट्रेट बनाने के लिए स्वर्ण-पदक दिया गया। उसके बाद इन्होंने बंबई आकर जे.जे. स्कूल ऑफ आर्ट में चित्रकला की शिक्षा ली। इसके बाद उन्होंने फिल्मों के पोस्टर और बड़े-बड़े विज्ञापन पट्ट बनाने शुरू किए।

बंबई में उनके दिन बड़े कष्टों में बीते, इसलिए इन्हें छोटी-मोटी नौकरियाँ भी करनी पड़ीं। सन् 1947 के बाद वे दिल्ली आ गए और उन्होंने एक मूर्ति प्रदर्शनी देखी, जिससे उन्हें हिंदू देवी-देवताओं और दर्शन में रुचि उत्पन्न हुई और वे उसी प्रकार की रचनाएँ करने लगे। हुसैन ने सारे विश्व की यात्रा कर की थी। उनके कई चित्र विभिन्न देशों की कला-वीथियों में सुशोभित हैं। इन्होंने एक दो-फिल्में भी बनाई हैं।

□

मदनमोहन मालवीय

(काशी हिंदू विश्वविद्यालय के प्रणेता)

महामना मदनमोहन मालवीय काशी हिंदू विश्वविद्यालय के प्रणेता तो थे ही, इस युग के आदर्श पुरुष भी थे। वे भारत के पहले और अंतिम व्यक्ति थे, जिन्हें 'महामना' की सम्मानजनक उपाधि से विभूषित किया गया। पत्रकारिता, वकालत, समाज- सुधार, मातृ-भाषा तथा

भारत माता की सेवा में अपना जीवन अर्पण करनेवाले इस महामानव ने जिस विश्वविद्यालय की स्थापना की, उसमें उनकी परिकल्पना ऐसे विद्यार्थियों को शिक्षित करके देश-सेवा के लिए तैयार करने की थी, जो देश का मस्तक गौरव से ऊँचा कर सकें। मालवीय जी सत्य, ब्रह्मचर्य, व्यायाम, देशभक्ति तथा आत्मत्याग में अद्वितीय थे। इन समस्त आचरणों पर वे केवल उपदेश ही नहीं दिया करते थे, अपितु स्वयं उनका पालन भी किया करते थे। वे अपने व्यवहार में सदैव मृदुभाषी रहे। कर्म ही उनका जीवन था। अनेक संस्थाओं के जनक एवं सफल संचालक के रूप में अपनी विधि व्यवस्था का सुचारु संपादन करते हुए उन्होंने कभी भी रोष या कड़ी भाषा का प्रयोग नहीं किया।

अपने हृदय-विचारों की महानता के कारण संपूर्ण भारतवर्ष में 'महामना' के नाम से पूज्य मालवीयजी को संसार में सत्य, दया और न्याय पर आधारित सनातन धर्म सर्वाधिक प्रिय था। करुणामय हृदय, भूतानुकंपा, मनुष्यमात्र में अद्वेष; शरीर, मन और वाणी के संयम, धर्म और देश के लिए सर्वस्व त्याग, उत्साह और धैर्य, नैराश्यपूर्ण परिस्थितियों में भी आत्मविश्वासपूर्वक दूसरों को असंभव प्रतीत होनेवाले कर्मों का संपादन, वेशभूषा और आचार-विचार में मालवीयजी भारतीय संस्कृति के प्रतीक तथा ऋषियों के प्राणवान् स्मारक थे।

'सिर जाय तो जाय प्रभु! मेरा धर्म न जाय' मालवीयजी का जीवन-व्रत था, जिससे उनका वैयक्तिक और सार्वजनिक जीवन समान रूप से प्रभावित था। यह आदर्श उन्हें बचपन में ही अपने पितामह प्रेमधर चतुर्वेदी, जिन्होंने 108 दिन निरंतर 108 बार श्रीमद्भागवत का पारायण किया था, से राधा-कृष्ण की अनन्य भक्ति, पिता ब्रजनाथजी की भागवत कथा से धर्म-प्रचार एवं माता मूना देवी से दुखियों की सेवा करने का स्वभाव प्राप्त हुआ था। धनहीन, किंतु निर्लोभी परिवार में पलते हुए भी देश की दरिद्रता तथा अर्थार्थी छात्रों के कष्ट-निवारण के स्वभाव से उनका जीवन ओत-प्रोत था। बचपन में जिन आचार-विचारों का निर्माण हुआ, उससे रेल में, जेल में तथा जलयान में कहीं पर भी प्रातः व सायं संध्योपासना तथा श्रीमद्भागवत और महाभारत का स्वाध्याय उनके जीवन का अभिन्न अंग बना रहा।

मालवीयजी ने धर्म, ज्ञानोपदेश तथा विद्याधर्म-प्रवर्द्धिनी पाठशालाओं में संस्कृत का अध्ययन समाप्त करने के पश्चात् म्योर सेंट्रल कॉलेज से 1884 ई. में कलकत्ता विश्वविद्यालय की बी.ए. की उपाधि ली। इस बीच अखाड़े में व्यायाम और सितार पर शास्त्रीय संगीत की शिक्षा वे बराबर देते रहे। उनका व्यायाम करने का नियम इतना अद्भुत था कि 60 वर्ष की अवस्था तक वे नियमित व्यायाम करते ही रहे।

7 वर्ष के मदनमोहन को धर्म, ज्ञानोपदेश पाठशाला के देवकीनंदन

मालवीय माघ मेले में ले जाकर मूढ़े पर खड़ा करके व्याख्यान दिलवाते थे। शायद उसी का परिणाम था कि कांग्रेस के द्वितीय अधिवेशन में अंग्रेजी के प्रथम भाषण से ही प्रतिनिधियों को मंत्रमुग्ध कर देनेवाले मृदुभाषी मालवीयजी उस समय विद्यमान भारत देश के सर्वश्रेष्ठ हिंदी, संस्कृत और अंग्रेजी के व्याख्यान वाचस्पतियों में सबसे अधिक प्रसिद्ध हुए। 'हिंदू धर्मोपदेश', 'मंत्र दीक्षा' और 'सनातन धर्म-प्रदीप' ग्रंथों में उनके धार्मिक विचार आज भी उपलब्ध हैं, जो परतंत्र भारत देश की विभिन्न समस्याओं पर बड़ी कौंसिल से लेकर असंख्य सभा-सम्मेलनों में दिए गए हजारों व्याख्यानों के रूप में भावी पीढ़ियों के उपयोगार्थ प्रेरणा और ज्ञान के अमिट भंडार हैं। उनके बड़ी कौंसिल में रोलेट ऐक्ट के विरोध में निरंतर साढ़े चार घंटे और अपराध निर्मोचन (Indemnity) बिल पर पाँच घंटे के भाषण निर्भयता व गंभीरतापूर्ण दीर्घ वक्ता के लिए आज भी स्मरणीय हैं। उनके उद्धरणों में हृदय को स्पर्श करके रुला देने की क्षमता थी; परंतु वे अविवेकपूर्ण कार्य के लिए श्रोताओं को कभी उकसाते नहीं थे।

म्योर कॉलेज के मानस गुरु महामहोपाध्याय पं. आदित्यराम भट्टाचार्य के साथ 1880 ई. में स्थापित हिंदू समाज में मालवीयजी भाग ले ही रहे थे कि उन्हीं दिनों प्रयाग में वाइसराय लॉर्ड रिपन का आगमन हुआ। रिपन, जो स्थानीय स्वायत्त शासन स्थापित करने के कारण भारतवासियों में जितने लोकप्रिय थे, उतने ही अंग्रेजों के कोपभाजन भी। इसी कारण प्रिंसिपल हैरिसन के कहने पर उनका स्वागत-समारोह आयोजित करके मालवीयजी ने प्रयागवासियों के हृदय में अपना विशिष्ट स्थान बना लिया।

25 दिसंबर, 2014 को भारत सरकार ने मालवीयजी को 36वें 'भारत रत्न' से सम्मानित किया।

□

मदनलाल ढींगरा

(महान् क्रांतिकारी)

मदनलाल ढींगरा भारतीय स्वतंत्रता संग्राम के अप्रतिम क्रांतिकारी थे। वे इंग्लैंड में अध्ययन कर रहे थे, जहाँ उन्होंने कर्जन वायली नामक एक ब्रिटिश अधिकारी की गोली मारकर हत्या कर दी। यह घटना बीसवीं शताब्दी में भारतीय स्वतंत्रता आंदोलन की प्रथम घटनाओं में से एक है।

मदनलाल ढींगरा का जन्म 18 सितंबर, 1883 को पंजाब प्रांत के एक संपन्न हिंदू परिवार में हुआ था। उनके पिता दित्तामलजी सिविल सर्जन

थे और अंग्रेजी रंग में पूरी तरह से रँगे हुए थे; किंतु माताजी अत्यंत धार्मिक एवं भारतीय संस्कारों से परिपूर्ण महिला थीं। उनका परिवार अंग्रेजों का विश्वासपात्र था और जब मदनलाल को भारतीय स्वतंत्रता संबंधी क्रांति के आरोप में लाहौर के एक कॉलेज से निकाल दिया गया तो परिवार ने मदनलाल से नाता तोड़ लिया। मदनलाल को जीवन-यापन के लिए पहले एक क्लर्क के रूप में, फिर एक ताँगाचालक के रूप में और अंत में एक कारखाने में श्रमिक के रूप में काम करना पड़ा। कारखाने में श्रमिकों की दशा सुधारने हेतु उन्होंने यूनियन (संघ) बनाने की कोशिश की; किंतु वहाँ से भी उन्हें निकाल दिया गया। कुछ दिन उन्होंने बंबई में काम किया, फिर अपने बड़े भाई की सलाह पर सन् 1906 में उच्च शिक्षा प्राप्त करने इंग्लैंड चले गए, जहाँ उन्होंने यूनिवर्सिटी कॉलेज, लंदन में यांत्रिकी अभियांत्रिकी में प्रवेश ले लिया। विदेश में रहकर अध्ययन करने के लिए उन्हें उनके बड़े भाई ने तो सहायता दी ही, इंग्लैंड में रह रहे कुछ राष्ट्रवादी कार्यकर्ताओं से भी उन्हें आर्थिक मदद मिली थी।

लंदन में ढींगरा भारत के प्रख्यात राष्ट्रवादी विनायक दामोदर सावरकर एवं श्यामजी कृष्ण वर्मा के संपर्क में आए। वे लोग ढींगरा की प्रचंड देशभक्ति से बहुत प्रभावित हुए। ऐसा विश्वास किया जाता है कि सावरकर ने ही मदनलाल को 'अभिनव भारत' नामक क्रांतिकारी संस्था का सदस्य बनाया और हथियार चलाने का प्रशिक्षण दिया। मदनलाल 'इंडिया हाउस' में रहते थे, जो उन दिनों भारतीय विद्यार्थियों के राजनीतिक क्रियाकलापों का केंद्र हुआ करता था। वे लोग उस समय खुदीराम बोस, कन्हाईलाल दत्त, सतिंदर पाल और काशीराम जैसे क्रांतिकारियों को मृत्युदंड दिए जाने से बहुत क्षुब्ध थे। कई इतिहासकार मानते हैं कि इन्हीं घटनाओं ने सावरकर और ढींगरा को सीधे बदला लेने के लिए प्रेरित किया।

1 जुलाई, 1909 की शाम को इंडियन नेशनल एसोसिएशन के वार्षिकोत्सव में भाग लेने के लिए भारी संख्या में भारतीय और अंग्रेज इकट्ठे हुए। जैसे ही भारत सचिव का राजनीतिक सलाहकार कर्जन वायली अपनी पत्नी के साथ हॉल में घुसा, ढींगरा ने उसके चेहरे पर पाँच गोलियाँ दाग दीं। इसमें से चार सही निशाने पर लगीं। उसके बाद ढींगरा ने अपने पिस्तौल से स्वयं को भी गोली मारनी चाही, किंतु उन्हें पकड़ लिया गया।

22 जुलाई, 1909 को ढींगरा के केस की सुनवाई पुराने बेली कोर्ट में हुई। अदालत ने उन्हें मृत्युदंड का आदेश दिया और 17 अगस्त, 1901 को फाँसी पर लटककर उनकी जीवन-लीला समाप्त हो गई। लेकिन मदनलाल ढींगरा मरकर भी देश के लिए अमर हो गए।

□

मलाला यूसुफ जई

मलाला को आज पाकिस्तान में ही नहीं, दुनियाभर में महिला और बाल शिक्षा की अग्रदूत के रूप में जाना जाता है। उन्होंने पाकिस्तान में महिलाओं के

लिए शिक्षा को अनिवार्य बनाए जाने की माँग की, जिसके बाद उन्हें तालिबान की गोली का शिकार बनना पड़ा और मुश्किल से उनकी जान बची।

मलाला का जन्म 12 जुलाई, 1997 को पाकिस्तान के खैबर पख्तूनख्वाह प्रांत के स्वात जिले में हुआ। जब मलाला प्राइमरी की छात्रा थीं, वर्ष 2008 में तालिबान ने स्वात घाटी पर कब्जा कर लिया। उन्होंने यहाँ लड़कियों की पढ़ाई प्रतिबंधित कर दी। मलाला ने इसका खुलकर विरोध किया, उन्होंने 'गुल मकई' नाम से बी.बी.सी. पर तालिबान की कलई खोलकर रख दी। इससे क्षुब्ध होकर तालिबान ने 9 अक्तूबर, 2012 को प्रतिशोध स्वरूप मलाला की हत्या करने के लिए उनके सिर में गोली मार दी। जन-दबाव में सरकार ने विदेश में उनका इलाज करवाया, जहाँ बड़ी मुश्किल से उनकी जान बच पाई। आज भी वह ब्रिटेन में रहकर पाकिस्तान व दुनिया भर की वंचित बालिकाओं की शिक्षा के लिए कार्यरत हैं। 10 दिसंबर, 2014 को उन्हें भारत के कैलाश सत्यार्थी के साथ संयुक्त रूप से 'नोबल शांति पुरस्कार' से सम्मानित किया गया।

□

महात्मा गांधी

(राष्ट्रपिता)

गांधीजी का जन्म 2 अक्तूबर, 1869 को पोरबंदर राज्य के दीवान करमचंद गांधी के घर हुआ था। उनकी माता बड़ी धार्मिक प्रवृत्ति की थीं। स्कूली शिक्षा समाप्त करने के पश्चात् गांधीजी बैरिस्टरी की पढ़ाई करने के लिए इंग्लैंड गए थे। एक मुकदमा लड़ने के लिए उन्हें दक्षिण अफ्रीका जाना पड़ा, जहाँ उन्होंने अश्वेत लोगों के प्रति गोरी सरकार का अपमानजनक व्यवहार देखा। अनेक बार वे स्वयं भी उनके जुल्मों के शिकार हुए थे। मुकदमे से फारिग होने के पश्चात् वे गोरी सरकार के जुल्मों के विरुद्ध संघर्ष में जुट गए। उन दिनों भारत पराधीन था। देश में ब्रिटिश सरकार का अन्याय बढ़ता जा रहा था। स्वतंत्रता संग्राम की रणभेरी यहाँ फूँकी जा चुकी थी। गांधीजी सन् 1915 में भारत लौटे। दक्षिण अफ्रीका में मिली सफलता से उन्हें यहाँ बहुत सम्मान मिला। वे यहाँ कई नेताओं से मिले और

देश भर का दौरा किया। उन्होंने अंग्रेज सरकार के विरुद्ध कई आंदोलन चलाए, जिसमें सारा

देश उनके साथ था। उनके प्रयासों के परिणामस्वरूप ही सन् 1947 में भारत अंग्रेजों की दासता से स्वतंत्र हो पाया। □

महात्मा हंसराज

(दयानंद एंग्लो वैदिक विद्यालय के प्रणेता)

महात्मा हंसराज आर्यसमाज से प्रभावित रहे। इसलिए उन्होंने उसकी सेवा में ही सारा जीवन समर्पित कर दिया। उन्होंने समाज में शिक्षा का विस्तार करने का अभियान छेड़ा और उसकी शुरुआत लाहौर से की। वे शुरू से ही मेधावी छात्र रहे थे। शिक्षा ग्रहण करने के बाद लाहौर के डी.ए.वी. स्कूल में हेडमास्टर नियुक्त हुए। वहाँ पर वे लाला लाजपत राय से जुड़े और शिक्षा के अभियान को आगे

बढ़ाया। उन्होंने सबसे पहले डी.ए.वी. को ही बढ़ाकर कॉलेज का दर्जा दिलवाया। इसके बाद आस-पास तथा फिर दूर-दराज के क्षेत्रों में डी.ए.वी. स्कूलों की स्थापना की। इसका परिणाम यह रहा कि कुछ ही दशकों में डी.ए.वी. की शाखाएँ पूरे देश में खुल गईं। □

महाराणा प्रताप

(मेवाड़ की शान)

महाराणा प्रताप महाराणा उदयसिंह के पुत्र थे।

राजस्थान में मात्र मेवाड़ ही ऐसा राज्य था, जिसके राणाओं ने किसी भी परिस्थिति में मुगलों की दासता को स्वीकार नहीं किया था। अकबर द्वारा चित्तौड़ के किले पर अधिकार कर लिये जाने पर महाराणा प्रताप ने प्रण किया कि जब तक मुगलों से अपनी मातृभूमि को मुक्त नहीं करा लेंगे, भूमि पर शयन करेंगे और पत्तल में भोजन करेंगे। सादा जीवन व्यतीत करते हुए वे राजपूतों की सेना जुटाने लगे। तब आमेर के राजा मानसिंह के उकसाने पर अकबर की ओर से हल्दी घाटी में राणा प्रताप के साथ भीषण युद्ध हुआ। महाराणा प्रताप गंभीर रूप से घायल हो गए। उनका घोड़ा चेतक उन्हें युद्धक्षेत्र से बाहर ले आया। उन्होंने पुनः साहस बटोरा और धीरे-धीरे 22 किलों पर पुनः अधिकार कर लिया; परंतु चित्तौड़ को मुगलों से आजाद न करवा सके। प्राण त्यागते समय उनकी अंतिम इच्छा चित्तौड़ का उद्धार ही थी। □

महावीर प्रसाद द्विवेदी

(हिंदी के उन्नायक)

बीसवीं शताब्दी के प्रारंभिक दो दशक आधुनिक हिंदी साहित्य के इतिहास

में 'द्विवेद्वी युग' के नाम से जाने जाते हैं। ऐसा महावीर द्विवेदी के 'सरस्वती' पत्रिका के संपादक के रूप में उनकी हिंदी सेवाओं के कारण माना जाता है। सन् 1903 से 1920 तक वह 'सरस्वती' के संपादक रहे और इस काल में उन्होंने अनेक हिंदी लेखकों को आगे बढ़ने के लिए प्रेरित किया। उन्होंने संपादन व लेखन द्वारा हिंदी की सेवा के साथ नवीन विचार भी देने का प्रयत्न किया, इसलिए उन्हें युग-निर्माता आचार्य के रूप में स्मरण किया जाता है।

महावीर प्रसाद द्विवेदी का जन्म जिला रायबरेली के दौलतपुर गाँव में 15 मई, 1864 को हुआ था। पुरवा, फतेहपुर और उन्नाव के विभिन्न स्कूलों में उनकी 4-5 साल पढ़ाई हुई। उसके बाद उन्होंने रेलवे में तार बाबू की नौकरी कर ली और अपनी निष्ठा के कारण 200 रुपए मासिक तक पहुँचे। परंतु बाद में उन्हें नौकरी छोड़ देनी पड़ी।

सरकारी नौकरी छोड़ने के बाद द्विवेदीजी पूर्णतया 'सरस्वती' के संपादन कार्य में लग गए। यहीं उन्होंने अंग्रेजी और संस्कृत का ज्ञान बढ़ाया। द्विवेदीजी अपनी नौकरी के दिनों में ही काव्य-साधना प्रारंभ कर चुके थे। उन्होंने संस्कृत के 'महिम्नस्तोत्र' का खड़ी बोली में कविता में अनुवाद किया। उन्होंने भर्तृहरि के वैराग्य और श्रृंगार शतकों का 'विनय विनोद' और 'स्नेहमाला' नाम के दोहों में अनुवाद किया। साथ ही 'गीत गोविंद', 'पंडितराज जगन्नाथ की 'गंगा लहरी' और कालिदास के 'ऋतु संहार' का हिंदी कविता में अनुवाद किया। इसके अतिरिक्त उनकी रचनाएँ 'संस्कृत चंद्रिका', 'हिंदी बंगवासी नागरी प्रचारिणी पत्रिका', 'भारत मित्र', 'श्री वेंकटेश्वर समाचार' और 'सरस्वती' आदि में छपती रहती थीं। द्विवेदीजी ने आलोचनात्मक पुस्तकें भी लिखीं।

उस समय 'भारतेंदु युग' के अनेक लेखक साहित्य-रचना में लग गए थे। उनका ध्यान भाषा के परिष्कार की ओर न था। द्विवेदीजी ने अनुभव किया कि आगामी हिंदी का स्वरूप खड़ी बोली होगा, अतः वह उसके परिष्कार में लग गए।

इंडियन प्रेस, इलाहाबाद से 'सरस्वती' का प्रकाशन होता था। द्विवेदीजी जब झाँसी में थे, तब मैथिलीशरण गुप्त से उनकी भेंट हुई। 'सरस्वती' में जो पुराने बड़े लेखक लिखते थे, जब द्विवेदीजी ने उनकी भाषा में परिष्कार आरंभ किया तो वे रुष्ट हो गए। परंतु द्विवेदीजी विचलित न हुए। वह स्वयं अनेक नामों से अनेक विषयों पर लेख लिखते रहे। पाठकों ने पत्र के स्तर को पसंद किया और नए लेखक बनने लगे। 'सरस्वती' में साहित्य और भाषा संबंधी अनेक विवाद चले। उनसे द्विवेदीजी की साख बढ़ी और अच्छे व नए लेखकों की संख्या भी बढ़ी।

द्विवेदीजी दिन-रात काम करने के कारण अस्वस्थ रहने लगे। इस बीच

उनकी पत्नी का देहांत हो गया और अंत में लगभग 20 वर्ष 'सरस्वती' का संपादन करने के बाद उन्होंने छुट्टी ली और अपने गाँव दौलतपुर आ गए। वह गाँव के कार्यों में रुचि लेने लगे। 'सरस्वती' के संपादन के समय काशी नागरी प्रचारिणी से उनके मतभेद हो गए थे। आगे चलकर सभा के अधिकारियों ने द्विवेदीजी के सत्तरवें वर्ष में पदार्पण करने पर उनका सम्मान किया और अभिनंदन ग्रंथ निकाला। इस प्रकार उन्हें 'युग-निर्माता आचार्य' के रूप में स्वीकार किया।

कुछ काल अस्वस्थ रहकर 21 दिसंबर, 1938 को रायबरेली में उनका देहांत हुआ। मृत्यु से पूर्व वे अपनी सब पुस्तकें और पांडुलिपियाँ काशी नागरी प्रचारिणी सभा को और 5-6 हजार रुपए की जो थोड़ी-बहुत पूँजी बची थी, वह काशी हिंदू विश्वविद्यालय को दान कर गए थे।

हिंदी भाषा को सशक्त और परिमार्जित करने में द्विवेदीजी ने जो कार्य किया, उसके कारण हिंदी जगत् उन्हें सदा स्मरण रखेगा।

□

महेंद्रादित्य कुमारगुप्त प्रथम

(भारतीय शासक)

कुमारगुप्त प्रथम, महेंद्रादित्य का जन्म 414 ई. में हुआ था। वह बहुत ही प्रतापी राजा था। उस समय के शिलालेखों में उसकी वीरता की गाथाओं का जिक्र मिलता है। उसने दक्षिण की ओर अपने राज्य का विस्तार किया और सभी राज्यों को जीत लिया। समुद्र तक मौजूद शिलालेखों पर उसके यश एवं दिग्विजयी होने का उल्लेख है। उन पर यह भी दर्ज है कि उसका साम्राज्य हिमालय से लेकर दक्षिण तक फैला था। उसके दुश्मन राजा उससे बहुत खौफ खाते थे। साम्राज्य स्थापित होने के बाद उसने शांति के तमाम प्रयास किए। इतना ही नहीं, उसने देश का चहुँमुखी विकास भी किया। उसने कुएँ खुदवाए, मंदिर बनवाए तथा भवनों का निर्माण करवाया। ब्राह्मणों को यज्ञ आदि के लिए भरपूर दान दिया। ऐसा भी कहा जाता है कि उसके शासनकाल में जनहित के कार्य सदैव चलते रहते थे, वे कभी नहीं रुकते थे। उसके राज्य में अपराध न के बराबर था। इससे जनता बहुत ही खुशहाल थी। इसका जिक़्र उसने शिलालेखों पर दर्ज करवाकर अपने राज्यों में अलग-अलग स्थानों पर लगवाया। इतिहासकारों के लिए ये शिलालेख महत्त्वपूर्ण जानकारी देनेवाले सिद्ध हुए। उसके लोक-कल्याणकारी कार्यों की चर्चा दूर-दूर तक होती थी। कुमारगुप्त प्रथम को प्राचीन इतिहास का बहुत ही प्रभावशाली राजा माना जाता है।

□

माओ-त्से-तुंग

(साम्यवादी चनी नेता)

माओ-त्से-तुंग चीनी क्रांतिकारी, राजनीतिक विचारक और साम्यवादी दल के नेता थे, जिनके नेतृत्व में चीन की क्रांति सफल हुई। उन्होंने जनवादी गणतंत्र चीन की स्थापना (सन् 1949 से मृत्युपर्यंत 1976) तक चीन का नेतृत्व किया। मार्क्सवादी लेनिनवादी विचारधारा को सैनिक रणनीति में जोड़कर उन्होंने जिस सिद्धांत को जन्म दिया, उसे 'माओवाद' नाम से जाना जाता है।

वर्तमान में कई लोग माओ को एक विवादास्पद व्यक्ति मानते हैं; परंतु चीन में वे राजकीय रूप में महान् क्रांतिकारी, राजनेतिक रणनीतिकार, सैनिक पुरोधा एवं देश-रक्षक माने जाते हैं। चीनियों के अनुसार, माओ ने अपनी नीति और कार्यक्रमों के माध्यम से आर्थिक, तकनीकी एवं सांस्कृतिक विकास के साथ चीन को विश्व में प्रमुख शक्ति के रूप में ला खड़ा करने में मुख्य भूमिका निभाई। वे कवि, दार्शनिक, दूरदर्शी महान् प्रशासक के रूप में गिने जाते हैं। इसके विपरीत, माओ के 'ग्रेट लीप फॉरवर्ड' और 'सांस्कृतिक क्रांति' नामक सामाजिक व राजनीतिक कार्यक्रमों के कारण गंभीर अकाल की सृजना होने के साथ चीनी समाज, अर्थव्यवस्था तथा संस्कृति को ठेस पहुँचाने की भी बातें की जाती हैं, जिसके कारण संसार में सन् 1949 से 1975 तक करोड़ों लोगों की व्यापक मृत्यु हुई बताई जाती है। माओ संसार के सबसे प्रभावशाली व्यक्तियों में गिने जाते हैं। 'टाइम' पत्रिका के अनुसार, 20वीं शताब्दी के 100 सबसे प्रभावशाली व्यक्तियों में माओ आते हैं।

माओ का जन्म 26 दिसंबर, 1893 को हुनान प्रांत के शाओशान कस्बे में हुआ। उनके पिता एक गरीब किसान थे, जो आगे चलकर एक धनी कृषक और गेहूँ के व्यापारी बन गए। 8 साल की उम्र में माओ ने अपने गाँव की प्रारंभिक पाठशाला में पढ़ना शुरू किया, लेकिन 13 वर्ष की उम्र में अपने परिवार के साथ खेत पर काम करने के लिए पढ़ना छोड़ दिया। बाद में खेती छोड़कर वे हुनान प्रांत की राजधानी चांगशा के माध्यमिक विद्यालय में पढ़ने गए। जिन्हाई क्रांति के समय माओ ने हुनान के स्थानीय रेजीमेंट में भरती होकर क्रांतिकारियों की तरफ से लड़ाई में भाग लिया। चिंग राजवंश के सत्ताच्युत होने पर वे सेना छोड़कर पुनः विद्यालय गए। सन् 1918 में स्नातक बनने के बाद 1919 को 4 मई आंदोलन के लिए अपने शिक्षक एवं भावी ससुर प्राध्यापक के साथ बीजिंग की यात्रा पर गए। प्राध्यापक याड़-च्याड़ जि पीकिंग विश्वविद्यालय में महत्त्वपूर्ण पद पर थे और उनकी सिफारिशों पर माओ ने सहायक पुस्तकालयाध्यक्ष के पद पर रहकर काम किया। माओ ने अंशकालिक

छात्र के रूप में पंजीकृत होकर कुछ व्याख्यानों और विद्वानों के सेमीनारों में भी भाग लिया। शंघाई में रहते हुए वे साम्यवादी सिद्धांत के अध्ययन में लगे। □

माइकल फैराडे

(पावर मोटरों का आविष्कारक)

माइकल फैराडे का जन्म सन् 1719 में लंदन के एक कस्बे में हुआ था। पिता की आर्थिक स्थिति खराब होने के कारण वह पढ़ने के लिए स्कूल नहीं जा सका, फिर भी उसने थोड़ी-बहुत पढ़ाई की। जोड़-तोड़ के कार्यों में उसकी रुचि आरंभ से ही थी। एक दिन युवक फैराडे प्रसिद्ध वैज्ञानिक सर हंफी डेवी से मिला। विज्ञान के प्रति उसकी लगन और उसकी बुद्धिमानी देखकर उन्होंने उसे अपनी प्रयोगशाला में सहायक नियुक्त किया। उस प्रयोगशाला में मिले प्रशिक्षण ने फैराडे को विश्व के महानतम वैज्ञानिकों में शुमार कर दिया।

उसके आविष्कारों के आधार पर ही पावर मोटरों का निर्माण हुआ। □

मार्को पोलो

(साहसी नाविक)

मार्को पोलो का जन्म सन् 1254 में इतिहास-प्रसिद्ध खोजी यात्री निकोलो पोलो के यहाँ वेनिस (इटली) में हुआ था। उसके पिता निकोलो अपने

भाई माफियो पोलो के साथ सन् 1260 में भूमध्यसागर के पार व्यापार करने गए थे। उन्होंने तुर्की, रूस, मंगोलिया एवं चीन की यात्राएँ कीं और कुबलाई खान के दरबार में पहुँचे। उस समय वह चीन आनेवाले प्रथम यूरोपीय थे। वहाँ उनका बड़ा अच्छा स्वागत हुआ। सन् 1269 में पोलो बंधु बहुत से धन के साथ वेनिस वापस पहुँचे।

सन् 1271 में निकोलो बंधु मार्को पोलो को साथ लेकर पुनः चीन यात्रा पर रवाना हुए। उस समय मार्को 17 वर्ष का था। इन तीनों यात्रियों ने समुद्र, रेगिस्तान एवं पर्वतों को पार किया। उनकी यात्रा का मार्ग फिलिस्तीन, आर्मीनिया, इराक, ईरान तथा तिब्बत होते हुए था। इस अभियान में मार्को ने बड़े साहस का परिचय दिया। तीन वर्ष बाद वे चीन पहुँचे तो निकोलो बंधु को फिर से देखकर कुबलाई खान बहुत प्रसन्न हुआ। उसने मार्को को अपने यहाँ रख लिया। उस समय कुबलाई खान मध्य एशिया में सबसे शक्तिशाली सम्राट् था। मार्को चीनी

सम्राट् के भव्य महल, मंगोल संस्कृति आदि देखकर बहुत प्रभावित हुआ। इतना वैभवशाली राज्य उसने पहले कभी नहीं देखा था। इस दौरान उसने मंगोल भाषा सीखी और अपने अनुभवों का कुबलाई खान से आदान-प्रदान किया। बाद में उसने अपने अनुभवों को कलमबद्ध किया।

मंगोल-चीन के अलावा मार्को पोलो ने बर्मा तथा श्रीलंका की भी यात्राएँ कीं। सन् 1295 में जब वह वेनिस वापस आया, तब 41 वर्ष का हो चुका था। उसके जीवन के 25 साल मध्य-पूर्व एशिया में गुजरे। यूरोप में वेनिस और जिनोआ के बीच हुए युद्ध में उसे कई दिनों तक बंधक रहना पड़ा। सन् 1324 में उसकी मृत्यु हो गई।

यूरोप से पूर्वी एशिया व चीन तक की यात्रा सुगम बनाने, मार्ग खोजने तथा यूरोप और एशिया को एक-दूसरे की संस्कृति से परिचित कराने के लिए मार्को पोलो का नाम भूगोल तथा अन्वेषण जगत् में बड़े आदर के साथ लिया जाता है।

□

मार्क्स तुलियस सिसरो

(रोमन राजनीतिज्ञ)

सिसरो ने बुद्धि-चातुर्य के बल पर तंगहाली को हटाकर रोम देश की बागडोर सँभालने का जज्बा हासिल किया। उसे यह गुण उसके शिक्षक अपोलोतियस मोलो से मिला। उसने वकालत का पेशा अपनाकर काफी शोहरत हासिल की और जानी-मानी हस्तियों में शरीक हो

गया। वह रोम के प्रगतिशील राजनीतिज्ञों के संपर्क में आया। उसने देखा कि उसके अधिकतर राजनीतिज्ञ साथी भ्रष्ट एवं अयोग्य हैं। इसी का लाभ उठाकर उसने रोम में उठी बगावत को बहुत जल्दी कुचल दिया। फिलिपी युद्ध के बाद आक्टेवियन ने सिसरो की हत्या कर दी। हालाँकि बाद में उसने सिसरो की पुस्तक पढ़ी तो उसे बहुत अफसोस हुआ कि उसने एक विद्वान् एवं देशभक्त को मार डाला।

□

मार्टिन लूथर किंग

(प्रसिद्ध अमेरिकी नेता)

मार्टिन लूथर किंग, जूनियर (15 जनवरी, 1929-4 अप्रैल, 1968) अमेरिका के एक पादरी, आंदोलनकारी एवं अफ्रीकी-अमेरिकी नागरिक अधिकारों के संघर्ष के प्रमुख नेता थे। उन्हें 'अमेरिका का गांधी' भी कहा जाता

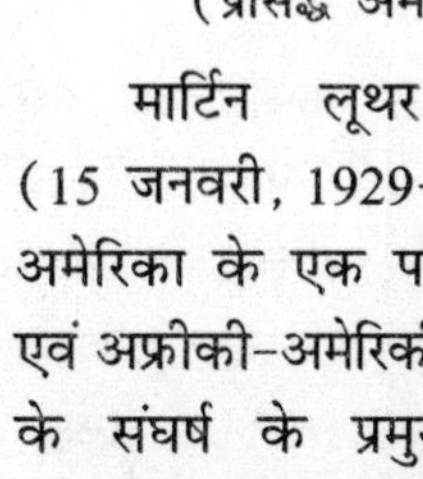

है। उनके प्रयत्नों से अमेरिका में नागरिक अधिकारों के क्षेत्र में प्रगति हुई, इसलिए

उन्हें आज मानव अधिकारों के प्रतीक के रूप में भी देखा जाता है। दो चर्चों ने उनको संत के रूप में मान्यता प्रदान की है। मार्टिन लूथर किंग, जूनियर का जन्म सन् 1929 में अटलांटा, अमेरिका में हुआ था। उन्होंने संयुक्त राज्य अमेरिका में नीग्रो समुदाय के प्रति होनेवाले भेदभाव के विरुद्ध सफल अहिंसात्मक आंदोलन का संचालन किया। सन् 1955 का वर्ष उनके जीवन का निर्णायक मोड़ था। इसी वर्ष कोरेटा से उनका विवाह हुआ। उन्हें अमेरिका के दक्षिणी प्रांत अल्बामा के मांटगोमरी शहर में डेक्सटर एवेन्यू बैपटिस्ट चर्च में प्रवचन देने के लिए बुलाया गया और उसी वर्ष मांटगोमरी की सार्वजनिक बसों में काले-गोरे के भेद के विरुद्ध एक महिला श्रीमती रोज पार्क्स ने गिरफ्तारी दी। इसके बाद ही मार्टिन लूथर किंग ने प्रसिद्ध 'बस आंदोलन' चलाया।

पूरे 381 दिनों तक चले उस सत्याग्रही आंदोलन के बाद अमेरिकी बसों में काले-गोरे यात्रियों के लिए अलग-अलग सीटें रखने का प्रावधान खत्म कर दिया गया। बाद में उन्होंने धार्मिक नेताओं की मदद से 'समान नागरिक कानून आंदोलन' अमेरिका के उत्तरी भाग में भी फैलाया। उन्हें सन् 1964 में विश्व-शांति के लिए सबसे कम उम्र के 'नोबेल पुरस्कार' से नवाजा गया। कई अमेरिकी विश्वविद्यालय ने उन्हें मानद उपाधियाँ दीं। धार्मिक व सामाजिक संस्थाओं ने उन्हें मेडल प्रदान किए। 'टाइम' पत्रिका ने उन्हें वर्ष 1963 का 'मैन ऑफ दि ईयर' चुना। वे गांधीजी के अहिंसक आंदोलन से बेहद प्रभावित थे। गांधीजी के आदर्शों पर चलकर ही उन्होंने अमेरिका में इतना सफल आंदोलन चलाया, जिसे अधिकांश गोरों का भी समर्थन मिला।

सन् 1959 में उन्होंने भारत की यात्रा की। उन्होंने अखबारों में कई आलेख लिखे। 'स्ट्राइड टुवर्ड फ्रीडम' (1958) तथा 'व्हाय वी कैन नॉट वेट' (1964) उनकी लिखी दो पुस्तकें हैं। सन् 1957 में उन्होंने 'साउथ क्रिश्चियन लीडरशिप कॉन्फ्रेंस' की स्थापना की। उनकी प्रिय उक्ति थी–'हम वह नहीं हैं, जो हमें होना चाहिए और हम वह नहीं हैं, जो होने वाले हैं; लेकिन भगवान का शुक्र है कि हम वह भी नहीं हैं, जो हम थे।' 4 अप्रैल, 1968 को गोली मारकर उनकी हत्या कर दी गई।

□

मार्शल टीटो

(यूगोस्लाविया के पूर्व राष्ट्रपति)

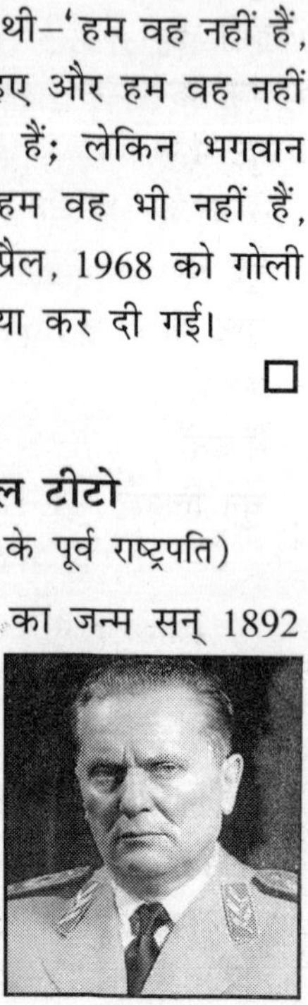

मार्शल टीटो का जन्म सन् 1892 में क्रोशिया के एक किसान परिवार में हुआ था। प्रथम विश्व युद्ध के समय वे सेना में भरती हो

गए। तब रूसी सेना द्वारा उन्हें गिरफ्तार कर लिया गया। वहीं से वे कम्युनिस्ट बने और रूसी क्रांति के समय वहाँ की सेना में काम किया।

सन् 1918 में सर्बिया, क्रोशिया, स्लोवेनिया, मकदूनिया, मांटनेग्रो और बोस्निया आदि छोटी-छोटी रियासतों को मिलाकर यूगोस्लाविया का निर्माण किया गया। सन् 1920 में टीटो यूगोस्लाविया वापस लौटे और 1937 में अपने देश की कम्युनिस्ट पार्टी के महामंत्री बने। क्रांतिकारी होने के कारण उन्होंने अनेक कष्ट उठाए और कई बार नाम एवं वेश भी बदला। 'टीटो' नाम भी उन्हीं बदले हुए नामों में से एक है। आज संसार में वे इसी नाम से जाने जाते हैं। यूगोस्लाविया एक कम्युनिस्ट देश था। रूस उसे अपने गुट में रखना चाहता था। परंतु मार्शल टीटो ने रूस के दबाव को अस्वीकार करते हुए देश का विकास तटस्थ समाजवादी राष्ट्र के रूप में किया। इसके लिए उन्हें काफी मशक्कत करनी पड़ी। सन् 1963 में उन्हें आजीवन यूगोस्लाविया का राष्ट्रपति चुन लिया गया।

□

मिखाइल गोर्बाचोव

(रूसी उदारवादी नेता)

मिखाइल सेर्गेयेविच गोर्बाचोव का जन्म 2 मार्च, 1931 को तजाव्रोपोल (रूस) के एक कृषक परिवार में हुआ था। प्रारंभ में वे एक मैकेनिक थे। सन् 1952 में वे सोवियत कम्युनिस्ट पार्टी के सदस्य बने। अगले वर्ष उन्होंने मास्को विश्वविद्यालय में विधि में स्नातक परीक्षा पास की। सन् 1967 में गोर्बाचोव कृषि-विज्ञानी बने। सन् 1971 में उन्हें कम्युनिस्ट पार्टी की केंद्रीय समिति में ले लिया गया। मार्च 1985 में वे सोवियत कम्युनिस्ट पार्टी के महासचिव बनाए गए और सन् 1988 में वह रूस के राष्ट्रपति बने।

मिखाइल गोर्बाचोव को कई प्रमुख सोवियत अलंकरणों के अलावा तीन बार 'ऑर्डर ऑफ लेनिन', 'इंदिरा गांधी शांति पुरस्कार' (1987) तथा 'नोबेल पुरस्कार' (1990) प्रदान किए जा चुके हैं। गोर्बाचोव 'मैन ऑफ द ईयर' भी चुने गए।

गोर्बाचोव ने अपने 4-5 वर्षों के छोटे से कार्यकाल में कई महत्त्वपूर्ण उपलब्धियाँ अर्जित कीं। उन्होंने अमेरिका से एक समझौता किया, जिसके अंतर्गत दोनों देश बड़ी संख्या में परमाणु अस्त्र नष्ट करेंगे। शांति की चाह रखनेवाले करोड़ों लोगों के लिए यह एक सुखद बात थी। सन् 1987-88 में गोर्बाचोव ने साम्यवाद के इतिहास में पहली बार 'पेरिस्त्रोइका' एवं 'ग्लासनोस्त' जैसे नव-सिद्धांत प्रचलित कर सोवियत गणराज्यों की धारा ही बदल दी। बोरिस पास्तरनाक की रचनाओं का

रूस में प्रकाशन, गोर्बाचोव का चर्च में बाइबिल पढ़ना एवं रूस में सौंदर्य प्रतियोगिता आयोजित होना जैसी घटनाएँ इन्हीं सिद्धांतों की देन कही जा सकती हैं।

लेकिन कुछ रूढिवादी साम्यवादियों को गोर्बाचोव की उदारवादी नीतियाँ पसंद न आईं। अगस्त 1991 में उन्होंने विद्रोह किया और इस घोषणा के साथ कि वे अस्वस्थ हैं, गोर्बाचोव को गृहबंदी बना लिया। क्योंकि उन विद्रोहियों को कहीं से कोई समर्थन नहीं मिला, इसलिए 3 दिनों के बाद गोर्बाचोव कैद से मुक्त हो गए और दोबारा अपना शासन सँभाल लिया।

सन् 1991 में गोर्बाचोव ने त्याग-पत्र दे दिया और पहली बार रूस के लोगों ने अपने नेता के रूप में बोरिस येल्तसिन को चुना। 1996 के चुनावों में यद्यपि गोर्बाचोव ने भी राष्ट्रपति पद के उम्मीदवार के रूप में चुनाव लड़ा, पर वे हार गए। येल्तसिन फिर राष्ट्रपति बने।

संक्षेप में, यह कहा जा सकता है कि रूस में राष्ट्रीय व अंतरराष्ट्रीय स्तर पर जो क्रांतिकारी परिवर्तन गोर्बाचोव ने किए, उन्हें रूस कभी भुला नहीं पाएगा। □

मिर्ज़ा ग़ालिब

(उर्दू के प्रसिद्ध शायर)

मिर्ज़ा ग़ालिब के पिता का नाम अब्दुल्ला बेग था। ग़ालिब जब पाँच वर्ष के थे, तभी उनके पिता चल बसे। शायरी में ग़ालिब की रुचि बचपन से ही थी। सबसे पहले उन्होंने फारसी में लिखना शुरू किया था। इसके बाद फारसी में उर्दू का मिश्रण करके शायरी कागजों पर उकेरनी शुरू की। मिर्ज़ा गालिब उर्दू साहित्य के सर्वश्रेष्ठ कवि रहे हैं। जिस प्रकार हिंदी साहित्य में गोस्वामी तुलसीदास को सम्मान दिया जाता है, वैसा ही स्थान उर्दू साहित्य में ग़ालिब का है। गद्य हो या पद्य, दोनों शैलियों पर उन्हें समान अधिकार प्राप्त था। अद्भुत कल्पना-शक्ति, विलक्षण वाक्य-विन्यास, हास्य-व्यंग्यप्रियता, दार्शनिक चिंतन, भाषा का अनूठा सौंदर्य और गहरी भाव-व्यंजना उनकी शायरी में एक साथ देखने को मिलती हैं। उनकी रचनाओं में गजलें अधिक मिलती हैं। यह अलग बात है कि ग़ालिब ने अधिक नहीं लिखा, परंतु फिर भी कलात्मक उत्कृष्टता के कारण उर्दू अदब में उनका प्रमुख स्थान है। □

मिल्खा सिंह

(उड़न सिख)

मिल्खा सिंह के परिजन देश विभाजन के बाद भारत आकर बस गए थे। मिल्खा ने नौवीं कक्षा पास करने के बाद खुद को मेकैनिकल कारोबार से जोड़ लिया। तत्पश्चात् सन् 1953

में वे सेना में भरती हो गए। वहाँ पर उन्होंने दौड़ एवं कूद पर विशेष ध्यान दिया। उन्होंने 400 मीटर दौड़ को लक्ष्य बनाया। इस प्रकार उन्होंने दौड़ में शीघ्र ही 47.9 सेकेंड का कीर्तिमान बनाकर अभूतपूर्व सम्मान पाया। इसलिए मिल्खा सिंह का नाम एथलेटिक प्रतियोगिताओं में बेहद प्रसिद्ध है। उन्हें अद्‌भुत गति के कारण 'उड़न सिख' के नाम से जाना जाता है। उन्होंने सन् 1957 में 400 मीटर की दौड़ महज 47.5 सेकेंड में पूरा करके नया नेशनल कीर्तिमान स्थापित किया। उनका यह सफर सन् 1958 में टोकियो में आयोजित एशियाई खेलों में भी जारी रहा। उन्होंने वहाँ पर 400 एवं 200 मीटर दौड़ में रिकॉर्ड कायम किया। भारत सरकार ने एथलेटिक्स के क्षेत्र में उल्लेखनीय योगदान के लिए मिल्खा सिंह को सन् 1959 में 'पद्मश्री' से नवाजा। मिल्खा सिंह हालाँकि सन् 1960 में रोम में आयोजित ओलंपिक में पदक नहीं ले पाए, वे चौथे स्थान पर रहे। यह दीगर है कि मिल्खा सिंह ने देश के लिए सबसे ज्यादा सफलताएँ अर्जित कीं। वे आजकल नए खिलाड़ियों को प्रशिक्षण देकर विभिन्न प्रतियोगिताओं के लिए तैयार कर रहे हैं। उनका गौरवपूर्ण खेल-जीवन युवा खिलाड़ियों के लिए प्रेरणा का स्रोत है, जो उन्हें सदैव आगे बढ़ने के लिए प्रेरित करता रहेगा। मिल्खा सिंह ने खेल के क्षेत्र में सुधार के लिए सरकार का ध्यान इस ओर दिलाया। इसके बाद ही सरकार ने खिलाड़ियों के बेहतर प्रदर्शन की खातिर गंभीरता दिखाई और उनको सुविधाएँ प्रदान करनी शुरू कीं। उनके नेतृत्व में कई एथलीटों ने देश-विदेश में आयोजित विभिन्न प्रतिस्पर्धाओं में देश का नाम रोशन किया।

□

मुकेश

(प्रसिद्ध गायक)

दर्द में डूबी मधुर आवाज के बादशाह मुकेश को अपने लाखों चाहनेवालों का प्यार नसीब हुआ। इसीलिए उनका गाया हर नगमा, हर तराना लोगों के दिलों में घर कर गया। एक व्यक्ति और एक कलाकार के रूप में उनकी याद को भुला पाना असंभव है।

मुकेश चंद्र माथुर का जन्म 22 जुलाई, 1923 को दिल्ली में हुआ था। उन्होंने मैट्रिक तक शिक्षा प्राप्त की। उन्हें बंबई लाने का श्रेय उस समय के मशहूर अभिनेता मोतीलाल को जाता है। प्रारंभ में मुकेश अभिनेता

बनना चाहते थे। वह 'निर्दोष', 'मल्हार', 'अनुराग', 'माशूका', आदि फिल्मों में बतौर अभिनेता आए भी; लेकिन सन् 1945 में फिल्म 'पहली नजर' में उनके गाए गीत 'दिल जलता है तो जलने दे' की अपार सफलता ने उन्हें सफल गायकों की श्रेणी में ला खड़ा कर दिया और वे गायक के रूप में प्रतिष्ठित हो गए। उन्होंने अपना पहला गीत 'निर्दोष' (1941) फिल्म में गाया था। राज कपूर के लिए उन्होंने पहले 'नीलकमल', फिर 'आग' में तथा अंतिम बार 'धरम-करम' में आवाज दी। 'सत्यं शिवं सुंदरम्' में उनका गाया गीत आखिरी था।

मुकेश के गाए गीतों में एक बड़ा हिस्सा राज कपूर एवं मनोज कुमार की फिल्मों का है। शंकर-जयकिशन एवं कल्याणजी-आनंदजी ने उनके गीतों को मधुर संगीत दिया। वह पहले गायक थे, जिनके गीत 40 वर्ष के बाद भी हिंदुस्तान की सरहदों के पार दूर देशों में गाए जाते हैं। उन्हें चार बार 'फिल्म फेयर अवॉर्ड' प्राप्त हुआ। भारत के इस सबसे मधुर गायक एवं संजीदा इनसान का निधन 27 अगस्त, 1976 को अमेरिका में एक कार्यक्रम के दौरान हुआ। उनके निधन पर राज कपूर ने कहा था, 'अब तो मेरी आवाज ही चली गई है।'

'दिल जलता है' (पहली नजर), 'जिंदा हूँ मैं इस तरह' (आग), 'आवारा हूँ' (आवारा), 'मेरा जूता है जापानी' (श्री 420), 'सुहाना सफर और ये मौसम हसीं' (मधुमति), 'होंठों पे सच्चाई रहती है' (जिस देश में गंगा बहती है), 'ओ जानेवाले हो सके तो लौट के आना' (बंदिनी), 'दोस्त दोस्त न रहा' (संगम), 'जिस दिल में बसा था प्यार तेरा' (सहेली), 'दुनिया बनानेवाले' (तीसरी कसम), 'चंदन सा बदन' (सरस्वतीचंद्र), 'कहीं दूर जब दिन ढल जाए' (आनंद), 'जिस गली में तेरा घर' (कटी पतंग), 'इक प्यार का नगमा है' (शोर), इत्यादि मुकेश के श्रेष्ठ गीत हैं।

□

मेघनाद साहा

(भारतीय खगोल-विज्ञानी)

मेघनाद साहा (6 अक्तूबर, 1893-16 फरवरी, 1976) सुप्रसिद्ध भारतीय खगोल-विज्ञानी (एस्ट्रोफिजिसिस्ट) थे। वे 'साहा समीकरण' के प्रतिपादन के लिए प्रसिद्ध हैं। यह समीकरण तारों में भौतिक

एवं रासायनिक स्थिति की व्याख्या करता है। उनकी अध्यक्षता में गणित विद्वानों की एक समिति ने भारत के 'राष्ट्रीय शक पंचांग' का भी संशोधन किया, जो 22 मार्च, 1957 (1 चैत्र, 1879 शक) से लागू किया गया। उन्होंने 'साहा इंस्टीट्यूट ऑफ न्यूक्लियर फिजिक्स' तथा 'इंडियन एसोसिएशन फॉर द कल्टीवेशन ऑफ साइंस' नामक दो महत्त्वपूर्ण संस्थाओं की स्थापना की।

मेघनाद साहा का जन्म ढाका से 45 कि.मी. दूर शिओराली गाँव में हुआ था। उनके पिता का नाम जगन्नाथ साहा तथा माता का नाम भुवनेश्वरी देवी था। गरीबी के कारण साहा को आगे बढ़ने के लिए बहुत संघर्ष करना पड़ा।

उनकी आरंभिक शिक्षा ढाका कॉलेजिएट स्कूल में हुई। वे एंट्रेंस में पूर्वी बंगाल में प्रथम रहे। इसके बाद वे ढाका कॉलेज में पढ़े। वहीं पर विएना से डॉक्टरेट करके आए प्रो. नगेंद्रनाथ सेन से उन्होंने जर्मन भाषा सीखी। कलकत्ता के प्रेसीडेंसी कॉलेज से भी उन्होंने शिक्षा ग्रहण की। 16 जून, 1918 को उनका विवाह राधारानी राय से हुआ। 1920 में उनके 4 लेख–सौरवर्ण मंडल का ऑयनीकरण, सूर्य में विद्यमान तत्त्वों पर गैसों की रूप विकिरण समस्याओं पर तथा तारों के हार्वर्ड वर्गीकरण पर 'फिलॉसफिकल, मैगजीन में प्रकाशित हुए। इन लेखों से पूरी दुनिया का ध्यान साहा की ओर गया। सन् 1923 से 1938 तक वे इलाहाबाद विश्वविद्यालय में प्राध्यापक भी रहे। इसके उपरांत वे जीवनपर्यंत कलकत्ता विश्वविद्यालय में विज्ञान फैकल्टी के प्राध्यापक एवं डीन रहे। सन् 1927 में वे रॉयल सोसाइटी के सदस्य (फेलो) बने। सन् 1934 की भारतीय विज्ञान कांग्रेस के वे अध्यक्ष थे। साहा इस दृष्टि से बहुत भाग्यशाली थे कि उन्हें प्रतिभाशाली अध्यापक एवं सहपाठी मिले। उनके विद्यार्थी जीवन के समय जगदीशचंद्र बसु एवं प्रफुल्लचंद्र रॉय अपनी प्रसिद्धि के चरम पर थे। सत्येंद्रनाथ बोस, ज्ञान घोष एवं जे. एन. मुखर्जी उनके सहपाठी थे। इलाहाबाद विश्वविद्यालय में प्रसिद्ध गणितज्ञ अमियचंद्र बनर्जी उनके बहुत नजदीकी रहे। उनका देहांत दिल्ली में योजना भवन जाते समय हृदयाघात से हुआ। उन्होंने देश की आजादी में भी योगदान दिया था। प्रेसीडेंसी कॉलेज में पढ़ते हुए ही मेघनाद क्रांतिकारियों के संपर्क में आए। उस समय आजादी के दीवाने नौजवानों के लिए 'अनुशीलन समिति' से जुड़ना देश-सेवा का पहला पाठ माना जाता था। मेघनाद भी उस समिति से जुड़ गए। बाद में मेघनाद का संपर्क नेताजी सुभाषचंद्र बोस और देश के प्रथम राष्ट्रपति डॉ. राजेंद्र प्रसाद से भी रहा।

□

मेरी क्यूरी

(रेडियम की आविष्कारक)

मेरी क्यूरी (प्रारंभिक नाम मारिया स्कोलोडोवस्का) (7 नवंबर, 1867 से 4 जुलाई, 1934) विख्यात भौतिकीविद् और रसायन-शास्त्री थीं। मेरी ने रेडियम की खोज की थी। विज्ञान की दो शाखाओं (भौतिकी एवं रसायन विज्ञान) में 'नोबेल पुरस्कार' से सम्मानित होनेवाली वह पहली वैज्ञानिक

हैं। वैज्ञानिक माँ की दोनों बेटियों ने भी 'नोबेल पुरस्कार' प्राप्त किया। बड़ी बेटी आइरीन को सन् 1935 में रसायन विज्ञान में 'नोबेल पुरस्कार' प्राप्त हुआ तो छोटी बेटी ईव को सन् 1965 में शांति के लिए 'नोबेल पुरस्कार' मिला।

मेरी का जन्म पोलैंड के वारसा नगर में हुआ था। महिला होने के कारण तत्कालीन वारसा में उन्हें सीमित शिक्षा की ही अनुमति थी, इसलिए उन्हें छुप-छुपाकर उच्च शिक्षा प्राप्त करनी पड़ी। बाद में बड़ी बहन की आर्थिक सहायता की बदौलत वह भौतिकी और गणित की पढ़ाई के लिए पेरिस आईं। उन्होंने फ्रांस में डॉक्टरेट पूरा करनेवाली पहली महिला होने का गौरव पाया। उन्हें पेरिस विश्वविद्यालय में प्रोफेसर बननेवाली पहली महिला होने का गौरव भी मिला। वहीं उनकी मुलाकात पियरे क्यूरी से हुई, जो उनके पति बने। इस वैज्ञानिक दंपती ने सन् 1898 में पोलोनियम की महत्त्वपूर्ण खोज की। कुछ ही महीने बाद उन्होंने रेडियम की खोज भी की। चिकित्सा-विज्ञान और रोगों के उपचार में यह एक महत्त्वपूर्ण क्रांतिकारी खोज साबित हुई। सन् 1903 में मेरी क्यूरी ने पी-एच.डी. पूरी कर ली। उसी वर्ष इस दंपती को रेडियोएक्टिविटी की खोज के लिए भौतिकी का 'नोबेल पुरस्कार' मिला। सन् 1911 में उन्हें रसायन विज्ञान के क्षेत्र में रेडियम के शुद्धीकरण के लिए रसायन-शास्त्र का 'नोबेल पुरस्कार' भी मिला। विज्ञान की दो शाखाओं में 'नोबेल पुरस्कार' से सम्मानित होनेवाली वह पहली वैज्ञानिक थीं।

□

मैकियावेली

(इटली का दार्शनिक)

यूरोप के महान् कूटनीतिज्ञ और राजनीतिज्ञ निकालो मैकियावेली का जन्म सन् 1469 में इटली में हुआ था। वह फ्लोरेंस शहर का रहनेवाला था। कई सचिव व मंत्री पदों पर कार्य कर उसने कई

शासकों से संबंध स्थापित किया। वह लॉरेंजो द मेडिसी और उसके परिवार का हितैषी था। सन् 1502 में उसका विवाह मारिएत्त कोर्सिनी से हुआ। 'द प्रिंस' और 'डिस्कोर्स आर्न द फर्स्ट डिकेड ऑफ टिटो लिवी' मैकियावेली के महान् ग्रंथ हैं। उसका अंतिम समय उपेक्षा, बीमारी व गरीबी में बीता। 31 वर्ष की आयु में वह चल बसा।

राजनीति-शास्त्र में 'राज्य' मैकियावेली के माध्यम से ही प्रचलन में आया। उसने राजनीति-शास्त्र में 'धार्मिक' के स्थान पर 'ऐतिहासिक' प्रणाली का उपयोग किया। मैकियावेली के साथ ही मध्ययुगीन राजनीतिक समीकरणों की समाप्ति एवं पुनर्जागरण दौर की शुरुआत होती है। इसलिए मैकियावेली

राजनीति-शास्त्र में काफी महत्त्वपूर्ण हो जाते हैं।

मैकियावेली के दर्शन में फ्लोरेंस के पुनर्जागरण और इतिहास की झलक दिखाई देती है। उसने एक संगठित राज्य व शक्तिशाली राजा की कल्पना प्रस्तुत की। वह राजनीति को धर्म से अलग शास्त्र मानता था। उसने राज्य को संगठित एवं बलशाली बनाए रखने के लिए शासक को सभी उचित-अनुचित मार्ग एव साधन अपनाने की सलाह दी। उसके अनुसार, 'धर्म' 'राजनीति' का सेवक है। 'अपने युग का शिशु' कहे जानेवाले मैकियावेली का इटली के इतिहास में कुछ वैसा ही स्थान है, जैसा भारतीय इतिहास में चाणक्य का है।

□

मैरी कॉम

(विश्व चैंपियन महिला बॉक्सर)

मैगते चंग्नेईजैंग मैरी कॉम, जिन्हें 'मेरी कॉम' के नाम से भी जाना जाता है, एक भारतीय महिला मुक्केबाज हैं। वे मणिपुर, भारत की निवासी हैं। मैरी कॉम पाँच बार विश्व मुक्केबाजी प्रतियोगिता की विजेता रह चुकी हैं। दो वर्ष के अध्ययन-प्रोत्साहन अवकाश के बाद उन्होंने वापसी करके लगातार चौथी बार विश्व गैर-व्यावसायिक बॉक्सिंग में स्वर्ण जीता। उनकी इस उपलब्धि से प्रभावित होकर ए.आई.बी.ए. ने उन्हें 'मैग्नीफिसेंट मैरी' (प्रतापी मैरी) का संबोधन दिया। उनकी वर्तमान विश्व रैंकिंग 4 है। वह वर्ष 2012 के लंदन ओलंपिक में महिला मुक्केबाजी में भारत की तरफ से आनेवाली एकमात्र महिला हैं। उन्होंने 51 किलोग्राम मुकाबले के ट्यूनीशिया की मरूवा रहाली को हराकर सेमीफाइनल में जगह बनाई और साथ ही कांस्य पदक पक्का कर लिया। मैरी कॉम का जन्म 1 मार्च, 1983 को मणिपुर के चुराचाँदपुर जिले में एक गरीब किसान के परिवार में हुआ था। उन्होंने अपनी प्राथमिक शिक्षा लोकटक क्रिश्चियन मॉडल स्कूल और सेंट जेवियर स्कूल से पूरी की। आगे की पढ़ाई के लिए वह आदिम जाति हाई स्कूल, इंफाल गईं; लेकिन परीक्षा में फेल होने के बाद उन्होंने स्कूल छोड़ दिया और फिर राष्ट्रीय मुक्त विद्यालय से परीक्षा दी। मैरी कॉम की रुचि बचपन से ही एथलेटिक्स में थी। उनके मन में बॉक्सिंग का आकर्षण सन् 1999 में उस समय उत्पन्न हुआ, जब उन्होंने खुमान लंपक स्पोर्ट्स कॉम्प्लेक्स में कुछ लड़कियों को बॉक्सिंग रिंग में लड़कों के साथ बॉक्सिंग के दाँव-पेंच आजमाते देखा। मैरी कॉम बताती हैं कि मैं वह नजारा देखकर स्तब्ध थी। मुझे लगा कि

जब वे लड़कियाँ बॉक्सिंग कर सकती हैं तो मैं क्यों नहीं? साथी मणिपुरी

बॉक्सर डिंगो सिंह की सफलता ने भी उन्हें बॉक्सिंग की ओर आकर्षित किया।

मैरी कॉम की शादी के. ओन्लर कॉम से हुई है। उनके जुड़वाँ बच्चे हैं। मैरी कॉम ने सन् 2001 में प्रथम बार राष्ट्रीय महिला बॉक्सिंग चैंपियनशिप जीती। अब तक वह छह राष्ट्रीय खिताब जीत चुकी हैं। बॉक्सिंग में देश का नाम रोशन करने के लिए भारत सरकार ने वर्ष 2003 में उन्हें 'अर्जुन पुरस्कार' से एवं वर्ष 2006 में 'पद्मश्री' से सम्मानित किया। 29 जुलाई, 2009 को वे भारत के सर्वोच्च खेल सम्मान 'राजीव गांधी खेल-रत्न पुरस्कार' के लिए चुनी गईं। □

मोक्षमुंडम विश्वेश्वरैया

(महान् इंजीनियर)

विश्वेश्वरैया का जन्म मैसूर राज्य के चिकबल्लपुर गाँव में एक गरीब परिवार में हुआ था। उनके पिता उन्हें बेहतर शिक्षा नहीं दिलवा सके। इसपर विश्वेश्वरैया ने छोटी कक्षाओं के बच्चों को पढ़ाकर खुद की पढ़ाई का खर्च उठाना शुरू किया।

पढ़ाई में अव्वल रहने के कारण उन्हें छात्रवृत्ति मिलनी शुरू हो गई। इससे उनकी आर्थिक समस्या काफी हद तक दूर हो गई। उन्होंने बंबई विश्वविद्यालय में इंजीनियरिंग में टॉप करके माता-पिता का नाम रोशन किया। उनकी योग्यता के चलते उन्हें सरकार ने बतौर सहायक अभियंता नौकरी दे दी। इस दौरान मैसूर राज्य में पेयजल की विकट समस्या थी। बंबई प्रांत के एक हिस्से सिंध में यह समस्या विकराल रूप धारण कर चुकी थी। सरकार ने उन्हें उस दुरूह इलाके में पेयजल व्यवस्था का जिम्मा सौंपा। उन्होंने 'सक्खर बाँध' बनाया। इससे उस पूरे इलाके में पेयजल की समस्या का समाधान हो गया। इस महान् उपलब्धि के कारण इंजीनियर विश्वेश्वरैया की चर्चा पूरे देश में होने लगी। इस सफलता के बाद सरकार ने उन्हें और बड़ी जिम्मेदारी सौंप दी। उन्हें मैसूर, बड़ौदा, कराची, सूरत, बीजापुर एवं धारवाड़ समेत अन्य शहरों में पेयजल-व्यवस्था करने एवं उसे सुचारु बनाने का दायित्व मिला। उन्होंने उसे कड़ी मेहनत एवं मनोयोग से पूरा किया। इस दौरान विश्वेश्वरैया ने महसूस किया कि उन्हें विकसित देशों में जाकर वहाँ की इंजीनियरिंग से अभी बहुत कुछ सीखना होगा। इसपर उन्होंने सरकारी नौकरी छोड़ दी। वे यूरोप के दौरे पर रवाना हो गए। वहाँ उन्हें काफी कुछ नया सीखने को मिला। वहाँ से लौटने पर हैदराबाद के निजाम ने मूसा नदी में प्रत्येक साल आनेवाली बाढ़ की समस्या एवं उससे उत्पन्न जल-संकट को हल

करने की जिम्मेदारी उन्हें सौंपी। इसके बाद मैसूर के राजा ने उन्हें अपने यहाँ मुख्य अभियंता रख लिया। उन्हें दीवान का भी ओहदा दे दिया। विश्वेश्वरैया ने कावेरी नदी पर बाँध बनाकर सिंचाई एवं बिजली बनाने का काम किया। यह देश में पानी से बिजली बनाने का पहला प्रयास था। उन्होंने एक ही जीवन में इतना काम किया, जितना सौ इंजीनियर मिलकर भी नहीं कर सकते हैं। इस महान् विभूति को तत्कालीन राष्ट्रपति डॉ. राजेंद्र प्रसाद ने 'भारत रत्न' की उपाधि से सम्मानित किया।

□

मोजेज

(धर्म--प्रवर्तक)

संसार के प्राचीनतम धर्म-प्रवर्तकों की श्रेणी में मोजेज (मूसा) का नाम अग्रगण्य है। उनका जन्म लगभग 1650 ई.पू. मिस्र देश में हुआ था। उनके माता-पिता इजराइली थे और उन दिनों फराओ ने सभी इजराइली नवजात शिशुओं को मार डालने का आदेश दे रखा था और फराओ की पुत्री के हस्तक्षेप से ही मूसा के प्राण बच सके थे।

हेलियोपोलिस में उन्होंने धर्मतंत्र का अध्ययन किया। मिस्र में इजराइलियों पर होनेवाले अत्याचारों से वे अत्यंत दुःखी थे। अपने एक जाति भाई की रक्षा करने के लिए मोजेज ने एक मिस्री की हत्या कर डाली और अरब के एक रेगिस्तान में जा छिपे, जहाँ उन्होंने कठोर साधनाएँ कीं। ऐसा विश्वास है कि ईश्वर ने उन्हें यहूदी जाति का नेता ठहराकर उसे मिस्र की दासता से मुक्त कराने का आदेश दिया।

मूसा ने अपने समर्थकों को संगठित किया और रैमसेस द्वितीय के राज्यकाल में मिस्र लौटकर बार-बार प्रार्थना की कि उनके जाति भाइयों को मिस्र छोड़कर फिलिस्तीन लौट जाने की अनुमति दी जाए; परंतु उनकी प्रार्थना स्वीकार नहीं की गई। 'ओल्ड टेस्टामेंट' में लिखित कथा के अनुसार, मिस्र पर तब एक के बाद एक 10 महाविपत्तियाँ आईं और उन्हें मूसा का अभिशाप समझकर उन्हें देश छोड़ने की अनुमति दे दी गई।

मूसा अपने अनुयायियों को लेकर फिलिस्तीन की ओर चल पड़े। रास्ते में भयानक सिनाई रेगिस्तान भी पार करना था। उस यात्रा में 40 वर्ष लगे और मूसा यात्रा पूर्ण होने तक जीवित नहीं रहे। रास्ते में उन्होंने अपने अनुयायियों को सरल आचार-विचार संबंधी उपदेश दिए थे और ऐसा विश्वास किया जाता है कि वे निर्देश उन्हें ईश्वर से प्राप्त हुए थे। उन्हें ही 'दस निर्देश' कहते हैं, जो विश्व में अभी भी ईसाइयों के मूल सिद्धांत माने जाते हैं।

□

यशपाल

(क्रांतिकारी व लेखक)

यशपाल जाने-माने क्रांतिकारी थे। वे 3 दिसबर, 1903 को फिरोजपुर छावनी में

हीरालाल के घर पैदा हुए। उनकी माँ शिक्षिका थीं, इसके बावजूद परिजन तंगी का जीवन यापन कर रहे थे। यशपाल को शिक्षा के लिए नैनीताल के कस्बे काशीपुर भेजा गया। इसके बाद वे गुरुकुल काँगड़ी, फिर लाहौर गए। इसके बावजूद पढ़ाई का उचित प्रबंध नहीं हो सका। परिजनों ने उन्हें फिरोजपुर में ही पढ़ाई करवाने का निर्णय किया। यशपाल ने वहाँ से किसी तरह हाई स्कूल तथा नेशनल कॉलेज से स्नातक किया। यहाँ उनकी दोस्ती भगत सिंह, सुखदेव एवं भगवतीचरण बोहरा से हुई। यशपाल ने उनके साथ बम बनाना, गोली चलाना एवं गुप्तचरी करना सीखा। यशपाल सन् 1929 में लाहौर में बम बनाया करते थे। इसी दौरान भगत सिंह ने असेंबली में बम फेंका। इसके बाद यशपाल फरार हो गए। वहाँ से भागकर वे रोहतक जा पहुँचे और एक वैद्य के यहाँ नौकरी करने लगे। इसी दौरान यशपाल ने लॉर्ड इरविन की गाड़ी पर बम फेंका। इसके बाद वह सन् 1932 में इलाहाबाद में पकड़े गए और उन्हें चौदह साल की सजा हुई।

जेल से छूटने के बाद उन्होंने खुद को साहित्य-साधना में लगा दिया। हालाँकि वे छात्र जीवन में भी कहानियाँ लिखा करते थे, इसलिए उसी राह को अपनाने का निश्चय किया। उनकी पत्नी प्रकाशवती ने भी उनका भरपूर सहयोग किया। उन्होंने कई कहानियाँ, उपन्यास एवं लेख लिखे। यशपाल ने कई बेहतरीन पुस्तकों का अनुवाद भी किया।

□

यासिर अराफात

(फिलिस्तीनी नेता)

यासिर अराफात का जन्म जेरूशलम में, जबकि पालन-पोषण गाजा में हुआ था। उन्होंने 'अल-फतह' नामक दल की स्थापना की, जिसने सन् 1969 में पी.एल.ओ. को अपने अधिकार में ले लिया। यासिर अराफात पी.एल.ओ. के चेयरमैन और फिलिस्तीन (पेलेस्टाइन) तथा वहाँ के निवासियों के शिरोमणि नेता थे। नवंबर 1988 में स्वतंत्र पेलेस्टाइन स्थापित करने की सार्वजनिक घोषणा की गई, जिसके लिए उन्हें एक लंबा संघर्ष करना पड़ा। सन् 1994 में यासिर अराफात को 'नोबेल पुरस्कार' से सम्मानित किया गया।

□

यूक्लिड

(ज्यामिति के जनक)

यूक्लिड की अमूल्य धरोहर पुस्तक 'एलीमेंट' 2,000 साल से दुनिया भर में छाई हुई है। करोड़ों छात्र उसे आज भी पढ़ रहे हैं। उसका महत्त्व अब भी उतना ही है, जितना पुस्तक लिखते समय था। वह पुस्तक ईसा से 300 साल पहले ग्रीक भाषा में लिखी गई थी। दुनिया की सभी भाषाओं में उस पुस्तक का अनुवाद हुआ है। एक अनुमान के अनुसार, 'बाइबिल' को यदि छोड़ दें तो यह पुस्तक दुनिया में सबसे अधिक बिकी है। यूक्लिड अलेक्जेंड्रिया के सरकारी स्कूल में अध्यापक थे। उन्होंने ज्यामिति के सभी ज्ञात तत्त्वों को संगृहीत करके, उन्हें सुव्यवस्थित करके वह पुस्तक तैयार की। शायद इसलिए उन्हें 'ज्यामिति का जनक' कहा जाता है।

ज्यामिति का विकास मिस्र में हुआ। वहाँ इसकी वजह भी मौजूद थी। मिस्र में विश्व की सबसे लंबी नील नदी में अकसर हर साल बाढ़ आती थी। इससे किसानों के खेतों की सीमा गड़बड़ हो जाती थी। खेतों की मेंड़ पहाड़ों से आनेवाली काली सिल्ट में दब जाती थी। किसानों को इस परेशानी से बचाने के लिए यूक्लिड ने ज्यामिति से सामने आ रही समस्याओं का समाधान निकाला। इसके बाद ही जमीन की माप दुरुस्त हो सकी। इतना ही नहीं, नौचालन, परमाणु विज्ञान, यांत्रिकी, ध्वनि-विज्ञान, जीव-विज्ञान, प्रकाश-विज्ञान, चिकित्सा-विज्ञान तथा उद्योगों की शाखाओं का अध्ययन यूक्लिड के शोध पर ही आधारित है।

□

यूरी गागरिन

(रूसी अंतरिक्ष वैज्ञानिक)

कर्नल यूरी एलेक्सेविच गागरिन ने 12 अप्रैल, 1961 को अंतरिक्ष यान 'वोस्तोक-1' में 90 मिनट तक यात्रा करके इतिहास रच दिया। इतना ही नहीं, उन्होंने दुनिया का पहला अंतरिक्ष यात्री होने का भी गौरव हासिल किया। इससे पहले वैज्ञानिकों ने 'लाइका' नाम की कुतिया को अंतरिक्ष में भेजा था। वैज्ञानिकों ने इसके बाद ही मानव को अंतरिक्ष में भेजने की योजना बनाई थी। इसके लिए चुने जाने के बाद कर्नल गागरिन को कई प्रकार की चुनौतियों से गुजरना पड़ा। उन्होंने बेहद कठिन प्रशिक्षण प्राप्त किया। कई खतरनाक परिस्थितियों से गुजरने के बावजूद उन्होंने साहस नहीं खोया। कजाकिस्तान के अंतरिक्ष केंद्र से 'वोस्तोक-1' छोड़ा

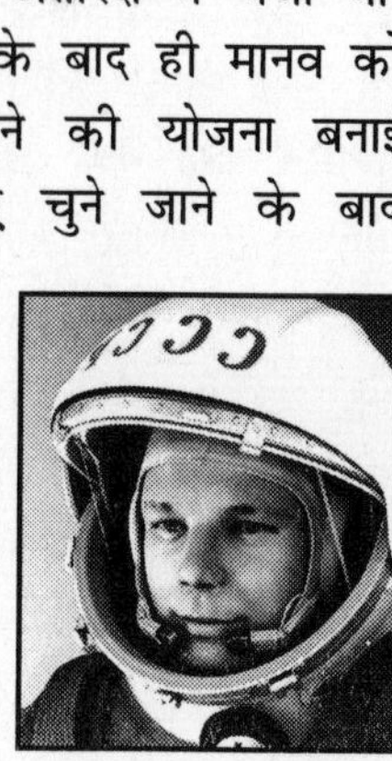

गया। उसने करीब 90 मिनट तक अंतरिक्ष में रहकर कीर्तिमान स्थापित किया था। इसके बाद से दुनिया भर के देशों में अंतरिक्ष में अपने लोगों को भेजने की होड़ लग गई थी। गागरिन को 'ऑर्डर ऑफ लेनिन', 'गोल्ड स्टार एवं हीरो ऑफ द सोवियत यूनियन' की उपाधियों से नवाजा गया। पृथ्वी-पुत्र यूरी गागरिन ने अंतरिक्ष की ऊँचाइयों को छूकर दुनिया में अपना एवं अपने देश सोवियत संघ का नाम रोशन कर दिया। यूरी गागरिन के अदम्य साहस ने अंतरिक्ष में मानव के जाने की राह खोल दी।

गागरिन रूस के किसान परिवार में जनमे थे। उन्हें बचपन से ही यंत्र-विद्या में रुचि थी। इसी के चलते वे वायुयान विद्यालय में भरती हो गए। इसके बाद उन्हें वायुसेना में भरती होने का मौका मिल गया। बस, फिर क्या था, उन्हें उनकी मंजिल मिल गई! यूरी गागरिन की मृत्यु मात्र 34 वर्ष की अल्पायु में ही सन् 1968 में हो गई थी। □

योहैनीज केपलर

(नक्षत्र विज्ञानी)

योहैनीज केपलर का जन्म सन् 1571 में दक्षिणी जर्मनी के बाइल नामक स्थान पर हुआ था। वे जब 4 वर्ष के थे तो बदकिस्मती से चेचक के कारण उनकी आँखें कमजोर हो गईं। इस रोग का असर उनके हाथों पर भी पड़ा था। उनके

पिता सिपाही थे, परंतु वे शराब के आदी होने के कारण हर समय नशे में रहते तथा गैर-जिम्मेदार हो गए थे। केपलर की माता एक धनवान् सराय मालिक की बेटी थीं, परंतु वे अकसर बीमार रहती थीं। इस कारण केपलर की परवरिश अच्छे ढंग से नहीं हो पाई थी। इतनी परेशानियों के बावजूद वे प्रतिभाशाली छात्र थे। उन्होंने तंगहाली के बावजूद शिक्षा पूरी की। इसके बाद वे ग्रात्स विश्वविद्यालय में नक्षत्र-विज्ञान के प्राध्यापक नियुक्त हो गए।

इसी दौरान केपलर ने एक धनी परिवार की युवती से विवाह कर लिया। दुर्भाग्य से उसी समय जर्मनी में धार्मिक आंदोलन शुरू हो गया, जो लगातार तेज होता गया। केपलर के प्रोटेस्टेंट होने के कारण उनकी गृहस्थी सुखी नहीं रह सकी। इतना ही नहीं, उन्हें ग्रात्स विश्वविद्यालय छोड़कर प्राग जाना पड़ा। यहाँ आकर केपलर ने अपना शोध-कार्य तेज कर दिया। इस दौरान उन्होंने सिद्ध किया कि सूर्य की परिक्रमा करनेवाले ग्रह-नक्षत्र पूर्ण वृत्त-मंडलों में परिक्रमा नहीं करते हैं। उनकी परिक्रमा का मार्ग अंडाकार होता है। केपलर ने मानव-दृष्टि एवं दृष्टि-विज्ञान के संबंध में भी जो स्थापनाएँ कीं, वे आज भी अद्वितीय हैं। □

रजिया सुल्तान

(गुलाम वंश की महिला शासक)

रजिया सुल्तान भारत की पहली महिला शासक थी। उसने लगभग 5 वर्षों तक दिल्ली की सल्तनत को सँभाला। उसका पूरा कार्यकाल संघर्षों में बीता। कहा जाता है कि यदि वह स्त्री नहीं होती तो भारत की एक सफलतम शासिका सिद्ध होती।

रजिया गुलाम वंश के सुल्तान इल्तुतमिश की पुत्री थी। जिस समय रजिया गद्दी पर बैठी, उसके चारों ओर घोर संकट छाया हुआ था। दिल्ली सल्तनत के अमीर एवं दरबारी अपने ऊपर एक स्त्री का शासन होते नहीं देख सकते थे। इसलिए वह लगातार उसके विरुद्ध षड्यंत्र करते रहते थे।

रजिया एक साहसी, व्यवहार-कुशल एवं दूरदर्शी महिला थी। इसलिए उसने धीरे-धीरे सरदारों को अपनी ओर मिलाना आरंभ कर दिया। प्रसिद्ध इतिहासकार मिन्हाज-उस-सिराज ने लिखा है- ''रजिया एक महान् शासक, कुशाग्र बुद्धि, न्यायप्रिय, हितकारी, विद्वानों की आश्रयदाता, प्रजा का कल्याण करनेवाली एवं सामरिक गुणों को रखनेवाली स्त्री शासक है।''

गद्दी पर बैठते ही रजिया ने परदा उतार फेंका और पुरुषों जैसे वस्त्र एवं चोगा धारण कर लिये। वह बड़े प्रभावशाली ढंग से अपना दरबार चलाती थी। पंजाब, बंगाल, बिहार सहित देश के अधिकांश भाग उसके अधिकार में आ गए थे। दिल्ली में नूरुद्दीन के विद्रोह को जब उसकी सेना ने दबा दिया तो इससे भयभीत होकर कई विरोधी उसकी ओर आ गए।

रजिया के पतन के दो प्रमुख कारण माने जाते हैं। पहला, उसका स्त्री होना एवं दूसरा अबीसीनिया निवासी एक गुलाम जलालुद्दीन याकूत से उसकी अत्यधिक निकटता। इस बात को लेकर इब्नबतूता एवं फरिश्ता जैसे इतिहासकार उसपर मर्यादा भंग करने का आरोप लगाते हैं। याकूत पर रजिया की विशेष कृपा-दृष्टि थी। इससे तुर्क सरदार दोनों को घृणा से देखने लगे और अवसर पाते ही उन्होंने लोगों को भड़काकर विद्रोह कर दिया। सबसे पहले लाहौर, फिर भटिंडा में विद्रोह हुआ। रजिया ने लाहौर का विद्रोह सफलतापूर्वक दबा दिया। मगर जब भटिंडा के प्रशासक अल्तूनिया से युद्ध कर वह याकूत के साथ दिल्ली आ रही थी तो 14 अक्तूबर, 1240 को रास्ते में उसका कत्ल कर दिया गया।

एक स्त्री होते हुए भी रजिया ने जिस निडरता के साथ संकटों का सामना किया, उसके कारण ही सभी आधुनिक इतिहासकार उसकी प्रशंसा करते हैं। एक इतिहासकार ने तो यहाँ तक लिखा है कि 'वह स्त्री होकर भी पुरुष का मस्तिष्क रखती थी और बीस पुत्रों से भी बढ़कर थी।'

□

रवींद्रनाथ ठाकुर

('गीतांजलि' के रचयिता)

रवींद्रनाथ ठाकुर का जन्म 7 मई, 1861 को महर्षि देवेंद्रनाथ ठाकुर के कलकत्ता स्थित प्रासादोपम भवन में उनके कनिष्ठ पुत्र के रूप में हुआ था। भारतवर्ष की तत्कालीन राजधानी कलकत्ता उस दौरान संक्रमण के दौर से गुजर रही थी। उन दिनों महर्षि देवेंद्रनाथ ठाकुर आदि ब्राह्म-समाज नामक शाखा के प्रतिष्ठाता थे। शुरुआती पढ़ाई के बाद रवींद्रनाथ ठाकुर ने इंग्लैंड जाकर बेकन, गेटे एवं एंजेलो समेत कई अन्य कवियों एवं साहित्यकारों का अध्ययन किया। उन्होंने शेक्सपियर के 'मैकबेथ' का बँगला में अनुवाद भी किया। यह भी सच है कि रवींद्रनाथ ठाकुर पर भारतीय धर्मग्रंथों का गहरा प्रभाव था। यह उनके साहित्य में भी झलकता है। उन्हें उनकी कृति 'गीतांजलि' के लिए साहित्य का 'नोबेल पुरस्कार' मिला था, इसलिए उन्हें दुनिया के महानतम रचनाकारों में गिना जाता है। यह पूरे देश के लिए गौरव की बात थी। ब्रिटिश सरकार ने उन्हें 'सर' की उपाधि से नवाजा। हालाँकि उन्होंने जलियाँवाला बाग हत्याकांड के विरोध में 'सर' की उपाधि लौटा दी थी। रवींद्रनाथ ठाकुर का साहित्य में अहम योगदान रहा है। उन्होंने 'राजर्षि', 'नौका डूबी', 'चोखेर बाली', 'योगायोग', 'घरे बाहिरे' आदि की रचना की। उनके 'राजा और रानी', 'नरकवास', 'रक्त करवी', 'चिरकुमार सभा' एवं 'मुक्तधारा' आदि नाटक काफी लोकप्रिय हुए। उन्होंने बँगला साहित्य में कहानी विधा की भी प्रतिष्ठा बढ़ाई। 'काबुलीवाला', 'क्षुधित पाषाण' एवं 'नष्ट नीड़' आदि उनकी कहानियाँ अत्यधिक लोकप्रिय हुईं। रवींद्रनाथ ठाकुर मानवतावाद के बहुत बड़े पैरोकार रहे। उन्होंने मानवता को ही सबसे बड़ा धर्म बताया। रवींद्रनाथ ठाकुर का मानवतावाद का दर्शन उनकी पुस्तक 'द रिलीजन ऑफ मैन' में स्पष्ट दिखाई पड़ता है। उनकी पत्नी का नाम मृणालिनी था। उनका विवाह सन् 1933 में हुआ था।

□

राइट बंधु

(उड़ान का जुनून)

विल्बर राइट एवं ओरविल राइट दोनों भाई थे। उनके पिता पादरी थे। आर्थिक स्थिति बेहतर न होने के कारण उन दोनों को हाई स्कूल

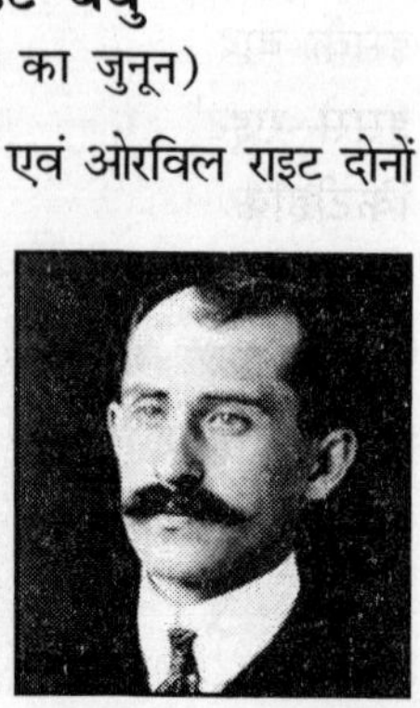

तक भी शिक्षा नहीं मिल पाई थी। हालाँकि उन्हें कल-पुरजों में उलझने का बहुत शौक था। उनका उड़ान भरने का सपना था। उसे पूरा करने के लिए उन्होंने कई तरह के प्रयोगों को अंजाम दिया। सबसे पहले उन्होंने 5 फीट का ग्लाइडर बनाया और उसे पतंग की तरह उड़ाया। इससे उन्हें एहसास हुआ कि हवाई जहाज बनाने से पहले उन्हें हवा के दबाव के बारे में बहुत कुछ जानना होगा। इसलिए उन्होंने इस दिशा में अथक प्रयास किए। 14 दिसंबर, 1903 को दोनों राइट बंधु अमेरिका के उत्तरी कैरोलिना के रेतीले मैदान किटीहॉक में पहुँचे और अपना हवाई जहाज उड़ाया। यह धरती से उठा; परंतु तभी इंजन में गड़बड़ी के कारण नीचे आ गया। उन्होंने कुछ दिनों बाद फिर इस मैदान से ही हवाई जहाज उड़ाया। यह प्रयोग काफी हद तक सफल रहा। हवाई जहाज जमीन से करीब 40 फीट उठा। हालाँकि 12 सेकेंड में वह महज 120 फीट दूरी ही तय कर सका था। इसके बाद के प्रयोग काफी सफल रहे। इससे राइट बंधुओं की धूम मच गई। किटीहॉक स्थित किल डेबिल पहाड़ी पर उनकी याद में शानदार स्मारक बनाया गया। वह आज भी वहाँ मौजूद है। उसे देखने के लिए प्रतिदिन बड़ी संख्या में लोग वहाँ पहुँचते हैं।

□

राकेश शर्मा

(प्रथम भारतीय अंतरिक्ष यात्री)

राकेश शर्मा का जन्म पंजाब के पटियाला शहर में हुआ। शिक्षा पूरी करने के बाद उनका चयन भारतीय वायुसेना में हो गया। इस दौरान उनका प्रशिक्षण हैदराबाद में हुआ। उन्होंने अंतरिक्ष के बारे में काफी जानकारी हासिल की। इसी के चलते उनका चयन रूस के सहयोग से अंतरिक्ष परीक्षण उड़ान के लिए किया गया। उनके लिए यह खबर बहुत ही रोमांचकारी थी। उनका सपना जो पूरा हो रहा था! इसके लिए उन्हें काफी समय तक परीक्षण के कड़े दौर से गुजरना पड़ा। उनके साथ अंतरिक्ष उड़ान का प्रशिक्षण उनके सहयोगी रवीश मल्होत्रा को भी दिया गया था। भारतीय वायुसेना के राकेश शर्मा अप्रैल 1984 में सोयुज टी-11 में दो रूसी अंतरिक्ष यात्रियों के साथ सात दिन तक पृथ्वी का चक्कर लगाते रहे। इस दौरान उनसे तत्कालीन प्रधानमंत्री इंदिरा गांधी ने भी बातचीत की थी। इंदिरा गांधी के यह पूछने पर कि अंतरिक्ष से हमारा भारत देश कैसा दिखाई देता है? इसपर उन्होंने कहा, "सारे जहाँ से अच्छा हिंदोस्ताँ हमारा।" इसके साथ ही राकेश शर्मा को हमेशा याद किया जाता रहेगा।

□

राज कपूर

(लोकप्रिय फिल्म अभिनेता)

राज कपूर का जन्म सन् 1924 में फिल्म इंडस्ट्री के जाने-माने फिल्म अभिनेता पृथ्वीराज कपूर के घर हुआ था। उस समय पृथ्वीराज कपूर का बोलबाला था। राज कपूर का रुझान भी फिल्मों की ओर रहा। वे भी फिल्म इंडस्ट्री में आए और अपने हुनर के बल पर छा गए। उन्होंने कई फिल्मों में यादगार अभिनय किया। उन्होंने परदे पर ऐसी अमिट छाप छोड़ी कि वे दूसरे अभिनेताओं के लिए भी प्रेरणा का स्रोत बन गए। उन्होंने बतौर निर्माता-निर्देशक कई फिल्में बनाईं। वे आज भी फिल्म इंडस्ट्री में लोकप्रिय बनी हुई हैं। उनमें 'बरसात', 'आवारा', 'संगम', 'श्री 420', 'जागते रहो', 'बॉबी' तथा 'मेरा नाम जोकर' आदि शामिल हैं। ये फिल्मी दुनिया में मील का पत्थर साबित हुईं। राज कपूर ने बंबई में आर.के. स्टूडियो का निर्माण कराया। उन्हें सिनेमा के क्षेत्र में अमूल्य योगदान के लिए 'दादा साहब फाल्के' पुरस्कार से सम्मानित किया गया। हालाँकि उसी वर्ष उन्होंने दुनिया को अलविदा कह दिया था।

इसके बावजूद आनेवाली पीढ़ियाँ राज कपूर से सीखती रहेंगी। उनकी एवं उनके बाद की पीढ़ी के परिजनों ने भी फिल्मी दुनिया में बहुत नाम कमाया। आज भी उनके परिवार के कई कलाकार अभिनय के जौहर दिखा रहे हैं। बॉलीवुड राज कपूर के योगदान को हमेशा याद रखेगा।

□

राजकुमारी अमृत कौर

(प्रथम भारतीय महिला स्वास्थ्य मंत्री)

राजकुमारी अमृत कौर का जन्म पंजाब प्रांत के राजवंश में सन् 1887 में हुआ था। उन्होंने अपने पूर्वजों की तरह ही स्वतंत्रता संग्राम में शिरकत की थी। इसके लिए उन्हें कई बार जेल भी जाना पड़ा था। उनके राजवंश ने अँगरेजों के खिलाफ बगावत करके आजादी के दीवानों को शरण दी, उनकी हर संभव मदद की। अमृत कौर ने भी उसमें बढ़-चढ़कर हिस्सा लिया। उन्होंने जीवन का लक्ष्य ही देश की आजादी को बना लिया था। इतना ही नहीं, उन्होंने इस दिशा में निरंतर आगे बढ़ने का काम किया। उनकी मुलाकात पं. जवाहरलाल नेहरू समेत समकालीन नेताओं से हुई थी। उन्होंने कई मामलों में अहम राय भी व्यक्त की थी। देश की आजादी के बाद जवाहरलाल नेहरू ने उन्हें अपने मंत्रिमंडल में शामिल कर लिया था। उन्हें स्वास्थ्य मंत्रालय की जिम्मेदारी सौंपी गई। इस

दौरान अमृत कौर ने परिवार कल्याण की कई अहम योजनाएँ चालू की थीं।

□

राजा राममोहन राय

(महान् समाज-सुधारक)

राजा राममोहन राय का जन्म 22 मई, 1772 को बंगाल के राधानगर में जमींदार रमाकांत राय के घर में हुआ था।

गाँव में प्रारंभिक शिक्षा पूरी करने के बाद उन्हें परिजनों ने पटना भेज दिया। वहाँ उन्होंने फारसी एवं संस्कृत का अध्ययन किया। इस दौरान भारतीय समाज अंधविश्वास एवं कुरीतियों से जकड़ा हुआ था, जिसे देख राजा राममोहन राय बहुत दुःखी थे। उन्होंने समाज से कुरीतियों को मिटाकर ज्ञान का प्रकाश फैलाने का निश्चय किया। सबसे पहले उन्होंने सती प्रथा के खिलाफ आंदोलन चलाया। इतना ही नहीं, ब्रिटिश सरकार से इस बाबत कानून बनवाकर उसे लागू कराया। इस प्रकार देश से सती-प्रथा का अंत संभव हो सका। उन्होंने मूर्ति-पूजा एवं जाति-भेद का भी पुरजोर विरोध किया। वे विधवा-विवाह के प्रबल समर्थक रहे। वे देश की आजादी के भी प्रबल हिमायती थे, इसलिए वे ब्रिटिश शासन की विसंगतियों की खुलकर आलोचना करते रहते थे। उन्होंने राजनीतिक स्वतंत्रता की भी खूब वकालत की। राजा राममोहन राय प्रेस की स्वतंत्रता का भी महत्त्व खूब समझते थे। इसीलिए वे समाचार-पत्रों पर किसी प्रकार के प्रतिबंध का विरोध करते थे। देश की एकता एवं अखंडता के लिए उन्होंने सबसे पहले हिंदू-मुसलिम एकता को जरूरी बताया। उनके प्रयासों से ही भारतीय कारोबारियों को व्यापार में छूट मिलनी शुरू हुई थी। इससे पहले ब्रिटिश कारोबारी ही छूट के हकदार माने जाते थे। राजा राममोहन राय का निधन सन् 1833 में हुआ था।

□

राजीव गांधी

(भारत के प्रधानमंत्री)

राजीव गांधी को देश का सबसे युवा प्रधानमंत्री होने का गौरव हासिल है। उनकी माँ इंदिरा गांधी की सन् 1984 में उनके ही सुरक्षा कर्मियों द्वारा दिल्ली में हत्या कर दिए जाने के बाद उन्हें सत्ता सँभालनी पड़ी। राजीव गांधी की राजनीति में रुचि नहीं थी, इसलिए उन्होंने इंडियन एयरलाइंस में पायलट की नौकरी कर ली थी। इससे पूर्व वे देहरादून से शिक्षा प्राप्त करने के बाद पढ़ाई के लिए इंग्लैंड चले गए थे। वहाँ उनकी मुलाकात इटली निवासी सोनिया से हुई। राजीव गांधी

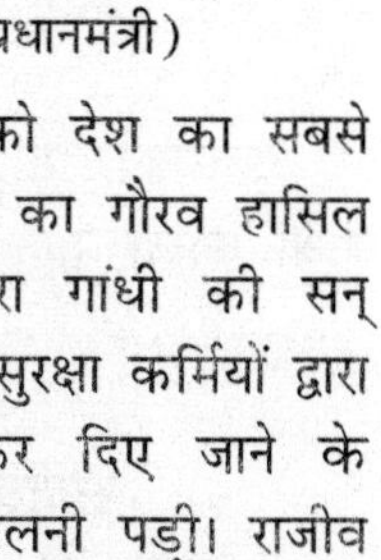

ने 16 फरवरी, 1968 को सोनिया से विवाह कर लिया। राजीव गांधी ने बतौर प्रधानमंत्री कंप्यूटर के प्रयोग पर जोर दिया। मौसम के बारे में जानकारी हासिल करने में अहम भूमिका निभानेवाले सुपर कंप्यूटर को उनके प्रयास से ही भारत लाया गया। इतना ही नहीं, उन्होंने उद्योगों को भी बढ़ावा दिया। राजीव गांधी ने देश एवं दुनिया के समक्ष चुनौती बने आतंकवाद के खिलाफ मुहिम तेज की। इस प्रयास में लिट्टे से निपटने के लिए भारतीय शांति सेना श्रीलंका भेजी। राजीव गांधी को सौम्य व्यक्तित्व का होने के बावजूद राजनीति ने चिड़चिड़ा बना दिया था। इतना ही नहीं, उन्हें एक कार्यकाल के बाद सन् 1989 में सत्ता गँवानी पड़ी थी। 21 मई, 1991 को उन्हें पेरुंबदूर में आत्मघाती महिला आतंकवादी के हाथों अपनी जान गँवानी पड़ी।

□

राजेंद्र प्रसाद

(भारत के प्रथम राष्ट्रपति)

भारत-रत्न डॉ. राजेंद्र प्रसाद बिहार राज्य के सारण जिले के जीरादेई गाँव

में 3 दिसंबर, 1884 को पैदा हुए। उनका परिवार जमींदार था। उनके पिता महादेव सहाय संस्कृत एवं फारसी के अच्छे जानकार थे। राजेंद्र प्रसाद छपरा से दसवीं कक्षा पास करने के बाद आगे की पढ़ाई करने कलकत्ता चले गए। वहाँ से एल-एल.बी. करने के बाद वे पटना उच्च न्यायालय में वकालत करने लगे। वहाँ उन्होंने कई बड़े मामलों में जीत हासिल की, जिससे उनकी गिनती वहाँ के नामी वकीलों में होने लगी। वहीं पर उन्हें अंग्रेजों के अत्याचारों के खिलाफ लड़ाई लड़ने का विचार आया और 'बंग-भंग' के दौरान उन्होंने राजनीति में प्रवेश किया। इन्होंने गांधीजी के चंपारण-सत्याग्रह में सक्रिय भागीदारी की। उन्होंने अखिल भारतीय कांग्रेस द्वारा चलाए गए आंदोलन में बढ़-चढ़कर भाग लिया। इतना ही नहीं, वे कई बार जेल भी गए। वे महात्मा गांधी के निकटतम लोगों में से थे। देश की आजादी के बाद उन्हें संविधान सभा के अध्यक्ष की जिम्मेदारी सौंपी गई। इसमें उन्होंने बखूबी भूमिका निभाई। उन्हें देश का पहला राष्ट्रपति होने का गौरव हासिल हुआ। कार्यकाल पूरा करने के बाद वे पटना स्थित 'सदाकत आश्रम' चले गए। यहीं पर उन्होंने अंतिम साँस ली।

□

रानी दुर्गावती

(गढ़ मांडला की वीर रानी)

दुर्गावती महोबा और कालिंजर के चंदेल राजा कीरतराय की पुत्री थीं। उनका विवाह गढ़ मांडला के राजा दलपतशाह

के साथ हुआ। सन् 1545 में शेरशाह द्वारा कालिंजर पर आक्रमण किया गया, जिसमें कीरतराय मारा गया। दुर्गावती विधवा हो गईं। उस समय उनका पुत्र वीर नारायण छोटी उम्र का था, अत: राज-काज दुर्गावती ने सँभाला। तब अकबर के सिपहसालार आसफ खाँ ने उनके राज्य पर आक्रमण कर दिया। दुर्गावती का पुत्र युद्ध में वीरगति को प्राप्त हुआ और वे स्वयं भी घायल हो गईं। तब अपनी छाती में स्वयं कटार भोंककर दुर्गावती ने अपने प्राण दे दिए, ताकि वे मुगलों के हाथ न लगें।

□

रानी पद्मिनी

(मेवाड़ की रूपमती रानी)

पद्मिनी चित्तौड़ के राणा भीमसिंह की रानी थी। वह इतनी रूपवती थी कि साक्षात् सौंदर्य की प्रतिमा लगती थी। वह गुणों से भी ओत-प्रोत थी। उसके रूप और गुणों की चर्चा दिल्ली में खिलजी वंश के सम्राट् के कानों तक भी जा पहुँची। दर्पण में प्रतिबिंब देखकर वह उस पर मोहित हो गया और उसे

अपनी बेगम बनाने के लिए उतावला हो उठा। उसने चित्तौड़ पर हमला कर दिया। उसकी सेना बड़ी विशाल थी; किंतु छोटी होने पर भी राजपूत सेना ने उसकी सेना के छक्के छुड़ा दिए। भारी हानि उठाने के पश्चात् भी अलाउद्दीन खिलजी विजयी हुआ। जब पद्मिनी को राजपूतों की पराजय का समाचार मिला तो उसने किले का द्वार बंद कराकर चित्तौड़ की अनेक स्त्रियों को साथ लेकर जौहर की ज्वाला में स्वयं को भस्म कर दिया। इस प्रकार उसने अपने तथा अन्य स्त्रियों के अस्तित्व की रक्षा की। इतना कुछ नष्ट करने के पश्चात् जब अलाउद्दीन खिलजी किले में पहुँचा तो उसे वहाँ मात्र उन पतिव्रता वीरांगनाओं की जौहर में जली भस्म ही मिली।

□

रानी लक्ष्मीबाई

(स्वातंत्र्य समर की वीरांगना)

रानी लक्ष्मीबाई मराठा-शासित झाँसी राज्य की रानी और सन् 1857 के प्रथम भारतीय स्वतंत्रता संग्राम की वीरांगना थीं। उनका जन्म वाराणसी जिले के भदैनी नामक नगर में हुआ था। उनके बचपन का नाम मणिकर्णिका था, पर प्यार से उन्हें 'मनु' कहा जाता था। उनकी माता का नाम भागीरथीबाई तथा पिता का नाम मोरोपंत तांबे था। मोरोपंत एक मराठी थे और मराठा बाजीराव की सेवा में थे। माता भागीरथीबाई एक सुसंस्कृत, बुद्धिमान

एवं धार्मिक महिला थीं। मनु जब 4 वर्ष की थीं, तब उनकी माँ की मृत्यु हो गई। चूँकि घर में मनु की देखभाल करने के लिए कोई भी नहीं था, इसलिए पिता मनु को अपने साथ बाजीराव के दरबार में ले गए, जहाँ चंचल एवं सुंदर मनु ने सबका मन मोह लिया। लोग उसे प्यार से 'छबीली' बुलाने लगे।

मनु ने बचपन में शास्त्रों की शिक्षा के साथ शस्त्रों की शिक्षा भी ली। सन् 1842 में उनका विवाह झाँसी के मराठा-शासित राजा गंगाधरराव निवालकर के साथ हुआ और वे झाँसी की रानी बनीं। विवाह के बाद उनका नाम 'लक्ष्मीबाई' रखा गया। सन् 1851 में रानी लक्ष्मीबाई ने एक पुत्र को जन्म दिया, पर चार महीने की उम्र में ही उसकी मृत्यु हो गई। सन् 1853 में राजा गंगाधरराव का बहुत अधिक स्वास्थ्य बिगड़ने पर उन्हें दत्तक पुत्र लेने की सलाह दी गई। पुत्र गोद लेने के बाद गंगाधरराव की मृत्यु 21 नवंबर, 1853 को हो गई। दत्तक पुत्र का नाम 'दामोदर राव' रखा गया।

□

रॉबर्ट क्लाइव

(बंगाल का गवर्नर)

भारत में ब्रिटिश साम्राज्य की जड़ें जमाने का श्रेय काफी हद तक रॉबर्ट क्लाइव को जाता है। ईस्ट इंडिया कंपनी के भारत आगमन के आरंभिक काल में क्लाइव एक क्लर्क के रूप यहाँ अपना भाग्य आजमाने आया था। इस कार्य में उसकी अधिक रुचि नहीं थी। जिस समय फ्रांस और इंग्लैंड भारत में अपना अस्तित्व स्थापित करने की कोशिश कर रहे थे, तब क्लाइव ने सेना में भरती होकर सन् 1757 में फ्रांस और उनके सहयोगी नवाब और भारतीयों को हराकर कलकत्ता के बाहर 'प्लासी के युद्ध' में विजय प्राप्त की। सन् 1765 में वह बंगाल का दीवान

नियुक्त किया गया। दो बार वह बंगाल का गवर्नर भी बना। उसी के प्रयत्नों का परिणाम था कि बंगाल ब्रिटिश साम्राज्य का अंग बन सका। बंगाल उस समय भारत का प्रमुख और उन्नत अंग था।

□

रॉबर्ट फुल्टन

(स्टीम-बोट के निर्माता)

रॉबर्ट फुल्टन का जन्म सन् 1765 में अमेरिका के पेंसिल्वेनिया में हुआ था। चित्रकला में रुचि होने के कारण वह प्रसिद्ध चित्रकार बेंजामिन वेस्ट से चित्रकला सीखने के लिए इंग्लैंड गए। वेस्ट के संपर्क में आने के बाद उनका परिचय कुछ ऐसे लोगों से हुआ कि वह नावों में दिलचस्पी लेने लगे। वह स्टीम बोट के निर्माण में लग गए। पहले कुछ प्रयोगों में तो उन्हें सफलता नहीं मिली, किंतु अमेरिका लौटकर उन्होंने 'क्लेरमोंट' का निर्माण किया। इस प्रयोग में उसे आशातीत सफलता मिली। चूँकि क्लेरमोंट की गणना सबसे पहले की सफल स्टीम-बोटों में की जाती है, इसलिए फुल्टन को स्टीम बोट का आविष्कारक भी कहा जाता है।

□

रॉबर्ट बेडन पॉवेल

(स्काउट आंदोलन के संस्थापक)

रॉबर्ट बेडन पॉवेल का जन्म सन् 1857 में हुआ था। वे ऑक्सफोर्ड के एक प्राध्यापक के छठे पुत्र थे। शिक्षा के बाद वे सेना में भरती हुए और कमांडर के उच्च पद पर पहुँचे। उन्हीं दिनों सन् 1899-1900 के दौरान माफेकिंग नामक शहर को बोअर सेना ने घेर लिया। इससे वहाँ के नागरिक त्रस्त हो उठे। तब बेडन पॉवेल ने बच्चों को हरकारे, मार्गदर्शन और प्राथमिक चिकित्सा आदि के कार्यों के लिए प्रेरित किया। इस प्रकार उन्होंने जहाँ बड़ी आयु के व्यक्तियों को अन्य महत्त्वपूर्ण कार्यों में जुटने के लिए समय दिया, वहीं बच्चों में सेवा-भावना का समावेश भी किया। वहाँ से इंग्लैंड वापस लौटकर उन्होंने स्काउट आंदोलन चलाया। यही कारण है कि उन्हें 'स्काउट आंदोलन का जनक' कहा जाता है। बाद में यह आंदोलन विश्व भर में फैल गया। सन् 1941 में बेडन पॉवेल का देहांत हो गया।

□

रॉबर्ट स्कॉट

(दक्षिणी ध्रुव के यात्री)

दक्षिणी ध्रुव पर पहुँचकर वहाँ के वातावरण एवं अन्य चीजों को समझने की दुनिया भर में होड़ लगी हुई है। स्कॉट को दक्षिणी ध्रुव अभियान के नेतृत्व का जिम्मा मिला। इससे वह काफी उत्तेजित थे। इसकी वजह थी कि वे पहले भी एक अभियान में हिस्सा ले चुके थे।

रॉबर्ट सन् 1910 में न्यूजीलैंड से दक्षिणी ध्रुव के लिए जहाज के जरिए रवाना हो गए। रॉबर्ट के दल ने दक्षिणी ध्रुव पर बहुत सारी वैज्ञानिक सूचनाएँ एकत्र कीं। वहाँ पहुँचने के लिए उन्हें बर्फीले मैदानों को पार करना पड़ा। स्कॉट ने ध्रुव से करीब 2 मील पहले अपने चार साथियों को छोड़कर बाकी को वापस कर दिया था। वे लोग स्लेज गाड़ियों से लक्ष्य की ओर बढ़े। जनवरी 1912 में वे दक्षिणी ध्रुव पर पहुँच गए। वहाँ पर उन्हें पता लगा कि नॉर्वे का यात्री यहाँ से पहले ही जा चुका है। इसके बावजूद उनका मनोबल कम नहीं हुआ। हालाँकि वहाँ से लौटते समय वह पूरा दल बर्फीले तूफान की चपेट में आ गया, जिससे उनमें से कोई भी जिंदा नहीं बचा। उनके शव तथा डायरियाँ आठ माह बाद मिले। □

रॉबर्ट हुक

(वैज्ञानिक उपकरणों के जनक)

रॉबर्ट हुक इंग्लैंड के व्हाइट द्वीप में सन् 1635 में जनमे थे। उनके पिता स्थानीय चर्च में सहायक पादरी थे। उनकी धार्मिक प्रवृत्ति का प्रभाव रॉबर्ट हुक पर भी पड़ा। हुक ने जब किशोरावस्था में प्रवेश किया, तभी उनके पिता का स्वर्गवास हो गया। इसके बाद उन्हें नौकरी करने के लिए लंदन जाना पड़ा। उन्हें वहाँ प्रसिद्ध चित्रकार लेली ने अपने पास नौकरी दे दी। हुक वहाँ काम भी करते एवं उन्होंने अपनी पढ़ाई भी जारी रखी। इस दौरान उनकी मुलाकात वैज्ञानिक रॉबर्ट बॉयल से हो गई। उन्होंने बॉयल के समक्ष विज्ञान में रुचि जताई। इसपर बॉयल उन्हें अपने पास बतौर सहायक नौकरी देने के लिए तैयार हो गए। वहाँ रॉबर्ट हुक ने खूब मेहनत करके बॉयल के काम में मदद की। सौभाग्य से उन्हीं दिनों 'रॉयल सोसाइटी' की स्थापना हुई। हुक को वैज्ञानिक उपकरण बनाने में महारत हासिल थी। उन्होंने वैज्ञानिकों की जरूरत को पूरा करने के लिए कंपाउंड माइक्रोस्कोप बनाया। उससे छोटी-से-छोटी चीज को भी देखा जा सकता था। उन्होंने नक्षत्रों की गणना के लिए उपकरण बनाया। इतना ही नहीं, उन्होंने समुद्री सर्वेक्षण संबंधी उपकरण तथा बैरोमीटर आदि भी बनाए। बीमारी के आगे असहाय हुए हुक चाहते हुए भी कुछ अन्य उपकरणों का निर्माण पूरा नहीं कर पाए।

□

राब वाटसन वाट

(रेडियो तरंगों के आविष्कारक)

वाटसन का जन्म सन् 1892 में स्कॉटलैंड में हुआ। उन्होंने 10 सालों तक लगातार विश्वविद्यालय में अध्यापन कार्य किया। इसके बाद वे इंग्लैंड की नेशनल फिजिकल लैबोरेटरी चले गए।

उनके दिमाग में रेडियो लघु तरंगों के बाबत विचार आया। उन्होंने उनपर अपना ध्यान केंद्रित किया। दूसरे विश्व युद्ध के समय मित्र देशों की सेनाएँ दुश्मनों पर भारी पड़ने लगीं। इसकी वजह वाट्सन द्वारा दूरदर्शी रडार का निर्माण करना रहा। मित्र-देशों की सेनाएँ दुश्मनों के विमानों को दूर से आता देख उनपर पलटवार करके उन्हें नुकसान पहुँचा देती थीं। जर्मन तानाशाह एडॉल्फ हिटलर ने रेडियो तरंगों को 'मृत्यु-किरण' का नाम देकर जनता में दहशत पैदा कर दी थी। हालाँकि वाटसन ने उसे तानाशाह का भुलावा करार दिया था। वाटसन ने पहला रडार केंद्र ब्रिटेन में स्थापित किया। आजकल रडार भूमि स्थित केंद्रों के अतिरिक्त ध्वनि की-सी तेज गति से चलनेवाले विमानों में लगाए जाते हैं। इतना ही नहीं, रडार की नजर से बचनेवाले सुपरसोनिक विमान विकसित किए गए। इसके बावजूद रडार की उपयोगिता किसी भी प्रकार कम नहीं हुई और उनका महत्त्व आज भी कायम है। □

रामकृष्ण परमहंस

(माँ काली के उपासक)

माँ काली के महान् उपासक रामकृष्ण परमहंस का जन्म 17 फरवरी, 1836 को हुबली जिले में हुआ। उनके पिता खुदीराम चट्टोपाध्याय एवं बड़े भाई का असमय निधन हो गया। इसके बाद वे रानी रासमणि के काली मंदिर में रहने लगे। यहीं उनमें वैराग्य उत्पन्न हो गया। उन्होंने काली की उपासना में खुद को इतना डुबो दिया कि खाने-पीने की भी सुध नहीं रहती थी। इससे उनका स्वास्थ्य निरंतर गिरने लगा। इसी दौरान तोतापुरी नामक संत ने उन्हें दीक्षा देकर साधु बना दिया। इसके बाद वे दक्षिणेश्वर काली मंदिर में तपस्या करते रहते थे। वे मानव में भेदभाव का सदैव विरोध करते थे। सबको समान देखना ही उनका ध्येय था। बंगाल

के बुद्धिजीवी भी उनकी वाणी सुनने को लालायित रहते थे। वे ईश्वर की प्राप्ति के लिए श्रद्धा एवं भक्ति पर खास जोर देते थे। उस महान् संत ने सन् 1886 में देह त्याग दी। □

रामधारी सिंह 'दिनकर'

(प्रसिद्ध राष्ट्रवादी कवि)

दिनकरजी को राष्ट्र-कवि होने का गौरव प्राप्त हुआ है। दिनकरजी ने सामान्य शिक्षा के क्षेत्र से उठकर केंद्रीय राजनीति के क्षेत्र में भी महत्त्वपूर्ण योगदान दिया। वे रोमांटिक राष्ट्रीयतावादी कवि रहे हैं। उन्होंने पौराणिक वस्तु का आधुनिक संदर्भ में भी उपयोग किया है। उनके अधिकांश काव्य की भाषा मुहावरेदार और बोलचाली ढंग की है; परंतु उसमें उपदेशात्मक या उद्बोधन भी स्पष्ट है। जहाँ बालकृष्ण शर्मा 'नवीन' सिद्धांत रूप से भाषा के संबंध में शुद्धिवादी रहे, वहाँ दिनकर ने ऐसे किसी पूर्वग्रह का प्रदर्शन नहीं किया। दिनकरजी ने काव्य के अतिरिक्त अन्य पुस्तकों की भी रचना की, जिनमें 'संस्कृति के चार अध्याय' एक सुप्रसिद्ध ग्रंथ है। इसे साहित्य अकादेमी ने सन् 1959 में पुरस्कृत किया। दिनकरजी अनेक वर्षों तक संसद् सदस्य भी रहे।

□

रामप्रसाद 'बिस्मिल'

(महान् क्रांतिकारी एवं कवि)

रामप्रसाद 'बिस्मिल' (जन्म 11 जून, 1897; फाँसी–19 दिसंबर 1927) भारत के महान् क्रांतिकारी व अग्रणी स्वतंत्रता सेनानी एवं उच्च कोटि के कवि, शायर, अनुवादक, बहुभाषा-भाषी, इतिहासकार व साहित्यकार थे, जिन्होंने भारत की आजादी के लिए अपने प्राणों की आहुति दे दी। शुक्रवार ज्येष्ठ शुक्ल एकादशी (निर्जला एकादशी) विक्रमी संवत् 1954 को उत्तर प्रदेश के शाहजहाँपुर में जनमे रामप्रसादजी को 30 वर्ष की उम्र में सोमवार पौष कृष्ण एकादशी (सफला एकादशी) विक्रमी संवत् 1984 को ब्रिटिश सरकार ने गोरखपुर जेल में फाँसी दे दी। 'बिस्मिल' उनका उर्दू तखल्लुस (उपनाम) था, जिसका हिंदी में अर्थ होता है–आत्मिक रूप से आहत। बिस्मिल के अतिरिक्त वे 'राम' और 'अज्ञात' नाम से भी लेख व कविताएँ लिखते थे। उन्होंने सन् 1916 में 19 वर्ष की उम्र में क्रांतिकारी मार्ग पर कदम रखा और 30 वर्ष की उम्र में फाँसी पर चढ़ गए। 11 वर्ष के क्रांतिकारी जीवन में उन्होंने कई पुस्तकें लिखीं, जिनमें से 11 उनके जीवनकाल में प्रकाशित भी हुईं। ब्रिटिश सरकार ने उन सभी पुस्तकों को जब्त कर लिया।

□

राममनोहर लोहिया

(महान् समाजवादी विचारक)

लोहे के कारोबारी के घर जनमे राममनोहर लोहिया बचपन से ही बहुआयामी प्रतिभा के धनी थे। उन्होंने कलकत्ता से पढ़ाई की। इसके बाद स्कॉलरशिप पर जर्मनी गए। वहाँ उन्होंने अर्थशास्त्र में शोध किया। उन्होंने नेतृत्व-क्षमता छात्र जीवन से ही विकसित कर ली थी। उसी के बल पर उन्होंने साइमन कमीशन का विरोध कर रहे छात्रों का नेतृत्व किया। राजनीति उन्हें विरासत में ही मिली। राममनोहर लोहिया के पिता हीरालाल कांग्रेस के अग्रणी कार्यकर्ता थे, इसलिए राममनोहर लोहिया ने 'कांग्रेस सोशलिस्ट पार्टी' की सदस्यता ले ली। इस दौरान पार्टी के साप्ताहिक समाचार-पत्र 'कांग्रेस सोशलिस्ट' का संपादन शुरू किया। कांग्रेस की नीतियों से क्षुब्ध होकर राममनोहर लोहिया ने सन् 1948 में पार्टी छोड़ दी। उन्हें 'सोशलिस्ट पार्टी' का महासचिव चुन लिया गया। उन्होंने समाज एवं देश के समक्ष समाजवाद की ठोस परिभाषा प्रस्तुत की, जिसका सभी ने एक स्वर में स्वागत किया। उनके विचारों को दुनिया भर में महत्त्व मिला। जवाहरलाल नेहरू भी उनके प्रखर विचारों के प्रशंसकों में से थे। इतना ही नहीं, कई मौकों पर उन्होंने उनकी जमकर तारीफ भी की। □

रामानंद

(प्रसिद्ध संत)

रामानंद के जन्म के संबंध में निश्चित तौर पर कुछ नहीं कहा जा सकता। उनके बारे में विभिन्न लेखकों एवं इतिहासकारों के भिन्न मत हैं। वहीं इतिहासकार उनके विचार से प्रभावित जरूर दिखे। उनके शिष्यों को 'अवधूत' कहा जाता है। अवधूत सब तरह के बंधनों से मुक्त होते हैं। उनके शिष्यों में राजवंश के लोग भी शामिल थे। इससे स्पष्ट है कि रामानंद एक स्वतंत्र विचारक थे।

एक इतिहासकार ने लिखा है कि रामानंद का जन्म प्रयाग में एक उच्च कुल में हुआ था। इसके बावजूद उनके शिष्यों में निम्न वर्ग के लोगों एवं मुसलमानों की भी काफी संख्या थी।

□

रासबिहारी बोस

(महान् क्रांतिकारी)

रासबिहारी बोस भारत के एक क्रांतिकारी नेता थे, जिन्होंने ब्रिटिश

राज के विरुद्ध गदर, षड्‌यंत्र एवं 'आजाद हिंद फौज' के संगठन का कार्य किया। उन्होंने न केवल भारत में कई क्रांतिकारी गतिविधियों का संचालन करने में महत्त्वपूर्ण भूमिका निभाई, अपितु विदेश में रहकर भी वह भारत को स्वतंत्रता दिलाने के प्रयास में आजीवन लगे रहे। दिल्ली में तत्कालीन वाइसराय लॉर्ड चार्ल्स हार्डिंग पर बम फेंकने की योजना बनाने, गदर की साजिश रचने और बाद में जापान जाकर 'इंडियन इंडिपेंडेंस लीग' एवं 'आजाद हिंद फौज' की स्थापना करने में रासबिहारी बोस की महत्त्वपूर्ण भूमिका रही। यद्यपि देश को स्वतंत्र कराने के लिए किए गए उनके ये प्रयास सफल नहीं हो पाए, तथापि स्वतंत्रता संग्राम में उनकी भूमिका का महत्त्व बहुत ऊँचा है। भारत को ब्रिटिश शासन की गुलामी से मुक्ति दिलाने की जी-तोड़ मेहनत करते हुए 21 जनवरी, 1945 को उनका निधन हो गया। उनके निधन से कुछ समय पहले जापानी सरकार ने उन्हें 'ऑर्डर ऑफ द राइजिंग सन' के सम्मान से सम्मानित भी किया था।

□

रिचर्ड आर्कराइट

(कताई मशीन के आविष्कारक)

आधुनिक कपड़ा उद्योग में हो रही उन्नति का श्रेय इंग्लैंड के रिचर्ड आर्कराइट को जाता है। उन्होंने अपने कार्यशील जीवन का आरंभ एक नाई की दुकान पर काम करके किया था। कुछ समय पश्चात् उनकी मुलाकात हारग्रीव्स नामक ऐसे व्यक्ति से हुई, जिसने सूत कातने की मशीन का आविष्कार किया था। उस मशीन को उसने 'स्पिनिंग जेनी' नाम दिया था। हारग्रीव्स की उस मशीन का सुधार करके आर्कराइट ने कपड़ा बुनने के पहले कारखाने की स्थापना की। बुनकरों ने इस कारखाने का प्रबल विरोध किया; किंतु मशीन की होड़ बुनकरों के विरोध पर भारी पड़ी और बेचारे बुनकरों को हार का मुँह देखना पड़ा।

आर्कराइट द्वारा कारखाने की स्थापना करने के बाद कपड़ा उद्योग में एक क्रांति-सी आ गई। यही कारण है कि आर्कराइट की गिनती औद्योगिक क्रांति के जनकों में होती है।

□

रिचर्ड निक्सन

(वाटरगेट के शिकार राष्ट्रपति)

रिचर्ड निक्सन का जन्म सन् 1913 में हुआ था। वे अमेरिकी रिपब्लिकन राष्ट्रपति थे। सन् 1969 से 1974 तक उन्होंने अमेरिकी राष्ट्रपति का कार्यभार सँभाला। दक्षिणी वियतनाम से अमेरिकी सेनाओं को वापस बुलाने की प्रक्रिया और चीन से संबंध सुधारने का कार्य उन्हीं के कार्य काल में हुआ। निक्सन पर 'वाटरगेट षड्यंत्र' का आरोप लगाया गया, जिसके अनुसार उन्होंने डेमोक्रेट उम्मीदवार की योजनाओं को गुप्त रूप से जाना। घपले के कारण उन्हें राष्ट्रपति पद से त्यागपत्र देना पड़ा।

□

रिचर्ड हेडली

(न्यूजीलैंड के गेंदबाज)

रिचर्ड जॉन हेडली का जन्म 3 जुलाई, 1951 को क्राइस्टचर्च (न्यूजीलैंड) में हुआ था। उसका परिवार न्यूजीलैंड के क्रिकेट में काफी प्रसिद्ध रहा। वह स्वयं अपने परिवार ही नहीं, बल्कि न्यूजीलैंड के क्रिकेट इतिहास के सबसे बड़े चरित्र हैं। रिचर्ड इंग्लैंड में भी काउंटी मैच खेलते हैं।

ऑस्ट्रेलिया के डेनिस लिली के बाद न्यूजीलैंड के सर रिचर्ड हेडली ही सबसे अच्छे गेंदबाज हैं। सबसे कम टेस्ट मैचों (61) में 300 विकेट लेनेवाले वह दूसरे गेंदबाज हैं। जबकि विकेट संख्या की दृष्टि से वह पहले स्थान पर हैं। वर्तमान समय में उन्हें सर्वश्रेष्ठ गेंदबाज माना जाता है। हेडली की गणना फ्रेड ट्रूमैन, लांस गिब्स, डेनिस लिली, इयान, बॉथम, बॉब विलिस, कपिल देव और इमरान खान की श्रेणी में होती है। गेंदबाजी में उनका सर्वश्रेष्ठ प्रदर्शन रहा है।

हेडली ने सन् 1972-73 में टेस्ट क्रिकेट में प्रवेश किया था। सन् 1984 में इंग्लैंड के विरुद्ध उन्होंने टेस्ट शृंखला पहली बार जीती। इन दोनों अवसरों पर न्यूजीलैंड हेडली के कारण ही सफलता पा सका। सन् 1985-86 में शृंखला में वह ऑस्ट्रेलिया के विरुद्ध मात्र तीन टेस्टों में 33 विकेट लेने में कामयाब हुए। इतना ही नहीं, इंग्लैंड, ऑस्ट्रेलिया, भारत, वेस्टइंडीज की शक्तिशाली टीमों को न्यूजीलैंड के हाथों कई अनसोची पराजय रिचर्ड हेडली के कारण ही संभव हो सकी थीं। अपने टेस्ट क्रिकेट जीवन में हेडली 2,500 से अधिक रन एवं 400 से अधिक विकेट ले चुके हैं।

□

रीड वाल्टर

(महान् चिकित्सक)

रीड वाल्टर के पिता अमेरिका के वर्जीनिया में एक चर्च में पादरी थे, इसलिए रीड का बचपन भी अमेरिका में ही बीता। 16 साल की उम्र में ही उन्हें वर्जीनिया विश्वविद्यालय में प्रवेश मिल गया। उन्होंने वहाँ मेडिकल की पढ़ाई शुरू कर दी। उन्होंने अधिकारियों से अनुमति ली कि जब भी वे मेडिकल की परीक्षा देने में खुद को सक्षम समझें, तभी उन्हें परीक्षा देने की अनुमति प्रदान की जाए। इसपर रीड ने महज 9 माह में ही डॉक्टरी की परीक्षा पास कर ली। इसके बाद उन्हें नौकरी की तलाश थी। इसपर उन्हें फौज में नौकरी मिल गई। उन्हें एरिजोना की एक छावनी में जाने का आदेश मिला। क्यूबा एवं मध्य अमेरिका उन दिनों पीत ज्वार की चपेट में थे। एरिजोना छावनी भी इससे अछूती नहीं थी। वहाँ हजारों लोग उसकी चपेट में आकर जान गँवा चुके थे। डॉ. वाल्टर ने मनुष्य के दुश्मन उन मक्खी-मच्छर का पता लगाया, जिनसे टायफाइड एवं पीत ज्वार फैला हुआ था। इसकी जानकारी सरकार को दी गई। सरकार ने पीत ज्वार फैलानेवाले मच्छरों को मारने का कारगर अभियान चलाया, जिसके परिणामस्वरूप क्यूबा के हवाना शहर से पीत ज्वर समाप्त हो गया। वहीं इसके कुछ समय बाद रीड वाल्टर की भी मौत हो गई। हालाँकि अमेरिकी सरकार ने उस महान् चिकित्सक के नाम पर वाशिंगटन में सेना का अस्पताल बनवाया। □

रूसो

(प्रसिद्ध दार्शनिक)

रूसो के बारे में नेपोलियन बोनापार्ट ने कहा था, "यदि रूसो न हुआ होता तो फ्रांस में क्रांति नहीं हुई होती।" वास्तव में ज्याँ जैकस रूसो ने फ्रांस का राज्यक्रांति का बौद्धिक आधार तैयार करने में महत्त्वपूर्ण योगदान दिया था। उनका जन्म सन् 1712 में जिनेवा (स्विट्जरलैंड) में हुआ था। बाद में वह फ्रांस में ही रहे। रूसो की शिक्षा बहुत छोटी अवस्था में शुरू हो गई थी। मात्र 6 वर्ष की उम्र में उन्होंने अपने पिता के पुस्तकालय से किताबें पढ़नी शुरू कर दी थीं।

सन् 1742 के आस-पास रूसो निबंधकार बन गए। उनके लेख सामाजिक एवं राजनीतिक विषयों से जुड़े होते थे। इसलिए उनका लोगों पर सीधा प्रभाव पड़ता था। उनके

'सामूहिक इच्छा' (जनरल विल), 'प्राकृतिक सिद्धांत' (रिटर्न टू नेचर) एवं 'मनुष्य स्वतंत्र पैदा होता है, किंतु वह सर्वत्र जंजीरों में जकड़ा है' जैसे विचारों ने तहलका मचा दिया। उनके सिद्धांत एक नई विचारधारा के रूप में प्रतिष्ठित हुए, जिसे 'रोमेंटिसिज्म' कहा जाता है। इस धारा ने दर्शन और विचारों के अलावा साहित्य और कला को भी प्रभावित किया।

उनकी मृत्यु 2 जुलाई, 1778 को हुई, मगर उनकी मृत्यु के एक दशक बाद भी उनकी विचारधारा ने सन् 1789 में हुई फ्रांसीसी क्रांति को जो बौद्धिक आधार और दिशा प्रदान की, उससे उन्हें 'युग-प्रवर्तक दार्शनिक' की संज्ञा मिली।

रूसो की विख्यात कृति 'ए ट्रिटाइज ऑन द सोशल कॉम्पेक्ट : ऑर 'द प्रिंसिपल्ज ऑफ पॉलिटिकल लॉ' (1762) है। 'ए डिस्कोर्स अपॉन दि ओरिजिन एंड द फाउंडेशन ऑफ दि इनइक्वालिटीज ऑफ मैन', 'इंट्रोडक्शन ऑफ पॉलिटिकल इकोनॉमी', 'एमिलि', 'जूली', 'ऑब्जर्वेशन', 'कॉन्फेसन', 'डायलॉग्स', 'रिवरीज' रूसो की अन्य मुख्य कृतियाँ हैं। रूसो का कहना था कि व्यक्ति ने राज्य की स्थापना अपनी इच्छा से की है। प्राकृतिक अवस्था में प्रत्येक व्यक्ति ने एक-दूसरे से समझौते किए थे। इसमें राज्य या शासक वर्ग की कोई भूमिका नहीं थी। इसलिए राज्य व्यक्तियों की सामूहिक इच्छा का परिणाम है। रूसो के अनुसार, प्राकृतिक अवस्था सामाजिक अवस्था से कहीं अच्छी थी, क्योंकि तब व्यक्ति दुर्गुणी नहीं थे। रूसो के समय फ्रांस के नागरिकों की सामाजिक, राजनीतिक तथा आर्थिक दशा अत्यंत शोचनीय थी, इसलिए फ्रांसीसी समुदाय पर रूसो के विचारों का व्यापक प्रभाव पड़ा, जिसकी परिणति क्रांति में हुई।

□

रैदास

(महान् संत)

संत रैदास के जन्म के बारे में विद्वानों के विभिन्न मत हैं। कुछ उनकी पैदाइश काशी के निकट मंडूर में मानते हैं, वहीं कुछ का मानना

है कि वे राजस्थान के मेवाड़ में पैदा हुए थे। रैदास जन्म से चमकटैया चमार थे। इसके बावजूद उन्होंने अनमने मन से अपने पैतृक काम को अपनाया। उनमें अनपढ़ होने के बावजूद अनुभव की कमी नहीं थी। उनका मन सत्संग में खूब रमता था। इस कारण उन्होंने साधु-संतों की संगत अपना ली। इससे उनका आचरण एवं व्यवहार बहुत ही लोकप्रिय हो गया। हालाँकि धर्म के ठेकेदारों को उनकी

ख्याति खलने लगी। उस काल में ब्राह्मणों का ही धर्म पर कब्जा था। समाज जाति के आधार पर आपस में बँटा हुआ था। इसपर काशी नरेश के समक्ष शास्त्रार्थ हुआ और आखिरकार संत रैदास ही जीते। इसके बाद से उनके अनुयायियों की संख्या बढ़ने लगी। मीरा भी उनमें से एक थीं। सिखों के आदि ग्रंथ में उनके पद एवं दोहे मौजूद हैं। उन्होंने दलित समाज में आध्यात्मिक जागरूकता पैदा की। उन्होंने सामाजिक भेदभाव का प्रबल विरोध किया तथा उसे नष्ट करने का भी अभियान चलाया।

□

रोनाल्ड आमनसेन

(दक्षिणी ध्रुव का यात्री)

रोनाल्ड आमनसेन नॉर्वे में सन् 1872 में पैदा हुए थे। उन्हें शिक्षा प्राप्त करने के दौरान ही उत्तरी एवं दक्षिणी ध्रुव के बारे में जानकारी हुई। इसपर उनके मन में वहाँ जाकर पता लगाने की इच्छा जाग्रत् हुई। इसीलिए वे अलग-अलग यात्रियों एवं खोजकर्ताओं के साथ उनकी यात्राओं पर जाते एवं अनुभव प्राप्त करते थे। इसके बाद उन्होंने उत्तरी ध्रुव पर जाने की तैयारी शुरू कर दी। उन्हें अफसोस तब हुआ, जब जानकारी मिली कि खोजकर्ता रॉबर्ट ई. पियरी पहले ही उत्तरी ध्रुव पहुँच चुके हैं। हालाँकि उन्होंने निराश होने के बजाय अपनी योजना में भारी फेरबदल कर डाला। उन्होंने अब दक्षिणी ध्रुव पर जाने के अभियान की तैयारी शुरू कर दी। आमनसेन ने सन् 1910 में दक्षिणी ध्रुव के लिए दल के साथ ओस्लो से यात्रा शुरू कर दी। वे कुछ समय बाद ऐसी जगह पहुँचे, जहाँ से आगे बढ़ने का रास्ता केवल पैदल का ही था। उन्होंने आगे बढ़ने के बजाय वहीं पर डेरा डालकर मौसम बदलने का इंतजार करना मुनासिब समझा। इसलिए वे कई माह तक वहीं बर्फ में ही पड़े रहे। अक्तूबर में दक्षिणी ध्रुव पर सर्दियाँ खत्म हुईं। इस पर आमनसेन ने चार सदस्यीय दल के साथ आगे बढ़ना शुरू किया। उन्होंने सामान खींचने के लिए स्लेज ली। उन्हें 52 कुत्ते खींच रहे थे। कई माह तक जोखिम भरी यात्रा पूरी करके आखिरकार आमनसेन दक्षिणी ध्रुव पहुँचे। वे वहाँ पर पहुँचनेवाले पहले व्यक्ति थे। उन्होंने वहाँ पर नॉर्वे का राष्ट्रीय ध्वज फहरा दिया। हालाँकि दो साल बाद सन् 1928 में आर्कटिक प्रदेश में एक साथी यात्री को बचाने के प्रयास में उनकी मौत हो गई थी।

□

रोनाल्ड रीगन

(अभिनेता एवं राजनेता)

संसार के इतिहास में अभिनेता से नेता बनने का सबसे बड़ा उदाहरण रोनाल्ड रीगन का है, जिन्होंने लगातार दो बार अमेरिकी

राष्ट्रपति पद (1980-1988) पर कार्य किया। वह लगभग एक दशक तक विश्व के राजनीतिक रंगमंच पर छाए रहे।

6 फरवरी, 1911 को इलिनोइस (अमेरिका) में जनमे रीगन के पिता का नाम जॉन एडवर्ड और माँ का नाम नेल था। उनका बचपन बहुत सुखद नहीं रहा। उन्हें कम उम्र में ही मजदूरी एवं छोटे-मोटे काम करने पड़े; पर उन्होंने अपनी पढ़ाई जारी रखी और यूरेका कॉलेज से स्नातक की उपाधि प्राप्त की। कुछ दिनों तक नाटक एवं रेडियो में काम करने के बाद रीगन को हॉलीवुड की नामी सिने कंपनी 'वार्नर ब्रदर्स' की 'लव इज ऑन द एयर' फिल्म में अभिनय का अवसर मिला। 27 जनवरी, 1940 को उन्होंने जेन वाइमेन नामक अभिनेत्री से विवाह किया, जिसके साथ वह आठ वर्षों तक रहे। रीगन का दूसरा विवाह 4 मार्च, 1952 को नैंसी डेविस के साथ हुआ।

परदे से निबटकर रीगन ने राजनीति की ओर अपने कदम बढ़ाए, जहाँ उन्हें सफलता मिली। वह सन् 1942-1945 तक सेना में रहे। सन् 1966 में उन्हें कैलिफोर्निया का गवर्नर चुना गया। सन् 1980 में वे जिमी कार्टर को पराजित कर अमेरिका के राष्ट्रपति बने। सन् 1984 में उन्होंने दूसरी बार राष्ट्रपति बनने का सौभाग्य पाया।

अमेरिका के राष्ट्रपति के रूप में रीगन जितना अपने देश में लोकप्रिय सिद्ध हुए, उतना ही विदेशों में अलोकप्रिय। उनके 'स्टार वार्स' कार्यक्रम ने जहाँ अमेरिका की सैनिक धाक को पुनः जगाया, वहीं 'ईरान गेट' कांड ने उनकी छवि को मलिन भी किया। रीगन के समय भारत-अमेरिका संबंध बहुत बेहतर नहीं रहे, क्योंकि उन्होंने भारत को अंकुश में रखने के लिए सदैव पाकिस्तान को भारी सैन्य सामग्री प्रदान की। आधुनिक विश्व इतिहास में रीगन को एक कठोर राजनीतिज्ञ के रूप में जाना जाएगा। □

लता मंगेशकर

(सुर-सम्राज्ञी)

'दादा साहब फाल्के पुरस्कार' से सम्मानित लता मंगेशकर सुर की दुनिया में अतुलनीय गायिका हैं। भारतीय फिल्मी एवं गैर-फिल्मी जगत् में उनकी बराबरी किसी से नहीं है। उन्होंने 30,000 से अधिक गीतों को आवाज दी है। उन्हें बेहतरीन गायन के लिए 'फिल्म फेयर अवॉर्ड', 'गिनीज बुक ऑफ वर्ल्ड रिकॉर्ड्स' एवं 'दादा साहब फाल्के पुरस्कार' से सम्मानित किया जा चुका है।

उन्हें राज्यसभा के लिए भी मनोनीत किया गया। उनका गाना 'ऐ मेरे वतन के लोगों, जरा आँख में भर लो

पानी' शहीद सैनिकों के सम्मान में संसद् में बजाया गया। लता मंगेशकर की आवाज पर उम्र का कोई प्रभाव नहीं पड़ा है, इसलिए उनकी आवाज में आज भी वही कशिश कायम है। यही वजह है कि उन्होंने कई पीढ़ियों की नायिकाओं के गानों को आवाज दी है। उनकी सुमधुर आवाज का रहस्य जानने के लिए चिकित्सा-विज्ञानी कोशिश में हैं। लता मंगेशकर कभी भी किसी की आलोचना नहीं करतीं।

□

लाल बहादुर शास्त्री

(भारत के लोकप्रिय प्रधानमंत्री)

लाल बहादुर शास्त्री का जन्म 2 अक्तूबर, 1904 को मुगलसराय में एक कायस्थ परिवार में हुआ था। उनके पिता अध्यापक थे। वे शिक्षा पूरी करने के बाद 'लोक सेवक मंडल' के सदस्य बनकर जनता की सेवा करने लगे। इतना ही नहीं, देश की आजादी के आंदोलन में भी अहम भूमिका अदा करने लगे। इसी दौरान उन्हें पं. गोविंद बल्लभ पंत, राजर्षि पुरुषोत्तम दास टंडन एवं जवाहरलाल नेहरू आदि नेताओं के साथ काम करने का अवसर मिला। पं. नेहरू की मौत के बाद उन्हें देश की बागडोर सँभालने का जिम्मा मिला। उन्होंने देश के समक्ष तमाम चुनौतियाँ होने के बावजूद अपने दायित्व का बखूबी निर्वहण किया। शास्त्रीजी के कार्यकाल में चीन एवं पाकिस्तान शत्रु की भूमिका में थे। पाकिस्तान की सेना ने कच्छ एवं कश्मीर पर आक्रमण करके देश को बाँटने की कोशिश की। हालाँकि शास्त्रीजी ने सेनाओं को दुश्मन को मुँहतोड़ जवाब देने का आदेश देकर उनके मकसद को नाकाम कर दिया था। इतना ही नहीं, पाकिस्तान का काफी भू-भाग भारतीय सेनाओं के कब्जे में आ गया था। हालाँकि रूस की मध्यस्थता में हुए 'ताशकंद समझौते' में पाकिस्तान को उसकी जमीन लौटा दी गई। इसी समझौते की रात शास्त्रीजी की हृदय गति रुक जाने से ताशकंद में ही मौत हो गई थी।

□

लाला लाजपत राय

(पंजाब के प्रसिद्ध नेता)

लाला लाजपत राय फिरोजपुर के जगराँव कस्बे में एक साधारण परिवार में जनमे थे। उनके पिता शिक्षक थे, इसलिए उनमें नैतिकता कूट-कूटकर भरी थी। उन्होंने लाहौर जाकर कानून की पढ़ाई की। इसके बाद हिसार में जाकर वकालत की। लाला लाजपत राय वहाँ से कुछ साल बाद लाहौर लौट गए। उन्होंने वहाँ अकाल-पीड़ितों की मदद की। वहीं सन् 1893 में कांग्रेस के अधिवेशन को सफल बनाने की जिम्मेदारी उन्हें सौंपी गई। अधिवेशन की कामयाबी फिरंगी

सरकार को नहीं भाई, इसलिए उसने उन्हें मांडले की जेल में डाल दिया। लाजपत राय स्वामी दयानंद से काफी प्रभावित थे। इस पर उन्होंने सन् 1912 में 'अछूत कॉन्फ्रेंस' आयोजित की। इतना ही नहीं, हरिजनों के उद्धार के लिए कई काम किए। उन्हें युवकों में देश-हित के जज्बे की कमी देख दुःख हुआ। इसपर उन्होंने 'लोक सेवक संघ' की स्थापना की। वह संगठन देश-हित में लगे युवकों की मदद करता था। साइमन कमीशन सन् 1928 में भारत आया तो उसका देश भर में विरोध हुआ। लाहौर में लाजपत राय ने उसका नेतृत्व किया था। इस दौरान अंग्रेजों ने उनपर लाठियाँ बरसाईं, जिससे वे गंभीर रूप से घायल हो गए। अंततः कुछ दिनों बाद उनकी मौत हो गई।

□

लाला श्रीराम

(प्रसिद्ध उद्योगपति)

लाला श्रीराम देश के अग्रणी उद्योगपतियों में से रहे। उन्होंने फर्श से अर्श तक का सफर अपनी मेहनत, लगन एवं ईमानदारी के बल पर तय किया। उनका जन्म दिल्ली में एक गरीब परिवार में हुआ था, जिस कारण उनकी शिक्षा भी ठीक से नहीं हो सकी। उन्होंने माता-पिता की मदद के लिए दिल्ली के एक कपड़ा कारोबारी के यहाँ नौकरी की। उनके दिमाग में सवाल आता रहा कि क्यों न उस मिल में नौकरी की जाए, जहाँ कपड़ा बुना जाता है। वे प्रयास करके कपड़ा मिल में अवैतनिक प्रशिक्षक हो गए। वहाँ अपने अथक प्रयास, मेहनत एवं ईमानदारी के बल पर उस मिल के प्रबंधक बन गए। इसके बाद उन्होंने मिल को ही खरीद लिया। उन्होंने एक के बाद एक कई उद्योगों को विस्तार दिया। उन्होंने दौराला चीनी मिल एवं डी.सी. एम. केमिकल वर्क्स शुरू किए। इस प्रकार उद्योग जगत् की बुलंदियों को छुआ। उनकी गिनती देश के बड़े उद्योगपतियों में होने लगी थी। उन्होंने आखिरी समय तक अपने उद्योगों को विस्तार दिया।

□

लावाजिए एंटायने

(आधुनिक रसायन विज्ञान के प्रणेता)

लावाजिए का जन्म सन् 1743 में पेरिस में हुआ था। उन्होंने रसायन विज्ञान में रुचि होने के कारण अपनी लैबोरेटरी विकसित की, जिसके जरिए उन्होंने विभिन्न तत्त्वों के नामकरण का वैज्ञानिक ढंग निकाला था। उन्होंने यह भी बताया कि जल किन तत्त्वों से

मिलकर बना है और कुछ वस्तुओं को जलाने से उनके भार में बढ़ोतरी हो जाती है। इतना ही नहीं, वे केवल उन्हीं स्थानों पर जलते हैं, जहाँ हवा विद्यमान रहती है। उन्होंने परीक्षणों के दौरान कई वस्तुओं को जलाकर विभिन्न परिणाम निकाले। इस प्रकार उनकी गिनती आधुनिक रसायन-शास्त्र के प्रणेताओं में होने लगी। उन्होंने एक नई गैस की खोज की, जिसका न तो कोई रंग था और न ही गंध और स्वाद। उसका नाम ऑक्सीजन रखा। उन्होंने ही बताया कि जीव साँस के जरिए 'ऑक्सीजन' लेते हैं। बिना ऑक्सीजन के कोई भी जीवित नहीं रह सकता है। इस महान् रसायन-शास्त्री को फ्रांस की क्रांति के दौरान बंदी बना लिया गया और सन् 1794 में फाँसी पर लटका दिया गया।

□

लिंकन एल्सबर्थ

(अंटार्कटिका यात्री)

एल्सबर्थ का जन्म अमेरिका में सन् 1880 में हुआ था। वे बचपन से ही जोखिम लेना पसंद करते थे। वे कुछ ऐसा करना चाहते थे कि लोग उन्हें सदैव याद रखें। इसलिए एल्सबर्थ ने सन् 1926 में उत्तरी ध्रुव की उड़ान भरी। उनकी वह यात्रा बहुत ही जोखिम भरी थी। उन्होंने इस दौरान स्पिटबर्ग से अलास्का तक का सफर पूरा किया था। वहाँ से लौटकर उन्होंने उत्तरी ध्रुव के बारे में कई रहस्य

उजागर किए। इससे लोगों को इस बारे में प्रचलित भ्रांतियाँ त्यागने में मदद मिली। एल्सबर्थ ने करीब एक दशक बाद सन् 1935 में सबसे पहले अंटार्कटिका की उड़ान भरी। इसमें उन्हें कामयाबी भी मिली। उन्होंने वहाँ के बहुत से क्षेत्र पर अमेरिका का अधिकार कायम करवा दिया था। इस तरह के अभियान अन्य देशों ने भी शुरू किए। उन्होंने अपने लोगों के दल अंटार्कटिका पर भेजे थे। हालाँकि वहाँ अमेरिका का प्रभुत्व पहले ही हो चुका था। वहाँ छह महीने रात एवं छह महीने दिन होता है। वहाँ अब विभिन्न देशों ने अपने स्टेशन बनाए हुए हैं। उनमें वैज्ञानिक वहाँ साल भर रहकर शोध करते रहते हैं। एल्सबर्थ के इस योगदान ने उन्हें इतिहास-पुरुष बना दिया। इसके लिए उनका नाम हमेशा याद किया जाएगा।

□

लियोनार्दो द विंची

(महान् चित्रकार एवं आविष्कर्ता)

लियोनार्दो का जन्म इटली के विंची शहर में हुआ था। उन्होंने शुरुआती दौर में एक कलाकार के पास शिक्षा ग्रहण की। इस दौरान उनकी चित्रकारी के हुनर को पहचाना गया। वे एक कुशल इंजीनियर भी थे। उन्होंने युद्ध के दौरान अस्थायी

पुलों तथा उनसे संबंधित कई अहम मशीनों का भी निर्माण किया। इतना ही नहीं, उन्होंने खुद को तोपखाने और युद्ध की घेराबंदी में कुशल बनाया था। उन्हें नहरों तथा सिंचाई व्यवस्था को आधुनिक बनाने में भी महारत हासिल थी। इसी तरह वे कई हुनर के माहिर थे। कड़ी मेहनत एवं लगन के चलते लियोनार्दो द विंची दुनिया भर में बेहतरीन चित्रकार, वास्तुकार एवं मूर्तिकार के रूप में छा गए। उनके 'मोनालिसा' एवं 'द लास्ट सपर' आदि चित्र विश्व-प्रसिद्ध हैं। उन्हें टेराकोटा, ताँबे एवं संगमरमर आदि के चित्र बनाने में भी निपुणता हासिल थी। केवल माइकल एंजेलो को उनके समकक्ष माना गया। उन्होंने दुनिया भर के चित्रकारों को कई अहम जानकारियाँ दीं,

जिनके चलते चित्रकारी की दुनिया में कई अहम बदलाव आए। वे दार्शनिक, संगीतज्ञ एवं मैकेनिक भी थे।

□

लुइस कैरोल

(बाल साहित्यकार)

विशेष रूप से बच्चों के लिए लिखी गई विश्व-विख्यात कृति 'ऐलिस इन वंडरलैंड' के लेखक थे लुइस कैरोल। उन्होंने जिस सहजता के साथ एक विचित्र लोक का वर्णन किया है, वह बच्चों व बड़ों, सभी को विमुग्ध कर देता है। 'ऐलिस इन वंडरलैंड' सन्

1865 में प्रकाशित हुई और इसकी मूल पांडुलिपि का मूल्य अब तक 20,000 पौंड से काफी अधिक लगाया जा चुका है। इस पुस्तक के प्रमुख पात्र मैड हैटर, द डॉरमाउस, मार्च हेयर, ट्वीडल्डी एवं डचेज वगैरह हास्य-व्यंग्य की दुनिया में अपना निराला स्थान रखते हैं। लुइस ने ऐलिस को लेकर एक और पुस्तक लिखी थी- 'व्हाट एलिस फाउंड देयर', जिसके ऊपर बनाए गए चित्रों ने काफी लोकप्रियता अर्जित की है। उनकी तीसरी पुस्तक 'थ्रू द लुकिंग ग्लास' भी बहुत लोकप्रिय है।

लुइस केरोल का वास्तविक नाम 'चार्ल्स लुटविज डॉज्सन' था। वे इंग्लैंड की ऑक्सफोर्ड यूनिवर्सिटी में गणित के प्राध्यापक थे। लुइस कैरोल आजीवन अविवाहित रहे, फिर भी उन्हें बच्चों से अत्यधिक स्नेह था। एक बार लुइस ने एलिस नाम की बच्ची के साथ टेम्स नदी में नौका-विहार करते समय उसे एक काल्पनिक कहानी सुनाई थी, जो बाद में 'एलिस द वंडरलैंड' के नाम से प्रकाशित हुई। लुइस कैरोल कुल 56 वर्ष तक जिए। पर विश्व भर के बच्चे

'एलिस इन वंडरलैंड' के रचयिता के सदैव आभारी रहेंगे। लुइस केरोल ने जैसे मनोरंजक तथा विस्मयकारी बाल-साहित्य की रचना की, वह अभी तक अतुलनीय है। उनकी अद्भुत कल्पना-शक्ति वास्तव में अप्रतिम थी।

□

लुइस ब्रेल

(ब्रेल लिपि के आविष्कर्ता)

लुइस ब्रेल का जन्म 4 जनवरी, 1809 को फ्रांस के छोटे से गाँव कुप्रे में एक मध्य वर्गीय परिवार में हुआ था। उनके पिता साइमन रेले ब्रेल शाही घोड़ों के लिए काठी और जीन बनाने का कार्य किया करते थे। पारिवारिक आवश्यकताओं के अनुरूप पर्याप्त आर्थिक संसाधन नहीं होने के कारण साइमन को अतिरिक्त मेहनत करनी पड़ती थी। इसलिए जब बालक लुइस मात्र 5 वर्ष के हुए तो उनके पिता ने उन्हें भी अपने साथ घोड़ों के लिए काठी और जीन बनाने के कार्य में लगा लिया। अपने पिता के चमड़े के उद्योग में उत्सुकता रखनेवाले लुई ने अपनी आँखें एक दुर्घटना में गँवा दीं। यह दुर्घटना लुई के पिता की कार्यशाला में घटी, जहाँ 3 वर्ष की उम्र में लोहे का एक सूआ लुई की आँख में घुस गया। यह बालक कोई साधारण बालक नहीं था। उसके मन में संसार से लड़ने की प्रबल इच्छा-शक्ति थी। उसने हार नहीं मानी और फ्रांस के मशहूर पादरी वेलेंटाइन की शरण में जा पहुँचा। पादरी वेलेंटाइन के प्रयासों के चलते सन् 1819 में उस 10 वर्षीय बालक को 'रॉयल इंस्टीट्यूट फॉर ब्लाइंड्स' में दाखिला मिल गया। वह वर्ष 1821 था। बालक लुइस अब तक 12 वर्ष का हो चुका था। इसी दौरान विद्यालय में बालक लुइस को पता चला कि शाही सेना के सेवानिवृत्त कैप्टन चार्ल्स बार्बर ने सेना के लिए ऐसी कूट लिपि का विकास किया है, जिसकी सहायता से वे टटोलकर अँधेरे में भी संदेशों को पढ़ सकते थे। कैप्टन चार्ल्स बार्बर का उद्देश्य युद्ध के दौरान सैनिकों को आनेवाली परेशानियों को कम करना था। बालक लुइस का मस्तिष्क सैनिकों के द्वारा टटोलकर पढ़ी जा सकनेवाली कूट लिपि में दृष्टिहीन व्यक्तियों के लिए पढ़ने की संभावना ढूँढ़ रहा था। उसने पादरी वेलेंटाइन से यह इच्छा प्रकट की कि वह कैप्टन चार्ल्स बार्बर से मुलाकात करना चाहता है। पादरी ने लुइस की कैप्टन से मुलाकात की व्यवस्था कराई।

अपनी मुलाकात के दौरान बालक ने कैप्टन के द्वारा सुझाई गई कूट लिपि में कुछ संशोधन प्रस्तावित किए। कैप्टन चार्ल्स बार्बर उस अंधे बालक का आत्मविश्वास देखकर दंग रह गए। अंततः पादरी वेलेंटाइन के उस शिष्य के द्वारा बताए गए संशोधनों को उन्होंने स्वीकार

किया। कालांतर में स्वयं लुइस ब्रेल ने 8 वर्षों के अथक परिश्रम से उस लिपि में अनेक संशोधन किए और अंतत: 1829 ई. में छह बिंदुओं पर आधारित ऐसी लिपि बनाने में सफल हुए। लुइस ब्रेल के आत्मविश्वास की अभी और परीक्षा होनी बाकी थी, इसलिए उनके द्वारा आविष्कृत लिपि को तत्कालीन शिक्षा-शास्त्रियों द्वारा मान्यता नहीं दी गई और उसका मखौल उड़ाया गया। सेना के सेवानिवृत्त कैप्टन चार्ल्स बार्बर के नाम का साया लगातार उस लिपि पर मँडराता रहा और सेना के द्वारा उपयोग में लाए जाने के कारण उस लिपि को सेना की कूटभाषा ही समझा गया। परंतु लुइस ब्रेल ने हार नहीं मानी और पादरी वैलेंटाइन के संवेदनात्मक, आर्थिक एवं मानसिक सहयोग से उस शिष्य ने अपनी आविष्कृत लिपि को दृष्टिहीन व्यक्तियों के मध्य लगातार प्रचारित किया। उन्होंने सरकार से प्रार्थना की कि उसे दृष्टिहीनों की भाषा के रूप में मान्यता प्रदान की जाए। यह लुइस का दुर्भाग्य रहा कि उनके प्रयासों को सफलता नहीं मिल सकी और तत्कालीन शिक्षा-शास्त्रियों द्वारा इसे भाषा के रूप में मान्यता दिए जाने योग्य नहीं समझा गया। अपने प्रयासों को सामाजिक एवं संवैधानिक मान्यता दिलाने के लिए संघर्षरत लुइस 43 वर्ष की अवस्था में अंतत: सन् 1852 में जीवन की लड़ाई से हार गए। परंतु उनका हौसला उनकी मृत्यु के बाद भी नहीं मरा।

□

लुई पाश्चर

(महान् रसायन-शास्त्री)

लुई पाश्चर का जन्म सन् 1822 में फ्रांस के डोल नामक कस्बे में हुआ था। उसके माता-पिता चमड़ा कमाने का काम करते थे। बहुत से कष्टों को सहकर उन्होंने पाश्चर को उच्च शिक्षा दिलाई थी। पाश्चर रसायन-शास्त्री बना और उसने पहली बार यह पता लगाया कि बैक्टीरिया रोगों के कीटाणु होते हैं और विज्ञान का सहारा लेकर प्रयोगों द्वारा इन कीटाणुओं से फैलनेवाली महामारी को रोका जा सकता है। उसने अपना अध्ययन खमीर से शुरू किया। अपने अध्ययन और भेड़ों पर किए प्रयोगों द्वारा उसने महामारी से पशुओं को बचाने का साधन खोज निकाला। पाश्चर ने एक ऐसी विधि की खोज की, जिसे प्रयोग करके दूध तथा अन्य पेय पदार्थों को गरम करके खट्टा होने से बचाया जा सके। इस विधि से गरम किए गए दूध को 'पाश्चराइज्ड (पाश्चीकृत) दूध' कहते हैं।

□

लू शुन

(चीनी साहित्यकार)

लू शुन का जन्म 25 सितंबर, 1881 को शाओ शिंग (चीन) में हुआ था। 18 वर्ष की उम्र में वे नानकिंग पढ़ने

चले गए। सन् 1902 में वे उच्च शिक्षा (चिकित्सा के लिए जापान गए और सन् 1908 में वापस आकर वे चीनी युवकों को क्रांति के लिए प्रोत्साहित करने लगे। चीन की राजनीति में भाग लेकर नवजागृति लाने और साहित्य में यथार्थ का सृजन करनेवाले लू शुन 19 अक्तूबर, 1936 को 55 वर्ष की उम्र में मृत्यु को प्राप्त हुए।

प्रगतिशील साहित्य के प्रमुख आधारस्तंभों में लू शुन का सम्मानजनक स्थान है। चीन की 'सांस्कृतिक क्रांति' के प्रतीक माने जानेवाले लू शुन ने अपनी रचनाओं से तत्कालीन चीनी शासन को काफी परेशान किया था। वे सामंतवाद के विरोधी तथा जनवादी लेखक थे। उन्होंने जापानियों के विरुद्ध संघर्ष भी किया था। लू शुन की रचनाओं में 'एक पागल की डायरी', 'गरम हवा', 'औषधि', 'मेरा पुराना घर', 'नववर्ष की पूजा' आदि विशेष लोकप्रिय हैं। साहित्य और समाज के क्षेत्र में लू शुन ने अंतरराष्ट्रीय दृष्टिकोण को अपनाया था। उन्होंने चीन में युवकों को 'कुओमिंतांग' के अत्याचारों के विरुद्ध एकजुट भी किया था।

□

लेनिन

(आधुनिक रूस के निर्माता)

रूस उन दिनों भुखमरी, बेकारी एवं गुलामी की प्रथा में जकड़ा हुआ था। इसके चलते देश की हालत दिनोदिन बिगड़ती जा रही थी। विकास नाममात्र का था, वहीं भ्रष्टाचार चरम पर था। इससे देश में चारों ओर कुव्यवस्था फैली थी। देश में एक वर्ग इस जकड़न से छुटकारा पाना चाहता था। उनके दिमाग को समाजवाद की स्थापना का विचार लगातार मथ रहा था। लेनिन ने इस वर्ग का नेतृत्व किया, जिसके चलते रूस के शासक जार ने समाजवाद के हिमायतियों एवं वर्तमान व्यवस्था का विरोध करनेवालों के खिलाफ अभियान चलाया। उसने बड़ी संख्या में लोगों को उजाड़ साइबेरिया भिजवा दिया अथवा किसी अन्य देश में शरण लेने के लिए विवश कर दिया। इसी के चलते शासक जार एवं लेनिन दोनों एक-दूसरे को समूल नष्ट करने पर उतारू हो गए। लेनिन को कई बार जेल जाना पड़ा तथा वे निर्वासित भी हुए। आखिरकार जीत व्लादीमीर इलियच लेनिन की हुई। उन्होंने रूस में साम्यवादी विचारधारा का प्रचार किया। उन्होंने 'बोल्शेविक पार्टी' की स्थापना

की। लेनिन ने सन् 1917 में रूस के पुनर्निर्माण की योजना बनाई तथा इसमें सफल हुए। रूस का भाग्यविधाता बने लेनिन ने देश की व्यवस्था को सुधारने के लिए कड़े अनुशासन का सहारा लिया। इससे देश को पटरी पर लौटाने में काफी मदद मिली। उन्होंने रूस को दुनिया भर में सशक्त देश के रूप में पहचान दी। यह दीगर बात है कि बाद में लोकतंत्र के हिमायतियों के चलते सोवियत संघ बिखर गया।

□

वराहमिहिर

(गणितज्ञ एवं खगोलविद्)

वराहमिहिर ईसा की पाँचवीं-छठी शताब्दी के भारतीय गणितज्ञ एवं खगोलविद् थे। कापित्थक (उज्जैन) में उनके द्वारा विकसित गणितीय विज्ञान का गुरुकुल 700 वर्षों तक अद्वितीय रहा। वराहमिहिर बचपन से ही अत्यंत मेधावी और तेजस्वी थे। उन्होंने अपने पिता आदित्यदास से परंपरागत गणित एवं ज्योतिष सीखकर इन क्षेत्रों में व्यापक शोध कार्य किया। समय मापक घटक यंत्र, इंद्रप्रस्थ में लौह स्तंभ के निर्माण और ईरान के शहंशाह नौशेर खाँ के आमंत्रण पर जुंदीशा नामक स्थान

पर वेधशाला की स्थापना उनके कार्यों की एक झलक देते हैं। वराहमिहिर का मुख्य उद्‌देश्य गणित एवं विज्ञान को जनहित से जोड़ना था। वराहमिहिर का जन्म सन् 499 में एक ब्राह्मण परिवार में हुआ। यह परिवार उज्जैन के निकट कपित्थ नामक गाँव का निवासी था। उनके पिता आदित्यदास सूर्य भगवान् के भक्त थे। उन्हीं ने मिहिर को ज्योतिष विद्या सिखाई। कुसुमपुर (पटना) जाने पर युवा वराह मिहिर महान् खगोलज्ञ और गणितज्ञ आर्यभट्ट से मिले। इससे उन्हें इतनी प्रेरणा मिली कि उन्होंने ज्योतिष विद्या और खगोल-ज्ञान को ही अपने जीवन का ध्येय बना लिया।

उस समय उज्जैन विद्या का केंद्र था। गुप्त शासन के अंतर्गत वहाँ पर कला, विज्ञान और संस्कृति के अनेक केंद्र पनप रहे थे। मिहिर उस शहर में रहने के लिए चले गए, क्योंकि वहाँ अन्य स्थानों के विद्वान् भी एकत्र होते रहते थे। समय आने पर उनके ज्योतिष-ज्ञान का पता चंद्रगुप्त विक्रमादित्य द्वितीय को लगा। राजा ने उन्हें अपने दरबार के नवरत्नों में शामिल कर लिया। मिहिर ने सुदूर देशों की यात्रा की, यहाँ तक कि वह यूनान तक भी गए। सन् 587 में वराहमिहिर की मृत्यु हो गई।

□

वल्लभभाई पटेल

(भारत के लौह पुरुष)

वल्लभभाई पटेल का जन्म गुजरात के खेड़ा जिले के नाडियाड में सन् 1875 में हुआ। उनके पिता झबेरभाई पटेल एवं माता लाडबाई के संस्कारों का गहरा असर उनपर जीवन भर रहा। वे सन् 1913 में इंग्लैंड से बैरिस्टर की पढ़ाई पूरी करके लौटे। उन्होंने यहाँ फौजदारी वकील की प्रैक्टिस शुरू की। पटेल ने जनहित की खातिर वकालत छोड़ दी तथा महात्मा गांधी से जुड़ गए। वल्लभभाई पटेल ने सर्वप्रथम गुजरात सभा में बँधुआ मजदूरों के समर्थन में सवाल उठाया। इसके बाद उन्होंने इस मुद्दे को अंजाम तक पहुँचाया, तब कहीं जाकर उनका भुगतान शुरू हो सका। उन्होंने गोधरा खेड़ा एवं बारदोली आदि आंदोलनों में सक्रिय भूमिका निभाई। कराची कांग्रेस का अध्यक्ष चुने जाने के बाद सत्याग्रह शुरू होते ही उन्हें गिरफ्तार कर लिया गया। देश को आजादी मिलने के बाद उन्हें गृहमंत्री बनाया गया। उस समय देश 600 से अधिक रियासतों में बँटा था। जूनागढ़ एवं हैदराबाद की नीयत ठीक नहीं थी। इसके बावजूद सरदार वल्लभभाई पटेल की सख्ती के आगे उन्हें झुकना पड़ा। उनका विलय भारत में कर लिया गया। गांधीजी की हत्या से पटेल को गहरा सदमा पहुँचा। वे खुद को अकेला महसूस करने लगे। दिसंबर 1950 में उनका निधन हो गया। उन्हें 'भारत-रत्न' से नवाजा गया।

□

वाग्भट्ट

(महान् आयुर्वेदाचार्य)

महान् आयुर्वेद चिकित्सा-शास्त्री वाग्भट्ट का जन्म सिंधु नदी के तटवर्ती जनपद में हुआ था। उनके पिता सिंहगुप्त वैदिक ब्राह्मण थे। उनके गुरु बौद्ध होने के कारण उनपर बौद्ध धर्म का भी प्रभाव था। एशिया माइनर के गैलेन की एलोपैथी की तरह उनको आयुर्वेद में महारत हासिल थी। उन्होंने 'अष्टांग संग्रह' एवं 'अष्टांग हृदय संग्रह' की रचना की। इनमें रोगों की उत्पत्ति, खाद्य पदार्थों के गुण-दोष, विषैले खाद्य पदार्थों की पहचान, मानव शरीर की रचना, प्रमुख अंग, मानव स्वभाव एवं आचरण के वैज्ञानिक अध्ययन के आधार पर जानकारी प्रदान की गई थी। आयुर्वेद चिकित्सकों को उन्होंने ज्वर, मिरगी, दमा, चर्म-रोग, आँख, नाक एवं कान आदि के रोगों की सटीक जानकारी दी है। इसमें बाल रोगों का भी कारगर उपचार दिया गया है। इस दौरान देश में आयुर्वेद अपने चरम पर था। शायद यही आयुर्वेद

का स्वर्णकाल रहा है। गाँव में बसनेवाले भारत की यह चिकित्सा-पद्धति काफी कारगर थी। इससे किए गए उपचार से साइड इफेक्ट नहीं होता है। इसलिए यह पद्धति देश भर में काफी लोकप्रिय है।

□

वॉल्ट डिज्नी

(महान् हास्य कलाकार)

वॉल्ट डिज्नी का वास्तविक नाम वॉल्टर इलियास था। उनकी गिनती दुनिया के महानतम कृतिकारों में होती रही है। उन्होंने डिज्नीलैंड के रूप में दुनिया को अद्भुत भेंट प्रदान की है। वह स्वप्नलोक का संसार है। उसे देखने की हर उम्र के लोग चाह रखते हैं। उनकी विश्वविख्यात हास्य शृंखला 'मिकी माउस एंड डोनॉल्ड डक' भारत में भी काफी लोकप्रिय रही। वे बिक्री के लिहाज से भी सबसे अधिक लोकप्रिय हैं। वॉल्ट डिज्नी जाने-माने लेखक एवं फिल्मकार रहे हैं। वॉल्ट डिज्नी ने चार बार ऑस्कर अवॉर्ड जीते, यह अपने आप में एक रिकॉर्ड भी है। इससे साफ है कि लोकप्रियता की इस बुलंदी को कोई नहीं छू पाया है। उन्होंने

चलती-फिरती कार्टून फिल्म बनाकर इतिहास रचा। इतना ही नहीं, 'स्टीमबोट विली' फिल्म बनाकर उसके पात्र मिकी को खुद ही आवाज दी। इससे उनकी लोकप्रियता की सीमा नहीं रही है।

□

वॉल्टर स्कॉट

(महान् उपन्यासकार)

वॉल्टर स्कॉट एडिनबरा के एक वकील की संतान थे। उन्होंने खुद

भी कानून की पढ़ाई की। इसके बावजूद उन्होंने वकालत को पेशा नहीं बनाया। उनका मन साहित्य में रमने लगा था। उन्होंने लेखन की शुरुआत कविता से की। इसके बाद उन्होंने उपन्यास-लेखन शुरू कर दिया। यहाँ तक कि वॉल्टर स्कॉट ने अपनी आजीविका का साधन भी लेखन को ही बना लिया। उन्होंने उपन्यासों का आधार ऐतिहासिक घटनाएँ एवं साहसिक कारनामे ही रखे। वे उपन्यास काफी लोकप्रिय भी हुए। 'वेवरली उपन्यास माला' के तहत उन्हें काफी धन एवं नाम मिला। उपन्यासों के जरिए उन्हें काफी प्रसिद्धि मिली। इसके चलते ब्रिटिश सरकार ने उन्हें 'सर' की उपाधि से नवाजा। इसके बावजूद वे हमेशा आर्थिक रूप से संकट में घिरे रहे। कर्ज उनके सिर पर सवार रहा। बावजूद इसके उन्होंने उपन्यासों से होनेवाली आय

से बड़ा घर खरीदकर उसकी साज-सज्जा पर बेतहाशा धन खर्च किया।

□

वाल्मीकि

(विश्व के आदिकवि)

संसार के आदि काव्य 'रामायण' के रचयिता और संस्कृत के आदि कवि के

रूप में वाल्मीकि प्रसिद्ध हैं। उनकी जीवनकथा अति प्राचीन है, लेकिन उस संबंध में विभिन्न विद्वानों के विचारों में मतभेद है। इनके पिता महर्षि कश्यप के पुत्र वरुण या आदित्य थे। एक बार जब वाल्मीकि ध्यान में बैठे तो इतने लंबे समय तक बैठे रहे कि उनके शरीर को दीमकों ने अपनी बाँबी बनाकर ढँक दिया। अपनी तपस्या पूरी करके जब वे दीमक-ढूह से, जिसे 'वल्मि' कहते हैं, बाहर निकले तो लोग उन्हें आदर से 'वाल्मीकि' कहने लगे।

तमसा नदी के किनारे एक व्याघ्र द्वारा क्रौंच पक्षी के जोड़े में से एक को मार डालने पर वाल्मीकि के मुँह से व्याघ्र के लिए श्राप के जो उद्गार निकले, वे लौकिक छंद में एक श्लोक के रूप में थे। इसी छंद में उन्होंने नारद मुनि से सुनी रामकथा के आधार पर 'रामायण' की रचना की।

□

वास्कोडिगामा

(साहसी पुर्तगाली नाविक)

वास्कोडिगामा का जन्म इटली के वेनिस शहर में हुआ था। उसके बचपन के बारे में कुछ जानकारी नहीं है। इतना जरूर है कि समुद्र उसे बचपन से ही बहुत लुभाता रहा। वह बड़ा होकर साहसी नाविक बनना चाहता था, इसलिए उसने समुद्री यात्राओं को महत्त्व दिया। उसने कई उपलब्धियाँ हासिल कीं, जिनके जरिए दुनिया में व्यापार को सुलभ भी बनाया। इस दौर में पुर्तगालियों ने कई देशों की खोज कर अपने उपनिवेश स्थापित किए। पुर्तगाल के राजा इमानुएल ने वास्कोडिगामा के अधीन चार छोटे-छोटे जहाजों का बेड़ा कर दिया। इसके बाद वह लिस्बन से नए समुद्री मार्ग की खोज के लिए निकल पड़ा। उसने चार माह में 'केप ऑफ गुड होप' का चक्कर लगाया। इस प्रकार वह पूर्वी अफ्रीका तक जा पहुँचा। उसने रास्ते से कुछ अरब लोगों को साथ लिया। इसके बाद फिर से यात्रा शुरू कर दी। तीन माह तक समुद्र का किनारा न दिखाई देने के बावजूद उसने साहस नहीं खोया। हालाँकि उसके कई साथी रास्ते में ही दम तोड़

चुके थे। अंततः वह भारत के दक्षिण-पश्चिमी तट पर कालीकट नामक स्थान पर पहुँचा। इसी के

साथ उसने समुद्री यात्रा के इतिहास में नया अध्याय जोड़ दिया। यहाँ से वह मसाले, आभूषण एवं हाथी-दाँत का सामान लेकर वापस लिस्बन पहुँचा। वहाँ राजा ने उसका जोरदार स्वागत किया। इसके बाद ही भारत में आकर पुर्तगालियों ने व्यापार शुरू किया।

□

विक्टर ह्यूगो

(स्वच्छंदतावादी आंदोलन के प्रवर्तक)

विक्टर ह्यूगो का जन्म 26 फरवरी, 1802 को बेजानकन (फ्रांस) में हुआ था।

2 वर्ष की उम्र से उन्होंने स्कूल जाना और 13 वर्ष की उम्र से लेखन कार्य प्रारंभ कर दिया था। 14 वर्ष की उम्र में उन्होंने एक नाटक लिखकर अपनी विलक्षण प्रतिभा का परिचय दिया था। उनके निजी जीवन में प्रेम संबंधों का रोचक उतार-चढ़ाव रहा। अनेक युवतियों से उनके प्रेम-संबंध थे।

विक्टर ह्यूगो को 19वीं सदी का एक शीर्षस्थ साहित्यकार माना जाता है। वह कई दशकों तक साहित्य संसार पर छाया रहा, इस बात को कभी भुलाया नहीं जा सकेगा। अपनी कविताओं और उपन्यासों द्वारा उन्होंने फ्रांस में 'स्वच्छंदतावाद' के युग का श्रीगणेश किया और साहित्य व राजनीति की पुरानी परिपाटी को बदला।

ह्यूगो नेपोलियन के आलोचक थे, इसलिए जब नेपोलियन राजगद्दी पर बैठा तो उन्होंने फ्रांस छोड़ दिया और लगभग 19 वर्षों तक निर्वासित जीवन बिताया। जब फ्रांस में गणतंत्र की स्थापना हुई, तभी वह वापस लौटा। इस बीच उसने श्रेष्ठ साहित्य लिखा। उसकी प्रमुख कृतियाँ हैं—'लेस मिजरेबल', 'द मैन हू लॉफ्स' और 'टायलर्स ऑफ द सी'। उसने अनेक नाटकों की रचना की, जिसमें 'द किंग अम्यूजेज हिमसेल्फ' अत्यंत लोकप्रिय हुआ। अपनी मृत्यु के समय वह काफी अप्रकाशित साहित्य भी छोड़ गए थे, जो करीब 100 वर्ष बाद प्रकाशित हुआ।

आज भी उनका साहित्य बुद्धिजीवियों में आकर्षण का केंद्र बना हुआ है। उनका साहित्य अमर है। वह एक अच्छे चित्रकार भी थे।

□

विक्टोरिया

(ब्रिटिश सम्राज्ञी)

विक्टोरिया का शासनकाल ब्रिटेन में सबसे लंबा चला और कई मायनों में महत्त्वपूर्ण भी रहा। अपने शासनकाल में उन्होंने ब्रिटेन की कायापलट कर दी और साम्राज्य-विस्तार की दिशा में भी अहम प्रयास किया। इसी के परिणामस्वरूप उन्होंने दुनिया के एक-चौथाई देशों पर

अपना कब्जा कर लिया था। विक्टोरिया ने अपने चाचा विलियम चतुर्थ की मृत्यु के बाद सिंहासन सँभाला। उनकी शादी प्रिंस अल्बर्ट से हुई थी। इसके बाद ब्रिटिश संसद् ने उनके अधिकार सीमित कर दिए थे। इस पर विक्टोरिया एवं उनके पति अल्बर्ट ने संसद् के कार्यों को प्रभावित करने का इरादा बनाया। इसी के तहत उनके पास आनेवाले राज-काज संबंधी दस्तावेजों पर वे ऐसी टिप्पणी करते कि मंत्री भी प्रभावित हुए बिना नहीं रहते। उनके नौ संतानें हुईं। प्रिंस अल्बर्ट की मृत्यु से विक्टोरिया इतनी व्यथित हुईं कि उन्होंने राज-काज के काम से ही हाथ खींच लिया। इसके बाद उनके पुत्र एडवर्ड सप्तम ने गद्दी सँभाली। हालाँकि वे अपनी माँ की तरह प्रभावशाली ढंग से ब्रिटेन का विस्तार नहीं कर सके और न ही उनकी तरह लंबे समय तक शासन कर सके। □

विजय अमृतराज

(भारतीय टेनिस खिलाड़ी)

भारत के टेनिस स्टार विजय अमृतराज ने पूरी दुनिया में देश का नाम रोशन किया है। विजय अमृतराज ने जिस समय टेनिस खेलना शुरू किया, तब यह खेल इलीट वर्ग तक ही सीमित था। इसके प्रोत्साहन के

लिए सरकारी स्तर पर खास मदद नहीं थी, इसलिए इस तरफ युवा आकर्षित नहीं होते थे। इसके बावजूद विजय अमृतराज ने इस खेल को अपनाया तथा विश्व-स्तर पर मुकाम हासिल किया। इससे भारतीय जन-मानस में टेनिस की पहचान बनी। इसके लिए उन्हें कड़ी मेहनत करनी पड़ी। उन्होंने टेनिस का सफर शुरू करके फिर पीछे मुड़कर नहीं देखा। अमृतराज की सफलताओं ने सरकार का ध्यान इस ओर खींचा। इससे टेनिस को सरकारी मदद मिलने लगी। देश में इसके प्रेमियों की तादाद भी बढ़ी। अमृतराज ने टेनिस की बुलंदियों को छुआ। वे सन् 1982 में भारतीय डेविस कप टीम के कप्तान भी रहे। वे तीन बार 'हॉल ऑफ फेम टेनिस' प्रतियोगिता में विजयी रहे। अमृतराज द्वारा तैयार की गई इस राह पर आज देश भर से खिलाड़ी आगे बढ़ रहे हैं। इतना ही नहीं, वे दुनिया में अनेक उपलब्धियाँ भी हासिल कर रहे हैं। □

विजयलक्ष्मी पंडित

(महिला राजनयिक)

विजयलक्ष्मी पंडित देश के प्रसिद्ध नेहरू घराने में पैदा हुई थीं। उनके पिता मोतीलाल नेहरू जाने-माने बैरिस्टर थे। उनके भाई जवाहरलाल नेहरू भारत के पहले प्रधानमंत्री बने। वे सुशिक्षित एवं जागरूक महिला थीं। मिस हूपर उनकी ट्यूटर थीं। उनकी पढ़ाई में उनका

अहम योगदान रहा। उन्होंने पढ़ाई के दौरान ही जनहित के कार्यों में सहयोग करना शुरू कर दिया था। पिता मोतीलाल नेहरू ने उनका विवाह 21 वर्ष की उम्र में सुप्रसिद्ध न्यायविद्, इतिहासवेत्ता एवं ख्याति-प्राप्त बैरिस्टर रणजीत सीताराम पंडित से कर दिया। इससे पूर्व उन्होंने आजादी के आंदोलन से जुड़े अपने पिता एवं भाई को न जाने कितनी बार जेल जाते देखा था, इसलिए उनके मन में भी गुलामी की पीड़ा थी। उन्होंने सविनय अवज्ञा आंदोलन में भाग लिया, इसलिए उन्हें भी जेल जाना पड़ा। उन्होंने वहाँ एक साल अवसादजनित पीड़ा को झेला। आजादी के बाद वे रूस में भारतीय राजदूत बनकर रहीं। वे संयुक्त राष्ट्र की जनरल असेंबली की अध्यक्ष भी रहीं। स्पेन की राजदूत रहने के बाद वे बंबई में महाराष्ट्र राज्यपाल बनकर रहीं। इसके बाद उनकी सेहत ठीक नहीं रहती थी, इसलिए वे देहरादून में जाकर रहने लगीं। वे सुप्रसिद्ध लेखिका भी रहीं। सन् 1990 में उनका निधन हो गया।

□

विद्यापति

(मैथिली कोकिल)

विद्यापति बिहार के मधुबनी जिले के बसायी गाँव में पैदा हुए थे। उनके पिता गणपति राजा शिवसिंह के पंडित थे। इस कारण उन्हें राजकुमारों के साथ रहने एवं खेलने का अवसर मिला। धीरे-धीरे वे राजा शिवसिंह के विश्वासपात्र बन गए। उनकी राजा से करीबी इसी बात से पता चलती है कि वह जब भी युद्ध में जाता, रानियों की सुरक्षा की जिम्मेदारी विद्यापति को सौंपता। विद्यापति की रुचि मैथिल साहित्य में थी। उन्होंने मैथिल साहित्य के प्रचार-प्रसार का कार्य किया। उन्होंने 'कीर्ति पताका', 'कीर्तिलता' एवं 'मणिमंजरी' आदि संग्रह लिखे। मधुरता एवं पद-लालित्य विद्यापति का खास गुण रहा है। उनकी पदावली इसका उदाहरण है। इसलिए उन्हें मैथिली का बेहतरीन कवि माना जाता है।

नवाब ने कर न देने पर राजा को कैद कर लिया। विद्यापति ने नवाब को अपनी कविता से प्रसन्न करके राजा को मुक्त करवा दिया। इससे प्रसन्न राजा ने उन्हें 'कवि शेखर' की उपाधि प्रदान की थी।

□

विनायक दामोदर सावरकर

(अद्वितीय स्वतंत्रता सेनानी)

विनायक दामोदर सावरकर का जन्म सन् 1883 में महाराष्ट्र के नासिक जिले के एक गाँव में हुआ था। माता पिता ने उनका नाम 'तात्या' रखा था। परिवार

धार्मिक विचारों का होने के कारण उनमें भी वह भावना कूट-कूटकर भरी थी। उन्होंने बचपन में ही अपनी माँ से छत्रपति शिवाजी एवं महाराणा प्रताप की बहादुरी की कहानियाँ सुनी थीं, इसलिए उनके भीतर भी देशभक्ति की भावना जाग उठी। उन्होंने छात्र-जीवन से ही अपने साथियों को देशभक्ति के प्रति जागरूक करना शुरू कर दिया था। अपने मकसद को पाने के लिए उन्होंने कानून की शिक्षा लेना जरूरी समझा, इसलिए लंदन का रुख किया और वहाँ कानून की पढ़ाई शुरू की। वहाँ उन्होंने अपना ठिकाना क्रांतिकारियों के प्रमुख केंद 'इंडिया हाउस' को बनाया। वहाँ मदनलाल ढींगरा द्वारा एक अंग्रेज अधिकारी को गोली मार दिए जाने पर पुलिस ने वीर सावरकर को भी पकड़कर भारत भेजने का फरमान जारी कर दिया। सावरकर लौटना नहीं चाहते थे, इसलिए उन्होंने जहाज से समुद्र में छलाँग लगा दी। अंग्रेजों ने उन्हें फिर से पकड़ लिया। उन्हें काला पानी की सजा दी गई। उन्हें अंडमान-निकोबार की जेल में डाल दिया गया। वहाँ पर उन्हें प्रतिदिन 12 किलो तेल कोल्हू चलाकर निकालना पड़ता था। इससे उनका शरीर बेहद कमजोर हो गया; परंतु इरादे उतने ही बुलंद रहे। वहाँ से उन्हें रत्नागिरि जेल में नजरबंद कर दिया गया। इस महान् क्रांतिकारी ने सन् 1966 में दुनिया को अलविदा कह दिया। □

विनोबा भावे

(भूदान आंदोलन के प्रणेता)

विनोबा भावे का जन्म सन् 1895 में सतारा जिले के एक गाँव में हुआ था। वे विद्यार्थी जीवन में गणित में काफी दक्ष थे। बाद में उन्हें शिक्षा-व्यवस्था से विरक्ति हो गई। परिणामस्वरूप उन्होंने अपने तमाम शिक्षा प्रमाण-पत्र जला दिए। इसके बाद वे साबरमती आश्रम में जाकर रहने लगे। वहाँ रहकर वे गांधीजी के साथ जुड़ गए और उनकी सेवा करने लगे। वहाँ उनका नाम 'विनायक राव भावे' के बजाय 'विनोबा भावे' पड़ गया। उन्होंने परिजनों के विवाह के प्रस्ताव को कभी स्वीकार नहीं किया और इसके परिणामस्वरूप आजीवन ब्रह्मचारी रहे। उनका मानना था कि परिवार उनके मकसद में बाधा ही बनेगा। इस दौरान उन्होंने देश के भूमिहीनों के लिए भूदान आंदोलन चलाया। यह दुनिया के लिए बिल्कुल नया आंदोलन था। उन्होंने देश के विभिन्न भागों की पद-यात्रा की और भूदान यज्ञ का श्रीगणेश किया। इस आंदोलन में लाखों एकड़

जमीन भूमिहीन किसानों को बाँट दी गई। इससे समाज के एक बड़े तबके को रोजगार का साधन मिला और समाज में समानता की दिशा में आगे बढ़ने का साहस पैदा हुआ।

□

विलियम विल्बर फोर्स

(गुलामों के मुक्तिदाता)

इंग्लैंड में अठारहवीं सदी में गुलामों का कारोबार होता था। इसके

लिए बाकायदा बाजार लगता था। इस मानवीय बुराई को विल्बर फोर्स की आत्मा पसंद नहीं करती थी। हालाँकि वे कारोबारी थे, पर उन्होंने अपना सारा जीवन गुलामों को मुक्ति दिलाने में लगा दिया। वे जब कैंब्रिज विश्वविद्यालय में पढ़ाई कर रहे थे, उसी दौरान उनके चाचा की मृत्यु की खबर मिली। इससे वे विचलित हुए। चाचा की सारी संपत्ति उनको मिल गई। इसपर उन्हें अपने मकसद को पूरा करने में आर्थिक मदद मिली। उनसे प्रभावित होकर क्षेत्र की जनता ने उन्हें अपना संसद् सदस्य चुन लिया। उन्होंने संसद् में गुलामों के कारोबार पर रोक लगाकर इस प्रथा को ही समाप्त कराने की आवाज उठाई। उनकी यह आवाज चर्च तक पहुँची। वहाँ के कारिंदों ने विल्बर फोर्स के अभियान पर सहमति जताई तथा संसद् में दासों का व्यापार प्रतिबंधित करने का बिल पास करवा लिया। इसी के साथ इंग्लैंड में इस अमानवीय प्रथा का अंत हो गया। उन्होंने वेस्टइंडीज में भी इस प्रथा का खात्मा करवा दिया। इसके कुछ समय बाद विल्बर इस दुनिया से विदा हो गए।

□

विलियम हार्वे

(रक्त-संचार का खोजकर्ता)

विलियम हार्वे इंग्लैंड के राजा का चिकित्सक था। उसकी रक्त-संचार का रहस्य सुलझानेवाली पुस्तक 300 साल बाद भी चिकित्सा-विज्ञान के लिए बहुत कारगर है। इस कारण हार्वे को आज भी चिकित्सा-विज्ञान का बहुत बड़ा चिकित्सक माना जाता है। हार्वे पढ़ाई पूरी करने के बाद चिकित्सक बनना चाहता था। उसने मेडिकल कॉलेज में प्रवेश ले लिया। उस समय चिकित्सा जगत् में रक्त-संचार के बारे में तरह-तरह की धारणाएँ मौजूद थीं। चिकित्सकों का मानना था कि रक्त शरीर में ज्वार-भाटे के उफान की तरह आता है तथा फिर शांत हो जाता है। इतना ही नहीं, उस समय

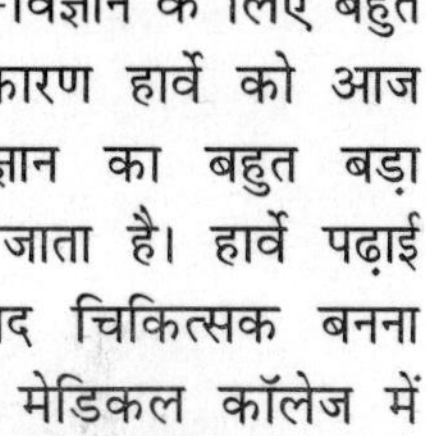

डॉक्टर मानते थे कि यकृत में रक्त एक तरह का बनता है और हृदय में दूसरी तरह का रक्त बनता है। चिकित्सा-विज्ञान के विशेषज्ञों का यहाँ

तक मानना था कि रक्त केवल शिराओं में बहता है, धमनियों से उसका कोई लेना-देना नहीं है।

इंग्लैंड के राजा का डॉक्टर नियुक्त होने के बाद हार्वे ने पशुओं के हृदय के बारे में जानकारी दी। इतना ही नहीं, उन्होंने हृदय की दोनों दीवारों के बीच रक्त के पहुँचने की जानकारी दी। उसकी इन जानकारियों ने चिकित्सा-विज्ञान में तहलका मचा दिया। उसने धमनियों में रक्त के पहुँचने एवं उसकी क्रिया की भी जानकारी दी। उसने अपने शोध को छपवाकर लोगों तक पहुँचाया। हार्वे ही ऐसा पहला व्यक्ति है, जिसने रक्त-संचार के बारे में सही जानकारी चिकित्सा जगत् को दी।

□

विल्हेम रोंतजन

(एक्स-रे के खोजकर्ता)

रोंतजन का जन्म सन् 1845 में हुआ। उन्होंने जर्मनी की एक यूनिवर्सिटी से भौतिकी में पढ़ाई करने के बाद प्राध्यापक के तौर पर नौकरी शुरू की। यहाँ पर भी वे अतिरिक्त समय में कैथोड का परीक्षण करते थे। उन्होंने एक्स-रे की खोज करके रोगों के निदान में अहम

योगदान दिया। उन्हें धन कमाने की तनिक भी लालसा नहीं थी। इसी के चलते उन्होंने उस उपकरण का पेटेंट नहीं कराया था। ऐसा न करने के पीछे उनका तर्क था कि यह मानव-सेवा के लिए की गई खोज है। मैं इसके बलबूते धनवान् नहीं बनना चाहता हूँ। हालाँकि सन् 1923 में आर्थिक तंगी के चलते उनकी मौत हो गई। इस महान् वैज्ञानिक रोंतजन को मानव-सेवा के लिए सदा याद किया जाएगा।

□

विश्वनाथन आनंद

(प्रख्यात शतरंज खिलाड़ी)

विश्वनाथन आनंद शतरंज के माहिर खिलाड़ी हैं। उनका जन्म सन् 1969 में हुआ था। शतरंज के खेल में वे भारत के अनन्यतम युवा खिलाड़ी हैं। एशिया में अंतरराष्ट्रीय मास्टर का खिताब जीतने वाले खिलाड़ियों

में उन्हें चौथा स्थान प्राप्त है। उन्हें 'अर्जुन पुरस्कार' सन् 1985 में प्रदान किया गया था। तीन बार राष्ट्रीय चैंपियनशिप जीतने का सम्मान भी उनके नाम दर्ज हो चुका है। सन् 1995 की विश्व चैंपियनशिप के मुकाबले में कास्पारोव उनके प्रतिद्वंद्वी थे। सन् 1988 में उन्हें 'पद्मश्री' से सम्मानित किया गया था। सन् 2010 में भारत में आयोजित राष्ट्रमंडल खेलों में भी उन्होंने अपनी प्रतिभा का जौहर दिखाया था।

□

विष्णु नारायण भातखंडे

(भारतीय संगीतज्ञ)

विष्णु नारायण भातखंडे का जन्म सन् 1860 में बंबई के बालकेश्वर गाँव में हुआ था। संगीत उन्हें बचपन से ही अपनी ओर खींचता था। इसलिए वे माँ से भजन सुनकर उसी तरह उन्हें गाने का प्रयास करते थे। इसमें सफलता मिलने पर उनका रुझान उस दिशा में और बढ़ गया। पढ़ाई पूरी करने के बाद उन्होंने वकालत शुरू कर दी। इसके साथ ही संगीत की जानकारी करने के लिए उन्होंने कई शहरों का भ्रमण करके वहाँ सम्मेलन आयोजित किए। उन्होंने संगीत के वैज्ञानिक पक्ष को मजबूत करने के लिए रागों एवं उनकी स्वरलिपियों का पता लगाया। लखनऊ में मेरिस म्यूजिक कॉलेज, ग्वालियर एवं इंदौर में संगीत कॉलेज समेत कई स्थानों पर संस्थाएँ स्थापित कीं। इनमें देश के काफी युवक एवं युवतियाँ संगीत की शिक्षा ले रहे हैं। हालाँकि मेरिस म्यूजिक कॉलेज, लखनऊ का नाम बदलकर 'भातखंडे यूनिवर्सिटी ऑफ म्यूजिक' कर दिया गया है। भातखंडेजी का सारा जीवन संगीत को व्यवस्थित करने में ही व्यतीत हो गया। इसलिए उनके नाम पर आज देश भर में हजारों संगीत संस्थाएँ काम कर रही हैं। उन्होंने संगीत पर कई पुस्तकें भी लिखीं। उनकी महत्ता आज भी बरकरार है। जीवन के अंतिम समय में बीमारी के चलते सन् 1936 में उनका देहावसान हो गया।

□

विष्णु श्रीधर वाकणकर

(भारतीय संस्कृति के पोषक)

भारतीय प्राचीन संस्कृति के प्रति समर्पित वाकणकर युगांतरकारी व्यक्तित्व हैं। उन्होंने एकल चित्रकला प्रदर्शनी में खूब ख्याति अर्जित की। वाकणकर ने गंगा, यमुना एवं सरस्वती के महत्त्व को पढ़कर उनके दर्शन किए। उन्हें गंगा एवं यमुना तो मिलीं, परंतु सरस्वती के दर्शन नहीं हुए। इसपर उन्होंने विलुप्त हो चुकी सरस्वती का पता लगाने की ठानी। इसपर उन्होंने हिमालय से लेकर नीचे की ओर करीब 4,000 किलोमीटर की यात्रा करके सत्य की खोज करके ही दम लिया। उन्होंने सरस्वती की धारा को विभिन्न स्थलों पर पाकर एक नवीनतम खोज से परिचय कराया। दुनिया भर में ख्याति-प्राप्त डॉ. वाकणकर की उज्जैन, कायस्था, इंदौर एवं रुणीजा आदि के पुरातात्त्विक खनन के लिए खूब प्रशंसा की गई। कायस्था से प्राप्त गेहूँ के दानों

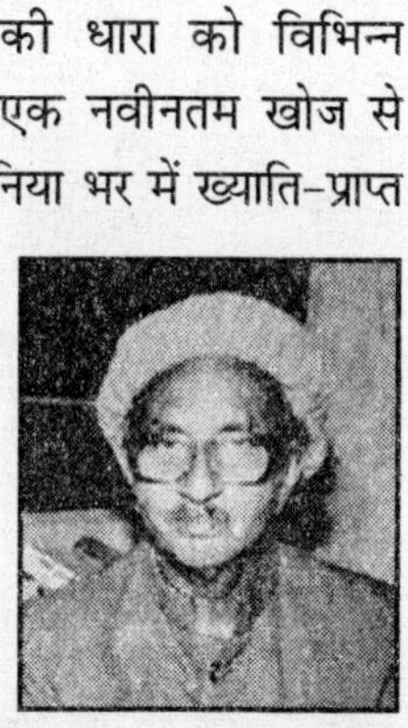

की काल-गणना टाटा इंस्टीट्यूट ने ईसा से 1,500 साल पूर्व मानी थी। सरकार ने इस महान् पुरातत्त्वविद् को उनके अविस्मरणीय योगदान के लिए 'पद्मश्री' से सम्मानित किया था।

□

विंस्टन चर्चिल

(ब्रिटिश राजनेता)

विंस्टन चर्चिल 19वीं शताब्दी के महान् ब्रिटिश राजनेता थे। एक कुशल राजनेता होने के साथ-साथ वे एक पत्रकार और ब्रिटिश नौसेना में भी रह चुके थे। उन्होंने उस समय ब्रिटेन का प्रधानमंत्री पद सँभाला, जब देश पर संकट के बादल गहरा रहे थे। द्वितीय विश्व युद्ध के समय ब्रिटेन का सम्राट् जॉर्ज षष्टम था। जब हिटलर की फौजें यूरोप को नष्ट करती हुई फ्रांस तक आ पहुँचीं, तब सम्राट् ने चर्चिल से सरकार बनाने के लिए कहा। अब चर्चिल प्रधानमंत्री बने। उन्होंने अपने मित्र राष्ट्रों अमेरिका और रूस के साथ मिलकर ऐसी युद्ध-नीति बनाई कि हिटलर के पाँव उखाड़ दिए। एक अच्छे राजनीतिज्ञ होने के साथ ही चर्चिल अंग्रेजी के बहुत अच्छे वक्ता, लेखक और चित्रकार भी थे। उन्होंने विश्व युद्ध के संस्मरण छह खंडों में लिखे, जो अंग्रेजी साहित्य की अमूल्य निधि है। इसपर उन्हें 'नोबेल पुरस्कार' दिया गया। सन् 1965 में 90 वर्ष की आयु में उनका देहांत हो गया।

□

वी.एस. नायपॉल

(प्रख्यात लेखक)

भारतीय मूल के लेखक वी.एस. नायपॉल का जन्म सन् 1932 में त्रिनिदाद में पोर्ट ऑफ स्पेन में हुआ। उन्होंने ऑक्सफोर्ड विश्वविद्यालय से शिक्षा प्राप्त करके इंग्लैंड का रुख किया इसके बाद वहीं के होकर रह गए। वहाँ पर उन्होंने लेखन के क्षेत्र में आजमाइश की। नायपॉल ने इसमें गहनता व अर्थवत्ता को प्रमाणित किया। इसके बावजूद उन्होंने मार्मिकता के पथ को नहीं छोड़ा। इन्हीं गुणों के आधार पर दुनिया भर में उनकी पहचान बनी। उन्हें 'इन ए फ्री स्टेट' के लिए ब्रिटेन का सर्वोच्च साहित्यिक 'बुकर पुरस्कार' मिला। वहाँ की सरकार ने उन्हें 'नाइट' की उपाधि से भी सम्मानित किया। सर नायपॉल की पत्नी की असमय मृत्यु हो जाने के कारण उन्हें नादिरा खानम से दूसरा विवाह करना पड़ा। उनकी 'ए हाउस फॉर मि. बिस्वास' सबसे अधिक चर्चित कृति है। हालाँकि

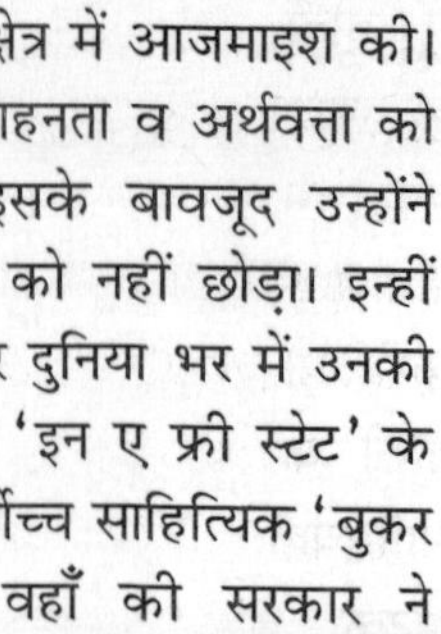

उन्होंने कई नॉन-फिक्शन पुस्तकों की भी रचना की। वे भारत आने पर यहाँ के साहित्य जगत् से रू-बरू हुए थे। यह बात दीगर है कि उनका समस्त साहित्य उत्तर-औपनिवेशिक परिवर्तनों की त्रासदी में जी रहे आम आदमी की वेदना की पड़ताल और जीवन में नैतिकता के संकट पर टिप्पणी करता है।

□

वीरेशलिंगम

(तेलुगु के महान् लेखक)

तेलुगु साहित्य के अग्रदूत वीरेशलिंगम की गिनती बड़े लेखकों में होती थी। उन्होंने अंग्रेजी शासन के बावजूद तेलुगु भाषा को संपन्न बनाने में बहुत योगदान दिया। उन्होंने समाज में अशिक्षा के कारण व्याप्त कुरीतियों को गद्य-लेखन के जरिए खत्म करने का मन बनाया। वीरेशलिंगम ने साहित्यकारों की जीवनियाँ, समालोचना, नाटक, कहानियाँ एवं उपन्यास आदि लिखे। निबंध एवं आत्मकथा आदि विधाओं को अपनी लेखनी के जरिए संपन्न बनाया। वीरेशलिंगम के बाद

कई लेखकों ने उनकी राह पर चलकर तेलुगु साहित्य में काफी योगदान दिया। वीरेशलिंगम को आज भी तेलुगु साहित्य के विकास के लिए सम्मान के साथ याद किया जाता है।

□

वी. शांताराम

(फिल्म-जगत् की महान् विभूति)

वी. शांताराम का जन्म सन् 1901 में महाराष्ट्र के कोल्हापुर जिले में हुआ

था। वे स्कूली पढ़ाई छोड़कर सुप्रसिद्ध गायक बाल गंधर्व की नाटक मंडली में शामिल हो गए। वहाँ पर वे परदा उठाने एवं गिराने लगे। उनके भीतर की प्रतिभा को देख बाल गंधर्व ने उन्हें राजा-रानियों एवं उनकी परिचारिकाओं की भूमिका प्रदान करनी शुरू कर दी। वहाँ पर 6 साल का वक्त गुजारने के बाद उन्होंने फिल्म कंपनी में नौकरी कर ली। वे एक दिन वहाँ के काम-काज से परेशान होकर भाग खड़े हुए। बाद में अपने एक रिश्तेदार भालजी पेंढर की मदद से उनके साथ एक दूसरी फिल्म कंपनी में काम करने लगे। वहाँ उन्होंने सामान इधर-उधर ले जाने से लेकर कारपेंटर, एक्टर एवं एडिटर आदि तक के सभी काम किए। वहाँ उन्हें कुछ फिल्मों में भूमिकाएँ मिलनी शुरू हुईं।

उन्होंने सन् 1925 में अपने उक्त रिश्तेदार की फिल्म 'साहूकार पाश' में

बतौर नायक भूमिका निभाई। इसके बाद वी. शांताराम के निर्देशन में 'नेताजी पालकर' पहली फिल्म बनी। उन्होंने 'प्रभात फिल्म कंपनी' की स्थापना करके मूक एवं बोलती फिल्में बनाईं। अरसे बाद वे उस कंपनी से अलग हो गए। उन्होंने बंबई में परेल स्थित वाडिया स्टूडियो खरीद लिया तथा वहाँ अपने माता-पिता की याद में 'राज कला मंदिर' की स्थापना की। शांताराम को महबूब खान की 'मदर इंडिया', गुरुदत्त की 'प्यासा' एवं स्वयं उनकी 'दो आँखें बारह हाथ' ने दुनिया भर में ख्याति दिलाई। फिल्म के क्षेत्र में अद्वितीय योगदान के लिए सरकार ने उन्हें 'पद्मश्री' से सम्मानित किया।

□

वूल्फगैंग ऐमेडियस मोजार्ट

(विलक्षण संगीतकार)

वूल्फगैंग ऐमेडियस मोजार्ट का जन्म सन् 1756 में आस्ट्रिया के साल्जबर्ग में हुआ। उनके पूर्वज भी संगीत के क्षेत्र में प्रसिद्ध रहे हैं। मोजार्ट ने

4 साल की अल्पायु में संगीत की शिक्षा लेनी प्रारंभ कर दी थी। हालाँकि बड़े होकर उन्होंने संगीत एवं कानून की शिक्षा पाई। उन्हें महज 13 साल की उम्र में ही स्टार संगीतकार का दर्जा हासिल हो गया था। उन्होंने 600 से अधिक संगीत रचनाएँ कीं। उन्होंने कई देशों में अपने संगीत की धूम मचाई। इसके बावजूद आर्थिक तंगी ने उनका पीछा नहीं छोड़ा। इस कारण वे अपनी सेहत पर भी खास ध्यान नहीं दे पाए और अल्पायु में ही दुनिया से विदा हो गए। उन्होंने कम समय में ही पाश्चात्य संगीत को नई दिशा देकर अपना नाम इतिहास में दर्ज करा लिया। इस काम में उनकी पत्नी एना का अहम योगदान रहा।

□

शंकराचार्य

(महान् संत-दार्शनिक)

शंकराचार्य का जन्म केरल में पूर्णा नदी के तट पर स्थित काटली गाँव में हुआ था। वे 4 वर्ष की उम्र में ही संसार से विरक्त हो गए। इस कारण उन्होंने संत गोविंद भगवत्पाद से संन्यास ले लिया। वहाँ उन्होंने धर्मग्रंथों का अध्ययन किया। वे 7 वर्ष की उम्र में ही वेदों के प्रकांड पंडित हो गए थे। इसके बाद वे गुरु के आदेश पर काशी चले गए। वहाँ उन्होंने दीक्षा देनी प्रारंभ कर दी। देश भर में अनेक विद्वानों से शास्त्रार्थ किया। इसके बाद धर्म-प्रचार के लिए चार मठों की स्थापना की। उन्होंने तुंगभद्रा के तट पर 'श्रृंगेरी मठ', द्वारिकापुरी में 'शारदा मठ', जगन्नाथपुरी में 'गोवर्धन मठ' और बदरीनाथ के निकट 'ज्योति मठ'

स्थापित कर विद्वानों को उनकी जिम्मेदारी सौंपी। यह परंपरा आज भी जारी है। इसी के चलते उनके उत्तराधिकारी आज भी 'शंकराचार्य' कहलाते हैं। शंकराचार्य ने धर्म को स्थापित करने के लिए कई ग्रंथों की रचना की तथा प्राचीन ग्रंथों के भाष्य भी लिखे। उन्हें उस काल का सबसे बड़ा दार्शनिक माना जाता था। वैदिक धर्म में शंकराचार्य का महत्त्व आज भी कम नहीं हुआ है। 32 वर्ष की अल्पायु में ही केदारनाथ में उनकी मृत्यु हो गई थी। □

शकुंतला देवी

(प्रख्यात गणितज्ञ)

शकुंतला देवी एक अजूबी गणितज्ञ हैं। उनका जन्म 4 नवंबर, 1939 को बैंगलोर में हुआ था। उनके पिता सरकस में काम करते थे। वह जन्म से ही गणना करने में पारंगत थीं। वह 3 वर्ष की उम्र से ही पत्तों का खेल अपने पिता के साथ खेलती थीं।

6 वर्ष की उम्र में उन्होंने अपनी गणना करने की क्षमता और स्मरण-शक्ति का प्रदर्शन मैसूर विश्वविद्यालय में किया था, जोकि उन्होंने अन्नामलाई विश्वविद्यालय में 8 वर्ष की उम्र में दोहराया था। उन्होंने 101 अंकोंवाली संख्या का 23वाँ मूल 23 सेकंड में ज्ञात कर लिया था। उन्होंने 13 अंकोंवाली 2 संख्याओं का गुणनफल जल्दी बता दिया था।

संगणक से तेज गणना करने के लिए शकुंतला देवी का नाम 'गिनीज बुक ऑफ वर्ल्ड रिकॉर्ड्स' में भी दर्ज है। □

शरत्चंद्र चटर्जी

(महान् बँगला लेखक)

उच्च कोटि के उपन्यासकार शरत्चंद्र

व्यक्तित्व के बहुत धनी थे। लेखक रोमाँ रोलाँ ने उनके लेखन की विश्व स्तर पर बहुत प्रशंसा की। उन्होंने दावा किया था कि शरत्चंद्र दुनिया के बेहतरीन उपन्यासकारों में से थे। शरत्चंद्र के लेखन में सबसे बड़ी विशेषता यह रही कि उन्होंने उपन्यासों में ऐसे नारी पात्रों की रचना की कि वे संदिग्ध अतीत के कारण पाठकों के लिए पहेली बनी रहती हैं। शरत्चंद्र चटर्जी के 'परिणीता', 'चरित्रहीन', 'देवदास', 'ब्राह्मण की बेटी', 'गृहदाह', 'पथ के दावेदार' एवं 'श्रीकांत' काफी चर्चित उपन्यास रहे। उन्होंने कई लोकप्रिय कहानियों का भी

लेखन किया। इनमें 'छोटा भाई', 'रामेर सुमति', 'बिंदु का लड़का' एवं 'मझली दीदी' आदि प्रमुख हैं। शरत्चंद्र का जन्म हुगली जिले के गाँव देवानंदपुर में हुआ था। उनके पिता भी लेखन एवं हस्तकला में पारंगत थे। उनका बचपन एवं जवानी का अधिक समय बिहार के भागलपुर में अपने नाना के यहाँ गुजरा। आर्थिक तंगी के कारण उनकी पढ़ाई पूरी नहीं हो सकी। इसी दौरान माँ की मौत हो जाने तथा पिता की डाँट से क्षुब्ध होकर वे घर से निकल गए। उन्होंने संन्यास ले लिया। कुछ समय बाद उन्हें जानकारी मिली कि उनके पिता की मौत हो गई है। इसपर वे गाँव पहुँचे और अपनी साइकिल बेचकर उनकी अंतिम क्रिया की। बेकारी से तंग आकर वे कलकत्ता चले गए। वहाँ भी उन्हें काम नहीं मिला। इसपर अपने अधिवक्ता चाचा के पास रंगून चले गए। वहाँ कुछ समय बाद ही उनके चाचा की मौत हो गई। वहाँ उनकी गायकी पर मुग्ध एम.के. मित्र ने उन्हें लेखा-विभाग में लिपिक रखवा दिया। वहीं एक मेकैनिक की बेटी से उन्होंने विवाह कर लिया। उनके एक बेटा हुआ, हालाँकि दोनों माँ-बेटा प्लेग की भेंट चढ़ गए। वहाँ से वे कलकत्ता चले गए और एक गरीब महिला से विवाह कर लिया। उन्हें साहित्य के क्षेत्र में लाने का श्रेय प्रथम भट्टाचार्य, सौरिंद्र मुखर्जी एवं फणींद्र पाल को है। साहित्य-लेखन से उनकी निर्धनता दूर हुई और उन्होंने कलकत्ता में मकान तथा कार खरीद लिये। 62 वर्ष की उम्र में उनकी मृत्यु हो गई।

□

शेख सादी

(फारसी गद्य के जन्मदाता)

शेख मुसलिद्दीन सादी का जन्म 1213 ई. में शिराज (ईरान) में हुआ था। सन् 1226 में वह कई देशों की यात्रा पर निकले। संभवतः

वह भारत भी आए थे, क्योंकि उनके सोमनाथ मंदिर देखे जाने के प्रमाण मिले हैं। वह 79 वर्षों तक जीवित रहे। वह कहते थे, 'जमीन वालों पर जुल्म न कर, नहीं तो लोगों की बद्दुआएँ आसमान तक जा पहुँचेंगी।' विश्व-साहित्य में सादी का नाम अमर रहेगा।

शेख मुसलिद्दीन सादी फारसी के महान् विद्वान् एवं दार्शनिक ही नहीं, बल्कि फारसी गद्य के भी जन्मदाता माने जाते हैं। उनके आदर्श जीवन के बारे में कई किस्से मशहूर रहे हैं। वह अपने युग के महान् कवि एवं साहित्यकार थे। उनके द्वारा लिखे लगभग 16 ग्रंथ पाए गए हैं। उनके गजल-संग्रह फारसी साहित्य

का आधार बन गए हैं। उन्हें इस बात का श्रेय दिया जाना चाहिए कि उन्होंने सदाचार और नीति का प्रचार किया तथा जीवन के उद्‌देश्यों को अपनी रचनाओं में उद्‌घाटित किया।

शेख सादी का जीवन-काल लगभग 7 शताब्दी पूर्व का माना जाता है। संसार की प्रमुख भाषाओं में उनकी रचनाओं का अनुवाद हो चुका है। शायद ही कोई ऐसा देश हो, जो उनकी शिक्षा के बारे में न जानता हो। संसार के महाकवियों में उन्हें सम्मानित स्थान प्राप्त है। उनकी महानतम कृतियों में 'गुलिस्ताँ' और 'बोस्ताँ' शामिल हैं। उनकी रचनाएँ स्वाभाविक सादगी का प्रतीक हैं और जीवन के सही अर्थ का अनुभव कराती हैं।

शेख सादी को उमर खय्याम एवं खलील जिब्रान से भी अधिक श्रेष्ठ माना जाता है। उनकी लेखनी विश्व में संभवतः सर्वाधिक शक्तिशाली रही है। उनकी प्रतिभा ने जादू का-सा काम किया है। ओज और माधुर्य का अद्‌भुत समन्वय उनके साहित्य में स्पष्ट है। एक स्थान पर उन्होंने लिखा है-'शहद बेचनेवाले की आवाज इतनी मीठी थी कि लोगों के दिल अपने आप उसकी तरफ खिंचते चले जाते थे और खरीदनेवाले मक्खियों की तरह उसके इर्द-गिर्द जमा थे। अगर वह जहर भी बेचता तो शायद लोग उसके हाथ से शहद समझकर खा जाते।'

□

शेक्सपियर

(महान् उपन्यासकार)

शेक्सपियर का जन्म सन् 1564 में इंग्लैंड में हुआ। उनका नाम दुनिया भर में एक सम्मानित उपन्यासकार एवं कवि के रूप में लिया जाता है।

उनके योगदान के बिना अंग्रेजी एवं विश्व-साहित्य अधूरा है। 'हैमलेट' उनकी महानतम कृति है। शेक्सपियर अपने गाँव से लंदन आ गए। वहाँ वह नाटक देखने आनेवाले लोगों के घोड़ों की रखवाली करते थे। बाद में उन्हें नाटक में अभिनय करने का मौका मिला। उस समय दूसरों से नाटक लिखवाना काफी महँगा पड़ता था, इसलिए उन्होंने खुद ही अभिनय करने के साथ उपन्यास, नाटक एवं कविता-लेखन शुरू कर दिया। उन्होंने सुखांत एवं दुःखांत दोनों तरह के कुल 37 नाटक लिखे। उनके नाटक 'मर्चेंट ऑफ वेनिस', 'जूलियस सीजर' 'किंग लियर' व 'हैमलेट' आदि विश्व विख्यात हुए। 'टेंपेस्ट' उनकी आखिरी कृति मानी गई। हालाँकि उनपर आरोप लगे कि उन्होंने खुद साहित्य न लिखकर यह सब बेकन, ब्यूमांट एवं क्रिस्टोफर मार्लो समेत अन्य ने लिखाया है। 52 वर्ष की उम्र में उनका देहांत हो गया। अपने अंतिम दिनों में वे परिवार के साथ गाँव में रहने

लगे थे। उनके परिवार में पत्नी, पुत्र एवं दो पुत्रियाँ थीं।

□

श्यामसुंदर दास

(आधुनिक हिंदी के पुरोधा)

श्यामसुंदर दास का जन्म सन् 1876 में वाराणसी में हुआ था। उन्होंने क्वींस कॉलेज से स्नातक की परीक्षा उत्तीर्ण की। इसके बाद लखनऊ से प्रशिक्षण प्राप्त किया। उन्होंने छात्र-जीवन से ही लिखना शुरू कर दिया था। उन्हें जीवनी, संपादन, आलोचना एवं निबंध आदि लेखन में महारत हासिल थी। उन्होंने हिंदी के हित में 'नागरी प्रचारिणी सभा' की भी स्थापना की। यह उस समय साधारण कार्य नहीं था। इसके बाद वाराणसी के हिंदू कालेज में शिक्षण कार्य शुरू कर दिया। इसी संस्था को बाद में 'काशी हिंदू विश्वविद्यालय' का दर्जा मिल गया। कई सालों तक शिक्षण कार्य करने के बाद श्यामसुंदर दास वहाँ से नौकरी छोड़ गए। वे शिमला एवं कश्मीर में भी रहे, लेकिन वहाँ उनका मन नहीं रमा। आखिरकार उन्होंने वहाँ से वाराणसी का रुख किया। काशी पहुँचकर पं. मदन मोहन मालवीयजी से मुलाकात की। मालवीयजी ने उनके समक्ष विश्वविद्यालय में हिंदी विभाग का जिम्मा सँभालने का प्रस्ताव रखा। मानो श्यामसुंदरजी की मुराद पूरी हो गई! उन्होंने प्रस्ताव पर तत्काल हामी भर दी। वे जीवन के अंत तक उसी पद पर

बने रहे। उन्होंने विश्वविद्यालय में स्नातकोत्तर की पढ़ाई शुरू करवाई। उनके एवं मालवीयजी के अथक प्रयासों से ही उत्तर प्रदेश की अदालतों में कामकाज हिंदी में शुरू हो सका। साहित्य जगत् ने हिंदी में उनके अहम योगदान के लिए 'साहित्य वाचस्पति' तथा सरकार की ओर से 'रायबहादुर' की उपाधि प्रदान कर उन्हें सम्मानित किया गया था।

□

श्यामाप्रसाद मुकर्जी

(जन संघ के संस्थापक)

श्यामाप्रसाद मुकर्जी का जन्म कलकत्ता में सर आशुतोष मुकर्जी के घर हुआ था। उस समय सर आशुतोष मुकर्जी की बंगाल में काफी पहचान थी। कलकत्ता विश्वविद्यालय में उनके पास अहम जिम्मेदारी थी। संपन्न परिवार में पैदा होने के कारण श्यामाप्रसाद मुकर्जी की शिक्षा बहुत ही अच्छे ढंग से हुई।

उन्होंने कलकत्ता विश्वविद्यालय से कानून की शिक्षा प्राप्त की। इसके बाद वहाँ के हाई कोर्ट में वकालत

प्रारंभ कर दी। इसी दौरान उन्हें कलकत्ता विश्वविद्यालय का उप-कुलपति बनाया गया। इसके बाद वे बंगाल विधानसभा के सदस्य चुने गए। वहाँ उन्हें वित्त मंत्री की जिम्मेदारी सौंपी गई। मिदनापुर जिले में सन् 1942 में भयंकर बाढ़ आई। इससे वहाँ जान-माल का भारी नुकसान हुआ। चारों ओर तबाही का मंजर था। वित्त मंत्री होने के नाते श्यामाप्रसाद मुकर्जी ने बाढ़-प्रभावित इलाके का दौरा करके प्रभावितों की समस्याओं को जाना। हालाँकि वहाँ के अंग्रेज अफसर ने उन्हें ऐसा करने से रोक दिया। इससे डॉ. मुकर्जी इतने व्यथित हुए कि उन्होंने मंत्री पद से त्याग-पत्र दे दिया। इसके बाद मारवाड़ी बाढ़ रिलीफ सोसाइटी एवं महाबोधि सोसाइटी आदि की सहायता से बाढ़-पीड़ितों की मदद की गई। उन्होंने कश्मीर में हिंदुओं पर किए जा रहे अत्याचारों का कड़ा विरोध किया तथा सरकार को सुरक्षा के व्यापक प्रबंध करने के लिए मजबूर कर दिया। बँगलादेश में हुए दंगों को रोकने में उन्होंने महत्त्वपूर्ण योगदान दिया। कश्मीर में हिंदुओं के लिए काम करने पर शेख अब्दुल्ला सरकार ने कठुआ में उन्हें बंदी बना लिया। जेल में उन्हें किसी तरह की सुविधा प्रदान नहीं की गई। वहीं उनकी मृत्यु हो गई।

□

श्रीनिवास रामानुजन

(महान् गणितज्ञ)

विलक्षण स्मरण-शक्ति के धनी श्रीनिवास रामानुजन का जन्म तंजौर जिले के कुभकोणम में हुआ था। वे गणित-प्रेम के चलते कक्षा चार में पढ़ाई करते समय ही त्रिकोणमिति में रुचि लेने लगे थे। उन्होंने अपने आप ही कई सूत्रों का पता लगाया। उन्हें गणित में छात्रवृत्ति मिलने लगी। वहीं दुर्भाग्य से वे दूसरे विषयों में फेल हो गए। इससे उनकी फेलोशिप बंद हो गई, जिससे वे आर्थिक संकट में घिर गए। इसके बावजूद उन्होंने गणित के क्षेत्र में अपने प्रयास जारी रखे। रामानुजन का गणित में पहला अनुसंधान-पत्र सन् 1911 में प्रकाशित हुआ। कैंब्रिज विश्वविद्यालय के प्रोफेसर हार्डी ने उनकी काफी मदद की। वे 'रॉयल सोसाइटी' के फेलो बन गए। रामानुजन यह सम्मान पानेवाले पहले भारतीय बने। विदेशी जलवायु अनुकूल न होने के कारण उनका स्वास्थ्य काफी गिर गया। सन् 1920 में इस महान् गणितज्ञ का निधन हो गया। गणित के क्षेत्र में विलक्षण प्रतिभा के धनी रामानुजन के योगदान को हमेशा याद किया जाएगा।

□

संत ज्ञानेश्वर

(महान् संत)

संत ज्ञानेश्वर महाराष्ट्र के एक महान् संत थे, जिन्होंने 'ज्ञानेश्वरी' की रचना की। संत ज्ञानेश्वर की गणना भारत के महान् संतों एवं मराठी कवियों में होती है।

संत ज्ञानेश्वर का जन्म 1275 ईस्वी में महाराष्ट्र के अहमदनगर जिले में पैठण के पास आपेगाँव में भाद्रपद कृष्ण पक्ष की अष्टमी को हुआ था। उनके पिता का नाम विट्ठल पंत एवं माता का नाम रुक्मिणी बाई था।

मुक्ताबाई उनकी बहन थी। उनके दोनों भाई निवृत्तिनाथ एवं सोपानदेव भी संत स्वभाव के थे।

उनके पिता ने जवानी में ही गृहस्थ जीवन का परित्याग कर संन्यास ग्रहण कर लिया था; परंतु गुरु आदेश से उन्हें फिर से गृहस्थ जीवन शुरू करना पड़ा। इस घटना को समाज ने मान्यता नहीं दी और उन्हें समाज से बहिष्कृत होना पड़ा। ज्ञानेश्वर के माता-पिता से यह अपमान सहन नहीं हुआ और उन्होंने जल-समाधि ले ली। बालक ज्ञानेश्वर के सिर से उनके माता-पिता का साया सदा के लिए उठ गया। उन दिनों सारे ग्रंथ संस्कृत में थे और आम जनता संस्कृत नहीं जानती थी। अस्तु, तेजस्वी बालक ज्ञानेश्वर ने केवल 15 वर्ष की उम्र में ही 'गीता' पर मराठी में 'ज्ञानेश्वरी' नामक भाष्य की रचना करके जनता की भाषा में ज्ञान की झोली खोल दी। वे संत नामदेव के समकालीन थे और उन्होंने उनके साथ पूरे महाराष्ट्र का भ्रमण कर लोगों को ज्ञान-भक्ति से परिचित कराया और समता व समभाव का उपदेश दिया। मात्र 21 वर्ष की उम्र में वह महान् संत एवं भक्त कवि इस नश्वर संसार का परित्याग कर समाधिस्थ हो गया। □

संत तुकाराम

(महाराष्ट्र के प्रसिद्ध संत)

संत तुकाराम सन् 1588 में पूना के संकट देहुक नामक गाँव में जनमे थे। उनके माता-पिता की मृत्यु जल्दी ही हो गई थी। जब उनका विवाह हुआ, तब उनकी उम्र 25 वर्ष की थी। बड़े भाई ने वैराग्य के कारण घर छोड़ दिया था। इन सब बातों ने तुकाराम को व्यथित कर दिया और वे घर-बार त्यागकर ईश्वर की उपासना में लीन हो गए। उनकी भक्ति-रस में लिखी कविताएँ 'अभंग' के नाम से जानी जाती हैं। उन्होंने 8,000 से अधिक अभंगों की रचना की। उनके यशोगान से प्रभावित होकर स्वयं शिवाजी भी उनसे मिलने उनके पास आए थे। □

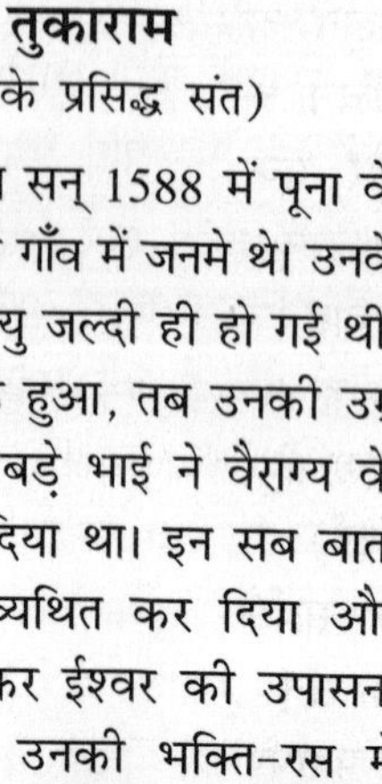

सचिन तेंदुलकर

(प्रसिद्ध क्रिकेटर)

सचिन तेंदुलकर राजापुर के एक मराठी ब्राह्मण परिवार में जनमे थे। सचिन का नाम उनके पिता रमेश तेंदुलकर ने अपने चहेते संगीतकार सचिन देव बर्मन के नाम पर रखा था। उनके बड़े भाई अजीत तेंदुलकर ने उन्हें खेलने के लिए प्रोत्साहित किया था। सचिन के एक भाई नितिन तेंदुलकर और एक बहन सवितई तेंदुलकर भी हैं। सन् 1995 में सचिन तेंदुलकर का विवाह डॉ. अंजलि से हुआ। सचिन के दो बच्चे हैं—सारा व अर्जुन। सचिन रमेश तेंदुलकर (जन्म 24 अप्रैल, 1973, मुंबई) क्रिकेट के इतिहास में विश्व के सर्वश्रेष्ठ बल्लेबाजों में गिने जाते हैं। सन् 1989 में अंतरराष्ट्रीय क्रिकेट में पदार्पण के पश्चात् वे बल्लेबाजी में कई कीर्तिमान स्थापित कर चुके हैं। उन्होंने टेस्ट व एक दिवसीय क्रिकेट, दोनों में सर्वाधिक शतक अर्जित किए हैं। वे टेस्ट क्रिकेट के सबसे ज्यादा रन बनानेवाले बल्लेबाज हैं। इसके साथ ही टेस्ट क्रिकेट में 14,000 से अधिक रन बनानेवाले वे विश्व के एकमात्र खिलाड़ी हैं। एक दिवसीय मैचों में भी उन्हें कुल सर्वाधिक रन बनाने का कीर्तिमान प्राप्त है। उन्होंने अपना पहला प्रथम श्रेणी क्रिकेट मैच मुंबई के लिए 14 वर्ष की उम्र में खेला। उनके अंतरराष्ट्रीय खेल जीवन की शुरुआत सन् 1989 में पाकिस्तान के खिलाफ कराची से हुई।

सचिन 'राजीव गांधी खेल-रत्न पुरस्कार' से सम्मानित एकमात्र क्रिकेटर हैं। वे वर्ष 2008 में पद्म-विभूषण से भी पुरस्कृत किए जा चुके हैं। वे क्रिकेट जगत् के सर्वाधिक प्रायोजित खिलाड़ी हैं और विश्व भर में उनके प्रशंसक उन्हें 'मास्टर ब्लास्टर' कहकर बुलाते हैं। क्रिकेट के अलावा वे अपने ही नाम के एक सफल रेस्टोरेंट के मालिक भी हैं।

□

सत्यजीत रे

(जाने-माने फिल्म निर्माता)

सत्यजीत रे फिल्म जगत् को नई राह दिखानेवाले शख्स के रूप में जाने जाते हैं। उन्होंने आम आदमी की प्रतिदिन की समस्याओं को फिल्मों के जरिए न केवल सवाल के रूप में उठाया, बल्कि

उनको समाधान के करीब तक पहुँचाने का प्रयास किया। उन्होंने कलकत्ता के प्रेजिडेंसी कॉलेज से शिक्षा

पूरी करने के बाद शांतिनिकेतन के कला भवन में प्रवेश किया। वहाँ पर उन्होंने ब्रिटिश विज्ञापन एजेंसी में बतौर कलाकार काम किया। वहीं रहते हुए उन्होंने अपनी पहली फिल्म 'पाथेर पांचाली' बनाई। इस फिल्म की सफलता ने उनके हौसले को इतना बढ़ाया कि उन्होंने कभी पीछे मुड़कर नहीं देखा। उन्होंने अपने फिल्मी कॅरियर में अंतरराष्ट्रीय स्तर की फिल्में दीं। उनकी फिल्म 'अपराजिता' एवं 'चारुलता' समेत अन्य ने वेनिस एवं बर्लिन फिल्म समारोह में खूब धूम मचाई। हालाँकि अपनी फिल्मों में उन्होंने कभी भी महँगे सेटों को तरजीह नहीं दी। ऐसा करके वे फिल्म के बजट को बेलगाम होने से रोकते थे। लेकिन उन्होंने गुणवत्ता से कभी कोई समझौता नहीं किया। उन्हें कई फिल्मों के लिए 'स्वर्ण कमल' एवं 'ऑस्कर पुरस्कार' मिले। भारत सरकार की ओर से उन्हें 'भारत रत्न' से सम्मानित किया गया। सत्यजीत रे को आदर्श माननेवाले फिल्म निर्माताओं की आज भी कमी नहीं है। सत्यजीत रे ने फिल्म जगत् को नई दिशा दी है। □

समुद्रगुप्त

(गुप्तवंशी शासक)

समुद्रगुप्त गुप्तवंशी महाराजाधिराज चंद्रगुप्त प्रथम की पट्टमहिषी लिच्छवि कुमारी श्रीकुमारी देवी का पुत्र था। चंद्रगुप्त ने अपने अनेक पुत्रों में से उसे ही अपना उत्तराधिकारी चुना और अपने जीवनकाल में ही समुद्रगुप्त को शासन-भार सौंप दिया था। प्रजाजनों को इससे विशेष हर्ष हुआ था; किंतु

समुद्रगुप्त के अन्य भाई इससे रुष्ट हो गए थे और उन्होंने आरंभ में ही मृत्यु-युद्ध छेड़ दिया था। भाइयों का नेता 'काच' था। काच के नाम से सोने के कुछ सिक्के भी मिले हैं। गृह-कलह को शांत करने में समुद्रगुप्त को एक वर्ष का समय लगा। इसके पश्चात् उसने दिग्विजय यात्रा की। इसका वर्णन प्रयाग में अशोक मौर्य के स्तंभ पर विशद रूप में खुदा हुआ है। पहले उसने आर्यावर्त के तीन राजाओं—अहिच्छद के राजा अच्युत, पद्मावती का भारशिववंशी राजा नागसेन और राज कोटकुलज को विजित कर अपने अधीन कर लिया और भव्य समारोहों के साथ पुष्पपुर में प्रवेश किया। इसके बाद उसने दक्षिण की यात्रा की और क्रम से कौशल, महाकांतर, भौराल पिष्टापुर का महेंद्रगिरि (मद्रास प्रांत का वर्तमान पीठापुरम्) कौट्टूर, ऐरंडपल्ल, कांची, अवमुक्त, वेंगी, पाल्लक, देवराष्ट्र और कोस्थलपुर (वर्तमान कुट्टलूरा) बारह राज्यों पर विजय प्राप्त की।

जिस समय समुद्रगुप्त दक्षिण विजय-यात्रा पर था, उस समय उत्तर के अनेक राजाओं ने अपने को स्वतंत्र घोषित कर विद्रोह कर दिया। लौटने पर समुद्रगुप्त ने उत्तर के उन राजाओं का समूल उच्छेद कर दिया। उनके नाम रुद्रदेव, मतिल, नागदत्त, चंद्रवर्मा, गणपति नाग, नागसेन, अच्युत नंदी और बल वर्मा थे। उनपर विजय के पश्चात् समुद्रगुप्त ने पुनः पुष्पपुर (पाटलिपुत्र) में प्रवेश किया। इस बार इन सभी राजाओं के राज्यों को उसने अपने साम्राज्य में सम्मिलित कर लिया। आटविक राजाओं को उसने अपना परिचायक और अनुवर्ती बना लिया था। इसके पश्चात् उसकी महती शक्ति के सम्मुख किसी ने सिर उठाने का साहस नहीं किया। सीमाप्रांत के सभी नृपतियों तथा यौधेय, मानलव आदि गणराज्यों ने भी स्वेच्छा से उसकी अधीनता स्वीकार कर ली। समहत (दक्षिण-पूर्वी बंगाल), कामरूप, नेपाल, देवाक (असम का नागा प्रदेश) और कर्तुपुर (कुमायूँ व गढ़वाल के पर्वतीय प्रदेश) उसकी अधीनता स्वीकार कर उसे कर देने लगे। मालव, अर्जुनायन, यौधेय, माद्रक, आभीर, प्रार्जुन, सनकानीक, काक और सर्परिक नामक गणराज्यों ने उसकी अधीनता स्वीकार कर ली। दक्षिण और पश्चिम के अनेक राजाओं ने उसका आधिपत्य स्वीकार कर लिया था और वे बराबर उपहार भेजकर उसे संतुष्ट रखने की चेष्टा करते रहते थे। उनमें देवपुत्र शाही शाहानुशाही, शप, गरुड़ और सैहलक (सिंहल के राजा) प्रमुख हैं। समुद्रगुप्त का साम्राज्य पश्चिम में गांधार से लेकर पूर्व में असम तक तथा उत्तर में हिमालय के कीर्तिपुर जनपद से लेकर दक्षिण में सिंहल तक फैला हुआ था। प्रयाग की प्रशस्ति में समुद्रगुप्त के संधिविग्रहिक महादंडनायक हरिषेण ने लिखा है–'पृथ्वी भर में कोई उसका विकल्प नहीं था। सारी धरित्री को उसने अपने बाहुबल से बाँध रखा था।' □

सम्राट् अशोक

(महान् भारतीय शासक)

अशोक चंद्रगुप्त का पौत्र था। चंद्रगुप्त के पुत्र बिंदुसार ने लंबे समय तक कुशल शासन किया। चंद्रगुप्त द्वारा पश्चिमी देशों से स्थापित किए गए संपर्कों को अशोक ने बरकरार रखा। अशोक के शासनकाल में राज्य का काफी विस्तार भी हुआ। अफगानिस्तान से लेकर भारत के सभी भाग उसके साम्राज्य के हिस्से थे। उसने बौद्ध धर्म ग्रहण कर लिया था, जिसके कारण धुर दक्षिण का एक छोटा सा भाग उसके राज्य का हिस्सा न बन सका।

उसने बौद्ध धर्म को राज्य-धर्म घोषित कर दिया था। उसने

अपने पुत्र महेंद्र और पुत्री संघमित्रा को बौद्ध धर्म के प्रचार हेतु श्रीलंका भेजा। धर्म-प्रचार हेतु उसने भारत के विभिन्न स्थानों पर लगाए गए स्तंभों व शिलाओं पर प्रेम और अहिंसा एवं अपने आदेशों को खुदवाया। भारत के राष्ट्रीय ध्वज के बीचोबीच जो चक्र है, वह अशोक के स्तूप से ही लिया गया है, जो गतिशील जीवन का प्रतीक है।

□

सर गंगाराम

(इंजीनियर व समाज-सेवी)

सर गंगाराम पंजाब में रावी नदी के पास शेखपुरा में जनमे। वे देश के महान् इंजीनियर थे। उन्होंने देश के लिए अनेक सेवाएँ प्रदान कीं। सरकारी सेवा से निवृत्त होने पर उन्होंने मशीनी उपकरणों से कृषि के साथ-साथ जल-विद्युत् उत्पन्न की, जिससे सिंचाई के साधनों में बढ़ोतरी हुई। उन्होंने उस कार्य से अपार संपत्ति अर्जित की। महिलाओं की स्थिति सुधारने के लिए उन्होंने उस समय में 50 लाख रुपए की लागत से एक ट्रस्ट की स्थापना की, साथ ही कुछ और संस्थाओं का भी निर्माण किया। उनकी इस देश-सेवा से प्रसन्न होकर ब्रिटिश सरकार ने उन्हें 'सर' की उपाधि से अलंकृत किया। सन् 1927 में उनकी मृत्यु पर गांधीजी ने कहा था कि 'भारत निश्चय ही इस बात पर गर्व कर सकता है कि सर गंगाराम उसके एक प्रतिष्ठित सपूत थे।'

□

सरोजिनी नायडू

(भारत कोकिला)

सरोजिनी नायडू का जन्म सन् 1879 में ब्रह्मनगर में हुआ था। उनके पिता अघोरनाथ संस्कृत, अंग्रेजी एवं जर्मन समेत कई भाषाओं के ज्ञाता थे। वे केशवचंद्र सेन के संपर्क में आने पर ब्राह्म-समाज के नवविधान से प्रभावित हुए। घर का माहौल अंग्रेजों जैसा होने के कारण उनके माता-पिता ने उन्हें भी उसी में ढालने की हर संभव कोशिश की। इसमें उन्हें कामयाबी भी हासिल हुई। सरोजिनी नायडू ने अंग्रेजी में पिता की तरह विशेषज्ञता हासिल की। इसका नतीजा यह रहा कि उन्होंने किशोरावस्था में ही कविताएँ लिखनी शुरू कर दीं। उच्च शिक्षा के लिए पिता ने उन्हें इंग्लैंड भेजा। वहाँ उनके कविता-संग्रह 'द ब्रोकन विंग' तथा 'फादर ऑफ डॉन' काफी लोकप्रिय हुए। सरोजिनी नायडू ने सन् 1898 में अपने से 10 वर्ष बड़े, विधुर एवं एक संतान के पिता डॉ. नायडू

से विवाह किया। वे उच्च कुल में भी नहीं जनमे थे, इस कारण परिजनों ने इसका काफी विरोध किया। इसके बावजूद सरोजिनी अपने निर्णय से पीछे नहीं हटीं।

विवाह के चार साल बाद उनकी मुलाकात गोपालकृष्ण गोखले से हुई। श्री गोखले ने उन्हें आजादी के आंदोलन में सहयोग के लिए प्रेरित किया। इसके करीब 12 वर्ष बाद सरोजिनी की मुलाकात दक्षिण अफ्रीका से लौटे मोहनदास करमचंद गांधी से हुई। इसके बाद वे स्वाधीनता आंदोलन में सक्रिय हो गईं। उन्हें कानपुर अधिवेशन में अध्यक्ष चुना गया। 'नमक आंदोलन' के समय महात्मा गांधी को बंदी बना लिये जाने के बाद सारी जिम्मेदारी सरोजिनी नायडू पर आ गई। पुलिस ने बाद में उन्हें भी गिरफ्तार कर लिया। सरोजिनी आजादी के बाद उत्तर प्रदेश की राज्यपाल बनीं। उन्हें श्रेष्ठ कवयित्री होने के कारण ही 'भारत कोकिला' कहा जाता है।

□

सर्वपल्ली राधाकृष्णन

(आदर्श शिक्षक एवं राष्ट्रपति)

राधाकृष्णन का जन्म मद्रास के समीप तिरुत्तणी नामक गाँव में सन् 1888 में हुआ था। शिक्षा पूरी करने के बाद उन्होंने प्रेसीडेंसी कॉलेज के दर्शनशास्त्र विभाग में शिक्षण-कार्य शुरू कर दिया। वहाँ पर रहते हुए दर्शन के क्षेत्र में उन्होंने काफी काम किया। उन्होंने वहाँ पर 'हिंदू व्यू ऑफ लाइफ', 'इंडियन फिलॉसफी', 'द रेन ऑफ रिलीजन इन कंटेंपरेरी फिलॉसफी' आदि ग्रंथों की रचना की। इसके बाद राधाकृष्णन को ऑक्सफोर्ड विश्वविद्यालय में भी पढ़ाने का अवसर मिला। इस कारण वे दुनिया भर में दार्शनिक, विचारक एवं बेहतरीन शिक्षक के रूप में मशहूर हुए। उन्होंने उस दौरान भारतीय दर्शन से पश्चिमी जगत् को परिचित कराया और भारतीय दार्शनिकों के महत्त्व को समझाया। इस काम से राधाकृष्णन को काफी लोकप्रियता हासिल हुई। उन्हें सन् 1952 में देश का उप-राष्ट्रपति बनाया गया। सन् 1962 में तत्कालीन राष्ट्रपति द्वारा उन्हें 'भारत-रत्न' से भी सम्मानित किया गया।

□

सलीम अली

(पक्षी-शास्त्री)

'बर्ड मैन ऑफ इंडिया' सलीम अली का जन्म सन् 1896 में बंबई में हुआ था। तीन वर्ष की उम्र में ही उनके माता-पिता की मृत्यु हो गई थी। इसलिए उन आठ भाई-बहनों को अपने चाचा के यहाँ रहना पड़ा। उन्हें घूमने-फिरने एवं पशु-पक्षी देखने में मजा आता था, इसलिए वे घंटों तक जंगलों में घूमते

रहते थे। परिजनों ने उन्हें इस तरह भटकते देख उनके अग्रज के पास बर्मा भेज दिया। वे वहाँ पर भी उनके इमारती लकड़ी के कारोबार में मदद न करके जंगलों में ही घूमते रहते थे। इससे उनका कारोबार ठप हो गया और वे वापस भारत लौट आए। परिजनों की चिंता और भी बढ़ गई। अब सलीम की प्रेरणा वह छोटी स्पैरो बर्ड बनी, जो कि अपने घोंसले से गिरकर घायल हो गई थी। अब सलीम अली का शौक पक्षियों के बारे में अधिक-से-अधिक जानना, क्रिकेट खेलना, बाइक चलाना एवं अल्फांसो आम खाना रह गया था। वे अपनी ही दुनिया की धुन में रहने लगे तथा चिड़ियों के बारे में अधिक जानने के लिए वे अफगानिस्तान, तिब्बत तथा पाकिस्तान गए। वहाँ भी उन्हें काफी कुछ सीखने को मिला। प्रशिक्षण प्राप्त करने के बाद उन्हें बंबई के 'नैचुरल हिस्टरी सोसाइटी' के म्यूजियम में बतौर गाइड नौकरी मिल गई। इसके बाद जर्मनी जाकर उन्होंने उच्च प्रशिक्षण प्राप्त किया। वहाँ से लौटे तो सरकार गाइड का पद समाप्त कर चुकी थी। उन्होंने अपनी पत्नी से प्राप्त धन से बंबई में बंदरगाह के समीप घर खरीद लिया तथा वहीं पर रहने लगे। वहाँ पर उन्होंने अपने अनुभवों को पुस्तकों के रूप में लिखना शुरू कर दिया। उन्होंने 'द बुक ऑफ इंडियन बर्ड्स', 'हैंडबुक ऑफ बर्ड्स ऑफ इंडिया ऐंड पाकिस्तान' पुस्तकें लिखीं, जिनसे दुनिया भर में पक्षी-शास्त्री के रूप में उनकी पहचान बनी। इसके बाद उन्होंने अपनी आत्मकथा 'फॉल ऑफ ए स्पैरो' लिखी। सन् 1987 में मुंबई में उनका निधन हो गया। □

साहिर लुधियानवी

(गीतकार एवं शायर)

साहिर का पूरा नाम अब्दुल हई था। वे संघर्षों में पले इनसान एवं शायर थे। उनके पिता लुधियाना में बड़े जागीरदार थे। माता-पिता के वैचारिक मतभेदों ने साहिर को ऐसी राह पर ला खड़ा किया, जहाँ उन्हें समय से पहले ही माँ की जिम्मेदारी निभानी पड़ी। उन्हें माँ को साथ लेकर बंबई में रहना पड़ा। यहाँ उन्होंने अपनी शायरी को स्थापित करने के लिए काफी संघर्ष किया। साहिर को पहले से मौजूद कई उच्च कोटि के शायरों के बीच जगह बनानी थी, इसलिए उन्होंने अपने संघर्ष को आम आदमी के जीवन की दिक्कतों से जोड़ा तथा सच्चाई के करीब रखा।

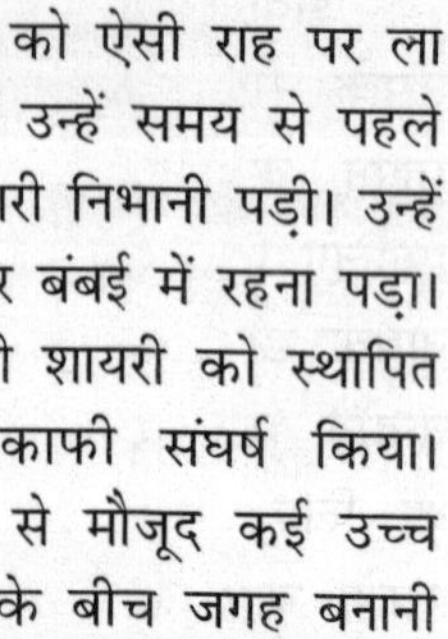

वे समझ गए थे कि बनावट कभी भी स्थायी नहीं हो सकती, इसलिए उसे करीब न फटकने दिया

जाए। साहिर की शायरी लोगों को पसंद आने लगी। इसके बाद उन्हें लक्ष्य की ओर बढ़ने की राह मिल गई। हालाँकि साहिर मूलतः रोमांटिक शायर थे। उन्होंने इस रोमांस को व्यक्ति विशेष के बजाय पूरे समाज से जोड़ लिया। इस कारण उनकी शायरी को विस्तृत रूप में देखा जाने लगा। उन्हें शोहरत एवं दौलत की कमी नहीं रही। सन् 1980 में उनका निधन हो गया। □

सिकंदर महान्

(साहसी सेनापति)

इतिहास में दर्ज इस व्यक्तित्व को उसके साहसिक कारनामों के कारण महान् कहा जाता है। उसके पिता फिलिप द्वितीय उत्तरी यूनान में मकदून नामक छोटी सी रियासत के राजा थे। उन्होंने भी साम्राज्य का विस्तार करने के लिए जीवन भर आक्रमण किए। इसके बावजूद उन्हें कोई उल्लेखनीय सफलता नहीं मिल पाई। वे आस-पास की रियासतों को जीतने तक ही सीमित होकर रह गए। हालाँकि उन्होंने अपने पुत्र सिकंदर को भी कई लड़ाइयों में शामिल किया। वे उसके साहस एवं सैन्य प्रबंधन से बहुत प्रभावित हुए। वे सिकंदर को बेहतर शिक्षा दिलाना चाहते थे, इसलिए उन्होंने सिकंदर को महान् दार्शनिक अरस्तू के पास भेजा। सिकंदर

शिक्षा पूरी करने के बाद महज 20 वर्ष की उम्र में ही राजा बन गया। उस समय उसके भीतर भी पिता फिलिप द्वितीय की तरह साम्राज्य-विस्तार की भावना हिलोरें मार रही थी। वह उसपर काबू नहीं रख सका तथा अपनी सेना को तैयार करके पड़ोसी राज्यों पर हमला बोल दिया। उन्हें जीतकर वह मिस्र तक जा पहुँचा। वहाँ पर उसने अलेक्जेंड्रिया नामक नगर बसाया तथा एक विश्वविद्यालय भी स्थापित किया। इसके बाद वह ईरान की ओर बढ़ा। वहाँ के शासक डेरियस तृतीय को खदेड़कर कब्जा जमाया तथा राजकुमारी रुखसाना से विवाह कर लिया। वहाँ उसने यूनान की संस्कृति का प्रचार-प्रसार किया। इसके बाद उसने भारत के पंजाब प्रांत पर हमला बोला और वहाँ मौजूद राजा पोरस को हरा दिया।

इस दौरान ईरान में बगावत हो जाने पर उसके दमन के लिए वह लौटने लगा। हालाँकि रास्ते में मलेरिया बुखार के कारण उसकी मौत हो गई। महज 10 साल में उसने विशाल साम्राज्य स्थापित कर दिया। इसलिए इतिहासकारों ने उसे 'महान्' राजा का तमगा दिया। □

सिगमंड फ्रॉयड

(मनोवैज्ञानिक)

फ्रॉयड एक मनोवैज्ञानिक था। उसका जन्म सन् 1856 में हुआ था। इस शताब्दी के जन-जीवन पर उसके विचारों का प्रभाव महत्त्वपूर्ण रूप से देखने को मिला है। उसने मनोविज्ञान-विश्लेषण विज्ञान द्वारा अवचेतन के अध्ययन का सिद्धांत निकाला। उसकी यह पद्धति विकृत मस्तिष्कवालों को लाभान्वित करनेवाली थी। उसने स्वप्न के संबंध में भी अनेक अध्ययन करके उन्हें अवचेतन मन के दबे हुए विचार बताकर विश्लेषित किया। उसने मनोविज्ञान पर अनेक महत्त्वपूर्ण पुस्तकें भी लिखी हैं।

□

सिस्टर निवेदिता

(स्वामी विवेकानंद की आयरिश शिष्या)

निवेदिता आयरलैंड की रहनेवाली थीं। उनका वास्तविक नाम मारग्रेट एलिजाबेथ नोबल था। उनका जन्म सन् 1867 में हुआ था। सन् 1895 में स्वामी विवेकानंद इंग्लैंड गए। वहाँ उन्होंने प्रवचन के दौरान पुनर्जन्म और मानव जन्म की सार्थकता, सत्य की खोज आदि विषयों पर विशेष जोर दिया। वहाँ उन श्रोताओं में मिस मारग्रेट नोबल भी थीं। उनपर स्वामीजी की बातों का ऐसा प्रभाव पड़ा कि वे भारत की ओर आकर्षित हो गईं। सन् 1895 में भारत आकर वे 'रामकृष्ण मिशन' की सदस्या बन गईं। तब उनका नाम 'निवेदिता' पड़ा। कलकत्ता में उन्होंने लड़कियों के लिए एक स्कूल खोला। स्वतंत्रता संग्राम में भी उन्होंने बढ़-चढ़कर भाग लिया। उन्होंने भारतीय संस्कृति पर बहुत कुछ लिखा। उनका देहावसान सन् 1911 में दार्जिलिंग में हुआ।

□

सी.एफ. एंड्रूज

(भारत-प्रेमी अंग्रेज)

मूल रूप से इंग्लैंड के रहनेवाले चार्ल्स एंड्रूज के मन में भारत और भारतवासियों के लिए अगाध प्रेम था। 'नोबेल पुरस्कार' ग्रहण करने से पूर्व रवींद्रनाथ ठाकुर इंग्लैंड गए। वहाँ उन्होंने ब्रिटिश कवियों के सम्मुख 'गीतांजलि' की कविताओं का पाठ किया। एंड्रूज उस समय उसी सभा में उपस्थित थे। वे तथा अन्य सभी कवि अध्यात्म से ओत-प्रोत रवि बाबू की कविताएँ सुनकर मुग्ध हो गए। उनकी कविताओं ने एंड्रूज को अपनी ओर कुछ अधिक ही आकर्षित किया। इसी कारण जिस दिन रवींद्रनाथ को भारत लौटना था, उसी दिन एंड्रूज ने स्वयं को उनकी सेवा में समर्पित कर

दिया। इसके बाद वे भारत आ गए और स्थायी रूप से शांति निकेतन में रहने लगे। वहाँ वे गांधीजी के संपर्क में भी आए और भारतीय स्वतंत्रता आंदोलन में भी उन्होंने अपना पूर्ण सहयोग प्रदान किया। उन्होंने ब्रिटिश सरकार के अत्याचारों की कटु आलोचना की। असम और बिहार के खेतिहर मजदूरों की दशा सुधारने और अछूतोद्धार का कार्य भी उन्होंने किया। भारतीयों से सहानुभूति के कारण उन्हें 'दीनबंधु एंड्रूज' नाम दिया गया।

□

सुकरात

(महान् दार्शनिक)

सुकरात का जन्म एथेंस में हुआ था। वह देखने में बहुत ही बदसूरत थे, इसलिए उनके बारे में लोगों की धारणा अच्छी नहीं थी। हालाँकि सुकरात विलक्षण प्रतिभा के धनी थे। उनके विचारों में मौलिकता थी। वह लोगों की समस्याओं को सुनकर उनका समाधान निकालते थे। तर्क-वितर्क के आधार पर उन्हें संतुष्ट भी करते थे। इस कारण उनके अनुयायियों की संख्या में दिन-प्रतिदिन इजाफा होता गया। इससे

एथेंस के राजा को खतरा महसूस होने लगा। उनपर युवकों को गुमराह करने एवं राजा के खिलाफ षड्यंत्र करने का आरोप लगाया गया। एथेंस की अदालत में उनपर मुकदमा चलाया गया। सुकरात ने अपने बचाव में जो तर्क दिए, वे अकाट्य थे। इसके बावजूद अदालत ने उन्हें मौत की सजा सुनाई। उन्हें विष का प्याला पीने के लिए मजबूर किया गया; हालाँकि सुकरात ने निडर होकर उसे पी लिया और अपने प्राण त्याग दिए। इसके साथ ही वह महान् दार्शनिक दुनिया से विदा हो गया। सुकरात के शिष्य प्लेटो ने उनके विचारों को पुस्तक के रूप में दुनिया के सामने रखा, जिन्हें पढ़कर उनके अद्वितीय होने का पता चलता है।

□

सुधीर रंजन खास्तगीर

(रेखा-चित्रकार)

खास्तगीर ने कला की शिक्षा शांतिनिकेतन में ग्रहण की थी। इसके बाद वे लखनऊ स्थित राजकीय कला विद्यालय में शिक्षण कार्य करते रहे। वे बहुत शानदार रेखाचित्र भी बनाते थे। उन्होंने नृत्य एवं संगीत की लोक-परंपराओं के चित्र भी उकेरे। वे जमीन से जुड़े कलाकार थे। इसका एहसास उनके द्वारा श्रमिकों के बनाए रेखाचित्रों से होता है, जिनमें उनके जीवन के विपरीत पक्ष को दरशाया गया था। उनके तैलचित्र भी काफी लोकप्रिय हुए।

□

सुनील गावस्कर

(भारतीय क्रिकेटर)

दुनिया भर के क्रिकेट प्रेमी सुनील गावस्कर के नाम से भलीभाँति परिचित हैं। इस महान् भारतीय क्रिकेटर का जन्म सन् 1949 में हुआ था। 6 मार्च, 1971 को उन्होंने अपना पहला टेस्ट मैच वेस्टइंडीज के खिलाफ खेला था। 7 मार्च, 1987 को उन्होंने अपने 10,000 रन पूरे करके एक शानदार कीर्तिमान स्थापित किया। उनकी खेल-यात्रा के दौरान वह एक अविस्मरणीय दिन था। उन्होंने 127 टेस्ट मैच खेले। गावस्कर ने 10,122 रन ही नहीं बनाए, बल्कि और भी कई रिकॉर्ड दर्ज करवाए। खेल के दौरान उनके द्वारा बनाए गए शतकों की गिनती भी काफी है। उन्होंने पहली टेस्ट श्रृंखला में 774 रन बनाए। यह आँकड़ा सबसे अधिक और अपने आप में अनोखा था।

क्रिकेट से संन्यास लेने के पश्चात् भी वे लगातार इससे जुड़े हुए हैं–समाचार-पत्रों में खेल संबंधी कॉलम के जरिए और खेल में की जानेवाली कमेंट्री के जरिए भी। यही एक सच्चे खिलाड़ी का अपने खेल के प्रति समर्पण है।

□

सुब्रमण्यम चंद्रशेखर

(महान् खगोलविद्)

सुब्रमण्यम चंद्रशेखर का जन्म सन् 1910 में लाहौर में हुआ था। उनकी शिक्षा मद्रास में हुई। उच्च शिक्षा के लिए वे इंग्लैंड चले गए। कैंब्रिज विश्वविद्यालय से उन्होंने पी-एच.डी. की उपाधि ली। इसके बाद मद्रास लौट आए। वहाँ पर उन्होंने आर्थर एडिंग्टन की पुस्तक 'तारों की आंतरिक संरचना' पढ़ी। इसके बाद सीधे आर्थर से मिलने इंग्लैंड चले गए। वहाँ उन्होंने आर्थर के साथ अपने दो साल के शोध में पाया कि तारे भी जन्म लेते हैं और वे बड़े व बूढ़े होकर मृतप्राय हो जाते हैं। इस शोध ने चंद्रशेखर को उच्च कोटि के खगोल-शास्त्रियों की पंक्ति में खड़ा कर दिया। उन्होंने तारों के द्रव्यमान के आधार पर उनका विश्लेषण करके तमाम जानकारी हासिल की। शोध के जरिए उन्होंने यह भी जानकारी दी कि एक दिन सूर्य भी दूसरे तारों की तरह इतना फैल जाएगा कि शुक्र एवं बुध आदि तारे भी उसमें समा जाएँगे।

□

सुब्रमण्यम भारती

(स्वतंत्रता सेनानी)

सुब्रमण्यम भारती का जन्म भारत के दक्षिणी प्रांत तमिलनाडु के एक गाँव एट्टायापुरम् में एक तमिल ब्राह्मण परिवार में हुआ था। उनकी प्रारंभिक शिक्षा स्थानीय विद्यालय में ही हुई। मेधावी छात्र होने के नाते वहाँ के राजा ने उन्हें 'भारती' की उपाधि दी। वे किशोरावस्था में ही थे, जब उनके माता-पिता का निधन हो गया। भारती बाहरी दुनिया को देखने के बड़े उत्सुक थे। विवाह के बाद सन् 1898 में वे उच्च शिक्षा के लिए बनारस चले गए। अगले चार वर्ष उनके जीवन में 'खोज' के वर्ष थे। बनारस प्रवास की अवधि में उनका हिंदू-अध्यात्म व राष्ट्र-प्रेम से साक्षात्कार हुआ। सन् 1900 तक वे भारत के राष्ट्रीय आंदोलन से पूरी तरह जुड़ चुके थे और उन्होंने पूरे भारत में होनेवाली कांग्रेस की सभाओं में भाग लेना आरंभ कर दिया था।

भगिनी निवेदिता, श्रीअरविंद और वंदे मातरम् के गीत ने भारती के भीतर आजादी की भावना को और पल्लवित किया। कांग्रेस के गरम दल के करीब होने के कारण पुलिस उन्हें गिरफ्तार करना चाहती थी।

भारती सन् 1908 में पांडिचेरी गए, जहाँ 10 वर्ष उन्होंने वनवासी की तरह बिताए। इसी दौरान उन्होंने कविता और गद्य के जरिए आजादी की बात कही। 'साप्ताहिक इंडिया' के द्वारा आजादी की प्राप्ति, जाति-भेद को समाप्त करने और राष्ट्रीय जीवन में नारी शक्ति की पहचान के लिए वे जुटे रहे। आजादी के आंदोलन में 20 नवंबर, 1918 को वे जेल गए।

□

सुब्बालक्ष्मी एम.एस.

(शास्त्रीय गायिका)

शुब्बालक्ष्मी को गीत एवं संगीत विरासत में मिले थे। उनकी माँ उन्नत दर्जे की वीणा-वादक रहीं। उन्हें संयुक्त राष्ट्र में गायन के लिए आमंत्रित किया गया। सुब्बालक्ष्मी ने 7 साल की उम्र से समारोह में गायन शुरू कर दिया था। उनकी प्रसिद्धि को अखिल भारतीय संगीत सम्मेलन में चार चाँद लग गए। वे अब पहचान की मोहताज नहीं रह गई थीं। कर्नाटक संगीत में तो वे बेजोड़ थीं। उन्हें गांधीजी भी बहुत ही सम्मान के साथ बुलाते थे। उन्होंने समारोह समेत फिल्मों, दूरदर्शन एवं आकाशवाणी आदि के लिए गाया। उन्हें 'पद्म विभूषण' एवं 'भारत रत्न' के सम्मान से नवाजा गया।

□

सुभद्राकुमारी चौहान

(प्रतिष्ठित कवयित्री)

सुभद्राकुमारी चौहान का जन्म इलाहाबाद के समीप निहालपुर गाँव में हुआ था। उनके माता-पिता ने उनकी शिक्षा का बेहतरीन प्रबंध किया था। इसी के परिणामस्वरूप परिवार के सभी

बच्चे शिक्षित एवं सुसंस्कृत हुए। उनके पिता ठाकुर रामनाथ सिंह ने उनका विवाह खंडवा के लक्ष्मण सिंह से कर दिया। लक्ष्मण सिंह ने विवाह के बाद देश के स्वतंत्रता आंदोलन में भाग लिया। इस कारण वे अपनी स्नातकोत्तर की शिक्षा पूरी नहीं कर सके। जबलपुर से 'कर्मवीर' नामक समाचार-पत्र निकलने पर वे उसमें कार्य करने लगे तथा पत्नी सुभद्राकुमारी चौहान को भी वहीं ले गए। सुभद्राकुमारी ने कविता-लेखन शुरू कर दिया। उनकी कविताएँ देश के प्रतिष्ठित समाचार-पत्रों एवं पत्रिकाओं में प्रकाशित होने लगीं। उन्होंने पति लक्ष्मण सिंह के साथ आजादी के आंदोलन में भी शिरकत करना शुरू कर दिया। आंदोलन के दौरान सुभद्राकुमारी चौहान एवं उनके पति कई बार जेल गए। सुभद्राकुमारी चौहान ने कई कविता-संग्रह भी लिखे। उनकी कविता 'खूब लड़ी मरदानी वह तो झाँसीवाली रानी थी' बेहद लोकप्रिय हुई। यह उस दौरान जन-जन की जुबान पर थी। सन् 1948 में सिवनी के पास एक सड़क दुर्घटना में उनकी मौत हो गई थी।

□

सुरेंद्रनाथ बनर्जी

(भारतीय नेता)

सुरेंद्रनाथ बनर्जी का जन्म बंगाल प्रांत के कलकत्ता (कोलकाता) में एक बंगाली ब्राह्मण परिवार में हुआ था। वह अपने पिता डॉ. दुर्गाचरण बनर्जी की गहरी व उदार प्रगतिशील सोच से बहुत प्रभावित थे। बनर्जी ने पैरेंटल एकेडेमिक इंस्टीट्यूशन और हिंदू कॉलेज में शिक्षा प्राप्त की। कलकत्ता विश्वविद्यालय से स्नातक होने के बाद उन्होंने रोमेशचंद्र दत्त और बिहारीलाल गुप्ता के साथ भारतीय सिविल सर्विस परीक्षा को पूरा करने के लिए सन् 1868 में इंग्लैंड की यात्रा की। उन्हें सन् 1869 में प्रतिस्पर्धात्मक परीक्षा की मंजूरी मिल गई थी; लेकिन उनकी सही उम्र पर विवाद के कारण रोक लगा दी गई। अदालत में इस मामले पर फैसले के बाद बनर्जी को फिर से उस परीक्षा में सन् 1871 में मंजूरी मिली और वे सिलहट में सहायक मजिस्ट्रेट के रूप

में पद-स्थापित किए गए। हालाँकि बनर्जी जल्द ही नस्लीय भेदभाव के कारण नौकरी से

बरखास्त कर दिए गए। बनर्जी इस फैसले के विरोध में इंग्लैंड गए, लेकिन वह प्रयास असफल रहा। इंग्लैंड में ठहरने (1874-75) के दौरान उन्होंने एडमंड बर्क और अन्य दार्शनिकों के कार्यों का अध्ययन किया। सर सुरेंद्रनाथ बनर्जी (10 नवंबर, 1848-6 अगस्त, 1925) ब्रिटिश राज के दौरान प्रारंभिक दौर के भारतीय राजनीतिक नेताओं में से एक थे। उन्होंने 'भारतीय राष्ट्रीय समिति' की स्थापना की, जो प्रारंभिक दौर के भारतीय राजनीतिक संगठनों में से एक था और बाद में वह भारतीय राष्ट्रीय कांग्रेस के एक वरिष्ठ नेता बन गए। वह 'राष्ट्रगुरु' (राष्ट्र के शिक्षक) के नाम से भी जाने जाते थे, जो उन्हें उपाधि के रूप में दी गई थी। 6 अगस्त, 1925 को बैरकपुर में उनका निधन हो गया।

□

सुश्रुत

(शल्य-चिकित्सा के जनक)

सुश्रुत विश्वामित्र के पुत्र थे। विश्वामित्र कान्यकुब्ज राजवंश के राजा थे। उन्होंने अपनी तपस्या के बल पर ब्राह्मणत्व प्राप्त किया। उनके पुत्र सुश्रुत की आयुर्वेद में काफी दिलचस्पी रही। उन्होंने आयुर्वेद के ग्रंथ 'सुश्रुत संहिता' की रचना की, जिसमें आयुर्वेद के अंगों का वर्णन किया गया है। उन्होंने शल्य-चिकित्सा पर गंभीर लेखन किया। सुश्रुत का नाम चरक के समकक्ष माना जाता है। 'सुश्रुत

संहिता' घायलों की शल्य-क्रिया का उन्नत ग्रंथ है। इस ग्रंथ में नाक, कान एवं होंठ आदि की प्लास्टिक सर्जरी का भी वर्णन है। शल्य-क्रिया के दौरान उपयोग किए जानेवाले औजारों की भी जानकारी दी गई है। इस प्रकार सुश्रुत को शल्य-चिकित्सा का जनक माना जाता है।

□

सूफी अंबा प्रसाद

(क्रांतिकारी पत्रकार)

सूफी अंबा प्रसाद का जन्म उत्तर प्रदेश के मुरादाबाद शहर में हुआ था। उन्होंने देश की जनता को जागरूक करने के लिए पत्रकारिता को अपनाया। उन्होंने पत्र 'हालम' एवं 'भारत माता' का

प्रकाशन शुरू किया। उन दिनों भारतवर्ष में समाचार-पत्रों एवं पत्रिकाओं को क्रांतिकारी विचार छापने की आजादी नहीं थी। इसके बावजूद अंबा प्रसाद ने देश को आजाद करने के लिए लेख लिखने शुरू कर दिए। इसकी भनक अँगरेजों को लगी तो उन्होंने अंबा प्रसाद

पर देशद्रोह का मुकदमा चला दिया और उनके समाचार-पत्रों को भी बंद करवा दिया। इसके बाद अंबा प्रसाद वहाँ से छिपकर भाग निकले। उन्होंने गुजराँवाला (अब पाकिस्तान में) में किसानों के आंदोलन की अगुवाई की। इसके बाद वह स्वतंत्रता आंदोलन में शिरकत करने के लिए पहले काबुल और फिर वहाँ से तुर्की गए।

काबुल से लौटने पर अंबा प्रसाद को ब्रिटिश सरकार ने गिरफ्तार कर लिया। अँगरेजों ने उन्हें बहुत प्रताड़नाएँ दीं। इतना ही नहीं, उन्हें मौत के घाट उतार दिया। हालाँकि उनके साथियों ने अंबा प्रसाद की भावनाओं के अनुरूप अँगरेजों के छक्के छुड़ा दिए।

□

सूरदास

(कृष्णभक्त कवि)

सूरदास की कविताएँ हृदय को सीधे प्रभावित करती हैं; क्योंकि वे पहले भक्त थे और बाद में कवि। इसी प्रभाव के कारण हिंदी क्षेत्र में कृष्ण-भक्ति शाखा का विकास हुआ।

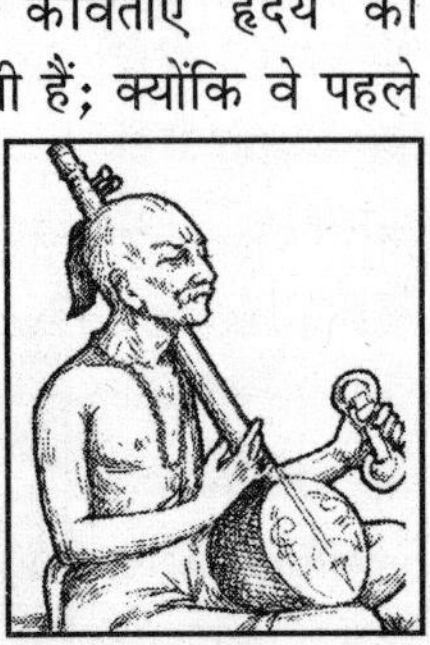

इसके साथ उनके पदों के कारण हिंदी भाषा के विकास में भी सहायता मिली।

सूरदास कवि होने के साथ संत और कृष्ण के महान् भक्तों में गिने जाते हैं। सूरदास प्रज्ञाचक्षु थे; परंतु यह ज्ञात नहीं कि वे कब अंधे हुए? जन्मांध थे या बाद में ऐसा हुआ! विश्वास किया जाता है कि सूरदास पर दक्षिण के दार्शनिक संत वल्लभाचार्य का प्रभाव था और उन्होंने ही उनमें कृष्ण-प्रेम जाग्रत् किया था। सूरदास ने इस बात के लिए उनके प्रति आभार भी व्यक्त किया है। कहते हैं कि इसके बाद से उनकी कविता में और अधिक निखार आया। उनके पदों का संग्रह 'सूरसागर' के नाम से प्रसिद्ध है। कहते हैं, उन्होंने सवा लाख के लगभग पदों की रचना की; परंतु उनमें से पाँच हजार के लगभग ही उपलब्ध हैं, जिनमें कृष्ण के प्रत्येक प्रसंग–बाल लीलाओं, सखाओं के संग खेल-कूद, गौएँ चराना, बाँसुरी बजाना, अद्‌भुत लीलाएँ करना और राधा के साथ प्रेमलीलाओं का वर्णन है।

□

सूर्यकांत त्रिपाठी 'निराला'

(महान् छायावादी कवि)

सूर्यकांत त्रिपाठी 'निराला' का जन्म बंगाल के महिषादल में पं रामसहाय के घर सन् 1899 में हुआ था। हिंदी साहित्य में उनका महत्त्वपूर्ण स्थान है। उपन्यास, कहानियाँ एवं आलोचना के क्षेत्र में उनका काफी दखल था। उन्होंने बाल-साहित्य भी लिखा, जिसे काफी पसंद किया गया। उनके लेखन में देशभक्ति साफ झलकती है। पत्नी मनोरमा एवं पुत्री सरोज के निधन के बाद सूर्यकांत काफी व्यथित हो गए। इसी दौरान उनका संपर्क

गिरीशचंद्र घोष के साहित्य से हुआ। यहीं से उन्हें मुक्त छंद में कविता करने की प्रेरणा मिली। उनका पहला काव्य-संग्रह 'अनामिका' प्रकाशित हुआ। छंद-मुक्त कविता-लेखन के कारण आचार्य रामचंद्र शुक्ल समेत समकालीन कवि उनसे नाराज हो गए। उन्होंने इस विधा को खारिज करने का पूरा प्रयास किया। वहीं निरालाजी का दूसरा काव्य-संग्रह 'परिमल' तथा तीसरा संग्रह 'अलका' प्रकाशित हुआ। इसके बावजूद विरोधी चैन से नहीं बैठे। उन्होंने उनके साहित्य के विरुद्ध मुहिम छेड़ दी तथा काफी हद तक कामयाब भी रहे। इससे निरालाजी काफी दुःखी हुए। हालाँकि आचार्य

रामचंद्र शुक्ल ने उन्हें संगीत को काव्य तथा काव्य को संगीत के करीब लानेवाला बताया। सूर्यकांत को छायावाद का सबसे महत्त्वपूर्ण कवि एवं लेखक माना गया है।

□

सेंट जेवियर फ्रांसिस्को

(ईसाई धर्म-प्रचारक)

स्पेन के प्रतिष्ठित ईसाई धर्म-प्रचारक सेंट जेवियर फ्रांसिस्को ने अपने कर्म एवं आचरण से वहाँ के समाज में महत्त्वपूर्ण जगह बनाई। इतना ही नहीं, उन्होंने अपने जीवन को धर्म की सेवा में ही समर्पित कर दिया।

उन्होंने स्पेन तथा पुर्तगाल के औपनिवेशिक देशों में धर्म का काफी प्रचार-प्रसार किया। इसके बाद उन्हें गोवा में धर्म-प्रचार की जिम्मेदारी सौंपी गई। वहाँ उन्होंने देखा कि यूरोपीय लोग भ्रष्टाचार में डूबे हैं। उन्होंने उनको बुराई छोड़ने तथा ईश्वर की राह पर आगे बढ़ने की सीख दी। इससे यूरोपीय लोग काफी प्रभावित हुए। इसके बाद उन्होंने जापान, श्रीलंका एवं मलक्का आदि देशों में बहुत बड़ी संख्या में आदिवासियों को ईसाई-धर्म ग्रहण करवाया। इसलिए ईसाई समाज उन्हें सम्मान की नजरों से देखता है।

□

सेंट पॉल

(यहूदी धार्मिक नेता)

सेंट पॉल सिलिसिया में पैदा हुए थे। वे शुरू से ही धार्मिक प्रवृत्ति के थे। उसका असर यह हुआ कि उन्होंने तंबू बनाने का काम छोड़कर यहूदी धर्म का प्रचार-प्रसार शुरू कर दिया।

उन्होंने उन लोगों का भी विरोध किया, जो मूल यहूदी धर्म का पालन नहीं करते

थे। इसलिए वे उन लोगों के सबसे बड़े विरोधी हो गए। उन्होंने यहूदी धर्म की खातिर ईसाई धर्म का पुरजोर विरोध किया। कुछ लोगों का मानना है कि उन्हें ईसाई धर्म का विरोध करने पर अफसोस हुआ, इसलिए उन्होंने पश्चात्ताप करने के लिए एक दिन घोषणा की कि दमिश्क जाते समय उनकी मुलाकात खुदा से हुई। उन्होंने उन्हें आदेश दिया कि वे बाकी जीवन फिलिस्तीन में ईसाई धर्म के प्रचार-प्रसार में लगाएँ। इस प्रकार वे ईसा के अनुयायी बन गए। उनकी मुलाकात ईसा के शिष्य पीटर से हुई। इससे प्रभावित होकर उन्होंने अपना नाम बदलकर पॉल रख लिया। ऐसी धारणा है कि वे जब रोम गए तो नीरो के राज्य में भयंकर आग लग गई। नीरो को शक हुआ कि इसमें ईसाइयों का हाथ है, इसलिए उसने कत्लेआम करवा दिया। उसी में सेंट पॉल भी मारे गए। □

सैम मानेकशॉ

(थल सेना प्रमुख)

मानेकशॉ का जन्म 3 अप्रैल, 1914 को अमृतसर में एक पारसी परिवार में हुआ था। उनका परिवार गुजरात के शहर वलसाड़ से पंजाब आ गया था। मानेकशॉ ने प्रारंभिक शिक्षा अमृतसर में पाई। बाद में वे नैनीताल के शेरवुड कॉलेज में दाखिल हो गए। वे देहरादून के इंडियन मिलिट्री एकेडमी के पहले बैच के लिए चुने गए 40 छात्रों में से एक थे। वहाँ से वे कमीशन प्राप्ति के बाद भारतीय सेना में भरती हुए। सन् 1937 में एक सार्वजनिक समारोह के लिए लाहौर गए सैम की मुलाकात सिल्लो बोडे से हुई। दो साल की यह दोस्ती 22 अप्रैल, 1939 को विवाह में बदल गई। सन् 1969 में उन्हें सेनाध्यक्ष बनाया गया। सन् 1973 में उन्हें 'फील्ड मार्शल' का सम्मान प्रदान किया गया।

सन् 1973 में सेना प्रमुख के पद से सेवानिवृत्त होने के बाद वे वेलिंगटन में बस गए थे। वृद्धावस्था में उन्हें फेफड़े संबंधी बीमारी हो गई थी और वे कोमा में चले गए थे। उनकी मृत्यु वेलिंगटन के सैन्य अस्पताल के आई.सी.यू. में रात 12.30 बजे हुई।

17वीं इन्फैंट्री डिवीजन में तैनात सैम ने पहली बार द्वितीय विश्व युद्ध में जंग का स्वाद चखा। 4-12 फ्रंटियर फोर्स रेजिमेंट के कैप्टन के तौर पर बर्मा अभियान के दौरान सेतांग नदी के तट पर जापानियों से लोहा लेते हुए वे गंभीर रूप से घायल हो गए थे।

स्वस्थ होने पर मानेकशॉ पहले स्टाफ कॉलेज क्वेटा, फिर जनरल स्लिम्स की 14वीं सेना के 12 फ्रंटियर राइफल फोर्स में लेफ्टिनेंट बनकर बर्मा के जंगलों में एक बार फिर जापानियों से दो-दो

हाथ करने जा पहुँचे। वहाँ की भीषण लड़ाई में वे फिर से बुरी तरह घायल हुए। द्वितीय विश्व युद्ध खत्म होने के बाद सैम को स्टॉफ ऑफिसर बनाकर जापानियों के आत्मसमर्पण के लिए इंडो-चाइना भेजा गया, जहाँ उन्होंने लगभग 1,000 युद्धबंदियों के पुनर्वास में अपना योगदान दिया।

सन् 1946 में वे फर्स्ट ग्रेड स्टाफ ऑफिसर बनकर मिलिट्री ऑपरेशंस डायरेक्टरेट में सेवारत रहे। विभाजन के बाद सन् 1947-48 की कश्मीर की लड़ाई में भी उन्होंने महत्त्वपूर्ण भूमिका निभाई। भारत की आजादी के बाद गोरखों की कमान सँभालनेवाले वे पहले भारतीय अधिकारी थे। गोरखों ने ही उन्हें 'सैम बहादुर' के नाम से सबसे पहले पुकारना शुरू किया था। तरक्की की सीढ़ियाँ चढ़ते हुए सैम को नागालैंड समस्या को सुलझाने के अविस्मरणीय योगदान के लिए सन् 1968 में 'पद्मभूषण' से नवाजा गया।

7 जून, 1969 को सैम मानेकशॉ ने जनरल कुमारमंगलम के बाद भारत के 8वें चीफ ऑफ द आर्मी स्टाफ का पद ग्रहण किया। उनके इतने वर्षों के अनुभव के इम्तिहान की घड़ी तब आई, जब हजारों शरणार्थियों के जत्थे पूर्वी पाकिस्तान से भारत आने लगे और युद्ध अवश्यंभावी हो गया। दिसंबर 1971 में यह आशंका सत्य सिद्ध हुई और सैम के युद्ध-कौशल के सामने पाकिस्तान की करारी हार हुई तथा बँगलादेश का निर्माण हुआ। उनके देश-प्रेम और देश के प्रति निस्स्वार्थ सेवा के चलते उन्हें सन् 1972 में 'पदम्विभूषण' तथा 1 जनवरी, 1973 को 'फील्ड मार्शल' के मानद पद से अलंकृत किया गया। चार दशकों तक देश की सेवा करने के बाद सैम बहादुर 15 जनवरी, 1973 को फील्ड मार्शल के पद से सेवानिवृत्त हुए।

मानेकशॉ खुलकर अपनी बात कहनेवालों में से थे। उन्होंने एक बार तत्कालीन प्रधानमंत्री इंदिरा गांधी को 'मैडम' कहने से इनकार कर दिया था। उन्होंने कहा था कि यह संबोधन एक खास वर्ग के लिए होता है। मानेकशॉ ने कहा कि वह उन्हें 'प्रधानमंत्री' ही कहेंगे।

□

सोफोक्लीज

(बेहतरीन नाटककार)

सोफोक्लीज यूनान में पैदा हुआ था। वह बड़ा विचारक एवं साहसी सेनापति था। उसने पेरिक्लीज के शासनकाल में कई लड़ाइयों में सैनिकों का नेतृत्व किया। उसकी तर्क-शक्ति से सुकरात, प्लेटो, अरोस्टोफेनरिज एवं हेरोडोटस आदि बहुत प्रभावित थे, इसलिए वे उसे बहुत पसंद करते थे। सोफोक्लीज बेहतरीन नाटककार था।

उसने एक नई विधा को भी जन्म दिया। इस विधा में तीसरे पात्र को शामिल किया गया था। इससे पहले यूनान के नाटककार केवल दो ही पात्रों को अपने नाटक में शामिल किया करते थे। तीसरे पात्र के शामिल हो जाने से नाटकों में गतिशीलता बढ़ी। उनके अधिकतर नाटक दु:खांत ही रहे। उनमें 'ओडीपस रेक्स' एवं 'एंटी गनी' आदि काफी लोकप्रिय हुए।

□

सोलोमन

(यहूदी राजा)

राजा सोलोमन दुश्मनों को अपना मित्र बनाने में माहिर था। उसने यहूदी शासक होते हुए ऐसा ही किया, इसलिए उसके शत्रु भी खत्म हो गए। अपने राज्य में कर प्रणाली को उसने इतना सरल एवं विशिष्ट बनाया कि जिससे गरीबों को काफी मदद मिली। उसने व्यापार को भी बढ़ावा दिया, जिससे राज्य में संपन्नता बढ़ी। ईश्वर में आस्था होने के कारण उसने विभिन्न स्थानों पर मंदिरों का निर्माण कराया था। उसने कई पुस्तकों का भी लेखन करके अपनी प्रतिभा का परिचय दिया। सोलोमन के पिता डेविड प्रथम के बारे में कहा

जाता है कि वह बहुत ही बहादुर राजा था। दुश्मन उनके सामने टिक नहीं पाते थे। वहीं सोलोमन के बारे में इतिहासकारों का मानना है कि वह बहादुर नहीं था। इतना ही नहीं, वह लड़ाई करने से भी बचता रहता था।

□

स्कंदगुप्त विक्रमादित्य

(साहसी राजा)

स्कंदगुप्त विक्रमादित्य की गिनती साहसी भारतीय राजाओं में होती है। इसके प्रमाण भी इतिहास में दर्ज हैं। इतिहास गवाह है कि उसने हूण राजाओं को परास्त कर उनका अभिमान चूर किया था। स्कंदगुप्त को उसके पिता कुमारगुप्त ने कई लड़ाइयों में अपने साथ रखा। इस दौरान स्कंदगुप्त को भी अपने जौहर दिखाने का मौका मिला। छोटी सी उम्र में ही उसने अपने पिता का राज्य सँभाल लिया था तथा आस-पास के कई राज्यों को हराकर उसने अपने साम्राज्य में मिला लिया। उसके बढ़ते साम्राज्य को देख हूण राजाओं ने विद्रोह कर दिया। स्कंदगुप्त ने उन्हें भी हराकर अपने दरबार में नतमस्तक होने को मजबूर कर दिया था। इससे उसकी शक्ति का एहसास होता है। इस बाबत शिलालेखों पर काफी कुछ

दर्ज है। उनमें यह भी बताया गया है कि उस काल में देश की आर्थिक स्थिति काफी सुदृढ थी। वहाँ पर उद्योग-धंधे भी विकसित अवस्था में थे।

□

स्टालिन जोजेफ

(साम्यवादी तानाशाह)

रूस के लौह पुरुष स्टालिन का युवावस्था में झुकाव सोशलिस्ट पार्टी की ओर हुआ। इसपर अन्य समाजवादियों की भाँति उसे भी काफी कष्ट झेलने पड़े। उसे वहाँ से साइबेरिया भेज दिया गया। वहाँ उसने कार्ल मार्क्स को पढ़ा। वह उससे इतना प्रभावित हुआ कि उसकी विचारधारा को अपना लिया। वहाँ से लौटकर वह अपने देश की राजनीति में कूद गया। लेनिन की मौत के बाद सन् 1917 में रूस की सत्ता स्टालिन के हाथ में आ गई। इसके बाद उसने सबसे पहला काम अपने विरोधियों का सफाया करने का किया। इसके बाद उसने पूरे मनोयोग से देश की तरक्की की। इससे उसे भारी जन समर्थन हासिल हुआ। रूस को मजबूत होता देख जर्मनी के तानाशाह हिटलर ने आक्रमण करके उसे छिन्न-भिन्न कर दिया। इसपर स्टालिन ने रूसी जनता से सहयोग माँगा। जनता ने एकजुट होकर हिटलर की सेना

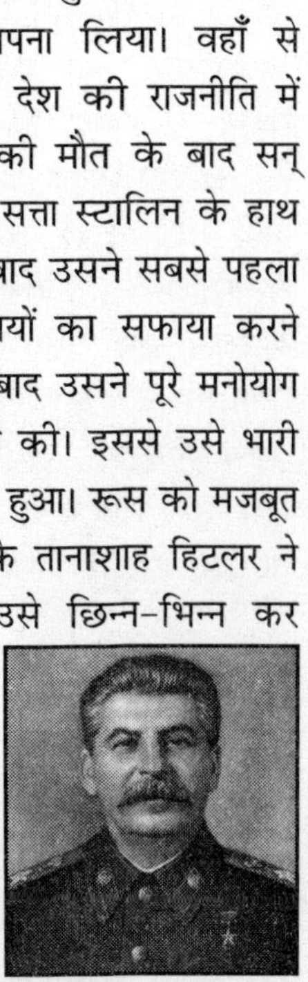

का मुकाबला ही नहीं किया, बल्कि उसे खदेड़ दिया। हालाँकि इसमें लाखों की संख्या में रूसी नागरिकों को बलिदान देना पड़ा।

□

स्टीफन हॉकिंग

(प्रसिद्ध वैज्ञानिक)

स्टीफन हॉकिंग तारा-भौतिकी से संबंधित अद्‌भुत वैज्ञानिक हुए हैं। उन्होंने शिक्षा ग्रहण करने के बाद कैंब्रिज विश्वविद्यालय में न्यूटन पीठ का जिम्मा सँभाला। वहाँ पर उन्होंने अपने दायित्व

का बहुत ही जिम्मेदारी से निर्वहन किया। वे स्नायु रोग से पीड़ित थे, इस कारण उन्हें शारीरिक कष्ट से दो-चार होना पड़ता था। पर इसके बावजूद उन्होंने कभी हिम्मत नहीं हारी। इसलिए उनके अधीनस्थ एवं दूसरे वैज्ञानिक उनसे प्रेरणा लेते रहे थे। हॉकिंग अपनी व्हीलचेयर पर बैठकर उसपर लगे कंप्यूटर द्वारा ही अपने विचार प्रकट करते थे। इस दौरान उन्होंने कई पुस्तकें लिखीं, जो बहुत लोकप्रिय हुईं। उनकी पुस्तक 'ए ब्रीफ हिस्ट्री ऑफ टाइम' काफी प्रमुख है। इसके अलावा 'बेबी यूनिवर्स' एवं 'ब्लैक होल' आदि काफी प्रचलित हुईं। 'ए. ब्रीफ हिस्ट्री ऑफ टाइम' की 50 लाख से अधिक प्रतियाँ

बेची जा चुकी हैं। स्टीफन हॉकिंग अपने समय के बहुत ही अद्भुत वैज्ञानिक थे। उन्होंने अपने जीवट के बल पर खुद को दुनिया के अग्रणी वैज्ञानिकों की श्रेणी में शामिल किया है।

□

स्वाति तिरुनाल

(केरल के संगीतज्ञ)

स्वाति तिरुनाल का जन्म केरल में हुआ था। उनके पिता रामराज वर्मा त्रावणकोर के राजा हुआ करते थे। उन्होंने कई भाषाएँ सीखीं। संगीत में उनकी खास रुचि थी। उन्होंने कई प्रकार के संगीत की भी रचना की। उनमें वर्णनम्, ठुमरी, ध्रुपद, पद एवं खयाल आदि प्रमुख थे। स्वाति तिरुनाल को उनके पिता की मृत्यु हो जाने के कारण 16 वर्ष की उम्र में ही गद्दी सौंप दी गई। उन्होंने अपने शासनकाल में संगीत एवं संगीतज्ञों को प्रश्रय दिया। इस दौरान संगीत काफी फला-फूला। उन्होंने अपने राज्य में संगीत, कला, संस्कृति एवं शिक्षा की बेहतरीन व्यवस्था की। इसके परिणामस्वरूप उनके कार्यकाल में केरल

में 'मोहिनी अट्टम' नृत्य को काफी ख्याति मिली। इस नृत्य के समय गाए जानेवाले गीत स्वाति तिरुनाल द्वारा लिखे गए हैं।

□

स्वामी दयानंद सरस्वती

(आर्यसमाज के प्रवर्तक)

स्वामी दयानंद सरस्वती का जन्म

सन् 1824 में काठियावाड़ में मोरवी नामक नगर में हुआ था। उनका वास्तविक नाम मूलशंकर था। मूलशंकर के पिता शिव के अनन्य भक्त थे। स्वयं मूलशंकर भी धार्मिक प्रवृत्ति का बालक था। किंतु एक बार मूलशंकर ने देखा कि मंदिर में शिव की मूर्ति पर चढ़े प्रसाद को चूहे खा रहे थे और फैला भी रहे थे। तब उनके मन में विचार आया कि जो भगवान् चूहों से अपनी रक्षा नहीं कर सकते, वे सर्वशक्तिमान कैसे हो सकते हैं? तभी से उनका मन कर्मकांडों से दूर होता चला गया। परमहंस पूर्णानंदजी से संन्यासाश्रम की दीक्षा लेकर वे दयानंद सरस्वती बन गए। दयानंद सरस्वती ने 'आर्यसमाज' की स्थापना की। उन्होंने 'सत्यार्थप्रकाश' नामक ग्रंथ की रचना की। सन् 1883 में अजमेर में दीवाली के दिन उनका निधन हो गया।

□

स्वामीनाथन

(हरित क्रांति के जनक)

स्वामीनाथन का जन्म तमिलनाडु के कुंभकोणम कस्बे में एक चिकित्सक के घर में हुआ था। उन्हें किताबों में

लिखा 'भारत एक गरीब देश है' पढ़कर बहुत ही ग्लानि होती थी। शिक्षा ग्रहण करने के दौरान ही उन्हें पता चला कि उनका देश खाद्य पदार्थों के मामले में भी आत्मनिर्भर नहीं है। उन्होंने इसी दिशा में काम करने का निर्णय कर लिया। उन्होंने कृषि संबंधी शिक्षा ग्रहण करने के बाद खुद को खाद्य एवं कृषि संबंधी समस्याओं का हल निकालने में लगा दिया। उन्होंने धान उत्पादक विश्व की सेवा करने में काफी समय बिताया। इसके बाद वे भारत लौट आए। यहाँ पर उन्होंने भारतीय कृषि अनुसंधान परिषद् के महानिदेशक एवं योजना आयोग के उपाध्यक्ष समेत विभिन्न जिम्मेदारियों का निर्वहण करते हुए भारतीय किसानों के हित के लिए कार्य किए। उन्होंने

अपने प्रयास से देश में 'हरित क्रांति' लाने का प्रयास किया। इसका असर यह हुआ कि भारत खाद्यान्न के क्षेत्र में आत्मनिर्भर बन गया। भारत सरकार ने उन्हें 'पद्मश्री' तथा 'पद्मभूषण' के सम्मानों से सम्मानित किया। उन्हें 'मैगसेसे' पुरस्कार से भी नवाजा गया। □

स्वामी रामतीर्थ

(पंजाब के महान् संत)

स्वामी रामतीर्थ का जन्म सन् 1873

की दीपावली के दिन पंजाब के गुजराँवाला जिले के मुरारीवाला ग्राम में पं. हीरानंद गोस्वामी के एक धर्मनिष्ठ ब्राह्मण परिवार में हुआ था। उनके बचपन का नाम तीर्थराम था। विद्यार्थी जीवन में उन्होंने अनेक कष्टों का सामना किया। लेकिन भूख और आर्थिक बदहाली को उन्होंने अध्ययन में रोड़ा नहीं बनने दिया। फलस्वरूप पढ़ाई में वे हमेशा अव्वल रहे।

परिवार में आर्थिक तंगी के कारण शिक्षा पाना कठिन था, किंतु शिक्षा के प्रति तीव्र रुचि ने अभावों में भी माध्यमिक शिक्षा पूर्ण कर बालक के मन को उच्च शिक्षा प्राप्त करने के लिए प्रेरित किया। परिवारजनों का आग्रह था कि वे नौकरी करें तथा घर में सहयोग करें। पिता ने बाल्यावस्था में ही उनका विवाह भी कर दिया।

इन सब परिस्थितियों से मार्ग निकालकर तीर्थराम शिक्षा प्राप्त करने लाहौर चले गए। वहाँ उन्होंने एक मेधावी छात्र के रूप में ख्याति अर्जित की। सन् 1891 में पंजाब विश्वविद्यालय की बी.ए. परीक्षा गें प्रांत भर में सर्वप्रथम

आए। बी.ए. में प्रथम आने पर उन्हें 90 रुपए मासिक छात्रवृत्ति मिलने लगी। गणित उनका अत्यंत प्रिय विषय था। उसकी तल्लीनता में वे दिन-रात, भूख-प्यास सब भूल जाते थे। गणित विषय में सर्वोच्च अंकों से एम.ए. उत्तीर्ण कर वे उसी कॉलेज में गणित के प्रोफेसर हो गए।

स्वभाव से आध्यात्मिक प्रवृत्ति का होने के कारण वे धन-संपत्ति के प्रति कभी आकर्षित नहीं रहे। वे वेतन के रूप में भी प्राप्त धन का एक बड़ा हिस्सा निर्धन छात्रों के अध्ययन के लिए दे देते थे। फलस्वरूप उनका महीने भर का गुजारा जैसे-तैसे ही चलता था। लाहौर में ही प्रो. तीर्थराम को स्वामी विवेकानंद के प्रवचन सुनने तथा उनका सान्निध्य प्राप्त करने का संयोग मिला। उस समय वे पंजाब की सनातन धर्म सभा से जुड़े हुए थे। उनका रहन-सहन सीधा-सादा था। मोटे कपड़े, सात्त्विक भोजन, एकांत निवास-ये ही उनकी आवश्यकताएँ थीं।

□

स्वामी विवेकानंद

(भारतीय धर्म-संस्कृति के उन्नायक)

स्वामी विवेकानंद का जन्म सन् 1863 में कलकत्ता में हुआ था। माता-पिता ने उनका नाम नरेंद्र नाथ रखा था। वे काफी जिज्ञासु छात्र रहे। छात्र जीवन में ही उन पर हरबर्ट स्पेंसर के नास्तिकवाद का गहरा प्रभाव रहा। श्री रामकृष्ण परमहंस से मुलाकात के बाद उनके जीवन में क्रांतिकारी बदलाव आया और उनकी विचारधारा ही बदल गई। अब वे आस्तिक हो गए। वे किसी सिद्धांत को तर्क के आधार पर खरा उतरने पर ही मानते थे। इस महान् एवं ओजस्वी व्यक्तित्व ने भारतीय अध्यात्म एवं मानव-प्रेम के प्रचार का दायित्व मनोयोग से निभाया। उन्होंने परम तत्त्व की खोज में दुनिया भर के विद्वानों से मुलाकात की तथा धर्मग्रंथों का अध्ययन किया। उन्होंने 'योग', 'राजयोग' एवं 'ज्ञानयोग' आदि ग्रंथों की रचना करके युवा वर्ग को नई दिशा दी। वे 'विश्व धर्म सम्मेलन' में शिरकत करने अमेरिका पहुँचे और वहाँ ऐतिहासिक भाषण दिया। उनके ज्ञान के समक्ष उपस्थित लोगों का सिर श्रद्धा से झुक गया। इस युवा व्यक्तित्व का सन् 1902 में अल्पायु में महाप्रयाण हो गया। उनके मार्गदर्शन से युवा वर्ग आज भी आगे बढ़ रहा है।

□

स्वामी श्रद्धानंद

(गुरुकुल काँगड़ी के संस्थापक)

स्वामी श्रद्धानंद का जन्म 22 फरवरी, 1876 (फाल्गुन, कृष्ण त्रयोदशी, विक्रम संवत् 1913) को पंजाब

प्रांत के जालंधर जिले के तलवान ग्राम में हुआ था। उनके पिता लाला नानकचंद ईस्ट इंडिया कंपनी द्वारा शासित यूनाइटेड प्रोविंस (वर्तमान उत्तर प्रदेश) में पुलिस अधिकारी थे। उनके बचपन का नाम बृहस्पति और मुंशीराम था, किंतु मुंशीराम सरल होने के कारण अधिक प्रचलित हुआ।

पिता का ट्रांसफर अलग-अलग स्थानों पर होने के कारण उनकी आरंभिक शिक्षा अच्छी प्रकार नहीं हो सकी। लाहौर और जालंधर उनके मुख्य कार्यस्थल रहे। एक बार आर्यसमाज के संस्थापक स्वामी दयानंद सरस्वती वैदिक धर्म के प्रचारार्थ बरेली पहुँचे। पुलिस अधिकारी नानकचंद अपने पुत्र मुंशीराम को साथ लेकर स्वामी दयानंद का प्रवचन सुनने पहुँचे। युवावस्था तक मुंशीराम ईश्वर के अस्तित्व में विश्वास नहीं करते थे, लेकिन स्वामी दयानंदजी के तर्कों और आशीर्वाद ने मुंशीराम को दृढ़ ईश्वर-विश्वासी तथा वैदिक धर्म का अनन्य भक्त बना दिया।

वे एक सफल वकील बने तथा काफी नाम और प्रसिद्धि प्राप्त की। आर्यसमाज में वे बहुत सक्रिय रहते थे।

उनका विवाह श्रीमती शिवा देवी के साथ हुआ था। जब वे 35 वर्ष के थे, तभी शिवा देवी स्वर्ग सिधार गईं। उस समय उनके दो पुत्र और दो पुत्रियाँ थीं। सन् 1917 में उन्होंने संन्यास ग्रहण कर लिया और 'स्वामी श्रद्धानंद' के नाम से विख्यात हुए। सन् 1901 में मुंशीराम ने अंग्रेजों द्वारा जारी शिक्षा-पद्धति के स्थान पर वैदिक धर्म तथा भारतीयता की शिक्षा देनेवाले संस्थान 'गुरुकुल' की स्थापना की। हरिद्वार के काँगड़ी गाँव में गुरुकुल विद्यालय खोला गया। इस समय यह मानद विश्वविद्यालय है, जिसका नाम गुरुकुल काँगड़ी विश्वविद्यालय है। गांधीजी उन दिनों अफ्रीका में संघर्षरत थे। महात्मा मुंशीरामजी ने गुरुकुल के छात्रों से 1,500 रुपए एकत्रित कर गांधीजी को भेजे। गांधीजी जब दक्षिण अफ्रीका से भारत लौटे तो वे गुरुकुल पहुँचे तथा महात्मा मुंशीराम व राष्ट्रभक्त छात्रों के समक्ष नतमस्तक हो उठे। स्वामी श्रद्धानंद ने ही सबसे पहले उन्हें 'महात्मा' की उपाधि से विभूषित किया और बहुत पहले यह भविष्यवाणी कर दी थी कि वे आगे चलकर बहुत महान् बनेंगे। उन्होंने पत्रकारिता में भी कदम रखा। वे उर्दू और हिंदी भाषाओं में धार्मिक व सामाजिक विषयों पर लिखते थे। बाद में स्वामी दयानंद सरस्वती का अनुसरण करते हुए उन्होंने देवनागरी लिपि में लिखा और हिंदी को प्राथमिकता दी। उनका पत्र पहले उर्दू में प्रकाशित होता था और बहुत लोकप्रिय हो गया था। किंतु बाद में उन्होंने उसे उर्दू के बजाय देवनागरी लिपि में लिखी हिंदी में निकालना आरंभ किया। इससे उन्हें आर्थिक नुकसान भी हुआ। उन्होंने दो पत्र भी प्रकाशित किए, हिंदी में 'अर्जुन' तथा उर्दू में 'तेज'। जलियाँवाला कांड के बाद

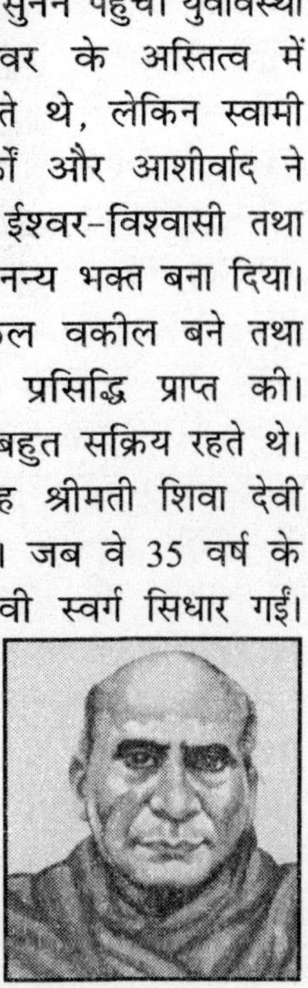

अमृतसर में कांग्रेस का 43वाँ अधिवेशन हुआ। स्वामी श्रद्धानंद ने स्वागत समिति के अध्यक्ष के रूप में अपना भाषण हिंदी में दिया और हिंदी को राष्ट्रभाषा घोषित करने का मार्ग प्रशस्त किया। उन्होंने स्वतंत्रता आंदोलन में बढ़-चढ़कर भाग लिया और गरीबों व दीन-दुखियों के उद्धार के लिए काम किया और स्त्री-शिक्षा का भी प्रचार किया। सन् 1919 में स्वामीजी ने दिल्ली में जामा मसजिद क्षेत्र में आयोजित एक विशाल सभा में भारत की स्वाधीनता के लिए प्रत्येक नागरिक को पांथिक मतभेद भुलाकर एकजुट होने का आह्वान किया था।

स्वामी श्रद्धानंद ने जब कांग्रेस के कुछ प्रमुख नेताओं को 'मुसलिम तुष्टीकरण की घातक नीति' अपनाते देखा तो उन्हें लगा कि यह नीति आगे चलकर राष्ट्र के लिए विघटनकारी सिद्ध होगी। इसके बाद कांग्रेस से उनका मोहभंग हो गया। दूसरी ओर कट्टरपंथी मुसलिम तथा ईसाई हिंदुओं का धर्मांतरण कराने में लगे हुए थे। स्वामीजी ने असंख्य व्यक्तियों को आर्यसमाज के माध्यम से पुनः वैदिक धर्म में दीक्षित कराया। उन्होंने गैर-हिंदुओं को पुनः अपने मूल धर्म में लाने के लिए 'शुद्धि' नामक आंदोलन चलाया और बहुत से लोगों को पुनः हिंदू धर्म में दीक्षित किया। स्वामी श्रद्धानंद आर्यसमाज के पक्के सदस्य थे, किंतु सनातन धर्म के प्रति दृढ आस्थावान् पं. मदनमोहन मालवीय तथा पुरी के शंकराचार्य स्वामी भारतीकृष्ण तीर्थ को गुरुकुल में आमंत्रित कर छात्रों के बीच उनका प्रवचन कराया था। 23 दिसंबर, 1926 को नया बाजार स्थित उनके-निवास स्थान पर अब्दुल रशीद नामक एक उन्मादी ने धर्म-चर्चा के बहाने उनसे मिलकर गोली मारकर उनकी हत्या कर दी। उसे बाद में फाँसी की सजा हुई।

□

हकीम अजमल खाँ

(हकीम एवं कांग्रेस के नेता)

हकीम अजमल खाँ का जन्म दिल्ली के एक मशहूर हकीम के यहाँ हुआ। परिजनों ने उसकी शिक्षा का बेहतर प्रबंध किया। अजमल खाँ ने भी यूनानी चिकित्सा की पढ़ाई की। इसके बाद उन्होंने भी पूर्वजों की भाँति हकीम का पेशा अपनाया। उन्होंने इस पेशे में

काफी नाम कमाया। इसी दौरान उन्होंने सांप्रदायिक सौहार्द कायम करने के तमाम प्रयास किए। उन्हें उसमें काफी सफलता भी मिली। हालाँकि उनके भीतर देश की आजादी की भावना हिलोरें ले रही थी, इसलिए वे गांधीजी के संपर्क में आ गए। वह सन् 1918 के कांग्रेस की स्वागत समिति के प्रेसीडेंट बने। इसी के साथ वे कांग्रेस पार्टी में शामिल हो गए। उन्हें कांग्रेस अधिवेशन का जिम्मा मिला। उन्हें कांग्रेस कार्यसमिति में जगह दी गई।

□

हजरत मुहम्मद

(इसलाम धर्म के प्रवर्तक)

हजरत मुहम्मद साहब का जन्म मक्का में कुरैश घराने में हुआ था। उनके पिता का नाम अब्दुल्लाह एवं माता का नाम आमना था। बचपन में ही माता-पिता का साया सिर से उठ जाने के कारण वे शिक्षा ग्रहण नहीं कर सके। वे बहुत मेहनती एवं ईमानदार प्रवृत्ति के थे। हालाँकि उन दिनों अरबों का नैतिक पतन चरम पर था। उन्होंने चाचा के साथ कारोबार के दौरान भी उन्हीं गुणों को अपनाए रखा। इससे प्रभावित होकर एक विधवा खदीजा ने उनसे निकाह कर लिया। कुछ समय बाद गृहस्थ जीवन छोड़कर वे एक गुफा में जा छिपे तथा आत्मचिंतन शुरू कर दिया। वहाँ उन्हें ज्ञान की प्राप्ति हुई। उन्होंने मानवता को सबसे बड़ा धर्म बताया और खुद भी गरीबों की सेवा में जुट गए। उन्होंने खुद को 'अल्लाह का पैगंबर' बताया। उनके परिजन एवं सगे-संबंधी मूर्ति-पूजा छोड़ने के ऐलान पर उनकी जान के ही दुश्मन बन गए। इसपर उन्होंने मक्का से हिजरत त्याग दिया तथा मदीना चले गए। मुहम्मद साहब के उपदेशों को 'हदीस' में संकलित किया गया। 'कुरान' के आदेश को 'शरीयत' कहा गया। उन्होंने इसलाम के मूल सिद्धांत—तौहीद, नमाज, रोजा, जकात एवं हज बताए। इसलाम धर्म दुनिया के कई देशों में फल-फूल रहा है। उनके अनुयायियों की संख्या करोड़ों में है।

□

हम्मूरबी

(बेबीलोनिया में नियम-कानून का निर्धारणकर्ता)

बेबीलोनिया का प्राचीन शासक हम्मूरबी नियम-कानून में बहुत विश्वास करता था। उसने सबसे पहले कानून का शासन स्थापित करके इतिहास कायम किया। उसने व्यक्ति के विभिन्न परिस्थितियों में व्यवहार के बारे में नियम बनाकर सभ्य समाज की दिशा में महत्त्वपूर्ण प्रयास किए। उसने वहाँ इतने कड़े कानून बनाए कि उससे राज्य में व्यवस्था एकदम दुरुस्त हो गई। उसके शासन में नियमों की अवहेलना करने का कोई भी साहस नहीं कर पाता था। उसने अपने शासनकाल में देश का चहुँमुखी विकास भी करवाया। उसने नहरें, सड़कें, पुस्तकालय एवं पूजा-स्थलों का निर्माण करवाया। वह अपने समय का इतना सशक्त राजा हुआ कि पड़ोसी

शासक उससे भय खाने लगे थे। हम्मूरबी ने अपने मानवीय गुणों के कारण अपना नाम इतिहास में दर्ज करा लिया।

□

हरिवंशराय बच्चन

(हिंदी के महान् कवि)

हरिवंशराय बच्चन स्वच्छंदतावाद के जाने-माने कवि थे। उन्होंने सबसे पहले 'मधुशाला' हिंदी साहित्य को दी। इसके बाद से ही वे साहित्य जगत् में पहचान के मोहताज नहीं रह गए थे। उनकी रचनाओं ने पाठकों की धारणा बदलने का अहम काम किया। उनकी भाषा की सबसे अहम बात यह है कि वह लोक-व्यवहार के बहुत करीब है। उसे समझने में आम आदमी को आसानी हुई। उनके समकालीन कवियों की रचनाओं में भाषा साहित्यिक होती थी, जिसे समझ पाना आम आदमी के बूते से बाहर था। उनकी रचनाओं में 'सतरंगिनी', 'जाल समेटा', 'त्रिभंगिमा' एवं 'निशा निमंत्रण' आदि प्रमुख हैं। उनकी आत्मकथा पर उन्हें 'ज्ञानपीठ पुरस्कार' से नवाजा गया। हरिवंशराय बच्चन के पुत्र अमिताभ बच्चन ने हिंदी फिल्म-जगत् में बड़ा मुकाम हासिल किया। वे दशकों से सुपरस्टार रहे हैं।

□

हरिसिंह नलवा

(वीर सिख सैनिक)

हरिसिंह नलवा महाराजा रणजीत सिंह का बहादुर सैनिक था। महाराजा को उसपर बहुत विश्वास था। उन्हें वह अपने महत्त्वपूर्ण कार्यों को पूरा करने की जिम्मेदारी सौंपा करते थे। हरिसिंह महाराजा रणजीत सिंह की आकांक्षाओं पर हमेशा खरा उतरता था, इसके लिए उसे चाहे कितनी भी परेशानी क्यों न उठानी पड़े। उसे बहादुरी के लिए लोग आज भी याद करते हैं। वह युद्ध में जिधर से निकल जाता था, उधर ही लाशों के ढेर लग जाते थे। इसके चलते दुश्मन उससे खौफ खाने लगे थे। सन् 1835 में उसने महाराजा के आदेश पर पेशावर का किला फतह किया। उस समय वह दहशत का पर्याय बन गया था। उसने अपनी वीरता के बल पर इतिहास में अपना नाम कायम कर लिया। दुश्मनों के सफाए में महाराजा रणजीत सिंह की उसने काफी मदद की।

□

हान-वू-ती

(हानवंशी सम्राट्)

हान-वू-ती हान वंश का सबसे अधिक प्रभावशाली एवं बेहतरीन प्रशासक रहा। उसके भीतर पश्चिमी चीन में शासन

के दौरान साम्राज्यवादी विचारधारा हिलोरें लेने लगी। इसके चलते हान ने अपनी सेना को सशक्त बनाया और फिर आस-पास के देशों के खिलाफ जीत का अभियान शुरू कर दिया। उसने कोरिया, मंचूरिया तथा दक्षिणी चीन को जीत लिया। हान ने वहाँ मौजूद जागीरदारी प्रथा को समाप्त कर दिया तथा उनका अपनी मुद्रा बनाने व चलाने का अधिकार भी खत्म कर दिया। उसने अपने शासनकाल में केंद्रीय प्रशासनिक व्यवस्था लागू की, जिससे पूरे साम्राज्य पर उसका ही अधिकार

रहे। इसी दौरान उसका झुकाव कन्फ्यूशियस की शिक्षा की ओर हुआ। उसने उसे अमल में लाना भी शुरू कर दिया था। इससे उसके साम्राज्य के विद्वान् एवं शिक्षित लोग उसे पसंद करने लगे थे। इससे उसकी महान् सम्राट् बनने की राह आसान हो गई। इन्हीं गुणों के आधार पर इतिहासकारों ने हान को महान् सम्राट् का तमगा प्रदान किया।

□

हाफिज

(ईरानी कवि)

शम्सुद्दीन मुहम्मद हाफिज का जन्म चौदहवीं शताब्दी में ईरान के सीराज में हुआ था। उन्होंने देश के कई शहरों का भ्रमण किया, परंतु स्थायी निवास ताउम्र सीराज में रहा। वहाँ रहकर उन्होंने प्रकृति के सौंदर्य पर बहुत

सी कविताएँ लिखीं। इतना ही नहीं, उन्होंने सांसारिक जीवन की सुंदरता का भी अपनी कविताओं में भरपूर जिक्र किया। उन्हें उनके साथी एवं पसंद करनेवाले मूल नाम से न पुकारकर 'हाफिज' नाम से संबोधित करने लगे। शम्सुद्दीन मुहम्मद बाद में 'हाफिज' के नाम से ही जाने गए। उनकी कविताओं में भाषा की इतनी मिठास होती थी कि पढ़नेवाले उनमें खो जाते थे। उन्हें मिठासपूर्ण कवि के नाम से जाना जाने लगा। हालाँकि कुछ लोगों को उनकी कविताओं में सुंदर औरतों एवं शराब के जिक्र पर आपत्ति थी। इन सबके बावजूद तल्ख टिप्पणियों की हाफिज बिल्कुल परवाह नहीं करते थे। वे अपनी साहित्य-साधना को निरंतर आगे बढ़ाते रहे थे। वे ईरान के लोकप्रिय कवियों में शुमार किए जाते हैं।

□

हिप्पारकस

(यूनानी खगोल-शास्त्री)

हिप्पारकस का जन्म दूसरी शताब्दी ईसा पूर्व यूनान में हुआ था। उनकी रुचि शिक्षा के दौरान ही तारों के बारे में जानने

में रही। इसकी जानकारी उसके माता-पिता को मिली तो उन्होंने उसकी हर संभव मदद की। उन्होंने खगोलज्ञ की हैसियत से इस दिशा में बहुत काम किया। उसने सबसे पहले खगोल-विज्ञान को व्यवस्थित किया। तारों की भी सूची बनाई। दुनिया को अपने अध्ययन से विषुवत् रेखा की सही जानकारी दी। इससे भूगोल की बहुत सी भूलों को सुधारा जा सका। हिप्पारकस दुनिया में त्रिकोणमिति का प्रयोग करनेवाला सबसे पहला खगोलज्ञ था। हिप्पारकस के योगदान को आज भी बहुत सम्मान के साथ देखा जाता है। उसका ज्ञान आज भी खगोल-शास्त्रियों के लिए बहुत सहायक बना हुआ है। □

हिप्योक्रेटीज

(चिकित्सा-शास्त्र के आचार्य)

हिप्योक्रेटीज की योग्यता का लोहा सारा सभ्य संसार मानता है। चिकित्सकों को चिकित्सा के क्षेत्र में आने से पूर्व जो शपथ लेनी पड़ती है, उसे 'हिप्योक्रेटीज ऑथ' कहते हैं। चिकित्सकों को कहना पड़ता है कि "मैं इस व्रत को निभाने की शपथ लेता हूँ। अपनी बुद्धि एवं विवेक के अनुसार बीमारों की सेवा के लिए उपचार करूँगा, किसी को हानि पहुँचाने के लिए कदापि नहीं। मुझे कितना भी विवश क्यों न किया जाए, मैं किसी को विषैली दवा नहीं दूँगा। मैं किसी के भी घर जाऊँ, मेरा उद्देश्य बीमारों की मदद करना होगा। इस पेशे के दौरान मैं जो कुछ भी देखूँ या सुनूँ, यदि वह प्रकट करने योग्य न हुआ तो मैं उसे कभी प्रकट नहीं करूँगा।" ऐसा बताया जाता है कि चिकित्सक पहले देवताओं के नाम की शपथ लेते थे। लोगों का विश्वास था कि देवताओं के अप्रसन्न होने पर ही बीमारी आती है। हिप्योक्रेटीज ने इस अंधविश्वास को खत्म किया। ऐसा माना जाता है कि हिप्योक्रेटीज ने कभी भी अपने पेशे एवं सिद्धांत से समझौता नहीं किया। यूनानी दार्शनिक प्लेटो ने भी हिप्योक्रेटीज का जिक्र अपने ग्रंथों में किया है। □

हिरोहितो

(जापान के सम्राट्)

हिरोहितो का जन्म जापान के सम्राट् के यहाँ सन् 1901 में हुआ था। वे महज 26 साल के थे, जब उन्हें जापान की राजगद्दी पर बैठाया गया। वे 126वें सम्राट् बने। उन्होंने अपने शासनकाल में जनता के हित में बहुत से काम किए। उनके साम्राज्य में काफी तरक्की हुई। उनके पड़ोसी राजाओं से भी बेहतर संबंध थे। वे

समाज में फैली भ्रांतियों को नष्ट करना चाहते थे, इसलिए उन्होंने सबसे पहले शिक्षा के बेहतर प्रबंध किए। इससे जनता को सही और गलत का ज्ञान हुआ। उन्होंने जनता को संदेश दिया कि राजा भी जनता की तरह मनुष्य ही है, इसलिए उसकी पूजा करना, उसे ईश्वर का अंश तथा पूजनीय बताना सही नहीं है। उन्होंने ऐसा करनेवालों की भी निंदा की। इससे राजा के बारे में सदियों से प्रचलित भ्रम टूट गया। उन्होंने कहा कि सभी को अपने कर्म एवं राज्य में आस्था रखनी चाहिए। ऐसा करके देश को एकजुट एवं संपन्न बनाया जा सकता है। इस संदेश का जनता में ऐसा असर हुआ कि जापान तरक्की की राह पर निरंतर बढ़ता रहा। सम्राट् हिरोहितो के शासनकाल में जापान की जनता ने एक बार फिर से सुखमय जीवन व्यतीत करना शुरू कर दिया था।

□

हेनरिख हाइन

(जर्मन कवि)

हेनरिख हाइन का जन्म जर्मनी में सन् 1797 में एक यहूदी परिवार में हुआ था। उनके पिता वहाँ बैंकिंग का कारोबार करते थे। हाइन अपने पिता के कारोबार में हाथ नहीं बँटाना चाहते थे, इसलिए उन्होंने कानून की शिक्षा ग्रहण की। इसी दौरान उन्हें कविता पढ़ने एवं लिखने का शौक पैदा हो गया। उन्होंने सामाजिक व्यवस्थाओं पर कई कविताएँ लिखीं। उन्हें जर्मनी में काफी पसंद भी किया गया, हालाँकि वहाँ के अधिकारियों को यह सब अच्छा नहीं लगा। उन्होंने इसपर हाइन से कड़ा ऐतराज जताया। हालाँकि हाइन ने इसकी परवाह न करते हुए अपनी यात्रा जारी रखी। इसी दौरान उन्होंने अपनी महिला मित्र से शादी कर ली। उनका वैवाहिक जीवन अधिक समय तक बेहतर ढंग से नहीं चल सका। एक दिन हाइन को लकवा मार गया। तमाम उपचार के बावजूद उन्हें आराम नहीं हुआ। इसलिए अब उनकी जिंदगी चारपाई पर ही कटनी थी। हाइन यह बात अच्छी तरह से समझ गए। इससे उन्हें बहुत पीड़ा भी हुई। इसके बावजूद उन्होंने लेटे रहते हुए भी कविताएँ लिखनी जारी रखीं। वे कविताएँ लोगों ने बहुत पसंद कीं।

□

हेनरी कॉलब्रुक

(संस्कृति के अध्येता)

हेनरी कॉलब्रुक युवा ब्रिटिश नागरिक था। उसे भारत के बारे में जानने की बहुत अभिलाषा थी, इसलिए उसने भारत आकर

यहाँ की संस्कृति का अध्ययन करना ही अपना मकसद बनाया। उस समय अंग्रेजों में भ्रष्टाचार काफी बढ़ गया था, इसलिए शिक्षित ब्रिटिश युवा नौकरी पर भारत आने के इच्छुक रहते थे। उनका मकसद यहाँ आकर धन बटोरना एवं शानो-शौकत का जीवन व्यतीत करना था। हेनरी कॉलब्रुक ने यहाँ पहुँचकर देखा कि अधिकतर अंग्रेज क्लर्क, सैनिक एवं प्रशासक खाली समय में शराब में डूबे रहते थे या फिर जुए आदि में व्यस्त रहते थे। इससे उसे काफी निराशा हुई। उसने उन अंग्रेजों से संबंध बनाए, जो भारत के बारे में चिंतित रहते थे तथा उसके लिए कुछ करना चाहते थे। कॉलब्रुक की पहली तैनाती भारत में पूर्णिया में हुई। वहाँ रहकर उसने बंगाल की संस्कृति एवं अर्थव्यवस्था के बारे में जानकारी प्राप्त की। उसने खेती एवं व्यापार के संबंध में पुस्तक लिखी। उसमें अंग्रेजों के अत्याचारों का भी खुलासा किया गया। उसने उन अंग्रेजों की खुलकर आलोचना की, जो भारतीयों का शोषण करते थे। उसने यहाँ रहकर संस्कृत का अध्ययन किया। उसे पूरा करने के बाद फोर्ट विलियम कॉलेज में प्रोफेसर हो गए तथा अंग्रेजों को संस्कृत पढ़ाने लगे। उन्होंने वेदों पर निबंध लिखे, जिनकी जानकारी पश्चिम के विद्वानों को हुई। उन्होंने आश्चर्य जाहिर किया कि भारतीय ग्रंथों में बहुत अधिक ज्ञान मौजूद है। उन्होंने भारतीय दर्शन पर भी खूब लिखा। हेनरी कॉलब्रुक ने इंग्लैंड लौटने से पहले अपनी लिखी पांडुलिपियाँ 'इंडिया हाउस' को भेंट कर दीं। कॉलब्रुक पक्के निशानेबाज भी थे, जिसमें दूर-दूर तक उनकी धाक थी। हालाँकि आखिरी समय में उनकी आँखों की रोशनी चली गई थी। भारतीय ज्ञान को विदेशियों तक पहुँचाने में कॉलब्रुक की अहम भूमिका रही है। इससे भारतीय संस्कृति का विदेशों में सम्मान भी बढ़ा है।

□

हेनरी डेविड थोरो

(अमेरिकी प्रकृतिवादी कवि)

हेनरी डेविड थोरो का जन्म अमेरिका में सन् 1817 में हुआ था। वे व्यक्ति के अधिकारों में बहुत विश्वास करते थे। वे उनकी रक्षा के लिए सदैव तैयार रहते थे। उनका हनन होने पर प्रबल विरोध करना उनकी आदत में शुमार था। वे शासन द्वारा लगाए जानेवाले गैर-वाजिब करों के भी प्रबल विरोधी थे। उन्होंने लोगों को उन करों की अदायगी के बजाय जेल जाना बेहतर बताया। इस कारण शासन उनके इस रवैए से खुश नहीं था। उन्होंने सन् 1845 में जंगल में एक झोंपड़ी बनाई। वे वहीं दो वर्ष तक पूर्ण एकांत में रहे। वहाँ उन्हें अलग

तरह के अनुभव हुए। इससे इन्हें काफी सीख मिली। हेनरी डेविड ने वहाँ से लौटने के बाद उन्हें एक पत्रिका में प्रकाशित करने को दिया। वे आगे चलकर क्लासिक कवि मान लिये गए। उनकी प्रसिद्ध रचनाएँ 'सिविल डिस्ओबिडिएंस', 'ए यांकी इन कनाडा', 'द मैन वुड्स' तथा 'केपकाड' आदि रहीं। हेनरी डेविड थोरो अमेरिकी प्रकृतिवादी, कवि एवं रहस्यवादी के रूप में पहचाने जाते हैं। □

हेनरी फोर्ड

(मोटर कार के निर्माता)

हेनरी फोर्ड का जन्म सन् 1863 में मिशिगन के डियरबॉर्न नामक स्थान में हुआ था। उसके पिता किसान थे। बचपन से ही उसका ध्यान

खेलने-कूदने की अपेक्षा कल- पुरजों की मरम्मत में अधिक लगता था। औजारों के नाम पर जो चीजें उसके पास होती थीं, उनमें एक कील, कुछ बुनने की सलाइयाँ और चिमटी थीं। उम्र के साथ-साथ उसके सपने भी बढ़ते गए। वह एक ऐसी गाड़ी बनाना चाहता था, जोकि बिना घोड़ों के चले। दिन-रात के अथक प्रयासों के पश्चात् मई 1896 में उसकी गाड़ी बनकर तैयार हुई। उसने अपनी वह गाड़ी 200 डॉलर में बेच दी और फिर उसी लागत से एक और अच्छी गाड़ी बनाई। इसके बाद उसने पीछे मुड़कर नहीं देखा और सन् 1903 में 'फोर्ड मोटर कंपनी' की स्थापना की। □

हेनरी हडसन

(नदी के खोजकर्ता)

हडसन उत्तरी अमेरिका में पैदा हुए थे। उन्हें बचपन से ही जल-यात्राएँ करने का शौक था। वहाँ की हडसन नदी एवं हडसन की खाड़ी का नाम उनके नाम पर रखा गया। वे सबसे पहले उत्तरी अमेरिका में नदी के चढ़ाव की ओर जहाज लेकर गए। उन्हें हॉलैंड की डच ईस्ट इंडिया कंपनी ने उत्तर की ओर से चीन का रास्ता जानने के लिए भेजा। उन्हें इसकी जानकारी काफी बाद हो सकी कि नदी के चढ़ाव से वे चीन का रास्ता तय नहीं कर सकते हैं। इसलिए उन्होंने अपना जहाज हॉलैंड की ओर मोड़ लिया। इस दौरान रास्ते में वे इंग्लैंड में रुके। वहाँ पर उनका जहाज जब्त करके फरमान सुनाया गया कि वे हॉलैंड नहीं जा सकते। ब्रिटिश सरकार ने उन्हें जहाज 'डिस्कवरी' देकर अपने लिए खोज करने भेजा। तूफान आने पर वे उत्तर में समुद्र में दूर निकल गए। सर्दियाँ शुरू हो जाने पर उनका जहाज बर्फ में

फँसकर रह गया। इसी दौरान उसके साथी मल्लाह उनसे नाराज हो गए। उन्होंने हडसन को कुछ लोगों के साथ खुली नाव में समुद्र में छोड़ दिया। इसके बाद हडसन के बारे में कोई जानकारी नहीं मिल सकी। इस महान् नाविक को आज भी अमेरिका में बहुत सम्मानपूर्वक देखा जाता है।

□

हेन्नेस अल्फवेन

(प्लाज्मा भौतिकी के संस्थापक)

हेन्नेस अल्फवेन का जन्म स्वीडन में हुआ। वे बड़े होकर भौतिक-विज्ञानी बने। उन्होंने प्लाज्मा भौतिकी की स्थापना की। उन्होंने इससे दुनिया भर में रक्त के बारे में फैली भ्रांतियों को खत्म करके सच्चाई सामने प्रस्तुत की। चिकित्सा-विज्ञान को इससे काफी मदद मिली। उन्होंने बताया कि प्लाज्मा रक्त या लसिका ग्रंथिकों का तरल तत्त्व होता है। गैसीय तत्त्वों से इसमें अणुओं, इलेक्ट्रॉन तथा ऑयनों की वृद्धि होती है। चिकित्सा के क्षेत्र में हुई इस खोज से कई प्रकार की सुविधाओं का इजाफा हुआ।

हेन्नेस को इस शोध से दुनिया भर में पहचान मिली। उन्हें फ्रांस के यूजीन फेलिक्स नील के साथ भागीदार के रूप में 'नोबेल पुरस्कार' प्राप्त हुआ। हेन्नेस अल्फवेन के योगदान को हमेशा याद किया जाएगा।

□

हेमंत मुखर्जी

(महान् संगीतकार)

हेमंत मुखर्जी का जन्म बनारस में सन् 1920 में एक बंगाली परिवार में हुआ था। उनके पिता सरकारी विभाग में एक साधारण लिपिक थे, इसलिए हेमंत का जीवन बहुत ही अभावों में बीता। उनकी बुनियादी जरूरतें भी आसानी से पूरी नहीं हो पाती थीं। उनकी रुचि संगीत में उत्पन्न हो गई। एक दिन शिक्षक ने उन्हें कक्षा से इसलिए बाहर निकाल दिया था कि वे गीत गुनगुना रहे थे। उनका परिवार कुछ समय बाद बनारस छोड़कर बंगाल जा बसा। उनके पिता उन्हें इंजीनियर बनाना चाहते थे, इसलिए उनका दाखिला एक इंजीनियरिंग कॉलेज में करा दिया। हालाँकि उनका मन वहाँ नहीं लगा। उन्होंने पढ़ाई छोड़ दी और संगीत में मन रमाने लगे। उनकी संगीत-यात्रा रेडियो पर गाना गाने के साथ शुरू हुई। उनका फिल्मी कॅरियर सन् 1944 में 'निमाई संन्यास' से शुरू हुआ। उनके गाए गानों की चारों ओर धूम रही। बाद में उन्हें फिल्म 'प्रियतमा' में

स्वतंत्र संगीत देने का मौका मिला। इससे उन्हें काफी नाम मिला। इसके बाद उन्हें फिल्म 'आनंद मठ' की संगीत-रचना के लिए बंबई बुलाया गया। उसमें उनके गीत 'वंदे मातरम्' को इतनी लोकप्रियता मिली कि उन्होंने फिर पीछे मुड़कर नहीं देखा। सरकार ने उन्हें 'पद्‌मश्री' से सम्मानित किया। संगीत का यह सितारा सन् 1989 में हमेशा के लिए अस्त हो गया।

□

हेमचंद्र गोस्वामी

(लोक गायक)

हेमचंद्र गोस्वामी असमिया के अग्रिम पंक्ति के लेखकों में से थे। उन्होंने लेखन की शुरुआत रोमांटिक गीतों से की। उनके गीतों में गजब की स्फूर्ति थी, जो उनके समकालीन लेखकों में दिखाई नहीं देती थी। उन्हें इतने भर से ही संतोष नहीं मिला। उन्होंने देशभक्ति के गीत भी लिखने शुरू किए। उनके गीतों को काफी लोकप्रियता हासिल

हुई। इसके बाद उन्होंने उपन्यास लिखे। उनमें भी देशभक्ति का पुट दिखाई देता रहा है। उनकी लेखन-यात्रा यहीं नहीं थमी। उन्होंने ऐतिहासिक, गवेषणात्मक एवं लोकगीत भी रचे। हेमचंद्र भावनात्मक लेखन के बलबूते अपने समकालीन लेखकों से अलग स्थान बनाने में कामयाब रहे।

□

हेमू

(चतुर एवं साहसी राजा)

हेमू (राजा विक्रमाजीत) का जन्म सोलहवीं शताब्दी में रेवाड़ी (हरियाणा) में हुआ था। वह एक सामान्य कारोबारी था।

हेमू अपने चातुर्य एवं वीरता के बल पर दिल्ली का शासक बन बैठा। यह अलग बात है कि उसका यह तमगा कुछ ही समय के लिए रह सका। वह चुनार के सुलतान आदिलशाह का वजीरे-आजम बन गया था। उसने हुमायूँ की मौत के बाद दिल्ली की गद्‌दी पर कब्जा करने की सोची। इसके लिए वह सेना लेकर ग्वालियर की ओर बढ़ा। उसने अपनी वीरता के बल पर पहले आगरा तथा इसके बाद दिल्ली की गद्‌दी पर कब्जा कर लिया। वह पानीपत की दूसरी लड़ाई में जा डटा। वहाँ पर उसने दुश्मनों के छक्के छुड़ा दिए।

□

हेरोडोटस

(यूनानी इतिहासकार)

हेरोडोटस का जन्म एशिया माइनर में हुआ। उसने दूर-दूर की यात्राएँ कीं। कई देशों की अर्थव्यवस्था एवं सैन्य व्यवस्था को बहुत ही गंभीरता से जाँचा-परखा। इस दौरान वह कई वर्षों तक एथेंस में रहा। उसने ईरानियों एवं यूनानियों की लड़ाइयों को बहुत नजदीक से देखा। आखिर में वह यूनानी उपनिवेश इटली में बस गया। इसके बाद ही उसने लड़ाइयों के दौरान हुई जानकारियों एवं अनुभवों को पुस्तक का रूप दिया। उसका लेखन बेहद रोचक था। उसने अपनी पुस्तकों में उस समय की सेना एवं उसके लड़ाई

लड़ने के तरीकों की जानकारी दी। उसने रसद-आपूर्ति एवं सेना की सेवा में लगे लोगों की दशा की भी जानकारी दी। इसलिए उसे 'इतिहास का पिता' भी कहा जाता है।

□

हेलन कीलर

(साहित्य-साधिका)

हेलन कीलर इंग्लैंड में बिल्कुल स्वस्थ पैदा हुई थी, लेकिन बचपन में उसे किसी ऐसे रोग ने जकड़ लिया, जिसका

उस समय तक उपचार मौजूद नहीं था। इस रोग के कारण हेलन कीलर की आँखों की रोशनी चली गई। वह गूँगी एवं बहरी भी हो गई। इससे उसके माता-पिता बहुत दुःखी हुए। उनका मानना था कि उनकी ही किसी भूल की सजा उनकी पुत्री को मिली है, इसलिए वे उसको सक्षम बनाने का हर संभव प्रयास करते रहे। उन्हें जानकारी मिली कि टेलीफोन के आविष्कारक अलेक्जेंडर ग्राहम बेल अमेरिका में बहरे एवं गूँगे बच्चों को बोलने का अभ्यास कराते हैं। उनकी जीविका का साधन भी यही रह गया था। हेलन कीलर के माता-पिता उन्हें बेल के पास लेकर पहुँचे तथा मदद की गुहार लगाई। बेल ने कीलर के लिए सुलेमान नामक व्यक्ति का सुझाव दिया। इसके बाद से कीलर ने उनसे शिक्षा प्राप्त करनी शुरू की। हेलन कीलर पढ़ाई में काफी तेज रही। उसने 20 वर्ष की उम्र में शिक्षा पूरी करके लेखन शुरू कर दिया। वह जीवन भर लेखन एवं अपंगों की सेवा करती रही। हेलन कीलर ने कई चर्चित पुस्तकें लिखीं।

□

हेल सिलासी

(इथियोपिया के सम्राट्)

हेल सिलासी का जन्म इथियोपिया में सन् 1891 में हुआ था। इथियोपिया उत्तर-पूर्वी अफ्रीका का नीग्रो देश है। इसका पुराना नाम अबीसीनिया था। हेल सिलासी बड़े होकर वहाँ के सम्राट् बने। उन्होंने सन् 1930 में गद्दी सँभाली। उस समय दुनिया

भर में उथल-पुथल का दौर था। प्रथम विश्व युद्ध के बाद से देशों का राजनीतिक परिदृश्य बदल रहा था। ताकतवर देश दूसरे देशों पर कब्जा कर रहे थे। विश्व की अर्थव्यवस्था भी बहुत कमजोर हो चुकी थी। इसलिए हेल सिलासी के समक्ष तमाम तरह की चुनौतियाँ थीं। दुनिया के देशों के ध्रुवीकरण ने राजनीतिक परिदृश्य में व्यापक बदलाव किया। इटली, जर्मनी तथा रूस आदि में तानाशाह उभर रहे थे। उनकी महत्त्वाकांक्षा कमजोर राष्ट्रों के लिए परेशानी का सबब बनी हुई थी। हेल सिलासी के साम्राज्य पर भी इटली के मुसोलिनी की बुरी नजर पड़ गई। उसने सन् 1936 में हेल सिलासी को पद-च्युत कर दिया। वह उनके साम्राज्य पर पाँच साल तक काबिज रहा। हेल सिलासी इसके बाद फिर से सत्ता में आ गए। हालाँकि साम्यवादी सेनाओं ने उन्हें सन् 1974 में फिर गद्दी से उतार दिया। वे इसके बाद वे फिर कभी सत्ता में नहीं लौट सके। हालाँकि उस सम्राट् को आज भी उसके देश में बहुत ही सम्मान की नजरों से देखा जाता है।

□

हैराल्ड इलियट वारम्स

(कैंसर अध्ययनकर्ता)

हैराल्ड इलियट वारम्स का जन्म सन् 1939 में हुआ था। उनके समय में कैंसर के मरीजों को बहुत पीड़ा झेलनी पड़ती थी, वहीं चिकित्सक इस मर्ज का पता नहीं लगा पा रहे थे। हैराल्ड इलियट ने इस दिशा में अध्ययन शुरू किया। उन्हें काफी सफलता भी मिली। उन्होंने माइकेल बिशप के साथ मिलकर कैंसर रोग में जींस के क्षतिग्रस्त होने का विशद शोध किया। उन्होंने बताया कि जींस के क्षतिग्रस्त होने पर सब तरह का कैंसर होने का खतरा बना रहता है। उनके इस

शोध से चिकित्सा-विज्ञान को बहुत मदद मिली और कैंसर रोग की पीड़ा झेल रहे मरीजों को भी काफी राहत मिली। उनके प्रयास से कैंसर की दिशा में अन्य शोध को आगे बढ़ाया जा सका। हैराल्ड इलियट वारम्स के योगदान से चिकित्सा-विज्ञान

को बहुत सहायता मिली। उनके अथक प्रयास का ही नतीजा है कि आज दुनिया भर में फैले सभी तरह के कैंसर का उपचार मौजूद है।

□

हैवलॉक एलिस

(यौन-विज्ञानी)

हैवलॉक एलिस का जन्म सन् 1859 में इंग्लैंड में हुआ था। पढ़ाई के दौरान उनके जीवन में काफी उतार-चढ़ाव आए। उन्होंने प्रारंभिक शिक्षा पूरी करने के बाद डॉक्टरी की पढ़ाई शुरू कर दी। अब भी उनका मन विचलित था। उन्होंने इसके चलते डॉक्टरी की पढ़ाई बीच में ही छोड़ दी। कुछ समय तक खाली रहने के बाद वे ऑस्ट्रेलिया रवाना हो गए और वहाँ पर शिक्षण कार्य शुरू कर दिया। चार साल तक अध्यापन करने के बाद उन्हें वहाँ भी संतुष्टि नहीं मिली। उन्होंने पुनः इंग्लैंड का रुख किया और वहाँ डॉक्टरी की पढ़ाई की। उसे पूरी करने के बाद उन्होंने प्रैक्टिस शुरू कर दी। हालाँकि उन्हें वहाँ भी सुकून नहीं मिला।

हैवलॉक एलिस यौन मनोविज्ञान के बारे में लिखना चाहते थे, परंतु समाज ऐसे विषय को मान्यता नहीं दे रहा था। उन्होंने काफी समय असमंजस में ही बिता दिया। आखिरकार उन्होंने निर्णय किया कि वे यौन मनोविज्ञान के विषय में ही लेख लिखेंगे। हैवलॉक एलिस ने मनुष्य के यौन संबंधों की विषमताओं पर अपने निबंधों के माध्यम से प्रकाश डालना शुरू किया। उन्होंने 'साइकोलॉजी ऑफ सेक्स' नामक ग्रंथ सात खंडों में लिखा। वह ग्रंथ यौन मनोविज्ञान संबंधी आदर्श संदर्भ ग्रंथ माना जा सकता है। उन्होंने अपने लेखन के जरिए समाज में फैली यौन भ्रांतियों को मिटाने का प्रयास किया। उन्होंने कई ऐसे मिथक तोड़े, जिनके बारे में सर्वथा गलत विचार ही मौजूद थे। इतना ही नहीं, जो पीढ़ी-दर-पीढ़ी हस्तांतरित होते रहे हैं। इससे चिकित्सा-विज्ञान को भी सच जानने में काफी मदद मिली।

□

हो-ची-मिन्ह

(वियतनाम के लोकप्रिय नेता)

वियतनाम में जनमे हो-ची-मिन्ह अपने नाम के अनुरूप ही थे। हो-ची-मिन्ह का वियतनामी भाषा में अर्थ 'ज्ञान का खोजी' था। वे वियतनाम के लोकप्रिय नेता थे। उन्होंने आजादी पाने के लिए जापान एवं फ्रांस आदि देशों के खिलाफ लड़ाई लड़ी। उन दिनों उनका देश

वियतनाम फ्रांस सरकार के अधीन था। दासता से मुक्ति की खातिर उन्होंने काफी संघर्ष किया। अपने मकसद को पाने के लिए इंडो-चाइना में कम्युनिस्ट पार्टी की स्थापना की। इसके 10 वर्ष बाद फ्रांसीसी सरकार के खिलाफ दक्षिण चीन में जाकर राष्ट्रवादियों को एकत्रित किया और एक संगठन भी बनाया। उसके जरिए उन्होंने दूसरे विश्व युद्ध में जापानियों के खिलाफ हिस्सा लिया। बाद में वे उत्तरी वियतनाम के राष्ट्रपति चुने गए। सबसे पहले उन्होंने किसानों की स्थिति सुधारने के लिए भूमि-सुधार की दिशा में ठोस प्रयास किए। हो-ची-मिन्ह ने दक्षिणी वियतनाम को मुक्त कराने के लिए लड़ाई लड़ी। इससे वे देश के लोकप्रिय नेता बन गए। □

होमर

(विवादास्पद लेखक)

होमर का जन्म प्राचीन यूनान में हुआ था। वे जिज्ञासु प्रवृत्ति के विद्वान् थे। होमर अपने जीवन- काल में बहुत ही विवादास्पद रहे। उनकी रचनाएँ उनसे भी ज्यादा विवादास्पद रहीं। उन्होंने 13वीं सदी ईसा पूर्व से संबंधित ऐतिहासिक तथ्य एकत्रित किए। उन्हीं के प्रयास से दुनिया को प्राचीन यूनान की संस्कृति की जानकारी मिली। इतिहासकार भी इस महान् लेखक से उस युग के बारे में बहुत कुछ सीखते हैं। इस कारण उन्हें आदि कवि माना जाता है। उन्होंने यूनानियों एवं ट्रोजन की लड़ाई के बारे में दो महान् ग्रंथ 'इलियड' एवं 'ओडिसी' की रचना की। इन ग्रंथों की रचना से पूर्व उन्हें बहुत सारे तथ्यों का वर्षो तक संकलन करना पड़ा था। कुछ लोगों का मानना है कि इन तथ्यों का संकलन कई कवियों की मदद से किया गया था। वहीं कुछ लोगों का मानना है कि होमर जन्म से ही अंधे थे। वे यूनान के बारे में कहानियाँ सुनाया करते थे। उन्हें ही बाद में उनके नाम से संकलित एवं प्रकाशित किया गया। होमर की कविताओं से आधुनिक युग को बहुत लाभ मिला। □

होमी जहाँगीर भाभा

(परमाणु ऊर्जा वैज्ञानिक)

होमी जहाँगीर भाभा का जन्म सन् 1909 में बंबई के एक पारसी परिवार में हुआ था। उनका परिवार शिक्षित एवं संपन्न था। होमी छात्र जीवन से ही काफी तेजस्वी रहे थे। उन्होंने कैंब्रिज विश्वविद्यालय से गणित एवं भौतिकी की परीक्षा उच्च अंकों से उत्तीर्ण की। उन्होंने कैंब्रिज विश्वविद्यालय से ही इंजीनियरिंग की। वहीं से

उन्होंने पी-एच डी. की उपाधि प्राप्त की। यहाँ पर उन्होंने 'क्वांटम थ्योरी' एवं कॉस्मिक किरणों के संबंध में मौलिक खोज की। उन्हें विश्वविद्यालय की ओर से 'एडम पुरस्कार' से सम्मानित किया गया। उन्होंने कम समय में ही दुनिया के वैज्ञानिकों में अपनी पहचान बना ली। इतना ही नहीं, वे 'भारतीय विज्ञान कांग्रेस' के अध्यक्ष भी चुने गए। उन्होंने यू.एन.ओ. के परमाणु ऊर्जा के शांतिपूर्वक उपयोग एवं परमाणु बमों को गैर-कानूनी घोषित करने के प्रयासों की पुरजोर वकालत की। भारत सरकार ने उन्हें 'पद्मभूषण' से सम्मानित किया। उन्होंने ट्रांबे एवं 'टाटा मौलिक अनुसंधान केंद' की भी स्थापना की। वहाँ उन्होंने 'अप्सरा' एवं 'जरलीना' नामक परमाणु भिट्ठियों का निर्माण कराया। ये केंद्र आज भी दुनिया भर में अपनी पहचान बनाए हुए हैं। भारत सरकार ने उन्हें परमाणु ऊर्जा को बढ़ावा देने के लिए 'परमाणु ऊर्जा आयोग' का अध्यक्ष बनाया था। होमी भाभा संगीत-प्रेमी भी रहे।

□□□